炎黄文化研究 第十四辑

- 中华炎黄文化研究会
- 黄帝陵基金会
- 炎帝陵基金会 主办

主编 赵德润

大象出版社

图书在版编目（CIP）数据

炎黄文化研究.第14辑/赵德润主编.—郑州：大象出版社,2012.6
ISBN 978-7-5347-7198-9

Ⅰ.①炎… Ⅱ.①赵… Ⅲ.①中华文化—研究 Ⅳ.①K203

中国版本图书馆 CIP 数据核字(2012)第 039008 号

炎黄文化研究　第14辑
赵德润　主编

出 版 人	王刘纯
责任编辑	吴韶明
责任校对	杨志平
装帧设计	王翠云　美霖
监　　制	杨吉哲

出版发行	大象出版社(郑州市开元路18号　邮政编码450044)
	发行科　0371-63863551　总编室　0371-63863572
网　　址	www.daxiang.cn
印　　刷	河南省罗兰印务有限公司
经　　销	各地新华书店经销
开　　本	787×1092　1/16
印　　张	19.5
字　　数	387千字
版　　次	2012年6月第1版　2012年6月第1次印刷
定　　价	31.00元

若发现印、装质量问题，影响阅读，请与承印厂联系调换。
印厂地址　郑州经济技术开发区经北一路30号
邮政编码　450016　　　　电话　(0371)66781503

编辑委员会

顾　　问　张岂之　方克立　石兴邦　韩　伟　文选德
主　　任　张文彬　孙天义　石玉珍
副 主 任　赵德润　强文祥　邓德芳
委　　员　（以姓氏笔画为序）
　　　　　　王震中　邓玲玲　刘宝才　肖云儒　何炳武　张　翀
　　　　　　张建兵　邵小强　郑万耕　耿相新　曹敬庄　梁　枢
主　　编　赵德润
副 主 编　王震中　邵小强　张建兵
编辑部主任　张　翀

投稿信箱：yhwhyj@163.com

目 录

专 论

名士直言一甲子
　　——中央文史研究馆六十年 …………………………… 赵德润\1
"国学"或"古典学"视野下的中国思想史研究 ………………… 方光华\14

炎黄二帝及其时代

五帝古史传说研究 …………………………………………… 王震中\18
炎黄学论纲 …………………………………………………… 霍彦儒\52
中华人类与远古文明探源
　　——基于武陵山地域的考据分析 ……… 丁孟春　罗先明　熊柏隆\67
试论海峡两岸炎帝神农文化的认同 ………………………… 谭　云\87
羊头山是神农氏族的起源地
　　——略论高平所出土各代古碑记载之"烈山" …… 李　津　杨振贤\93

思潮与学派

关于阳明心学的研究方法 …………………………………… 方尔加\96
葛洪的思想来源及其前期道论 ……………………………… 王启发\109

文化丛谈

大禹图强拓疆考 ……………………………………………… 李养民\128
清朝总兵张鹏程、张玉麒父子身世考 ……………………… 李春元\138
改进炎帝陵祭奠　促进炎帝陵旅游 ………………………… 谭伟平\146

文物与考古

阿房宫的想象
　　——对杜牧《阿房宫赋》的双重误读 ………………… 明　辉\149
史前黄河流域奠基现象研究 ………………………………… 李银良\159

文献整理与研究

《周易》"藉用白茅"述论 …………………………………… 辛亚民\170
《国语·齐语》与《管子·小匡》辨析 ……………………… 张连伟\179

《文心雕龙》与汉代儒学 ················· 朱　清\184

中外文化交流

中国文化的传播者与俄国汉学的奠基人
　　——比丘林生平与学术贡献 ················· 李伟丽\193

探索与争鸣

向仁存在——孔子开辟的人生方向 ················· 陈占国\221
论孟子的道德优先意识与民生思想 ················· 孔德立\231
东晋宗教政策述论 ················· 张　健\238
啬夫小考 ················· 赵茜茜\247

中华学人

石峻及其学术思想述略 ················· 杨庆中\256

书评与序跋

《阅读中华国粹经典》前言 ················· 傅璇琮\268
《子藏》总序 ················· 方　勇\271
走进历史深处
　　——《周代礼乐文明实证》评介 ················· 罗燚英\278

学术访谈

今天该如何评价儒学：制度儒学与草根儒学
　　——"中西马"对话实录（二） ················· 牟钟鉴　李德顺等\283

学术动态

传承书院文化　开拓书院未来
　　——"书院文化的传承与开拓"国际学术研讨会综述
················· 邓洪波　蒋紫云\297
"黄帝旗帜·辛亥革命与民族复兴"学术研讨会综述 ················· 曹振明\302

名士直言一甲子
——中央文史研究馆六十年

◇赵德润

1948年10月的一个晚上，在西柏坡，周恩来亲自携灯在村口迎接一位尊贵的客人，而毛泽东主席则站在院中静静地等候着。这位客人就是毛主席的恩师、著名语言文字学家符定一老先生。

此时西柏坡的毛泽东、周恩来等领袖们，正在为解放全中国、建立新政权而紧张工作着。百忙之中，毛泽东与到访的符老先生谈起将来进城后要设置一个机构，对德高望重的老年知识分子妥善安排，发挥他们独特的作用。毛泽东所说的机构，就是1951年成立的中央人民政府政务院文史研究馆。

其作始也简　其将毕也巨

1951年7月29日这一天，在北海公园静心斋，聚集着几十位德高望重的长者。他们平均年龄70岁，最年长者90岁，有清末翰林、进士、举人，有名学者、名画家、名医师，多是民主党派、无党派人士以及社会名流。

尽管当日天气炎热，但是先生们均身着正装和长衫，之所以如此隆重，是由于他们盼望已久的中央人民政府政务院文史研究馆在这一天正式成立了。时任政务院副总理的董必武到会致辞，称此次盛会"自古以来罕与其匹"。他引用庄子的话"其作始也简，其将毕也巨"，预言文史馆的工作大有发展的前途。

为了这一时刻，许多志士仁人曾为之奔走，柳亚子就是其中一个。

1949年，当柳亚子先生听说要筹建中央文史研究馆的消息后，曾经致信给毛主席，建议设立"国史馆"，修撰"南明史、中华民国专史"。毛主席在回信中，肯定了有成立文史研究机构的想法，但是他并不赞成成立文史馆仅仅是为了研究南明史和中华民国史。通古博今的毛泽东有着更为宏观的设想。正如后来启功馆长所说，中央文史研究馆好比当代翰林院。历史上翰林院是为封建王朝服务的，而当代文史馆是为人民服务的。

中央文史研究馆已经走过六十个春秋，前后经历符定一、章士钊、杨东莼、叶圣陶、萧乾、启功、袁行霈七位馆长。馆长是文史馆的一面旗帜。决定设立文史

· 1 ·

馆以后，馆长的人选就提上了议事日程，毛泽东经慎重考虑决定举荐符定一先生出任文史馆第一任馆长。周恩来总理曾经说过："这位老人一生有三大贡献：一是发现毛泽东同志为中国有用人才之第一人；二是建党初期，支持党的活动，营救党的领袖；三是晚年参加反蒋斗争，对建设新中国有贡献。"

为了让符定一先生同意出任馆长，毛泽东巧妙进行了动员。毛泽东与符定一先生的交谈还引出了馆员遴选标准。

有一次，毛泽东设家宴招待符定一先生和几位同乡前辈，席间通报了设置中央文史研究馆的想法，动员符定一先生出任馆长。老先生开始认为这一单位无非是"文、老、贫"，毛泽东笑着说："不光文、老、贫，还有德、才、望！这个事还需要您这样有学问和德高望重的人啊！"

决定接受馆长一职以后，符定一先生以极大的热情投入筹备成立文史馆的工作中。他发现北京客居着一大批名望高、年纪大的文化人，他们在生活上比较困难，迫切盼望政府的救济，也希望能为社会做一些事情。老先生们对政府将要设置的文史馆充满期待，在大家的恳求下，符定一于1951年6月给毛主席写信，希望尽快批准成立文史馆以解燃眉之急。

毛主席于6月26日收到来信，在"先发表一批老人名单，先期照单接济，免得老人缘门乞食也"的文字右边画了线，并在信上批示："请齐燕铭同志办。生计太困难者，先行接济，不使挨饿。毛泽东 六月二十六日"。毛主席的批示，使京城一大批有名望的老年知识分子得到接济，同时也大大加快了文史馆的筹备进程。

1951年7月29日，中央人民政府政务院文史研究馆成立，周恩来聘请符定一为文史馆首任馆长，柳亚子、叶恭绰、章士钊被聘为副馆长，另有26位各界名宿成为首批馆员。

自此，从馆长到馆员，均由总理亲自聘任并颁发聘书。受聘者多为耆年硕学之士、社会名流和专家学者。而总理每年至少要同馆员见一次面，或将其请到中南海，或亲自到文史馆，当面听取他们对政府工作的意见。什么样的人才有资格成为文史馆馆员？毛泽东当年给秘书田家英的一封信作了最好的诠释。

文史馆成立之初，有人推荐杨开慧的朋友、柳直荀烈士的遗孀、时在长沙任中学教员的李淑一到文史馆任馆员，希望毛主席能够向文史馆推荐一下。

毛泽东在1954年3月2日就这件事专门给秘书田家英写了一封信："李淑一女士，长沙柳直荀同志（烈士）的未亡人，教书为业，年长课繁，难乎为继。有人求我将她荐到文史馆为馆员，文史馆资格颇严，我荐了几人，没有录取，未便再荐。拟以我的稿费若干为助，解决这个问题。未知她本人愿意接受此种帮助否？她是杨开慧的亲密朋友，给以帮助也说得过去。请函询杨开智先生转询李淑一先生，请她表示意见。"

从这封给秘书田家英的信里，我们看到了毛泽东的"自知之明"，他不是不想推荐,而是不好意思再推荐了。原因是"荐了几人,没有录取,未便再荐"。在这里,毛泽东丝毫没有怪罪谁的意思,而是把自己"数荐不纳"的原因归结为"文史馆资格颇严",可见他对文史馆的敬重。23年后的1977年,李淑一被聘为中央文史研究馆馆员。

中央文史研究馆的成立也为地方文史研究馆的出现提供了契机。长期以来,全国各地文史研究馆和中央文史研究馆互相配合,在许多方面发挥着重要的作用,而各省市区文史研究馆的建立是在邓小平主持下决定的。

1952年8月17日,邓小平副总理向毛泽东主席报告拟在各省市设立文史馆。毛主席8月18日即作出批示:"刘(少奇)阅,退邓办。同意这个决定。"

1952年9月5日,在政务院总理周恩来率领中国政府代表团访问苏联期间,代总理邓小平主持政务院第149次会议,讨论批准在全国各地设置文史研究馆的问题。

随后的几年里,在各大行政区的周密部署下,各省市及部分省辖市文史研究馆相继成立。

敬老崇文 一脉相承

距天安门广场200米,前门东大街11号,有一处幽静院落。这里是人民政府礼贤敬士之所、名著硕儒汇聚之处——中央文史研究馆。在南楼大厅正面墙上镶嵌着两行金色大字,那是江泽民同志亲笔题写的"发扬爱国精神,弘扬民族文化"。对面墙上,便是朱镕基同志讲话中强调的"敬老崇文,尊贤敬德"八个大字。而这栋南楼正是朱镕基任副总理时听说文史馆办公室紧缺而拨款修建的。

进到中央文史研究馆,自然就会融入到"敬老崇文"的传统之中。文史馆有"序齿不序爵"的不成文规定:无论何党何派,正部副部,专家学者,入馆一律以先生相称,以年龄大小"排座次"。而"敬老崇文"的传统,从建馆之初就开始了。

毛泽东主席对符定一先生非常尊重,除了有时到先生家中看望外,还邀请先生可随时到中南海往访。每次会面,毛主席都用自己的专车接送。有一次,老先生从中南海回到家就对家人说:"中南海我不能多去了,毛主席把我送上车,车子一开就给我鞠躬,都走出老远了,我回头一看,毛主席还弯着腰行礼,这让我怎么承受得起呀!"

周恩来总理在新中国成立初期真可谓日理万机,连毛泽东都说"周公确有吐握之劳",他那样忙,也没忘记亲自为中央文史研究馆选址。中央文史研究馆的馆址最早选在故宫里,后改在北海静心斋。静心斋建于清乾隆二十二年(1757年),占地面积4700平方米,原是皇太子读书的地方,园内亭榭楼阁,小桥流水,叠石岩洞,幽雅宁静,是一座建筑别致、风格独特的"园中之园"。为了给老先生们腾馆址,静心斋内珍贵的文化典籍被搬到了故宫博物院,前后费时一年多。1951年7月,静心斋正式成为中央文史研究馆的办公地。1974年,国务院参事室从中南海迁到静心斋,同中央文史研究馆合署办公。1981年11月,静心斋归还北海公园,对游人开放,中央文史研究馆和国务院参事室迁至现址东交民巷使馆区原荷兰使馆——前门东大街11号。

周恩来总理为齐白石老人搬家的故事,也被传为佳话。

1950年秋,周恩来总理偶然了解到,跨车胡同15号齐白石的住宅年久失修,又破又漏,且有坍塌的危险,便命政务院机关事务管理局派人加以修缮。除部分房屋翻盖外,其余的也粉刷一新,并在南院挖了一个三米多深、两米见方的渗水坑,解决了多年来院内无法排水的问题。白石老人对此由衷感谢,这是他一生都没有见过的事,自己未花一分钱,房子就修好了,解决了生活上的不便。

为了使白石老人能有一个更舒适、宁静的环境,能在茶余饭后悠然散步,颐养天年,又能使来访的客人不致感到拥挤,1955年秋天,周恩来总理委托文化部和全国美术家协会在地安门雨儿胡同买了一所旧王府作为白石老人的住宅。白石老人一生从未受到过如此厚重的礼遇,他怀着无限感激之情,几次对前来探望的朋友指着修饰一新的房子,感慨万端地说:"我多么希望能活到120岁,多给人民贡献点薄艺,于心才安。"

住在宽敞、明亮的雨儿胡同住宅里,白石老人感到欣慰,他不停地挥笔作画。可是日子久了,一向喜欢和家人在一起的白石老人,不免产生了孤独的感觉,他希望搬回跨车胡同,和家人一起安度晚年。于是在1956年春天一个和煦晴朗的中午,白石老人又来到中南海,把要搬回跨车胡同的想法告诉了周总理,总理非常体谅老人的苦衷,随即答应说:"我现在就送您去。"周恩来总理亲自将白石老人送回了跨车胡同。

晚上,白石老人精心地画了一幅红红的大牡丹画纪念这一天。第二天早上,他又挑选了一幅得意之作《荷兰鸽子》,专程派人送到中南海,送给了周恩来总理,以表达他的感激之情。

毛泽东酷爱诗词,经常与学识渊博的文史馆馆员交流切磋。1961年11月6日,他写信给秘书田家英说:"有一首七律诗,其中两句是'雪满山中高士卧,月明林下美人来',是咏梅的。请找出全诗八句给我,能于今日下午交来则最好。何时何人写的,记不起来,似是林逋的,但查林集没有。请你再查一下。"时隔不久,毛主席又补充道:"又记起来,是否清人高士奇的,前四句是'琼枝只合在瑶台,谁向江南到处栽。雪里山中高士卧,月明林下美人来',下四句忘了。请问一下文史馆老先生便知。"

从信的内容可以看出,毛主席急着要找到这首诗的出处,核对记忆误差,以便推陈出新。作为一个诗人,记不清古人诗句或出处是常有的事。但在急迫之中,首先想到的一定是最直接、最重要的文史馆老先生们,由此可见中央文史研究馆在毛主席心目中的分量。

六十年来，从毛泽东、邓小平、江泽民到胡锦涛，从周恩来、李鹏、朱镕基到温家宝，以及分管文史馆工作的国务院领导董必武、习仲勋、罗干、王忠禹、华建敏、马凯，他们都一脉相承地重视文史馆工作，不断推进文史馆事业的创新和发展。

2010年8月6日，温家宝总理又一次走进中央文史研究馆。他这次是专程来馆为中央文史研究馆馆员、香港著名学者饶宗颐先生祝贺95岁寿辰的。此前，温总理给国务院参事室主任陈进玉打电话，关心饶宗颐先生的健康，安排饶老到北京医院检查身体。饶老此次来京乘坐的奥迪轿车"京A80880"，就是当年德国总理送给中国总理的国礼，温总理一天没坐就送到文史馆、参事室请老先生们坐。敬老崇文的传统美德，再次在这里彰显。

早在文史馆成立大会上，董必武曾说过："昔日所传香山九老，洛社耆英，比之这次开馆也甚不相似，那种集会是前辈诸先生一时与会所至，自相集会，流连诗酒，以为雅事，优游逸豫，以娱暮年，他们是不关心世事的。""香山九老"指的是唐代文人白居易等九位老者。他们因志趣相投，在洛阳香山结为九老会。北宋名相文彦博因慕"香山九老"，乃集合洛阳城中年高德重者，在资圣院修"耆英堂"，也留下了一段风雅韵事。但比之今日的中央文史研究馆，确实"甚不相似"。

是真名士　敢吐真言

中国封建社会长期言路闭塞，客观上促成了历代文人含蓄、深沉、内敛的性格，也使一些心灰意冷又不愿随波逐流的文人士大夫放弃了"忧天下"的人生态度而悄然出世，转而投入大自然的怀抱，于是，隐山遁水便成为中国历史上一种文化现象，也给自然山水打上了浓浓的人文印记。而新中国的文史馆馆员应当成为什么样的人呢？答案自然是成为像魏徵一样敢于直谏的良臣，像司马迁一样秉笔直书的史官。

翻开中央文史研究馆六十年的历史，存史资政、敢于直言的故事比比皆是，最典型的还要数章士钊先生。

1966年8月29日，一群"红卫兵"到史家胡同抄了章士钊馆长的家。第二天一早，章士钊致信毛主席反映遭遇，毛主席当即批示："送总理酌处，应当予以保护。"周恩来严厉批评了这种行为，责令送回抄走的全部书籍、物品，派人保护章宅。周恩来同时拟定了一份应予保护的近百位高级民主人士和老干部名单，恰恰是这份名单使这些民主人士和老干部免于"文革"劫难。

1967年3月上旬，章士钊馆长致信毛泽东主席。信中说，新中国成立之后国家兴旺发达，全都仰仗共产党之英明领导。毛、刘团结乃共产党领导核心坚强的保证。假若刘少奇确犯了错误，望毛、刘两位领导能赤诚相待，刘少奇可作检讨，但切不可打倒。毛主席于3月10日亲笔复信："行严先生，惠书敬悉。为大局计,彼此心同。个别人情况复杂,一时尚难肯定,尊计似宜缓行。敬问安吉!"

章士钊先生的《柳文指要》,是一部研究柳宗元文学和思想的学术著作。这部奇书的问世,很富有戏剧性。1971年9月,正值"文革"中期文化界万马齐喑的时代,《柳文指要》在毛泽东、周恩来的支持下出版,好似为文化禁锢的铁幕打开了一个缺口,在当时引起了惊世骇俗的震动。

1973年5月25日,92岁的章士钊先生受毛泽东主席和周恩来总理的重托,在儿子章可、女儿章含之等陪同下,乘专机赴香港,利用探亲机会,为海峡两岸的和平统一寻找途径,终因过度劳累,于7月1日在香港寓所病逝。

中央文史研究馆馆员朱启钤,光绪举人,曾任北洋政府内阁代理总理,他又是工艺美术家、建筑学家和中国古建筑学奠基人,一生经历了清朝末年、北洋政府、民国、日伪、新中国五个历史时期。上海解放后,周恩来总理即派章文晋从上海将朱启钤接到北京。

朱启钤回京后,对人民政府的各项措施颇有好感。他是中兴轮船公司的董事长,经与公司的常务董事共同努力,把已经跑到香港的9条轮船召回大陆支援国内海运。

同时,朱启钤又将他珍藏的明岐阳王世家文物共56件捐献给政府。在这批文物中,《吴国公(即朱元璋)墨迹》、《张三丰画像》、明太祖御帕及纪恩册、《平番得胜图》等均极为珍贵。此举受到文化部嘉奖,捐献的文物则在故宫太和殿展出。

20世纪50年代初期,北京市决定扩建天安门广场,修建人民英雄纪念碑。周总理指示有关部门征求朱启钤的意见。他建议天安门广场周围不要修建高于天安门城楼的建筑;扩建广场,移动华表时,要注意保护,特别是西边的那座华表,庚子时被打坏过,底座有钢箍,移动时要注意;广场上东西两面的"三座门"尽量不拆。这些建议,北京市大体上采纳了。东西"三座门"开始并没有拆除,后来因为有碍交通,才不得不把它们移走。

叶恭绰早年曾任北洋政府交通部总长、国民政府铁道部部长。新中国成立后,叶恭绰于1951年任中央人民政府政务院文化教育委员会委员,同年7月被聘任为中央文史研究馆副馆长。1955年任北京中国画院院长。叶恭绰生平于艺术、书画、诗词、文物鉴藏无不精通。为了保护祖国的文化遗产,使之不流入外国人之手,他购买了许多珍贵字画、碑帖、瓷器、铜器、孤本、善本、外国难得之名著与故宫禁物。一次,他重金购得稀世珍品——晋朝王献之的《鸭头丸帖》真迹,慨然捐献给了上海博物馆。年登八十,他又先后将全部收藏品捐给北京、上海、广州、苏州、成都等市的有关机构。尤其对国之重器毛公鼎的保护,叶恭绰功不可没。

沈尹默出身书香门第,曾自费留学日本,在章太炎国学讲习会受业。归国后,在北大任教并主持书法研究会。1916年,他向北大校长蔡元培推荐陈独秀为文科学长,建议陈独秀将《新青年》从上海迁至北大,与陈独秀、胡适等轮流担任主编。上海解放后,陈毅市长拜访的第一个民主人士就是沈尹默,并邀请他担任上海市文物保管委员会委员和上海市人民政府委员。1960年7月,他被聘任为中央文史研究馆副馆长。沈尹默书工四体,尤以行草著称,花费了一生精力,成为书法名家。其书圆润秀美,清雅遒健,流畅多姿,且不失严谨法度,真正做到了雅俗共赏,独树一帜,从者众多,对现代书坛影响也极大。

晚清探花商衍鎏是一位著名的爱国人士和学者,曾在国民政府任职。日寇侵占东三省时,他在《感愤》一诗中写道:"惊看砧肉供刀俎,忍撤藩篱逼冀燕。"并有"长蛇封豕欲难填"之句,痛斥帝国主义的贪婪本性及反动派的卖国政策。抗战期间他又愤怒声讨日寇滥炸和平城市的暴行;每闻捷报,则咏诗庆贺。他对国民党的苛政无比痛恨,曾以"斗米需钱百万多"成辘轳体长诗加以揭露。1960年他被聘为中央文史研究馆副馆长。党和政府对老年知识分子的关怀与照顾,使他感到温暖,多次赋诗抒怀,经过三年努力,撰写了一部23万字的《清代科举考试述录》。全书材料翔实,内容丰富,填补了我国学术界的一项空白,具有一定的文献价值。

中央文史研究馆副馆长陈寅恪是清末著名进步政治家陈宝箴之孙、爱国诗人陈三立之子。1910年起赴多国留学,通晓十几种语言,回国后在多所大学任教。他在1929年所作的王国维纪念碑铭中首先提出以"独立之精神,自由之思想"为追求的学术精神与价值取向。他讲课时,或引用多种语言佐证历史;或引诗举史,无不准确,伴随而来的阐发更是精当。为人谦和而有自信,真诚而不伪饰,人称学者本色。晚年失明,在助手的帮助下,编成《寒柳堂集》、《金明馆丛稿》,写有专著《柳如是传》、《寒柳堂记梦》。他的助手感慨地说:"寅师以失明的晚年,不惮辛苦,经之营之,钩稽沉隐,以成此稿。其坚毅之精神,真有惊天地、泣鬼神的气概。"

第五任馆长萧乾是著名记者和作家,曾任《大公报》战地记者,随盟军深入柏林,见证了第三帝国的覆灭,并写出了《到莱茵前线去》、《南德的暮秋》等大量战地报道。1995年,中国作家协会授予他"抗战胜利老作家纪念牌"。晚年的萧乾,勤奋笔耕,写了大量的散文、笔记、随笔、回忆录等作品。萧乾的作品,真诚坦荡,深邃警醒,读来发人深省,耐人寻味。萧乾是用"心"写作的人。他多次说,自己这辈子的处世原则之一,就是讲真话。1999年底萧乾90寿辰前,《萧乾文集》出版。2000年1月27日,朱镕基总理致信祝贺:"感谢您赠我全套《萧乾文集》。先生毕生勤奋,耕耘文坛,著作等身,为中国之文学、新闻、编译事业作出宝贵贡献。我在中学时期,先生就是我的文学启蒙人之一,受益匪浅。"

集诗、书、画和文物鉴赏于一身的第六任馆长启功,满族,爱新觉罗氏,是清世宗(雍正)的第五子和亲王弘昼的第八代孙,是享誉国内外的国学大师,对古代书画、碑帖见识卓异，造诣精深。早在20世纪40年代就发表过有关的专文，曾被聘为故宫博物院专门委员，经他过目的古代艺术精品数以千计。由于他对历代作品的特征和作者的风格了然于心，加上他有丰富的文物知识和文史修养，又谙熟典故，劣品和赝品总逃不过他的眼睛。1983年，他成为国家文物鉴定委员会主任。

从文史馆成立以来，馆员们或资政建言，或著书立说，或潜心书画，或吟诗作赋，作出了不平凡的业绩。

独立之精神　自由之思想

2011年4月14日，在中南海紫光阁，温家宝总理向新聘的中央文史研究馆馆员、国务院参事颁发聘书。85岁的清史学家戴逸，84岁的北大教授、北大儒学研究院院长汤一介，两位耆年硕学的新聘馆员格外引人注目。

随后，温总理在国务院小礼堂与馆员、参事座谈时，语重心长地说："一个国家、一个民族，总要有一批心忧天下、勇于担当的人，总要有一批从容淡定、冷静思考的人，总要有一批刚直不阿、敢于直言的人。"

温家宝引用宋代理学大师朱熹写过的一副对联："地位清高，日月每从肩上过；门庭开豁，江山常在掌中看"，认为这是千百年来中国仁人志士的崇高精神追求，把这副对联用在今天馆员、参事们的身上也很贴切。这是温总理对馆员、参事参政议政的嘱托和勉励。

在座谈时，温总理还说："上次座谈会我讲话时，引用了陈寅恪先生的'独立之精神，自由之思想'，这是我一生都崇尚的格言。今天我们的参事、馆员从事调查研究，同过去关在书斋里做学问有很大的不同，要有不畏艰辛、不怕牺牲、求实崇真的精神，同样值得提倡'千夫诺诺，不如一士谔谔'。我认为，深入实际而不浮躁，独立思考而不跟风，敢说真话而不人云亦云，这是参事、馆员人格魅力之所在，也是提高咨询国是水平的关键。"

温家宝提到的"自由之精神，独立之思想"，是中央文史研究馆副馆长、国学大师陈寅恪在王国维先生1927年沉湖两年后为其撰写的纪念碑铭中的两句话。而"自由之精神，独立之思想"在文史馆馆员的身上并不鲜见。

纵观中央文史研究馆的历史，六十年的发展呈现"U"字形。建馆初期，中央为中央文史研究馆确定的办馆宗旨就是"敬老崇文，存史资政"，即坚持统战性、咨询性、荣誉性的统一。后来只是由于"左"的错误，国家在重大决策中不再重视和听取不同的声音，因此中央文史研究馆的咨询性受到很大削弱。改革开放以来，这种局面有了根本性改变。

中央文史研究馆和国务院参事室合署办公，一个党组。在国务院领导同志的关怀下，党组书记陈进玉和馆长袁行霈互相信任，互相支持，中央文史研究馆的工作呈现出新的气象。陈进玉对新时期文史馆所具有的统战性、咨询性和荣誉性的定位及其相互关系有独到见解：从一定意义上说，统战性是基础，咨询性是关键，荣誉性是特征。没有统战性和荣誉性，咨询性就缺乏特色，缺乏权威；而没有咨询性，就不能在国家的经济和社会发展中发挥独特的作用，统战性和荣誉性也就失去了它们应有的意义。为确保馆员从实际出发，发挥参政议政、咨询国是的作用，陈进玉提出根据年龄和身体状况的不同，做到"从容淡定、因人而异、量力而行、各展所长"。

馆长袁行霈，北京大学教授，北大国学研究院院长，中华诗词研究院院长。袁先生长期在北大为本科生和研究生讲授中国文学史、中国诗歌艺术研究、陶渊明研究、唐诗研究、李贺研究、唐宋词研究等课程。20世纪八九十年代应邀到日本东京大学、新加坡国立大学和美国哈佛大学讲学，受到广泛称赞。袁行霈和文史馆馆员们有同样的气质：温文尔雅中透出一种中国文人代代相传的风骨。总理每次召开馆员、参事座谈会，袁行霈的发言都切中时弊而又周密严谨。他关于独生子女的教育问题、落实高校办学自主权、完善适应高校特点的管理方式和推进高等教育发展的建议得到国务院领导同志和教育部的重视。

馆员王蒙，中国当代著名作家，以他发人深省的作品，影响着广大读者。20世纪50年代，一篇短篇小说《组织部来了个年轻人》，引起社会广泛关注。1957年被错划为右派，60年代调往新疆。1978年调回北京作协，历任北京市作协副主席、《人民文学》主编、文化部部长、中国作协副主席。1989年，他辞去文化部部长之职，专心创作。主要作品有长篇小说《青春万岁》、《活动变人形》、《恋爱的季节》、《失态的季节》、《踌躇的季节》、《狂欢的季节》及大量中短篇小说和散文等。王蒙为讲真话付出了沉重代价而无怨无悔。他在一部著作序言中写道："因为吾爱吾师吾友，但吾更爱真理，哪怕由于过分直言而被友人痛恨一时。请问，如果对于友人还不敢说实话，一辈子还有机会讲几句实话呢？而始终不讲实话，不是活活要憋死了吗？"他提出的关于文化建设和文化发展的思考与建议，党中央、国务院领导同志高度重视，要求相关部门结合"十二五"规划的编制，认真研究，深入调研，提出工作方案。

馆员舒乙参政议政的主要课题是保护文物、保护大运河，在现代化进程中最大限度地保护老北京。他执著地发言，写提案，在各种报刊上发表文章，与政府有关领导和部门对话。舒乙致力于对城市文物及文化遗产的保护，惦记着那些在城市化、现代化进程中迅速消亡的老房子、老习俗、老文化，对那些打着保护的旗号疯狂破坏古文化、古建筑，却又大肆建筑新的伪文化、伪古迹者，深恶痛绝，痛心疾首。他希望通过自己的努力，尽可能地将那些体现一个城市灵魂的文化与文物保留下来。舒乙关于保护研究承德避暑山庄和外八庙的建议，得到中央的重视，国家为此拨款六亿元人民币。

馆员韩美林，主持设计了北京奥运会吉祥物"福娃"，向世界展示了中国文化和奥林匹克运动的结合,展示了中华民族的悠久历史和灿烂文化。五个"福娃"形象的创造灵感,来自中国传统哲学中的"金、木、水、火、土"五行之说。韩美林和艺术家们让它们既有中华传统文化内涵,又具有抽象、变形的现代创新因素,韩美林也因此被称为"福娃之父"。

馆员王立平,《红楼梦》中许多经典歌曲的作曲家。曾任中国电影乐团团长、中国音乐家协会书记处书记,领导创建了我国第一个著作权集体管理组织——中国音乐著作权协会,并担任主席。他在创作一大批人民群众喜爱的优秀歌曲的同时,为推动著作权法的制定、实施和完善做了大量工作。新版《红楼梦》筹拍时,有人问王立平会不会为新版电视剧《红楼梦》重写音乐,王立平肯定地说:"我不会再写《红楼梦》音乐,不是不想,不是不爱,而是我在创作中已经倾尽所有,如果不能写得更好,那为什么我还要写?"他认为,《红楼梦》是一部文化瑰宝,每一代人有每一代人的历史使命,今后也总会有人重拍《红楼梦》,重写音乐。"我相信将来他们会拍得更好,音乐会写得更好。但我们这一代人的责任,就是用我们的心血、智慧、勤奋筑起一道高墙,即便不会让后代望而生畏,也应该让他们感到想要超越没那么容易!"2010年10月,国务院常务会议审议音像著作权政策问题。温家宝总理没有拍板,他要求必须听听王立平的意见。王立平和谷建芬等维护作曲家版权的建议,最终促使了国务院常务会议准备通过的相关规定的修改。

中央文史研究馆馆员的建议之所以引起重视,是因为先生们讲出了有水平的真话。

文化之研究 真理之讨论

中央文史研究馆馆员多为饱学之士,在国家文化建设方面有独特优势。这里的文化显然是大文化概念,它是指国家、民族在一定时期内形成的思想、理念、行为、风俗和代表人物及由整体意识所辐射的一切活动。文化非同小可,正如北大教授、哲学家汤用彤先生的名言:"文化之研究乃真理之讨论。"

2007年至今,中央文史研究馆向国务院报送的馆员建议达40多份,涵盖了文史、艺术、经济、教育、文化遗产保护等文化建设和社会发展等领域。其中,程毅中、孙机、资中筠、程熙、杨力舟、赵仁珪、程大利等馆员分别就民族宗教、中小学教育、文化安全和文化遗产保护、知识产权保护等问题提出建议,党和国家领导同志均作出了重要批示,要求相关部门予以重视。馆员们积极有为的资政建言对于促进政府决策的科学化、民主化起到了十分积极的作用。

尽管文史馆馆员们来自不同党派或是无党派人士,他们却有着共同的爱国热忱。无论是长江水灾还是汶川地震,馆员们都积极捐款或捐赠书画作品,以表达他们对灾区人民的关心和支持。

此外，文史馆馆员也经常到相关单位提出恳切的建议。2011年5月，20位中央文史研究馆馆员和国务院参事走访中国国际广播电台，提出建议，受到中央领导同志的重视。

翻开中央文史研究馆的历史，在德才望兼备的馆员中，既有书画家兼文史专家，也有文史专家兼书画家，体现了中华文化传统里大学问家同时又是书画家、书画鉴赏家的传承；中央文史研究馆和全国各省市区文史研究馆数千名精于翰墨的馆员，同社会各界的书画家们一道，在中华书画艺术的星空构成了一幅光辉灿烂的画图。

2008年8月15日，温家宝总理给中央文史研究馆孙天牧、欧阳中石、侯德昌、靳尚谊四位德高望重的老先生写信，祝贺《中华书画家》杂志创刊，希望杂志社以"弘扬经典，推崇大家"为己任，广泛团结海内外书画艺术家，为中华民族伟大复兴增光添彩。

8月20日，《中华书画家》创刊座谈会在北京钓鱼台国宾馆芳菲苑召开。文化艺术界群贤毕至。国务委员马凯作了题为"传承、繁荣和发展中华书画艺术"的长篇讲话，在文艺界引起强烈反响。《中华书画家》的创刊，使中央文史研究馆终于有了自己的馆刊。这本从文史的视角观察书画的期刊，在不太长的时间内成长为厚重典雅、特色鲜明、深受业界和读者欢迎的专业期刊。它所组织的活动也备受知识界、文化界和全社会的关注。

近年来，中央文史研究馆不断创新发展思路，拓宽发展渠道，促进资源整合，相继成立了中央文史研究馆书画院，创办了《中华书画家》杂志和《国是咨询》杂志，还通过举办国学论坛和春节文化论坛等活动，积极筹办中国国学中心和中华诗词研究院等文化实体，为推动国家文化建设献计出力。这些工作的顺利开展，必将为中央文史研究馆更好地参与国家文化建设奠定良好基础。

2010年3月14日"两会"记者会上，温家宝总理在回答台湾记者提问时讲了一个故事："元朝有一位画家叫黄公望，他画了一幅著名的《富春山居图》，79岁完成，完成之后不久就去世了。几百年来，这幅画辗转流失，但现在我知道，一半放在杭州的博物馆，一半放在台北'故宫博物院'，我希望两幅画什么时候能合成一幅画。画是如此，人何以堪。"

总理的这番期许，让元四家之首黄公望的《富春山居图》于660年后重新引起世人的关注，这一年是农历庚寅年。《富春山居图》画于庚寅年，断于庚寅年，名声鹊起也是庚寅年。

2010年4月，中央文史研究馆《中华书画家》杂志社与北京优帕克公司合作，经浙江省博物馆和台北"故宫博物院"授权，制成高仿真富春合璧图卷。5月，"《同根的文明》吟诵真赏会"在北京劳动人民文化宫太庙隆重举行。欧阳中石、程毅中、傅熹年、侯德昌、沈鹏五位馆员和馆长袁行霈登台吟诵。国务委员、国务院秘书长马凯以诗词爱好者的身份出席。7月，高仿真富春合璧图卷被首都博物馆收藏。欧阳中石现场题词："丹青国宝,鉴览同心"。10位收藏家认购所得30万元,当场以中央文史研究馆的名义捐给北京密云深山区古北口长城希望小学。

2010年8月,中央文史研究馆《中华书画家》杂志社邀集两岸画家携手创作《新富春山居图》。中央文史研究馆馆员、主笔画家宋雨桂和台湾著名画家江明贤,国务院参事室副主任、北京画院院长王明明合作66米长卷,于2011年8月收笔,历时一年。温家宝总理应邀为长卷题写引首,中央文史研究馆馆员、国学大师饶宗颐,上海市文史研究馆馆员、著名国画家陈佩秋,著名美术史论家、中国美术学院教授王伯敏,台湾著名画家、美术史学者欧豪年及中央文史研究馆馆长袁行霈为长卷题跋,另有黄均、欧豪年、尼玛泽仁等60位两岸四地书画家创作的富春江画作,和郑欣淼、程毅中、纪宝成等10位诗词大家赋诗填词36首。海内外书画大家高度评价《新富春山居图》"不输子久画卷"、"百代之瑰宝"。

中华民族在孕育博大精深的中华历史文化的同时,也孕育出多姿多彩的民族节日,如春节、元宵节、清明节、端午节、七夕节、中秋节、重阳节、腊八节等。庚寅辞旧迎新之际,中央文史研究馆同国务院参事室、北京市人民政府联合主办春节文化论坛,国务委员马凯在讲话中提出的如何把中华民族这一盛大节日办得更加丰富多彩,引起了社会广泛关注。春节经过几千年的演变,形成了一整套民俗文化和民众活动,蕴涵着中华民族的价值观念、伦理道德、行为规范和审美情趣,已经成为展现、传承民族文化的重要窗口,成为表达民族精神和民族情感的重要载体,成为炎黄子孙永远不能忘怀的鲜明的文化符号和文化记忆。春节怎样在现代文明中焕发新的光彩?文化内涵是什么?许多人未必都能说得清,而王蒙、舒乙、冯骥才这样的专家娓娓道来,就可以诠释文化的力量,增加知识性和趣味性。

1989年,由中央文史研究馆牵头,全国32家文史馆通力合作,动员组织馆内外的几千名专家学者进行撰稿,历时5年编纂出了一套50册、近500万字的"新编文史笔记"丛书,全面反映了清末民初以来的社会历史风貌。该丛书在大陆和港台地区同时出版发行,得到了党和国家领导人、史学界同仁及广大读者的一致好评,并获得了中国图书评论学会1993年度的第七届中国图书奖。

中央文史研究馆建馆伊始,就聚集了一大批德高望重的老年知识分子,其中有一批闻名遐迩的诗人。中央文史研究馆编辑出版的《缀英集》汇集了文史馆历届馆员诗词创作的丰硕成果,内容涵盖一个世纪。专家评价,文史馆员的许多诗词作品在我国近现代诗歌史上占有不可忽视的地位,不少作品具有诗史的意义。他们的诗词表达了自己的心声,而他们内心的呼唤与祖国的命运息息相关,与社会前进的脉搏同步,具有知识分子心灵史的意义。这些作品艺术风格各异,个性鲜明,读来感人肺腑,启人心智。特别可喜的是,有的作者还作了创新的探索,尝试着为诗歌创作开辟新路,留下了不少立意和风格都很新颖的诗篇。

《缀英集》收录的 90 位馆员的约两千首作品中,可以折射出一百多年间中华诗词发展的轨迹。《光明日报》以"当诗河流过世纪"为题,报道了这件盛事。

从 2007 年开始,中央文史研究馆组织全国文史研究馆编纂《中国地域文化通览》,全书达 34 卷、1500 万字,是通览全国地域文化的鸿篇巨制。《通览》的编撰,是全国文史研究馆系统共同参与的一项重点文化工程,也是近年来文史研究馆工作的一个亮点,是新时期文史馆"存史资政"的新探索。袁行霈馆长主持制定了《通览》编撰工作的学术规范和"自律三章":坚决彻底地杜绝抄袭现象,最大限度地减少学术硬伤,非常慎重地对待敏感问题。经过几年来大约 500 位专家辛勤努力的工作,《通览》将于 2012 年的秋冬在本届政府任内由中华书局出版。可以预见,这一国家文化工程,将对中国地域文化的研究与普及产生深远影响。

(作者:赵德润,中央文史研究馆馆员、中华炎黄文化研究会常务副会长、《光明日报》原副总编)

"国学"或"古典学"视野下的中国思想史研究

◇方光华

20世纪,对于中国历史中的思想性元素的研究,与对中国物质生产生活历史及社会组织历史的研究相比较,显得相对薄弱。今天,越来越多的学者已经认识到,中国历史中的思想性元素是中国历史的重要组成部分,中国历史的发展不仅是中国物质生产生活及社会组织方式的变化,同时也是中国历史中的思想性元素的成熟与发展。作为中国历史中的思想性元素的创造和传播者——中国历史中的知识群体,与中国物质生产生活的劳动者、社会组织的管理者,都是中国历史发展的重要推动力。历史的积累既表现为物质文化遗产,同时也表现为精神文化遗产,而历史文化的传承与创新同历史中的思想性创造有密切的联系。对中国历史中思想性元素研究的强调,一个突出的表现就是:"国学"或"古典学"引起广泛关注,它们是否应该成为现有学科体系中相对独立的学术领域,已成为学术界所讨论的热点话题。

关于"国学"或"古典学"的内涵,已经有不少讨论。一般认为"国学"或"古典学"是研究以古汉语为载体的历史文献,是中国固有的学术、文化、思想、价值体系。在20世纪,这一学问体系的研究对象已有各自建立的独立的学科归属,如哲学、史学、文学等,但依然有学者认为,今天有必要将其作为一门整体的学术形态,构建新的学理依据与学术范式。但如同西方古典学的意图是复活古希腊罗马的人文主义一样,"国学"或"古典学"的核心,不外乎是复活传统文化和古典自身的生命。而真正能代表传统文化和古典自身的生命的,是中国历史中的思想性元素。随着"国学"或"古典学"讨论的深入,它将会得到更高的关注。

中国历史中的思想性元素到底应该如何研究?20世纪基本达成了三点共识:首先,中国历史中的思想性元素,不能局限于儒家经学,诸子学说、宗教思想乃至关于科学与科技的思想都需要同等对待。其次,在研究方法上,除了对传统的学术史方法的继承与发展外,还需要丰富新的研究手段。如与世界其他文明的思想观念相比较,与中国社会历史研究深度结合等。第三,要提高文化自觉境界。要有对自己所拥有、所生存的文化状态的清醒认识,对自己的文化和思想要有"自知之明",并能将自己的民族文化和思想融入到世界文化体系中,在世文化体系中找到自己文化和思想的位置与坐标,对自身文化进行创造与建设。

关于中国历史中思想性元素的研究,需要尊重已经取得的共识,并将这些共识加以升华。

首先,要深化对中国历史中的思想性因素的整体观察。

由儒家经学、诸子学说、宗教思想乃至关于科学与科技的思想所构成的中国思想,到底包含哪些内容?对此,侯外庐曾经有所概括,指出它包含三个主要层面:世界观(哲学思想)、逻辑思想、社会意识。研究思想史关键是要揭示出哲学思想、逻辑思想和社会思想(包括政治、经济、道德、法律等方面的思想)的内在联系,以及这个思想体系发展的基本历程。今天的思想史研究不仅要更加准确地揭示思想体系各要素的内在联系,更加需要研究中国思想性因素的格局性特征,也就是各种思想体系多层次并存的复杂结构。格局结构是任何事物都具有的逻辑结构。认识事物,需要揭示事物所具备的各个层次,并对每个层次进行展开和定位。用格局分析视角观察思想史,思想史会呈现为一个由不同历史时期、不同层次的人类心灵开显的序列。我们会发现三个明显的现象:第一,思想史不完全是真理与谬误相厮杀的战场,不完全是真理不断战胜谬误的历史,而是一个不断发现真理、定位真理、超越真理的历史。思想史上不同时期的每个思想体系都包含真理,但都只是特定层面上的真理。第二,任何两个思想体系之间,或者逻辑上是等价的关系,或者是不同层面的关系。第三,相邻层面上的思想体系之间,具有特定的反身重构的逻辑对应关系①。

其次,要加强对中国历史中的思想史因素的文化功能的研究。

思想史研究还需要更加关注思想的文化功能和文化作用。20世纪,有不少学者研究中国思想史,他们意识到思想历史与社会历史需要贯通,力图在剖析中国古代社会特征的基础上观察中国思想结构、思想内容及其表现形式和发展变化,力图把握社会思潮与社会历史的联系及其所反映的时代特点,阐述不同学派及其代表人物的思想特色和历史地位,并从体系化、制度化的思想形式去研究社会存在和社会意识相统一的程度。它说明对思想观念的研究不能局限在以思想解释思想,只有从思想与社会历史的互动中,才能准确判断思想观念的内涵与特征。这一观点显然是很深刻的洞察。但今天需要有更加宏大的视角,将思想的功能与文化联系起来。思想与文化联系密切,思想的文化作用的产生总是要与人们的生活实践发生内在联系,它一般有三个层次:一是改变形而上的信仰。无论是中国思想还是西方思想,在建立解释自然、社会、人生的知识系统时,总会有一个逻辑起点,有一个不必论证和思考的终极依据。这个依据往往成为思想最牢固的基础,它左右人们对文化的信仰。只有当这种信仰被新的信仰所取代或

---

① 参看方光华、胡列清:《思想史研究需要引入"格局分析法"》,《华夏文化》2007年第1期。

补充之后，文化才会发生变化。二是渗透人们的知识体系。一定的知识系统总是与当时人们的思想水平相联系。思想通过一系列相应的概念、命题转化为理性化的知识形式，并建构与思想信仰相统一的价值趋向。思想的基本内涵不变，知识体系不会发生变化；思想的基本内涵变化，知识体系也将随之发生变化。三是通过人们的社会生活。它既包括人们的政治生活，也包括人们的日常生活，甚至包括某些特殊的仪式和禁忌。如何准确揭示思想与文化的互动，确实需要更加深入的思考。

第三，要加强对中国历史中的思想史因素的发展特点的研究。

在中国思想特色的理解方面，我们已经取得了不少进展，但对中国思想性因素的成熟与发展过程的整体特点的研究，还有不少可以拓展的空间。中国思想的创新有三个鲜明的特征：一是在连续中求创新。这种连续性主要表现为它的所有创新都须落实到中国文化的基本经典。思想上的创新只有在经典中得到体现之后才能得以确立。中国思想史上众多的思想家提出其思想学说时，并不是另起炉灶，重新提出自己的概念范畴系统，而往往是依托经典，通过对经典的注解与阐释来提出其思想学说。他们在理论上的创新与贡献，也往往体现在对原有概念、范畴、命题的改造或意义的重新赋予上。而中国文化理念的革新，很少采取西方那种通过法典使创新性思想观念得以制度化和普世化的模式，而是更加重视通过经典这个纽带，重视将创新性思想凝结在经典之中，通过已被重新诠释的经典的传播与普及，在逐渐形成对经典意义的共通性认识中达到对创新性文化理念的领会和消化，从而使创新性思想深入人心。二是对社会存在的思考是思想创新的基本动力。中国思想虽有对于自然世界的思索，但整体来说，中国哲人研究自然世界，并没有走上科学分析之路。他们探讨自然世界的运动规则，着重点是为人类社会政治和伦理生活立法，是为了建立政治、伦理生活的理想方式，是为人类精神生活寻找支柱。因此，与西方面对自然而认识人类自身的传统不同，中国思想的主流不是因为对自然认识的深化而升华对人类自身的认识水平，相反，它主要是因为对人类自身的认识的升华，促进自然认识水平的提高。天人之际的问题与社会政治伦理紧密相连。人们是因为出于对人事的关怀，而去探求天人关系，探求天道。如果不能满足人事的需要，对天道的探求就失去了意义。而中国思想所关注的对象虽有自然存在，但主要是社会存在。三是有由老子而庄子的发展逻辑。在社会转型的关键时刻，中国思想往往能准确预见新的发展可能性，体现出强烈的现实批判性，有助于人们解放思想。如同没有老子，春秋时代中国社会的发展可能是另外一种样子，但随着社会变革的加剧与社会矛盾和冲突的尖锐化，中国思想往往倾向于在自己的内心实现自由；如同战国时期，庄子通过对政治本质的深刻反思，认为绝对不存在理想的政治，因而对社会变革的前景充满忧虑，认为最要紧的是保持自己心灵的自由。中国思想性因素的发展往往走在精神认识上超越有限达到无限的思路，心性论色彩十分明显。

对中国思想创新的这些特点的研究,需要有新的提升。

第四,要加强对中国思想性因素传承创新的可能途径的研究。

刘述先在讨论其系统哲学时曾经提出:我们如何才能为丰富杂多的世界人生的内容寻觅到一个共同的根源或基础?"我们有没有可能建构一个系统来涵盖世界人生如此丰富杂多,乃至表现了深刻的矛盾冲突的内容,把它们熔为一炉,结合成为一个整体,却又井然有序,分别在这个系统之内得到它们适当的定位?"他的这一构想与中国思想史研究的目标有相通之处。中国思想史研究需要在促进传统文化与当代社会相适应、与现代文明相协调的过程中取得新的成就。

对中国思想的现代价值的梳理,既要注重中国思想命题的特殊性,又要勾勒出它的普遍价值。由于与世界其他民族文化传统、地理环境等多种因素的差异,中国思维方式表现出明显的差异性。研究中国思想,需要准确识别民族思想特征,重视中华文明智慧的提炼与总结,但同时也要加强中国思想与世界其他民族思想的沟通。将富有中国民族特色和时代特征的智慧总结提炼出来,以世界其他文明能够接受的理论、观点和理念向世界传播,既是当代中国自身发展的需要,也是推进世界全球化进程进一步深入的需要。民族性与时代性的紧密结合仍然是当前思想史研究的重要课题。

(作者:方光华,西北大学校长、西北大学中国思想文化研究所副所长)

五帝古史传说研究

◇王震中

我国是一个具有悠久文明历史的古国,这既为考古学、历史学所证实,亦为世界所公认。在伟大史学家司马迁的《史记》中,《五帝本纪》被列为篇首,因此传统史学从五帝开始。20世纪20年代以后兴起的以顾颉刚为核心的疑古辨伪学派(亦称为"古史辨"派),在否定"三皇五帝"古史体系的同时,也促使学术界把"五帝"定位为古史传说的范畴之中,这不能不说是一种历史的进步,也是实证史学的成就。

五帝既然为古史传说,那么它就包含有两个方面的情况:一是在传说中有的属于"疑说纷纭似是而非的神话",二是传说也"有真正的史实素地,切不可一概抹杀"①;或者说古史传说是"历史与神话的交融","历史中有神话,神话中富于历史"②。对此,我称之为:"古史传说中有实有虚,虚实纠缠在一起。"③这就需要我们在研究古史传说时,努力揭示传说所含有的史实素地及合理内核,同时也对神话的成分,对经后人加工而成的古史体系中虚妄的部分和不合理成分,尽可能地予以剥离,这是一种"去粗取精"、"去伪存真"的作业。只有这样,才是在接近历史实际,向历史真实迈进,才有利于对中国上古史的重新建构。当然,今日的古史传说的研究,已不仅仅局限于文献的考证或互证,把古史传说与考古学和人类学相结合,即所谓"三重证据法",也时常运用于古史传说的研究之中。但是,需要强调的是,所谓"已被考古学所证实",不能拘泥于某一遗址是否就是某一传说人物及其氏族的遗留。对于古史传说所反映的历史文化在时代特征或时代背景上能与考古学上的时代相一致,就应该说这样的传说包含有史实素地及合理内核。所以,古史传说中的实与虚,在与考古学相结合进行研究时,要作辩证分析,当然还要以对考古学文化与古史传说都有系统的梳理、分析和研究为基础。

---

① 尹达:《衷心的愿望——为〈史前研究〉的创刊而作》,《史前研究》创刊号,1983年。
② 杨向奎:《历史与神话交融的防风氏》,《杨向奎学术文选》,人民出版社,2000年。
③ 王震中:《古史传说中的"虚"与"实"》,孟世凯主编:《赵光贤先生百年诞辰纪念文集》,中国社会科学出版社,2010年。

一、五帝的组合模式及其意义

1. 五帝的组合模式

在先秦时期,有的文献出现"三皇五帝"这样的提法,但具体指谁,并不明确。如《周礼·春官宗伯》云:"外史职掌三皇五帝之书。"《庄子·外篇·天运》说:"故夫三皇五帝之礼义法度,不矜于同而矜于治,故譬三皇五帝之礼义法度,其犹柤梨橘柚邪?其味相反而皆可于口。"《吕氏春秋·禁塞》曰:"上称三皇五帝之业,以愉其意;下称五伯名士之谋,以信其事。"《吕氏春秋》的《贵公》、《用众》、《孝行》等篇中也都提到了"三皇五帝",但都如《禁塞》篇所言,只作泛称。三皇五帝到底指谁,上引《周礼》、《庄子》、《吕氏春秋》并未指实。

也有一些文献具体说到五帝是谁,但在不同的文献中又有不同的组合。大致可归纳为如下几类:

(1)《易传》、《大戴礼记·五帝德》、《国语》、《史记·五帝本纪》所记载的五帝为:黄帝、颛顼、帝喾、帝尧、帝舜。

(2)《礼记·月令》、《吕氏春秋·十二纪》、《淮南子·天文训》、《汉书·魏相传》、《孔子家语·五帝》以太皞、炎帝、黄帝、少皞、颛顼为五帝。

(3)孔安国《尚书序》以少皞、颛顼、帝喾、唐尧、虞舜为五帝。

(4)《尚书中侯敕省图》引郑玄注"以轩辕、少昊、高阳、高辛、陶唐、有虞六代为五帝"。关于六人而称为五帝,郑玄的解释是:"德合五帝坐星者称帝,则黄帝、金天氏、高阳氏、高辛氏、陶唐氏、有虞氏是也。实六人而称五帝,以其俱合五帝坐星也。"这样的解释实在是勉强。

诸种不同组合五帝的出现,包括列有六人而称为五帝,这说明:第一,应当是先有"三皇五帝"这样的"三"、"五"概念的存在,才会出现用不同的古帝去填充它;第二,"五帝"与远古诸帝是一个既有联系又有区别的概念,"五帝"可视为远古诸帝的代表或概括,因而应当把对"五帝"的研究置于远古诸帝的整体研究之中。

2. 横向与纵向的五帝组合模式的意义

在上述五帝的多种组合模式中,有的是用部族领袖或部族宗神按照历时纵向而排列组合的五帝模式,有的则是按照五方帝、五色帝和五行来横向排列组合的五帝模式。有学者称前者为"历史学领域中的五帝说",亦即"人间的五帝说";称后者为"神学领域中的五帝说",亦即"神界的五帝说"[①]。杨宽先生曾指出,这种"五方帝五色帝之祠最迟当春秋时已有"[②]。据《史记·封禅书》记载,

---

[①] 叶林生:《古帝传说与华夏文明》,第52—66页,黑龙江教育出版社,1999年。
[②] 杨宽:《中国上古史导论》,《古史辨》第七册上编,第250页,上海古籍出版社,1982年。

秦有五畤,自襄公始陆续作西畤、鄜畤、畦畤祀白帝,作密畤祀青帝,作上畤祭黄帝,作下畤祭炎帝。高祖入关,"问:故秦时上帝祠何帝也? 对曰:四帝有白、青、黄、赤帝之祠。高祖曰:吾闻天有五帝,而有四,何也?""乃立黑帝祠,命曰北畤"。五色帝之说是认为天上东、南、西、北中并立有青、赤、白、黑、黄五帝,各主一方。其渊源可以追溯到殷墟卜辞中对四方四土的祭祀。这种五方帝五色帝的组合模式,在战国秦汉时期经常是以四时配五行、五帝的。例如,《吕氏春秋·十二纪》和《礼记·月令》都说:

孟春、仲春、季春三月,其帝太皞,其神句芒;立春之日,天子迎春于东郊。

孟夏、仲夏、季夏三月,其帝炎帝,其神祝融;立夏之日,天子迎夏于南郊。

中央土,其帝黄帝,其神后土。

孟秋、仲秋、季秋三月,其帝少皞,其神蓐收;立秋之日,天子迎秋于西郊。

孟冬、仲冬、季冬三月,其帝颛顼,其神玄冥;立冬之日,天子迎冬于北郊。

《淮南子·天文训》也说:

东方,木也,其帝太皞,其佐句芒,执规而治春。

南方,火也,其帝炎帝,其佐朱明,执衡而治夏。

中央,土也,其帝黄帝,其佐后土,执绳而制四方。

西方,金也,其帝少皞,其佐蓐收,执矩而治秋。

北方,水也,其帝颛顼,其佐玄冥,执权而治冬。

对于这种以五行相配的五帝组合模式,有学者说它是战国秦汉时的"学者为落实五帝说的编造",并认为"神学上的五帝说为人间的五帝说提供了理论依据"[①]。其实这种所谓"神学上的五帝",是因应五行需求,把上古的古帝按五方作了横向上的分布组合,因而当然是先有上古诸帝的存在,而且还把商代对四土四方的祭祀转变为对五方的祭祀之后,才会有与四时五行相配合的五帝。然而,这种按照方位进行横向组合的五方帝模式却透露出组成五帝的上古诸帝原本有可能不属于一个地域族系,他们当来自不同的地域族团。此外,在上古人的思维中,人与神可以互相转换,如祖先与祖先神的换位,祖先神与自然神的换位,等等,所以,用所谓"人间的五帝"来构筑所谓"神学上的五帝"是很正常的。

对于我们重建上古史来说,那种用部族领袖或部族宗神来进行纵向排列组合的五帝模式与横向排列组合的这两种模式,都是值得重视的。只是在纵向排列组合的这一类型的五帝模式中,因有司马迁撰写的《五帝本纪》,所以现在的

---

① 叶林生:《古帝传说与华夏文明》,第63、65页,黑龙江教育出版社,1999年。

学术界一般都以黄帝、颛顼、帝喾、尧、舜为五帝的基本模式。通过后面的论述我们将会看到,不论黄帝、颛顼、帝喾、尧、舜诸族最初的发祥地在何处,他们后来都来到了中原,称雄于中原地区,所以这一五帝模式也就成了正统的传统史学模式。

二、五帝传说在史前史研究中的重新定位

1. 司马迁五帝模式的虚与实

三皇五帝说的历史价值之一就在于它用"三皇—五帝—三王—五霸"这样的方式表述了历史文化演进的几个阶段,史称"三五之兴"。其中,那种用部族领袖或部族宗神来进行纵向排列组合的五帝模式,符合历史演进这样的史学要求,因而《五帝本纪》也就成为了司马迁《史记》的篇首。按照《五帝本纪》中的排列顺序,黄帝为五帝之首,其余四帝都是黄帝的后裔。颛顼是黄帝之子昌意的儿子,即黄帝之孙。帝喾的父亲叫蟜极,蟜极的父亲叫玄嚣,玄嚣与颛顼的父亲昌意都是黄帝的儿子,所以,帝喾是颛顼的侄辈,黄帝的曾孙。尧又是帝喾的儿子。而舜则是颛顼的六世孙。

《五帝本纪》中五帝在历史舞台上称雄的先后顺序应该没什么大的问题,但认为黄帝与其他四帝即五帝之间在血统血缘上都是一脉相承的关系,是有问题的。我们将五帝所表现出的先后时代关系称为符合历史实际的"实",而将其一脉相承的血缘谱系称为不符合历史实际的"虚"。

我们知道,上古时期中华大地上的新石器文化星罗棋布,新石器文化遗址数以万计,创造这些新石器文化的氏族部落部族林立,即使后来组合成几个大的部族集团,各大族团之间起初也是互不统属,根本不可能是万古一系。因而对于司马迁等人把原本属于不同部族或族团的"黄帝、颛顼、帝喾、尧、舜"等的族属描写成一系的做法,需要予以纠正。撰写《史记·五帝本纪》的司马迁以及《大戴礼记·五帝德》的作者和《尚书》中《尧典》、《皋陶谟》、《禹贡》的作者们都生活在具有"大一统"观念的时代,他们将原本属于分散的材料,原本属于不同系统的部族领袖人物或部族宗神,经过作者的取舍、加工、合并、改造等,或是安排构筑在一个朝廷里,或是组合成"黄帝—颛顼—帝喾—尧—舜"等万古一系的大一统的古史体系。今天我们在面对《五帝本纪》中的"黄帝—颛顼—帝喾—尧—舜"这一谱系时,不必拘泥于被称为"五帝"的这些传说人物或宗神是否具有血缘上的祖孙关系,而可以把他们看成是代表了当时不同的部族族团称雄或称霸一方时的时代上的先后早晚关系。

2. 文献所见的五帝时代不同时期的划分

在"黄帝—颛顼—帝喾—尧—舜"这一谱系中,尧、舜、禹三位传说人物距离夏王朝的时代较近,作为"神话传说"所表达的"时间深度"不应该很长,而诸如

黄帝之类的神话传说所反映的"时间深度"应当是很长的，颛顼的情况则介于黄帝时代与尧舜禹时代之间，属于二者的分界线。

《左传·昭公十七年》载郯子说：

> 昔者黄帝氏以云纪，故为云师而云名；炎帝氏以火纪，故为火师而火名；共工氏以水纪，故为水师而水名；太皞氏以龙纪，故为龙师而龙名。我高祖少皞挚之立也，凤鸟适至，故纪于鸟，为鸟师而鸟名……自颛顼以来，不能纪远，乃纪于近，为民师而命以民事，则不能故也。

郯子所说的"自颛顼以来，不能纪远，乃纪于近"，这已经表明有关黄帝、炎帝、太皞、少皞等神话传说所代表的"时间深度"远比尧舜禹时期大得多，颛顼可作为二者的分水岭。此外，颛顼之前的著名氏族部落或部族多以图腾作标志，也能说明这一问题。文中所提到的用云记事的黄帝氏，在有些文献中又号称"轩辕氏"和"有熊氏"。如我们后面还要说到的，"轩辕氏"即"天鼋氏"，亦即青铜器族徽铭文中的"天鼋"族徽；"有熊氏"即青铜器族徽铭文中的"天兽"族族徽铭文①。《列子》也说："黄帝与炎帝战于阪泉之野，帅熊、罴、狼、豹、貙、虎为前驱，雕、鹖、鹰、鸢为旗帜。"这十种不同的鸟兽，实际上应是十个氏族的图腾，也是他们的族姓与名称，表现在铜器上就构成"天兽"族的各种鸟兽族徽铭文，在文献中被统称为"有熊氏"。总之，铭文中"天鼋"族与"天兽"族这两类族徽铭文中都有"天"，所以，所谓"以云纪"云云实即"以天纪"而已。至于用龙记事的太皞氏和用鸟记事的少皞氏等都是以图腾作标志，这在我国学术界已有某种程度的共识。而在人类学中一般认为图腾制度是跟母系制共存的，由母系制转化为父系制，图腾制度便式微和瓦解，氏族名称也改变了，但仍保留着图腾的痕迹②。马克思说：

> 很有可能在世系过渡到按男系计算以后或还早一些，动物的名称就不再用来标志氏族，而为个人的名称所代替。
>
> 自此以后，赋予氏族名称的祖先，就与时俱变了。③

对此，有学者指出，以颛顼的出现为其界限——在其前，"为鸟师而鸟名"；在其后，"为民师而命以民事"——的现象，恰与马克思关于是否以动物的名字来标志氏族是划分母系氏族社会与父系氏族社会的界限的理论相吻合④，这有助于证明两个观点：其一是颛顼以前的黄帝时期要远远早于颛顼之后的尧舜禹

---

① 邹衡：《夏商周考古学论文集》，第313页，科学出版社，2001年。
② 李衡眉：《三皇五帝传说及其在中国史前史中的定位》，《中国社会科学》1997年第2期。
③ 马克思：《摩尔根〈古代社会〉一书择要》，第227页，人民出版社，1978年。
④ 李衡眉：《三皇五帝传说及其在中国史前史中的定位》，《中国社会科学》1997年第2期。

时期,这也就是上面所说的有关黄帝、炎帝、太皞、少皞等神话传说所表达的"时间深度"要远远大于颛顼之后的尧舜禹等神话传说所表达的"时间深度";其二是颛顼之前的黄帝时期其世系或者是按女系计算,再或者是处于由按女系计算过渡到按男系计算的转型时期,颛顼之际,新的按男系计算的世系完全获得了确立。所以《淮南子·齐俗训》说:"帝颛顼之法,妇人不辟(避)男子于路者,拂(《太平御览》作"袚",当是)于四达之衢。"为此,徐旭生先生说:"大约帝颛顼以前,母系制度虽然逐渐被父系制度所代替,但尊男卑女的风俗或尚未大成。直到帝颛顼才以宗教的势力明确规定男重于女,父系制度才确实地建立。①"

如此说来,颛顼在中国史前史的地位极为重要。他的出现,具有划时代的意义:第一,"自颛顼以来,不能纪远,乃纪于近",有了后世天文历法意义上的年代记忆,相传有"颛顼历"也当与此有关;第二,进入颛顼时期,可以看到母系社会与父系社会之间明确的界标,它成为两个社会性质截然不同的时代的分水岭;第三,颛顼"乃命南正重司天以属神,命火正黎司地以属民……是谓绝地天通"(《国语·楚语下》)的做法,说明当时已出现专职的神职人员,这意味着一个祭祀兼管理阶层的形成,宗教祭祀已被统治阶层所垄断,从而使得社会进一步复杂化,这是文明化进程中划时代的现象之一。

这样,以颛顼为界标,从颛顼到尧舜禹是中国最早的国家即邦国产生的时期,也是邦国联盟或称族邦联盟的时期。当时万邦林立,未有中央统一政权,那些邦国的规模和势力所及的范围较小者为一般的初始国家,而那些特别强大者则可称雄或称霸于一方,并在其势力所及的范围内,到尧舜禹时期结成了邦国联盟,其盟主实有众小邦共主的地位。所谓尧舜禹禅让的历史真相,所禅让的只是盟主或雏形共主的领导地位,并不影响其为本国之君,也就是说,唐尧、虞舜等实有双重的身份,为一国之主是根本的,盟主或雏形共主之位是兼任的,唐尧禅位与虞舜,所传的是盟主或雏形共主之位,而不是唐国君主的君位②。当然,在禅让的背后,禅让之所以得以实现,是唐尧、虞舜等诸邦国势力互有消长的结果,同时也由于当时尚未形成稳定的天下共主的王朝国家结构,因而邦国盟主或雏形共主很难由一族一国长期占有,只有到夏代,天下共主的地位被作为王邦的夏后氏长期占有和世袭时,才形成多元一体的具有复合型国家结构的王朝即王朝国家③。

以上我们将司马迁《五帝本纪》中"黄帝—颛顼—帝喾—尧—舜"这样的五帝世系,转化为不同族属的五个较强大的部族或族邦雄霸一方时的早晚关系亦即时代上的先后次序,我们认为这才是五帝传说所反映的一部分历史真相。由

---

① 徐旭生:《中国古史的传说时代》,第85页,科学出版社,1960年。
② 王树民:《五帝时代的历史探秘》,《河北学刊》2003年第1期。
③ 王震中:《夏代"复合型"国家形态简论》,《文史哲》2010年第1期。

此我们还可以对五帝时代作进一步的历史划分,其中若用二分法的话,以颛顼为界,颛顼之前的黄帝(轩辕氏和有熊氏)为一个时代,从颛顼开始的颛顼(高阳氏)、帝喾(高辛氏)、唐尧(陶唐氏)、虞舜(有虞氏)和大禹的前期为另一个时代;若用三分法的话,则可划分为"黄帝—颛顼帝喾—尧舜禹(禹之前期)"这样三个时代或时期。

三、"黄帝"、"炎帝"名号的由来

说到黄帝族,每每要提到黄帝之子十二姓。《国语·晋语》说:"黄帝之子二十五宗,其得姓者十四人,为十二姓:姬、酉、祁、己、滕、箴、任、荀、僖、姞、儇、依是也。唯青阳与苍林同于黄帝,故皆为姬姓。"又说:"黄帝之子二十五人,其同姓者二人而已,唯青阳与夷鼓皆为己姓。"青阳、苍林和夷鼓指谁,可置不论。对于五帝时代的"炎帝"、"黄帝"等名号,有人称之为"炎帝氏族"、"黄帝氏族",如徐旭生先生的《中国古史的传说时代》一书就是这样写的。也有学者认为:"如果我们把二十五宗看作二十五个氏族,十二姓看作十二个胞族,若干胞族构成一个部落,那么,原黄帝部落就发展成一个巨大的部落联盟了。"①就黄帝之子的十二姓而言,认为黄帝原是一个部落并发展为部落联盟的看法,是符合历史实际的。在古史传说中,除黄帝十二姓和祝融八姓外,其他的多为一姓,如炎帝为姜姓,太皞为风姓,少皞为嬴姓,帝尧陶唐氏为祁姓,帝舜有虞氏为姚姓,夏禹为姒姓,等等。诚如田昌五先生所指出,黄帝十二姓,有些姓也见于其他族团,如祝融八姓中有己姓的昆吾、苏、顾、温;祁姓著名的有陶唐氏,即唐尧部落;在今河南漯河市郾城区境的南燕和建国于西北的密须都是姞姓;至于薛、章、毕、过、挚等则属于任姓;此外,春秋时期的骊山之戎为姬姓,弧戎亦为姬姓,赤狄有的也是姬姓等。我们知道,先秦典籍中的"姓"可以有多个层面的含义,其中最基本的一种含义就是表示同出于一个女性始祖的亲族关系,对于这种具有血缘关系的亲族组织的名称,杨希枚先生主张称之为"姓族",相当于人类学所谓 clan 或 gens②,也就是通常所说的氏族部落中的氏族。黄帝十二姓,说明其在形成的初期就是由十二个氏族(姓族)所构成,至少是一个部落,其进一步发展为部落联盟乃至部族,也是势所必然。而十二姓中还包含一些其他族团的姓,可见在"黄帝"这一名号之下,实际上存在着部族融合的情形。

黄帝号称轩辕氏,又号称有熊氏。郭沫若先生曾依据《国语·周语》"我姬氏出自天鼋",指出铜器铭文中被他释为"天鼋"的族徽(图一:A)就是古轩辕③。

---

① 田昌五:《古代社会形态研究》,第137页,天津人民出版社,1980年。
② 杨希枚:《姓字古义析证》,《杨希枚集》,第23页,中国社会科学出版社,2006年。
③ 郭沫若:《殷周青铜器铭文研究》卷一,第7页,人民出版社,1954年。

邹衡先生进一步提出在天黾的族徽之外还有天兽的族徽(图一:1—6),即在"天"字图形之下铸有各种兽类图形的铭文。他联系《史记·五帝本纪》和《大戴礼记·五帝德》记载黄帝与炎帝在阪泉之野作战时,曾用了以兽为名的六支不同图腾的军队:熊、罴、貔、貅、貙、虎,认为这些天兽类的族徽与黄帝族是有关系的[①]。除了"天黾"和"天兽"这两类族徽外,青铜器中还有一种是仅画一个"天"(𡗞或𡗛)的族徽,邹衡先生在《论先周文化》中说他曾找到有这样族徽的铜器50余件[②]。郭、邹两位的这一发现,一方面说明,古史传说中轩辕氏(天黾氏)和有熊氏的徽号是有缘由的,它的渊源悠久;另一方面也说明黄帝族并非一个族氏,它由不同族徽的族氏所组成。轩辕氏和有熊氏都统一在黄帝的名下,黄帝这一名称显然是部族融合后的产物,也就是说,先有轩辕氏和有熊氏这些名称,后才有黄帝这样的名号,黄帝一名是后起的,产生得较晚。

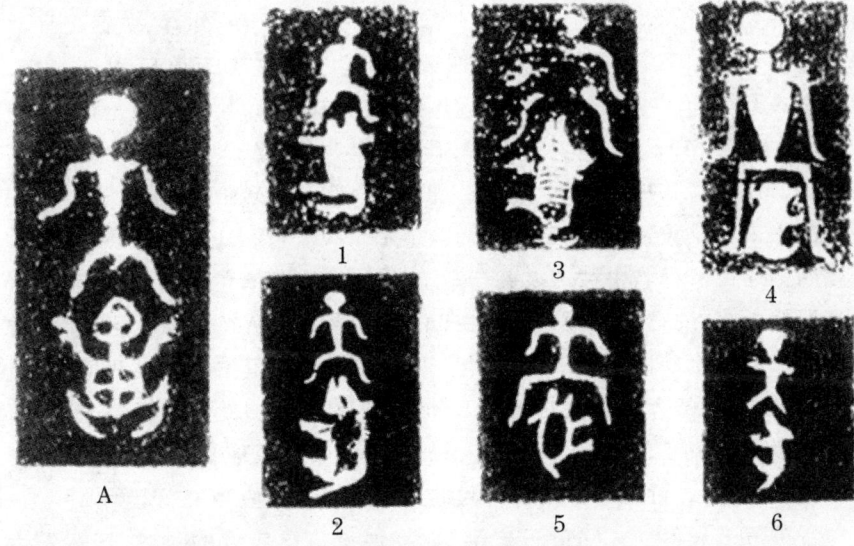

图一 天黾与天兽族徽(引自邹衡《夏商周考古学论文集》第313页图九)
A. 天黾父癸方鼎(三代2.39.8)　　1. 天兽鼎(三代2.1.10)
2. 天兽姚辛簋(三代6.22.3)　　3. 天兽父丁鼎(三代2.21.4)
4. 天兽鼎(三代2.1.8)　　5. 天兽父乙觚(三代14.24.9)
6. 天兽父丁爵(三代16.8.3)

在炎黄二帝中,有关黄帝的得名是最难理解的。《左传·昭公十七年》郯子说:"昔者黄帝氏以云纪,故为云师而云名;炎帝氏以火纪,故为火师而火名;共工氏以水纪,故为水师而水名;太皞氏以龙纪,故为龙师而龙名。我高祖少皞挚之立也,凤鸟适至,故纪于鸟,为鸟师而鸟名:凤鸟氏,历正也;玄鸟氏,司分者

[①] 邹衡:《夏商周考古学论文集》,第313页,科学出版社,2001年。
[②] 邹衡:《夏商周考古学论文集》,第310—331页,科学出版社,2001年。

也……"通过郯子的这一段话可以得知,炎帝的得名是与火有关的,不管这个火是自然之火还是天象心宿的大火星之火①,炎帝族以火为宗神是没有疑问的。然而,郯子所说的黄帝氏以云纪解释不了黄帝何以称为"黄"的问题。

在战国以来的说法中,黄帝被称为中央之帝,以土德王。如《史记·五帝本纪》说,黄帝"有土德之瑞,故号黄帝"。《说文》曰:"黄,地之色也,从田光声。"《论衡·验符》说:"土色黄,汉土德也。"又说:"黄为土色,位在中央,故轩辕德优,以黄为号。"这种土德说来自五行的观念。《淮南子·天文训》说:"东方,木也,其帝太皞,其佐句芒,执规而治春。……南方,火也,其帝炎帝,其佐朱明(即祝融,《占经》引《淮南子》作"其佐祝融"),执衡而治夏。……中央,土也,其帝黄帝,其佐后土,执绳而制四方。……西方,金也,其帝少皞,其佐蓐收,执矩而治秋。……北方,水也,其帝颛顼,其佐玄冥,执权而治冬。"类似的说法也见于《吕氏春秋》,在《吕氏春秋》的春、夏、秋、冬"四纪"中说:孟春、仲春、季春之月,"其日甲乙,其帝太皞,其神句芒";孟夏、仲夏、季夏之月,"其日丙丁,其帝炎帝,其神祝融";在《季夏纪》末尾说"中央土,其日戊己,其帝黄帝,其神后土";在孟秋、仲秋、季秋之月,"其日庚辛,其帝少皞,其神蓐收";在孟冬、仲冬、季冬之月,"其日壬癸,其帝颛顼,其神玄冥"。显然,《淮南子》和《吕氏春秋》是在五行与四方四季相配中来安排黄帝的,黄帝之黄乃取金木水火土五行土之色。

按照上述黄帝释名中黄帝之黄与黄土的关系,今日有的学者主张,黄帝者乃黄土高原之奇葩,说它是一种美称;也有的认为黄帝陵所在的陕北一带,有着十分丰富的史前文化,研究黄帝及其文化,理应首先从这里出发。而我们知道,在古史传说中,不但黄帝葬于陕北的桥山,而且黄帝族最初就生活在黄土高原,在这个意义上,这些看法并非没有缘由。只是,若黄帝之黄取自金木水火土五行土之色的话,这种与五行观念联系在一起的黄帝的说法也应当是后起的。

关于黄帝这一名号,以前"古史辨"派在讨论古史传说的时候,杨宽先生曾提出"黄帝即皇天上帝"的看法②。杨先生的这一看法,与顾颉刚先生提出的著名的"四打破"中"打破古史人化的观念"是一致的。我们知道在古史和神话传说中,确实存在由纯粹的"神"而人格化、历史化为"人"即古史人化的问题。但在远古"原逻辑"③的思维下,那些强有力的部落酋长和部落英雄,在其活着的时候就可能被视为具有神力或神性,成为半人半神者,其死后变为部落神,其神性被不断地加以强化,并在部落中或部落间广泛流传,这都是有可能的。

---

① 王震中:《炎帝族对于"大火历"的贡献》,《炎帝与民族复兴》,陕西人民出版社,2006年。

② 杨宽:《中国上古史导论·黄帝与皇帝及上帝》,《古史辨》第七册上编,第197页,上海古籍出版社,1982年。

③ 参见列维·布留尔:《原始思维》,商务印书馆,1981年。

例如在甲骨文中,商王活着的时候是人,只有死后才上升为神,现学术界一般称之为祖先神。对于这些死去的商王,学术界也称之为先王,先王可以作祟于活着的王。所以,在神话传说的历史化、文献化过程中,有的经历的是由神到人的所谓"人化"过程;也有的经历的是由人到神或半人半神的所谓"神化"过程;有的甚至是"人化"与"神化"交织在一起,亦即经历了:远古时为活着的部落酋长(系人,但具有神力、神性,乃至被视为半人半神者)——死后为部落神——在进入有文字记载的历史以后,又被历史化、人化为人或具有神力的人。所以,所谓"古史人化"或"神化"的问题,是极其复杂的,由神到人的现象是有的,但并非仅仅是由神到人。具体说到黄帝与轩辕氏和有熊氏的问题,我们说作为氏族部落酋长之名同时也是氏族部落之名的轩辕氏和有熊氏,原本应该有真实的人和真实的氏族部落存在,而从轩辕氏、有熊氏到黄帝的演变,大概经历了由人到神的"神化"问题,这种神化的结果是在人身上加上了神性和神力,所以,在古史传说中,有的地方我们看到的是黄帝乃部落酋长,有的地方我们看到的则是黄帝乃部落宗神。只是就部落宗神的意义而言,黄帝是否含有皇天上帝的意思,还可作进一步的探究。

主张黄帝即皇天上帝者,最主要的依据是"黄"、"皇"古通用。如《庄子·齐物论》:"是皇帝之所荧也。"《释文》:"皇帝,本又作黄帝。"又《至乐》篇曰:"吾恐回与齐侯言尧、舜、皇帝之道……"《释文》:"皇帝,司马本作黄帝。"《吕氏春秋·贵公》:"丑不若黄帝。"毕沅校曰:"黄帝,刘本(明刘如宠本)作皇帝,黄、皇古通用。"《易·系辞》:"黄帝、尧、舜,垂衣裳而天下治。"《风俗通义·音声》作"皇帝"。可见"黄帝"与"皇帝"通用的例子甚多。《尚书·吕刑》:"蚩尤惟始作乱……皇帝清问下民……"此皇帝即上帝,所以,说黄帝即皇帝亦即皇天上帝,有训诂学上的依据。只是《尚书·吕刑》还有"上帝监民……皇帝哀矜庶戮之不辜,报虐以威,遏绝苗民,无世在下,乃命重黎绝地天通",这里的上帝和皇帝又都是指颛顼。所以,在先秦典籍中,皇帝或上帝并非只与黄帝互用,也就是说皇帝或皇天上帝并非专指黄帝。

从黄帝与皇帝通假以及皇帝亦即上帝来看,黄帝一名含有皇天上帝即含有天的意思,而郯子所说的"昔者黄帝氏以云纪,故为云师而云名",其云也是在天空中,也与天有关,这样,联系郭沫若先生所说的"天鼋"的族徽就是古轩辕氏,邹衡先生所说的"天兽"的族徽就是有熊氏,以及铜器中单称为"天"的族徽,笔者以为"天鼋"、"天兽"之"天"与黄帝即皇天上帝之"天"似乎有关联。笔者认为黄帝的得名应该是先秦时期的人们以"天"和"天鼋"(轩辕氏)、"天兽"(有熊氏)族徽为蓝本,加以抽象或转化的结果,也就是说"黄帝"之"黄"(皇)来源于"天鼋"、"天兽"之"天"。既然"黄帝"一名既可以作为部落酋长之名,也可以作为该族的部族宗神之名,那么,在其神性上就会有皇天上帝的含义,而当金木水火土五行盛行的时候,自然就会产生以土德王的说法。至于称其为中央之帝,这不仅仅是因人们安排五行中以土为中,还在于黄帝族在其强盛的时期,占据的是中原,在古人的眼里,这是"天下"之中。而天下之中亦即四方汇集之地,它是最容易也是最早发生部族融合的地方。总之,黄帝这一名称的出现应晚于轩辕氏和有熊氏这些名称,是先有轩辕氏("天鼋"氏)、有熊氏("天兽"氏)以及以"天"为氏的这些族氏名号,然后才有"黄帝"这一名号的,"黄帝"这一名号是对上述诸族氏的概括,是它们的统领和统称,是部族融合后的产物①。

我们称之为黄帝时期或黄帝时代,这是采用了周代以来用"黄帝"这个名称概括轩辕氏、有熊氏等族团的结果。也就是说,远古时期最初应该只有以"鼋"、"天"、"天鼋",以及"熊"、"罴"、"貔"、"貅"、"䝙"、"虎"之类的"兽"和"天兽"等为名号的族团,当时还没有"黄帝"一名,但在后来的典籍中,特别是在"五帝"这一概念中,人们对这一族团想象的祖先及其宗神都是用"黄帝"来称呼的,大有约定俗成的效果,为此在交代了"黄帝"得名之缘由的前提下,我们依旧将这一族团合称为黄帝族,将这一时期称为黄帝时代,也是可行的。

在黄帝时代,除黄帝族之外,还有用"炎帝"这一名称概括的族团。关于"炎帝"的得名,在《左传》、《国语》等先秦文献中可以看到。"炎帝"一名有祖先名和族名之义,也有以火神为宗神的意思。炎帝这一名号也是部族融合的产物。

炎帝为姜姓,又号称"烈山氏"、"列山氏"、"厉山氏"、"连山氏"、"魁隗氏"等。作为姜姓的炎帝,《国语·晋语四》说:"昔少典娶于有蟜氏,生黄帝、炎帝。黄帝以姬水成,炎帝以姜水成,成而异德,故黄帝为姬,炎帝为姜。"因《水经注》"渭水"条下记载有"岐水又东,径姜氏城南,为姜水"等,徐旭生等许多学者都主张姜姓的炎帝氏族的发祥地在渭水上游今宝鸡一带②,这可以视为"北方炎帝说"中的代表性说法。

号称"烈山氏"、"列山氏"、"厉山氏"、"连山氏"的炎帝,并不在北方,而是在南方。如《国语·鲁语上》又说:"昔烈山氏之有天下也,其子曰柱,能殖百谷百蔬,夏之兴也,周弃继之,故祀以为稷。"韦昭注曰:"烈山氏,炎帝之号也,起于烈山。"也说:"有烈山氏之子曰柱,为稷,自夏以上祀之。周弃亦为稷,自商以来祀之。"杜预注:"烈山氏,神农世诸侯。"《国语·鲁语上》和《左传·昭公二十九年》所说的"烈山氏",在《礼记·祭法》中称为"厉山氏"。《括地志》云:"厉山在随州随县北百里,山东有石穴。昔神农生于厉乡,所谓列山氏也。春秋为厉国。"《汉书·地理志》南阳郡随县下,班固自注说:"故国。厉乡,故厉国也。"这些是说《国语》、《左传》和《礼记·祭法》所说的"烈山氏"("列山氏"、"厉山氏"),在今湖北随州北。此外,关于连山氏,据研究,在湖南怀化市会同县有明

---

① 王震中:《黄帝时代的部族融合与和谐文化》,《炎黄文化研究》第七辑,大象出版社,2008年。
② 徐旭生:《中国古史的传说时代》,第41—42页,科学出版社,1960年。

清以来的连山乡地名,在该连山乡的茶经庵有清代乾隆年间立的刻有"连山场"这样地名的石碑,而且当地流行以"艮"为起首的可称为《连山易》的八卦文化,为此,当地学者提出炎帝连山氏在会同这样的新说①。诚然,"烈山氏"、"列山氏"、"厉山氏"、"连山氏",究竟是一地还是两地,二者是什么样的关系,尚需研究。一般认为它们属于音转音变,如孙诒让《周礼正义》即说"'连'、'厉'、'烈'、'列',一声之转"。只是究竟是由"厉山"、"列山"、"烈山"音转为"连山",还是相反,由"连山"音转或者说音变为"厉山"、"列山"、"烈山"呢?对此尚不易确定。有一种观点认为,《连山易》当由连山之地和连山氏而得名,而《连山易》又非常古老,《连山易》的古老性以及它与炎帝的关联性,可证连山氏的出现要早一些,因而由"连山"音转或者说音变为"厉山"、"列山"、"烈山"的可能性,值得重视②。

还有,《山海经·海内经》说:"炎帝之妻,赤水之子听訞生炎居,炎居生节并,节并生戏器,戏器生祝融,祝融降处于江水,生共工,共工生术器,术器首方颠,是复土穰,以处江水。"所谓"降处于江水"、"以处江水",也指示其主要活动地域在南方。

《墨子·节葬下》:"楚之南有炎人国者,其亲戚死,朽其肉而弃之,然后埋其骨,乃成为孝子。""炎人国"与"炎帝"不是一个概念,但"炎人国"所崇拜的宗神很难说就不能称作"炎帝"。这里"炎人"即炎族人之意,以"炎"名民、以"炎"名国的"炎人国"位于楚之南,是有助于说明炎帝与南方的关系的。屈原《远游》:"指炎神而直驰兮,吾将往乎南疑。"依据王逸《楚辞章句》的解释,这里的炎神即炎帝亦即火神,其位置在南方。《帝王世纪》说炎帝"葬长沙"。

以上这些都属于"南方炎帝说"的主要依据。对于"北方炎帝说"与"南方炎帝说"这二说,"北方炎帝说"者认为南方的炎帝及其文化是由北方迁徙传播而至,而"南方炎帝说"者则相反,认为北方的炎帝及其文化是从南方迁徙传播到北方的结果。而我们主张,历史上,连山氏、列山氏、烈山氏、厉山氏、姜姓的族团这些分散的名称在先,"炎帝"这个统一的名称在后,"炎帝"一名应当是西周以来随着民族融合而出现的。也就是说,在南方有崇拜火的连山氏、列山氏、烈山氏、厉山氏等,在北方有崇拜火的姜姓族团,因其都崇拜火,故其宗神都可以是火神炎帝,或者是如郯子所言"为火师而火名";又因他们对于农业的发展都有自己的贡献,故而很容易与属于"三皇"之一的神农氏合而为一,被汉代以后的人们称为"炎帝神农氏"。"炎帝"一名是在历史被神化和各部族之神被人格化以

---

① 阳国胜:《炎帝故里"会同新说"概述》,《炎黄文化研究》第十辑,大象出版社,2009年。

② 王震中、张翀:《"全国首届会同炎帝故里文化研讨会"会议综述与学术总结》,《炎黄文化研究》第十辑,大象出版社,2009年。

及民族文化融合的错综复杂的过程中,经过将各地不同的传说以及不同传说中相同的因素进行合并才出现的,是经过相当漫长时期的民族文化相融合的结果①。

说"炎帝"和"黄帝"这两个名号都是民族文化融合的结果,并不影响它们作为中华民族人文始祖的地位和象征意义。因为从民族形成的过程看,包括"华夏族"、"汉族"、"中华民族"在内的世界上所有的民族,并不是一开始就是一个庞大的民族共同体,在最初都是氏族部落或邦国林立,在中华大地上一直发展到尧舜禹时期,《尚书》等文献还称之为"万邦",都是由分散的各个族落团体,经过民族融合和民族文化的融合,最后才形成一个统一的民族,才会出现统一民族的人文始祖的概念和需求,炎黄作为人文始祖的象征意义才突显出来。

四、炎黄时期的部族分布与迁徙

炎帝族在相当长的时期内是与黄帝族并存的。《国语·晋语四》:"昔少典娶于有蛴氏,生黄帝、炎帝。黄帝以姬水成,炎帝以姜水成,成而异德,故黄帝为姬,炎帝为姜。"说的也是黄帝族与炎帝族长期并存。但炎帝族称雄的时间似乎较黄帝族为早,因而后来的一些文献把炎帝与神农氏合而为一。虽说炎帝族在农耕方面是有贡献的,但鉴于"神农氏与伏羲氏、燧人氏一样,都是一个时代性标签,实可视为社会历史发展的一个文化符号",而"炎帝"却是炎帝族的宗神,是可作出族属辨析的,因而我们赞成徐旭生等学者所主张的神农与炎帝合为一人是在太史公司马迁之后的说法②。虽然在《五帝本纪》、孔安国《尚书序》等文献所记载的五帝模式中并没有炎帝的位置,但是既然炎帝族在相当长的时间内与黄帝族并存,那么所谓黄帝时代也就可称为炎黄时代。

炎黄时代,在炎帝族(姜炎族团与连山氏、烈山氏等)和黄帝族(轩辕氏与有熊氏等)之外,这一时期较著名的族团还有"共工氏"、"太皞氏"和"少皞氏"等。如《左传·昭公十七年》郯子就说与"黄帝氏"、"炎帝氏"并列的还有"共工氏"、"太皞氏"、"少皞氏"。此外,《逸周书·尝麦》谈到蚩尤与炎帝、黄帝涿鹿之战时,说黄帝在"中冀"(冀州中部)杀了蚩尤后,"乃命少昊(皞)清司马鸟师,以正五帝之官"。这也说明蚩尤与少昊(少皞)一度是与黄帝族、炎帝族并存的。《山海经·大荒北经》也说"蚩尤作兵伐黄帝",相战于"冀州之野"。可见在这一时期蚩尤是相当活跃的。高诱在《战国策·秦策注》、马融在《经典释文·吕刑》中

---

① 王震中:《南北"炎帝"的由来与民族文化融合》,《炎黄文化研究》第十辑,大象出版社,2009年。

② 徐旭生:《中国古史的传说时代》,第214页,科学出版社,1960年;罗琨、张永山:《原始社会》,第33—34页,中国青年出版社,1995年。

都说蚩尤是九黎的君名,这样说来,以蚩尤为首领的九黎族也是黄帝时期的一个部族。

关于炎帝族的分布,据徐旭生先生的研究,其发祥于今渭水上游宝鸡一带,其后大约顺着渭水东下,来到豫西、豫中乃至东移至山东地区。申、吕、齐、许就是姜姓炎帝族在东方建立的国家。申、吕均在今河南西南部,申在唐河县境内,吕在南阳境内。许在河南中部的许昌境内。齐在今山东北部。齐建国虽在西周时期,但在它之前,也已经有炎帝姜姓居住。《左传·昭公二十年》说:"昔爽鸠氏始居此地,季荝因之,逄伯陵因之,蒲姑氏因之,而后太公因之。"《国语·周语下》说:"则我皇妣太姜之侄,伯陵之后,逄公之所凭神也。"据此则逄伯陵为姜姓。《山海经·海内经》也有"炎帝之孙伯陵"的说法,与《国语》说正合。这些都证明姜姓的炎帝族在相当早的时候已经来到山东。此外,这一带姜姓国家见于《左传》的还有纪、向、州,也属于炎帝族后裔①。

姜姓炎帝族之外,如前所述,被称为连山氏、烈山氏(列山氏、厉山氏)的炎帝族则在南方。据今人研究,连山氏有可能在今湖南怀化市会同境内;烈山氏(列山氏、厉山氏),唐代《括地志》说在今湖北随州境内。此外,晋皇甫谧《帝王世纪》说炎帝"葬长沙",在湖南株洲市炎陵县有宋代正式修建的炎帝陵。可见有关南方的"炎帝"说也是不可忽视的。

姜姓族中另一支重要的族团就是共工氏。《汉书·地理志·河内郡》:"共,故国。"汉代的共县,今属河南辉县,所以一般认为共工氏在河南辉县一带。但《国语·鲁语》和《山海经·大荒北经》说:"共工氏之伯九有也,其子曰后土,能平九土"。《礼记·祭法》的作者认为"九土"就是"九州",说:"共工氏之霸九州也,其子曰后土,能平九州。"这里所说的九州并非泛指整个天下的大九州,而是小九州,是一特定的区域,也就是《国语·郑语》所说的"谢西之九州"和《左传·昭公二十二年》、《左传·哀公四年》所说的"九州之戎"之九州。这一九州的核心地区,据《左传·昭公四年》记载:"四岳、三涂、阳城、大室、荆山、中南,九州之险也。"可知共工氏活动的中心区域应在上述"九土"即小九州境内,亦即豫西、嵩山周围②。

在考古发现中,半坡类型仰韶文化的陕西宝鸡北首岭、临潼姜寨、西安半坡等遗址发掘出土的"人面鱼纹"彩陶盆(图二),与《山海经·海内南经》中"氐人国在建木西,其为人,人面而鱼身,无足"的说法十分吻合,而《海内南经》中的氐人国就是《大荒西经》中的互人国。《大荒西经》说:"有互人之国,炎帝之孙,名曰灵恝,灵恝生互人,是能上下于天。"袁珂《山海经校注》说:氐、互二字乃形近

---

① 徐旭生:《中国古史的传说时代》,第44—47页,科学出版社,1960年。
② 王震中:《共工氏主要活动地区考辨》,载王震中:《中国古代文明的探索》,云南人民出版社,2005年。

而讹,郝懿行"以俗氏正作互字","王念孙、孙星衍均校改互为氏,是《大荒西经》互人国即此经氏人国,乃炎帝之后裔也"。为此,学界中或认为半坡类型仰韶文化中的"人面鱼纹"与炎帝世系有关,或认为它是炎帝氏族部落中的图腾①。若考虑到出土"人面鱼纹"的半坡类型文化的分布地域及其所处的时代都与炎帝的古史传说相一致,那么将仰韶文化半坡类型中的"人面鱼纹"作为图腾标志,与《山海经》中氏(互)人国、"炎帝之孙"的"人面而鱼身"相联系,应该是可以的。只是,在仰韶文化或仰韶文化半坡类型的分布范围内,不仅仅有炎帝族,也有黄帝族,而且在半坡类型的仰韶文化中还出土有可与天鼋(轩辕)氏相联系的鳖纹(又称蛙纹),所以应该说仰韶文化主要是炎黄二族共同创造的灿烂文化,这也与《国语·晋语四》说"昔少典娶于有蟜氏,生黄帝、炎帝"所反映出的炎黄二族相伴而发展的情景是一致的。

图二 西安半坡出土"人面鱼纹"彩陶盆

关于炎黄时期黄帝族的分布,徐旭生先生认为其发祥地大约在今陕西北部,其后向东发展,大约顺着北洛水南下,到今大荔、朝邑一带,东渡黄河,沿着中条山及太行山边逐渐向东北迁移,在晋、陕、豫之间的一些并非周所封的姬姓小国,如虞、芮、荀、贾、耿、扬、魏、霍等,就有可能是由黄帝族传下来的②。

黄帝族中这一支的活动足迹有可能是轩辕氏(天鼋氏)留下的,之所以这样说,是因为这一带恰巧是西安半坡、临潼姜寨、河南陕县庙底沟等仰韶文化半坡类型和庙底沟类型遗址以及甘肃青海地区的马家窑、半山、马厂文化中出土鳖纹的地区。如前所述,仰韶文化和马家窑、半山、马厂文化中的鳖纹有可能是青铜器铭文中"天鼋"族徽的前身,而天鼋族徽据郭沫若、邹衡等学者的研究,就是轩

---

① 陆思贤:《神话考古》,第128页,文物出版社,1995年;曹定云:《炎帝部落早期图腾初探》,载霍彦儒主编:《炎帝·姜炎文化与和谐社会》,第2—4页,三秦出版社,2007年。
② 徐旭生:《中国古史的传说时代》,第44—45页,科学出版社,1960年。

辕氏族徽,这既是对《国语·周语》"我姬氏出自天鼋"的最合理的解释,也使上述虞、芮、荀、贾、耿、扬、魏、霍等非周所封的姬姓小国分布在仰韶文化核心区,得到了合理的说明。

　　黄帝族的另一支有熊氏,也即青铜器铭文中的"天兽族",皇甫谧说:"有熊,今河南新郑是也"①。这应该是有熊氏来到中原后的居地。黄帝族中有熊氏这一支应该是来自北方。《山海经·大荒西经》说:"黄帝之孙曰始均,始均生北狄。"《大荒北经》说:"黄帝生苗龙,苗龙生融吾,融吾生弄明,弄明生白犬,白犬有牝牡,是为犬戎。"所以《逸周书·尝麦》、《史记·五帝本纪》等书所说的黄帝教熊、罴、貔、貅、虎,与炎帝战于阪泉之野,与蚩尤战于涿鹿之野,就应该是黄帝族中有熊氏从北向南发展时在今河北涿鹿县一带发生的战争。也正因为如此,田昌五先生提出黄帝族、陶唐氏等都可以归入古戎狄之列②。

　　炎黄时期的太皥氏、少皥氏都属于东夷族。《左传·昭公十七年》说太皥的遗墟在陈,即在今河南淮阳县境内。春秋时期的任、宿、须句、颛臾,自认为是太皥的后代。据《左传·僖公二十一年》记载:"任、宿、须句、颛臾,风姓也,实司太皥与有济之祀,以服事诸夏。"根据杜预注,任在今山东济宁境内,宿和须句都在东平县内,颛臾在费县,有济指济水。这些地方有助于说明太皥氏为东夷族。

　　《左传·定公四年》说,鲁国初封时是"因商、奄之民,命以伯禽,而封于少皥之虚"。这是说今山东曲阜乃少皥之遗墟。此外,春秋时期的郯子自称"少皥挚"为其高祖。郯子的郯国,在今山东郯城境内,直至春秋时期郯国仍被认为是东夷。在郯子所说的以鸟为官名和族氏之名的诸氏中的爽鸠氏,《左传·昭公二十年》说他曾在齐地临淄居住过。这样,曲阜、临淄和郯城即可构成少皥部族的分布范围或活动区域。

　　关于炎黄时期的蚩尤,汉代的高诱、马融等人都说蚩尤是九黎的君名,而九黎一般认为属于三苗集团。如《风俗通义》说:"颛顼有子曰黎,为苗民。"《山海经·大荒北经》说:"颛顼生骥头,骥头生苗民。苗民厘姓,食肉。"苗民厘姓,厘即黎。这样,在传统说法中,蚩尤应属于南方苗蛮部族集团。徐旭生先生在《中国古史的传说时代》中力主蚩尤为东夷集团。徐先生的依据,一是《逸周书·尝麦》说"蚩尤于宇少昊",蚩尤既居于少昊之地,那他的部落应该是在山东的西南部;二是在汉代关于蚩尤祠、蚩尤冢的传说全在今山东的西部;三是蚩尤与黄帝族发生战争的涿鹿之地在山东西北方向的河北北部;四是九黎有可能是山东、河北、河南三省接界处的一个氏族③。徐先生的考证是有说服力的。因厘姓即黎姓的苗民是颛顼以后才出现的,《国语·楚语下》也是说"及少皥之衰,九黎乱

---

① 《史记·五帝本纪·集解》引。
② 田昌五:《古代社会形态研究》,第136—139页,天津人民出版社,1980年。
③ 徐旭生:《中国古史的传说时代》,第50—53页,科学出版社,1960年。

德",“其后,三苗复九黎之德",所以实际的情况有可能是炎黄时期蚩尤族的活动区域主要在今山东西部,此时应属于东夷集团,后发展到河北北部与炎帝族和黄帝族发生冲突,到颛顼时期被迫南迁,这才变为厘(黎)姓的苗民集团的成员。这种情形就像出自颛顼的祝融部族,起初也是活动于中原之地,后来南迁,使得"祝融"一名几乎成了南方集团的象征。

五、帝颛顼与高辛氏时期诸部族及其活动地域

炎黄时代之后是颛顼、帝喾时代。颛顼称为高阳氏,古今学者异议不大。帝喾称为高辛氏,也有《楚辞》等文献的记载。如《楚辞·天问》:"简狄在台喾何宜?玄鸟致贻女何嘉?"王逸注:"简狄,帝喾之妃也。玄鸟,燕也。贻,遗也。言简狄侍帝喾于台上,有飞燕坠遗其卵,喜而吞之,因生契也。"《九章·思美人》:"高辛之灵盛兮,遭玄鸟而致诒。"王逸注:"喾妃吞燕卵以生契也。"《楚辞·离骚》:"望瑶台之偃蹇兮,见有娀之佚女。……凤凰既受诒兮,恐高辛之先我。"王逸注:"帝喾次妃有娀氏之女生契。"在这些诗句中,高辛氏与帝喾是互为置换的,可证《大戴礼记·五帝德》说帝喾是高辛氏已有战国时期的依据。但是作为以鸟为图腾的商族始祖的诞生神话,《诗经·商颂·玄鸟》所说"天命玄鸟,降而生商"和《商颂·长发》所说"有娀方将,帝立子生商"以及《吕氏春秋·音初》中玄鸟生商的神话,因尚未出现契父帝喾,符合图腾起源的一般情形中不承认其父亲的作用,因而是较单纯亦是较为"原生形态"的始祖诞生神话,《楚辞》和《史记》中把简狄、玄鸟、帝喾三者组合在一起的说法,应该是后起的、次生的形态。由此我们不但可以说帝喾并非商之始祖,而且还可以说高辛氏是原有的,帝喾乃后人追加的尊号,很可能是把商代的"上帝"人格化为帝俊乃至帝喾后转化而来的[1]。这样这里我们所谓颛顼、帝喾时期乃指颛顼(高阳氏)和高辛氏称雄的时期。

在这一时期,《山海经·大荒东经》说:"东海之外大壑,少昊之国,少昊孺颛顼于此。"徐旭生先生说:"孺与乳古义相通假。这里大约是说颛顼幼稚的时候曾经在少昊氏族内被养育的意思。《帝王世纪》所说'颛顼生十年而佐少昊',也同《大荒东经》所说不背谬。[2]"这说明少皞族在我国东方舞台的活跃,不仅仅是在黄帝时期,而且下延至颛顼时期。说到少皞族与颛顼的关系,《国语·楚语下》曰:"颛顼受之,乃命南正重司天以属神,命火正黎司地以属民……是谓绝地天通。"这个南正重,有可能就是少皞氏的"重"。《左传·昭公二十九年》记载说:"少皞氏有四叔:曰重、曰该、曰修、曰熙,实能金、木及水,使重为句芒,该为

---

[1] 王震中:《帝喾并非商之始祖》,《殷都学刊》2004年第3期。
[2] 徐旭生:《中国古史的传说时代》,第75页,科学出版社,1960年。

蓐收,修及熙为玄冥,世不失职,遂济穷桑。"所谓叔,当然不是叔侄关系,而是四个近亲部落。所以,颛顼时期,少皞族及其相关族团依然是存在的。

颛顼族的居地,《左传·昭公十七年》说:"卫,颛顼之虚也,故为帝丘。"这是说今河南的濮阳是颛顼族的所在地。作为华夏族的前身,颛顼族是其重要一员。《左传·文公十八年》记载说:

> 昔高阳氏有才子八人:苍舒、聩敱、梼戭、大临、尨降、庭坚、仲容、叔达……天下之民谓之八恺。高辛氏有才子八人:伯奋、仲堪、叔献、季仲、伯虎、仲熊、叔豹、季狸……天下之民谓之八元。此十六族也,世济其美,不陨其名。以至于尧,尧不能举。舜臣尧,举八恺,使主后土,以揆百事,莫不时序,地平天成。举八元,使布五教于四方,父义、母慈、兄友、弟恭、子孝,内平外成。

书中说高阳氏的"八恺"与高辛氏的"八元"是"此十六族也",实际上是十六个近亲氏族,可证在高阳氏、高辛氏称霸之时,除少皞族和祝融八姓外,还有其他部族存在于其中,只是我们对"此十六族"的居地,大多已难以稽考。《淮南子·天文训》说"昔共工与颛顼争为帝",同书《兵略训》说"昔共工与高辛氏争为帝"。对此,我们不应把颛顼与高辛氏看成是一人,而应理解为共工族自炎黄时代开始出现在历史舞台后,一直存续于颛顼和高辛氏时代。

与高阳氏齐名的是高辛氏。《左传·昭公元年》说:"昔高辛氏有二子,伯曰阏伯,季曰实沈,居于旷林,不相能也,日寻干戈,以相征讨。后帝不臧,迁阏伯于商丘,主辰。商人是因,故辰为商星。迁实沈于大夏,主参,唐人是因,以服事夏、商。"这里是说高辛氏之子阏伯居于商丘。阏伯一族到唐尧时期作为陶唐氏之火正,依旧居于商丘。如《左传·襄公九年》说:"陶唐氏之火正阏伯居商丘,祀大火,而火纪时焉。相土因之,故商主大火。"那么,这个商丘在何地?尚有三说。一说为宋国之商丘,地在今河南商丘;另一说是卫地,在今河南濮阳;第三说是《史记·郑世家》集解引贾逵曰:"商丘在漳南。"三说中以前两说为学界所瞩目,争论也较大。说在宋国之商丘者,为《左传》之本身。《左传·昭公元年》和《左传·襄公九年》说商先公相土因袭高辛氏之子阏伯,在商丘主持祭祀辰星,"故辰为商星"。《左传·昭公十七年》又说:"宋,大辰之虚也。"所以,按照这一说法,商丘在宋地,它指的就是今河南省商丘。《汉书·地理志》、唐《括地志》等古地理书和近代的王国维等学者多承此说[①]。说为濮阳者,主要是根据古本《竹书纪年》"帝相即位,处商丘",这里的"商丘"在《左传》里为"帝丘",而"帝丘"则在濮阳。《左传·僖公三十一年》:"冬,狄围卫,卫迁于帝丘,卜曰三百年。卫成公梦康叔曰:'相夺予享。'公命祀相,宁武子不可。曰:'鬼神非其族类,不歆其祀,杞、鄫何事?相之不享于此久矣,非卫之罪也。'"杜预注:"帝丘,东郡濮阳

---

① 王国维:《说自契至于成汤八迁》,《观堂集林》卷十二。

县。"这里所说的相,就是《竹书纪年》的帝相,指的是夏王朝第四代君王。《水经注·瓠子河注》:"河水旧东决,径濮阳城东北,故卫也,帝颛顼之墟。昔颛顼自穷桑徙此,号曰商丘,或谓之帝丘,本陶唐氏之火正阏伯之所居,亦夏伯昆吾之都,殷之相土又都之。故《春秋传》曰:'阏伯居商丘,相土因之'是也。"《说苑·敬慎》也说"卫迁于商丘"。《竹书纪年》是地下出土的战国时的数据,其可信度颇为学界所公认。岑仲勉先生在《黄河变迁史》中即论证"商代(不是周代)的商丘,就现时所知,应在濮阳而不在归德"①。郑杰祥《商代地理概论》更是力主商丘在濮阳而不在今商丘市②。我们说在商代的甲骨文中就有"宋"和"宋伯",宋地在周朝封商的微子于宋之前,称为宋而不称为商,从这一角度也有助于说明最早的商丘是"帝丘",在濮阳而不在今商丘市。所以,高辛氏之子阏伯所居之商丘在今濮阳市境内③。

颛顼的后裔曾为祝融,如《山海经·大荒西经》说:"颛顼生老童,老童生祝融。"又说:"颛顼生老童,老童生重及黎。"颛顼为高阳氏,崇拜太阳。祝融是火神,也是从太阳引申而来,所以《国语·郑语》说祝融"淳曜敦大,天明地德,光照四海"。祝融又是火正,即司火,是主祭火神的人。《国语·郑语》说祝融有八姓:己姓,昆吾、苏、顾、温、董;董姓,鬷夷、豢龙;彭姓,彭祖、豕韦、诸稽;秃姓,舟人;妘姓,邬、郐、路、偪阳;曹姓,邹、莒;芈姓,夔越、蛮芈、荆楚;还有一个斟姓,共八姓。颛顼、高辛氏时期,以祝融为宗神的祝融八姓的族团十分活跃,是不容置疑的。

祝融最初居于中原地区,《左传·昭公十七年》说:"郑,祝融之虚也。"可知祝融族原居于今河南新郑境内。祝融族其后分为八姓,所占的地域相当大,而且还有迁徙。如祝融八姓中的昆吾,《左传·哀公十七年》说卫国度城内有"昆吾之虚",其地在今濮阳。而《左传·昭公十二年》又说:"昔我皇祖伯父昆吾,旧许是宅。"许地即今河南许昌。这是昆吾先居于濮阳,后向南迁于许昌的结果。祝融八姓中的苏、温二国,杜预说在河内温县,即今河南温县。顾,《元和郡县图志》说:"故顾城在(范)县东二十八里,夏之顾国也。"也是商代帝辛征伐人方时途经的侯伯之国④。这是祝融八姓诸国中最北的一个。董姓以及董、鬷夷、豢龙,不知何在。彭姓中的彭祖、豕韦、诸稽,彭祖又叫大彭,其居地后来叫做彭城,即今江苏铜山县。豕韦在濮阳附近的滑县。秃姓舟人的居地无考。妘姓的邬、郐、路、偪阳,依据杜预注,邬在今河南偃师境内,郐在今河南新密境内,路不知所

---

① 岑仲勉:《黄河变迁史》,第 94 页,人民出版社,1957 年。
② 郑杰祥:《商代地理概论》,第 20—24 页,中州古籍出版社,1994 年。
③ 王震中:《商族的起源及其早期迁徙》,《中国社会科学院历史研究所学刊》第三集,商务印书馆,2004 年。
④ 王震中:《甲骨文亳邑新探》,《历史研究》2004 年第 5 期。

在,偪阳在今山东枣庄市境内。曹姓的邹、莒,邹在今山东邹城市,莒在今山东莒县。芈姓的夔越、蛮芈、荆楚,夔越在今湖北秭归县,蛮芈在今石首县,荆楚原在丹阳,为秭归县境内,后迁到郢,在今湖北江陵县北境。从上述祝融八姓居地的分布看,诚如徐旭生先生所言,迁徙到南方的夔越、蛮芈、荆楚加入了苗蛮集团,因此后人也就把祝融当作南方集团的代表,而其他散处各地的族团并不属于苗蛮集团①。

六、尧舜禹时期的主要部族与万邦

颛顼、高辛氏时代之后是尧舜禹时代。这里提到了禹,这是因为《大戴礼记·五帝德》等书在叙述五帝时,所说的诸帝实为:黄帝、颛顼、帝喾、尧、舜、禹,将禹包括其中,这就是所谓虽称为"五帝"而实际所记的却是六帝。《史记·五帝本纪》中有"自黄帝至舜、禹"的说法,而在《夏本纪》的开头便说:"夏禹,名曰文命。"可见,禹是承上启下的人物,其时代也是一个承上启下的时代,为此,我们将大禹的前期归为五帝时代的末尾,将大禹的后期划为夏代的开始,这样尧舜时期也可以称为尧舜禹时期,而夏代的开始从大禹的后期算起,又与史书中每每将禹称为"夏禹"相一致。

夏代之前的尧舜时期也被简称为"虞代"或"唐、虞"时代。被称为"虞代"者,如《左传·庄公三十二年》内史过说:"国之将兴,明神降之,监其德也;将亡,神又降之,观其恶也。故有得神以兴,亦有以亡,虞、夏、商、周,皆有之。"《国语·周语上》祭公谋父说:"昔我先王世后稷,以服事虞、夏。"《韩非子·显学》说:"殷周七百余岁,虞、夏二千余岁。"《墨子·所染》记载墨子见染丝者而叹曰:"非独染丝然也,国亦有染(《太平御览》等作"治国亦然")。舜染于许由、伯阳;禹染于皋陶、伯益;汤染于伊尹、仲虺;武王染于太公、周公。此四王者所染当,故王天下,立为天子,功名蔽天地。举天下之仁义显人,必称此四王者。"这些都是先秦文献中将虞、夏、商、周并列为"四代"的直接证据。《论衡·正说》还在虞代之前明确表示有唐一代,曰:"唐、虞、夏、殷、周者,土地之名。尧以唐侯嗣位,舜从虞地得达,禹由夏而起,汤因殷而兴,武王阶周而伐,皆本所昌之地。重本不忘始,故以为号,若人之有姓矣。说《尚书》谓之有天下之代号。唐、虞、夏、商、周者,功德之名,盛隆之意也。"此外,也有将虞、夏、商、周相并列而统称为"三代"的表述,如《墨子·明鬼下》说:"昔者三代圣王尧、舜、禹、汤、文、武者,足以为法乎。"同书又说:"昔者虞、夏、商、周三代之圣王,其始建国营都,必择国之正坛,置以为宗庙;必择木之修茂者,立以为丛位(社)。"文中将虞代与夏、商、周三代并列,而且其虞代是包括尧舜禹在内的。虞、夏、商、周实为四代而称之为三代,

---

① 徐旭生:《中国古史的传说时代》,第63—66页,科学出版社,1960年。

这是因为夏、商、周三王三代已成为当时人们的习惯用语,而虞代与夏代紧密相连,是故只得把唐尧虞舜与夏合并称为一代。总之,在夏代之前还有被称为"虞"的一个时代,它至少包括唐尧虞舜即一般所说的尧舜时期,这在战国诸子和《左传》、《国语》中有明确的叙述。

尧舜禹时期著名的部族包括祁姓的陶唐氏,姚姓的有虞氏,姒姓鲧禹所代表的夏后氏,姜姓的四岳和共工氏,东方偃姓的皋陶、嬴姓的伯益,南方的驩兜、三苗等。尧舜禹时期也是族邦结盟即邦国联盟的时期。

首先就唐尧而论,帝尧应该先是唐(陶唐氏)的邦君,其后被神化为陶唐所奉之宗神,尧舜之事迹也被其后人和东周学者以己意大加文饰和美化,从而出现韩非子所说的真尧舜与假尧舜的问题。《韩非子·显学》曰:"孔子、墨子俱道尧、舜,而取舍不同,皆自谓真尧、舜。尧、舜不复生,将谁使定儒、墨之诚乎?"尽管如此,从有关的古史传说中还是能够窥知其一部分史影。唐尧为祁姓,既见于《世本》,也载于《左传》。《左传·襄公二十一年》说栾恒子娶于范宣子之女曰"祁栾",即是明证。又据《史记·赵世家》:赵简子疾,五日不省人事,"与百神游于钧天",帝命其所射中的熊和罴正是晋国范氏与中行氏的祖先。而范氏又曾自谓陶唐之后,见于《左传·襄公二十四年》、《左传·昭公二十九年》及《国语·晋语》等先秦典籍。

陶唐氏为祁姓,祁姓乃黄帝族二十五宗、十二姓之一,由此可以说陶唐氏属于黄帝部族集团的分支之一。陶唐氏最初活动于今河北唐县一带,其后逐步向南迁移,最后定居于今晋南临汾与翼城一带。《汉书·地理志》中山国唐县条下,班固自注:"尧山在南。"颜师古注引:"应劭曰:'故尧国也,唐水在西。'"《后汉书·郡国志二》唐县条下注引《帝王世纪》也同此说,《水经注·滱水注》、《读史方舆纪要》卷十二唐城条亦然。这些都是陶唐在今河北唐县一带留下的足迹。其后,陶唐氏迁往晋中地区。《毛诗·唐谱》说:"唐者,帝尧之旧都,今曰太原晋阳,是尧始居此地,后乃迁河东平阳。"《汉书·地理志》太原郡晋阳条班固自注及《水经注·晋水注》都遵此说。陶唐氏最后定居于今晋南临汾与翼城一带。上引《毛诗·唐谱》及《帝王世纪》"尧都平阳,于《诗》为唐国",都主张临汾为陶唐氏所都。《左传·昭公元年》与《左传·定公四年》说成王封弟唐叔虞于夏墟,也即故唐国。《史记·晋世家》记载此事时说:"封叔虞于唐。唐在河、汾之东,方百里,故曰唐叔虞。"《正义》引《括地志》云:"故唐城在降州翼城县西二十里,即尧裔子所封。"顾炎武《日知录》卷三十一辩驳晋国都城在太原晋阳的说法时,主张唐叔始封迄侯缗之灭,并在翼城。顾氏的说法是有道理的。临汾与翼城相距甚近,对于陶唐氏来说,这一带都可以作为其居住和活动的场所。特别值得一提的是,帝尧陶唐氏最后所居之唐地也就是西周初年晋国的始封地,因而只要搞清楚晋国始封地在何处,陶唐氏所居之唐地的问题也就迎刃而解了。

自20世纪50年代以来,我国考古工作者对晋中太原市及其附近地区和晋南地区进行过多次考古学调查或发掘①。其中20世纪80年代,北京大学考古系在今山西省翼城和曲沃交界的天马—曲村遗址一带作了大规模的发掘,发现了极其丰富的周初遗存,邹衡先生认为这一带"很有可能就是《晋世家》所谓'方百里'的晋始封之地"②。1992年至2001年,北京大学考古系和山西省考古研究所联合对位于曲沃北赵的晋侯墓地进行发掘,发掘出从西周早期至两周之际的晋侯及其夫人墓葬9组19座。发掘者认为,天马—曲村遗址和晋侯墓地的发现证明,今曲沃至翼城一带很可能就是晋国的始封地③。这样,应该说晋国始封地问题有望得到解决。这里之所以说是有希望解决,而不是说已经解决,是因为位于曲沃与翼城之间的天马—曲村遗址北赵晋侯墓地发现的9组19座大墓,有些学者判断墓主是从晋国第二代国君晋侯燮父到第十位国君晋文侯9位前后相继的晋侯及其夫人,也有些学者判断是从第三代国君晋武侯到晋文侯前后相继的晋侯及其夫人,也就是说在这些晋侯墓中至少缺失第一代国君唐叔虞的墓,或者还缺失第二代国君晋侯燮父之墓。因缺少晋国第一、二代国君之墓,故而还不能说晋国始封地的问题已完全解决。此外,更重要的是,2007年公布了一件觊(觉)公簋,铭文作:"觊公作妻姚簋,遭于王命唐伯侯于晋,唯王廿又八祀。"有学者认为,"王命唐伯侯于晋"可以说明两点:一、晋国得名并不是燮父因晋水而名之,燮父迁晋之前已有晋地。二、燮父所居晋国都邑"晋"并不在唐叔初封之"唐"地,而是新迁之都④。也就是说觊公簋铭文进一步说明了曲沃北赵的晋侯墓地不是晋国唐叔虞的始封地。综合上述,可以推测,唐叔虞的墓地和晋国的始封地即使不在曲沃、翼城一带,也当在临汾至翼城的范围内,而不会远在太原。陶寺所在的襄汾正位于临汾与曲沃、翼城之间,距离曲沃、翼城很近。总之,晋国始封地问题有望解决,有助于叔虞封唐的地望亦即唐尧都邑所在地的确定,从而

---

① 邹衡:《晋国始封地考略》,《尽心集——张政烺先生八十庆寿论文集》,中国社会科学出版社,1996年。

② 北京大学考古专业商周组等:《晋豫鄂三省考古调查报告》(该简报系邹衡先生执笔),《文物》1982年第7期。

③ 北京大学考古系等:《1992年春天马—曲村遗址墓葬发掘报告》,《文物》1993年第3期。《曲沃曲村发掘晋侯墓地》,《中国文物报》1993年1月10日第一版。北京大学考古系等:《天马—曲村遗址北赵晋侯墓地第二次发掘》,邹衡:《论早期晋都》,均载《文物》1994年第1期。《天马—曲村遗址北赵晋侯墓地第五次发掘》,《文物》1995年第7期。《天马—曲村遗址北赵晋侯墓地第六次发掘》,《文物》2001年第8期。李伯谦:《天马—曲村遗址发掘与晋国始封地的推定》,载北京大学考古系编:《"迎接二十一世纪的中国考古学"国际学术讨论会论文集》,科学出版社,1998年。李伯谦:《晋侯墓地发掘与研究》,《晋侯墓地出土青铜器国际学术研讨会论文集》,上海书画出版社,2002年。

④ 朱凤瀚:《觊公簋与唐伯侯于晋》,《考古》2007年第3期。

使得尧都"平阳说"通过天马—曲村遗址的考古发掘而获得部分支持。这样,陶寺遗址在地望上与尧都平阳相吻合,这是我们判定陶寺遗址乃陶唐氏之都邑的证据之一。也就是说,20世纪70年代以来在临汾盆地发现的陶寺文化(或称为"中原龙山文化陶寺类型")及襄汾陶寺遗址,无论是从文化的分布、时代,还是从陶寺遗址所发掘出土的惊人的文化和文明的成就,都可与帝尧陶唐氏相联系①。

陶唐氏建国于晋南襄汾陶寺,这里发现的面积为56万平方米的陶寺早期小城和面积达280万平方米的陶寺中期大城②就是陶唐氏的都城,也是其作为族邦联盟盟主的所在地,但唐尧的势力范围和影响绝非仅限于此。《吕氏春秋·召类》:"尧战于丹水之浦,以服南蛮。"说的是唐尧势力向南方的扩张。《淮南子·本经训》说唐尧的时候,十日并出,猰貐、凿齿、九婴、大风、封豨、修蛇,皆为民害,"尧乃使羿诛凿齿于畴华之野,杀九婴于凶水之上,缴大风于青丘之泽;上射十日而下杀猰貐,断修蛇于洞庭,禽封豨于桑林;万民皆喜,置尧以为天子"。这是用一个神话故事来讲述当时诸部族间的斗争。尧使羿所诛所杀者,猰貐和九婴不知何所指,但均应是氏族和部落名称。凿齿,指有拔牙(打掉门牙)习惯的氏族和部落,《山海经》中提到过他们,考古发现山东的大汶口文化中有拔牙的习俗。大风有可能就是风夷,修蛇为三苗,封豨当是有仍氏,或作封豕。这些部族以东夷族居多,也有南方苗蛮族和其他方面的③。

说到帝尧,相传其天文历法有相当大的进步,如《尚书·尧典》曰:

乃命羲和,钦若昊天,历象日月星辰,敬授民时。

分命羲仲,宅嵎夷曰旸谷,寅宾出日,平秩东作。日中,星鸟,以殷仲春。厥民析,鸟兽孳尾。

申命羲叔,宅南交,平秩南为,敬致。日永,星火,以正仲夏。厥民因,鸟兽希革。

分命和仲,宅西曰昧谷,寅饯纳日,平秩西成。宵中,星虚,以殷仲秋。厥民夷,鸟兽毛毨。

申命和叔,宅朔方曰幽都,平在朔易。日短、星昴,以正仲冬。厥民隩,鸟兽氄毛。

帝曰:咨,汝羲暨和,期三百有六旬有六日,以闰月定四时成岁。

这段文字讲的是:帝尧任命羲氏和氏按照天上的星历现象去认识日月星辰,

---

① 王震中:《略论"中原龙山文化"的统一性与多样性》,载田昌五、石兴邦主编:《中国原始文化论集——纪念尹达八十诞辰》,文物出版社,1989年。
② 中国社科院考古所山西工作队等:《山西襄汾陶寺城址2002年发掘报告》,《考古学报》2005年第3期。
③ 田昌五:《古代社会形态研究》,第152页,天津人民出版社,1980年。

把观测天象所得的历法知识传授给人民以定农时。分别任命羲仲居于东方嵎夷之地的日出之处叫旸谷的地方,主持对每天日出的宾礼之祭,然后督促春天的农作活动按程序进行。当白昼和黑夜一样长的日子,傍晚在南方天空正中看到鸟星(朱雀七宿中间的"星"宿),那就凭以确定是仲春(后称春分)节令了。其东方之神名"析"……又任命羲叔居于南方的南交之地,也主持对日的敬致之礼,督促夏天农作活动按程序进行。当白昼最长的日子,傍晚在南方天空正中看到大火之星(青龙七宿中的心宿二),那就凭以确定是仲夏(后称夏至)节令了。其南方之神名"因"……又分别任命和仲居于西方太阳落下之地叫昧谷的地方,主持对落日的礼祭,然后督促秋天农作物收成活动按程序进行。当黑夜和白昼一样长的日子,傍晚在南方天空正中看到虚星(玄武七宿中间的虚宿),那就凭以确定是仲秋(后称秋分)节令了。其西方之神名"夷"……又任命和叔居于北方叫幽都的地方,以观测太阳从南向北运转的情况。当白昼最短的日子,傍晚在南方天空正中看到昴星(白虎七宿中间的昴宿),那就凭以确定是仲冬(后称冬至)节令了。其北方之神名"澳"("宛")……帝尧曰:告知你羲与和,一年时间有三百六十六日,你们用设置闰月的方法调整好四季以制定每个年岁吧①。

  《尧典》的这段话有史实的素地,也有神话资料,所以有"实"有"虚"。文中把各个分立的地域社会安排在一个统一的朝廷中;把原本是在一地对"日出"、"日落"、"四时"等进行的观测、礼祭以及据此而制定历法的观象授时活动,安排为分别任命羲仲、羲叔、和仲、和叔居于遥远的东方日出之地的嵎夷、南方的交趾、西方日落之地的昧谷和北方的幽都进行观测、礼祭和由此制定历法;把早期观象授时的资料与历法进步后的资料等属于不同时期对天文的认识糅合在一起,这些都属于"虚"的部分。但是,我们通过山西襄汾陶寺遗址中用于天文观测的大型夯土建筑物的发现,可知尧舜时期观象授时是有较高水平的;通过河南杞县鹿台岗遗址中龙山时代用于观象授时的Ⅰ号建筑遗迹的发现,可证尧舜时期已掌握通过观测"日出"、"日落"等来测定东西南北四方方位和"四时"的方法,这些又都属于"实"的部分。

  山西襄汾陶寺遗址属于唐尧后来定都于临汾与翼城一带的所在地②。在陶寺遗址发掘出的大型建筑ⅡFJT1基址(图三),结构十分奇特,主要由大半圆形的三层夯土台基、第三层台基上的半环形夯土列柱和柱缝、作为观测点的夯土基础等组成,经研究和实地模拟观测实验,发掘者认为第三层台基上的半环形夯土

---

① 《尧典》的这段译文,是在顾颉刚、刘起釪《尚书校释译论》第一册(中华书局,2005年)中"今译"的基础上,又参考了该书"校释"中有关甲骨文和《山海经》的四方神名和四方风名的注释而译成的。

② 王震中:《略论"中原龙山文化"的统一性与多样性》,载田昌五、石兴邦主编:《中国原始文化论集——纪念尹达八十诞辰》,文物出版社,1989年。

列柱是用于构建观测缝，而观测缝的主要功能之一是观日出定节气①，站在台基芯上的观测点部位，可于5月20日经东11号缝、6月21日经东12号缝、7月2日经东11号缝迎接日出；站在该夯土遗迹东部边缘，可透过D1柱与E2之间1.8米宽的空当迎接12月22日（冬至）至4月26日、8月14日至12月22日的日出②，所以，这一基址被认为是具有天文观测功能和祭祀功能的特殊建筑物。

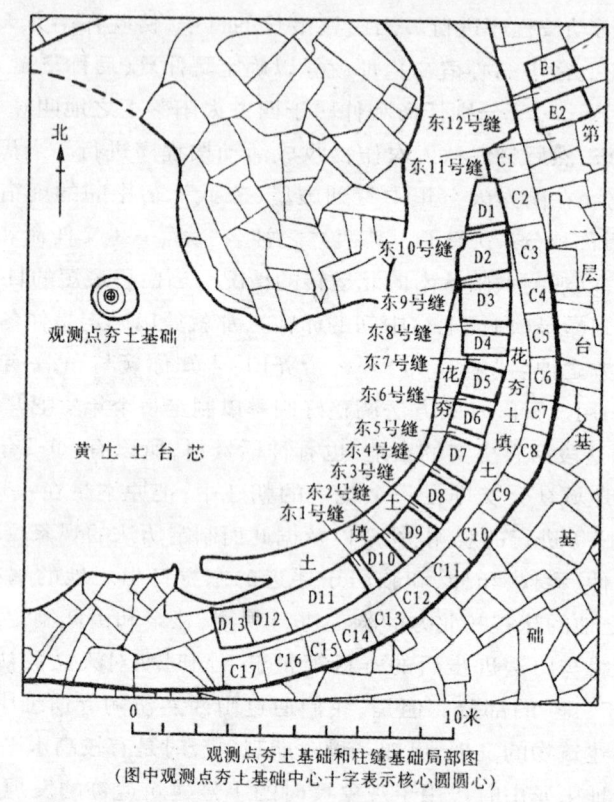

图三 陶寺ⅡFJT1号天文建筑基址

河南杞县鹿台岗遗址中也发现一处形制颇为特殊的观象授时的建筑遗迹，即发掘者称之为Ⅰ号的建筑遗迹（图四）。该遗迹高出当时周围地面近1米，系一内墙呈圆形、外墙为方形、外室包围内室（圆室）的特殊建筑。圆室内有一个呈东西—南北向的十字形的所谓"通道"，宽约0.6米，土质坚硬，土色为花黄色，与室内地面的灰褐色土迥然不同。在这个十字形交叉点上还有一柱洞。方形外室和圆形内室的北部已毁，外室西墙缺口即外室西门恰与内室西门及十字

---

① 山西省考古研究所、临汾市文物局：《山西襄汾县陶寺城址祭祀区大型建筑基址2003年发掘简报》，《考古》2004年第7期。
② 中国社会科学院考古研究所山西队等：《山西襄汾县陶寺中期城址大型建筑ⅡFJT1基址2004—2005年发掘简报》，《考古》2007年第4期。

形"通道"的西端呈直线相通,三者宽度相同。同样,外室南墙缺口又与内室南门及十字形"通道"南端在一条直线上,三者的宽度也相同①。西墙和南墙通过所谓"门"与十字形"通道"直线相连,而北面和东面则可以通过开一个和十字形"通道"等宽的"窗户"或孔洞与十字形"通道"直线相连。

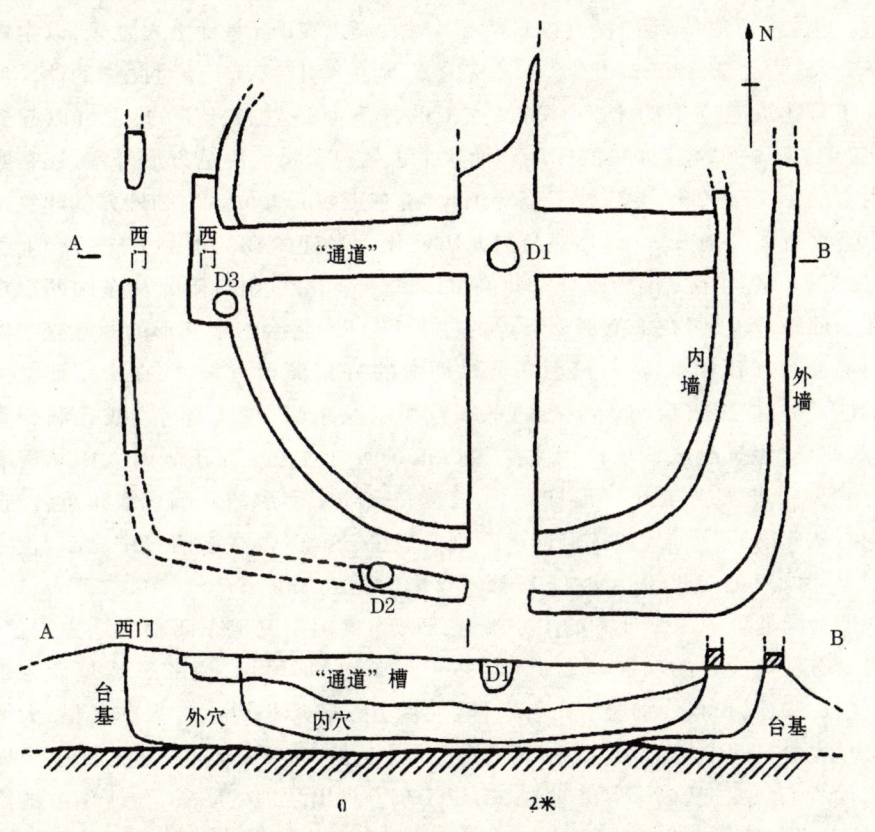

图四 河南杞县鹿台岗遗址龙山文化 I 号遗迹平、剖面图

鹿台岗遗址中内圆外方的十字形建筑物可与《考工记》记载的测定方位的方法相联系②。《考工记·匠人》曰:"置槷以县,视以景。为规,识日出之景与日入之景。昼参诸日中之景,夜考之极星,以正朝夕。"文中的"槷",郑玄谓:"古文臬假借字";"为规"即以所竖之臬为圆心画出圆形;"朝夕"也是东西方位的意思。这段文字的意思是:依据日出与日入时的投影以确定东向和西向,并参照正午时的日影和夜间的北极星,以校正东西南北的方位。其测定时,以臬为中心画

① 郑州大学文博学院、开封市文物工作队:《豫东杞县发掘报告》,第37—39页,图二〇,彩版一:1、2,科学出版社,2000年。
② 王震中:《早商王都研究》,《中国社会科学院历史研究所学刊》第四集,第42—43页,商务印书馆,2007年。

出一圆,过圆心连接日出与日入即朝与夕时的日影,即构成东西向的横线,横线两端正指东西,过圆心与东西横线垂直相交的另一直线正指南北,对于这样测出的东西南北,还可以经过正午时的日影以及夜间的极星加以确认和校正。类似的记载也见于《诗经》,《诗经·鄘风》云:"定之方中,作于楚宫,揆之以日,作于楚室。"朱熹《诗集传》谓"揆之以日",是"树八尺之臬,而度日出入之景,以定东西,又参日中之景,以正南北"。朱熹完全是参照上引《考工记》对此作的注。鹿台岗Ⅰ号建筑遗迹中的十字形交叉点上的柱洞原是立有柱子的,它可以起到《考工记》所说的"埶"即臬的作用。而这个Ⅰ号建筑物无论是方形外室,还是圆形内室的十字交叉状,恰巧处于正南正北、正东正西的方位。内圆外方的建筑构型也意寓着天圆地方。所以,鹿台岗龙山文化Ⅰ号建筑物的形制完全符合上引《考工记》所说测定方位的原理。我们可以试想一下,日出时阳光从东面的窗户或孔洞照射进来,照在十字形交叉点的柱子上,柱影将会与十字形的西端直线以及西墙上的"门"相重合;日落时阳光从西面的"门"照射进来,照在十字形交叉点的柱子上,柱影将会与十字形的东端直线以及东墙上的"窗户"或孔洞相重合,这就是"识日出之景与日入之景",以正东西之方位。在正午时太阳从南墙之"门"照射进来,照在十字形柱子上,柱影将会与十字形的北端直线相重合;在夜间时从北面的"窗户"或孔洞向夜空观看极星,这就是"昼参诸日中之景,夜考之极星",既可定南北,亦可验证"朝夕"日影所测之方位。

鹿台岗遗址中内圆外方的十字形建筑物不仅用作测定东西南北四方方位,而且具有观象授时的功能。上引《尚书·尧典》的那段话,说的虽然是命令羲仲、羲叔、和仲、和叔分别居于东、南、西、北四方,通过对日出、日入和鸟星、大火星、虚星、昴星四中星的观测,来确定春分、夏至、秋分、冬至这样的"四时"(四季),而我们只要把《尚书·尧典》文中位于东方日出之地的旸谷、位于南方的南交、位于西方日落之地的昧谷、位于北方的幽都这四处遥远之地,收拢为同一建筑物中东南西北四面窗户上的四个观测孔,就像鹿台岗Ⅰ号建筑物中东西南北十字形"通道"所指示的观测点和观测孔那样,《尚书·尧典》所述内容就可得到合理的解释。所以,鹿台岗Ⅰ号建筑的发现,对《尚书·尧典》的有关记述给予了纠正,有很高的学术价值。这样来看,早在新石器时代,时空、四时与四方本来就是联系在一起的。鹿台岗龙山文化Ⅰ号建筑不但可以测定东西南北四方,还可以测定四时乃至四季,它有天文历法上的作用。

陶寺文化的早期和中期以及鹿台岗遗址所在的龙山时代,都在尧舜时代的范围内,因而陶寺ⅡFJT1大型建筑基址和鹿台岗Ⅰ号建筑基址,当然可对上述《尚书·尧典》有关内容的史实素地和神话成分等所表现出的上古历史的"虚"与"实",进行验证、补充和纠正。

《尚书·尧典》提到的"嵎夷"、"旸谷",孔安国注云:"东表之地称嵎夷。"《禹贡》青州有"嵎夷",曰:"海、岱惟青州,嵎夷既略,潍、淄其道。"而《周礼》则

· 44 ·

说:"正东曰青州,其山镇曰沂山,其泽薮曰望诸,其川淮、泗,其浸沂、沭。"这一带大体上是包括今山东省日照市在内的东方日出之地。

据考古发掘和调查,日照的两城镇和尧王城遗址在龙山文化时期都属于筑有城墙的超大型遗址。据系统调查,尧王城遗址龙山时期的陶片分布面积近300万平方米,并在其中心区域发现有夯土城墙遗迹,还发现有白陶、彩陶和黑亮光泽的蛋壳黑陶以及玉器、铜器炼渣等①。两城镇遗址早在1936年就因出土精美的玉器和黑陶而受到广泛的重视。后来的发掘发现有龙山文化的房址和稻米。两城镇遗址的总面积为256万平方米,也属于特大型遗址。在两城镇遗址发现内、中、外三圈围壕,并确认有夯土城墙②。日照地区系统考古调查数据③还表明,这里,在龙山文化时期的139处遗址中,以两城镇和尧王城为中心,形成了由多级聚落组成的两个大的聚落群系,构成了两个既有竞争又有联合的初始国家,两城镇和尧王城则是这两个邦国的都邑。

东方嵎夷日出之地,也曾是少皞氏的活动区域。据《左传·昭公十七年》郯子所言,距离日照不远的郯城即古郯国乃少皞氏后裔。而《山海经·大荒东经》曰:"东海之外大壑,少昊之国,少昊孺帝颛顼于此,弃其琴瑟。有甘山者,生甘渊,甘水出焉。"这个甘水、甘渊就是《尚书·尧典》中日出之地的旸谷,因而《山海经·大荒南经》写道:"东南海之外,甘水之间,有羲和之国。有女子名曰羲和,方浴日于甘渊。羲和者,帝俊之妻,生十日。"综合考虑这些因素,旸谷日出之地的"嵎夷",不但属于东夷的范畴,很有可能还是少皞氏之一支。

在"嵎夷旸谷"之地产生的著名的"十日"的神话传说,也颇耐人寻味。它产生于东夷滨海之地,流行于中华大地。有关的记述散见于诸种文献,在此可列举数例:

《山海经·海外东经》:

> 汤谷上有扶桑,十日所浴,在黑齿北。居水中,有大木,九日居下枝,一日居上枝。

《山海经·大荒南经》:

> 东南海之外,甘水之间,有羲和之国。有女子名曰羲和,方浴日于甘渊。羲和者,帝俊之妻,生十日。

---

① 方辉等:《鲁东南沿海地区聚落形态变迁与社会复杂化进程研究》,《东方考古》第4集,科学出版社,2008年;临沂地区文管会:《日照尧王城龙山文化遗址试掘简报》,《史前研究》1985年第4期;中国社会科学院考古研究所:《尧王城遗址第二次发掘有重要发现》,《中国文物报》1994年1月23日。
② 栾丰实:《1998—2001年两城镇遗址考古发掘的主要收获》,《东方考古学研究通讯》第5期,2005年12月。
③ 方辉等:《1995—2004年日照地区系统考古调查的新收获》,《东方考古学研究通讯》第5期,2005年12月。

《楚辞·天问》：

（日）出自汤谷，次于蒙汜。自明及晦，所行几里？

《淮南子·天文训》：

日出于旸谷，浴于咸池，拂于扶桑，是谓晨明。……至于虞渊，是谓黄昏。至于蒙谷，是谓定昏。

《海外东经》及《楚辞·天问》中的"汤谷"即"旸谷"，在不同古籍中二者是可以相互置换的，而《大荒南经》又说明在这个汤谷或旸谷之地，太阳沐浴的海水被称为"甘水"和"甘渊"。上引"十日"神话反映了两个方面的问题：其一是与日出、日入相关联的太阳循环运行的宇宙观，其二是在六十甲子纪日法之前的一旬十日的纪日法。

每日太阳从东方升出海面时，被认为是沐浴于水中、在扶桑树上的十日中居于最上枝的一日，自旸谷（汤谷）而出，此谓晨明；此后太阳自东向西运行，来到西方日落之处的虞渊与蒙谷（蒙汜），此谓黄昏和定昏；日落之后，转入地下，被说成是"其华照下地"（《淮南子·地形训》）；夜间太阳在地下黄泉由西往东运行，直至回到东方，又从旸谷而出，露出海面。太阳一昼夜一次循环运行，被认为是沐浴于海水里的十个太阳中的一个太阳的运行，当十个太阳轮完一遍，即为一个周期，也即十日为一周期，称之为一旬。在甲骨文中，有大量的所谓"卜旬卜辞"，如"癸酉卜，大贞：旬无祸？ 一月"（《甲骨文合集》26543），"癸巳卜，出贞：旬无祸？ 三月"（《甲骨文合集》26581），等等。这些卜旬卜辞的存在，说明在甲骨文六十甲子纪日法出现之前，还应有一个单纯使用十日为一旬的纪日法，而这样的纪日法当起源于尧舜时期东方临海的嵎夷之地。这些循环往复、周而复始的宇宙观和天文历法方面的成就和习俗，构成了当时东方邦国文明的一个侧面。

帝尧之后，接任唐尧为族邦盟主的是有虞氏的虞舜。有虞氏为东夷族，《孟子·离娄下》说："舜生于诸冯，迁于负夏，卒于鸣条，东夷之人也。"关于诸冯所在，以往无考。其实在今山东省诸城市即有诸冯地名。清乾隆《诸城县志》说，该县"人物以舜为冠，古迹以诸冯为首"。今山东诸城在西汉时为诸县，春秋时为鲁国的一个邑。《春秋·庄公二十九年》记有"城诸及防"，《春秋·文公十二年》说"季孙行父帅师城诸及防"，杨伯峻《春秋左传注》说"诸、防皆鲁邑"。朱玲玲《舜为"东夷人"考》认为："诸冯应即诸，从语言角度讲，诸冯的冯字是个轻读语尾音，如北京话的'儿'，付诸文字是可省去的，不省则作'诸冯'，省去尾音则作'诸'。"[①]清初张石民的《放鹤村文集》中的《诸冯辩》也说："诸城得名，以鲁季孙行父所城诸，所城诸得名，则以诸冯……旧有舜祠。"为此，我们说诸冯在山东诸城，与孟子所说的舜为"东夷之人"颇为吻合，舜的出生地、虞舜族的发祥地在今诸城。

---

① 朱玲玲：《舜为"东夷人"考》，《超然台》2009 年第 3 期。

虞舜族另一居地是陈地，即今河南虞城。《左传·昭公八年》说："舜重之以明德，寘德于遂，遂世守之。及胡公不淫，故周赐之姓。"《史记·陈杞世家》也说："陈胡公满，虞帝之后也。"《史记·周本纪》云："武王追思先圣王，乃褒封……帝舜之后于陈。"《正义》引《括地志》云："陈州宛丘县在陈城中，即古陈国也。帝舜后遏父为周武王陶正，武王赖其器用，封其子妫满于陈，都宛丘之侧。"即今河南虞城。此地可以看成是虞舜由诸冯向西迁徙发展的第一站。

其后，虽说虞舜族在诸冯和陈地虞城都应有族人留存，但虞舜及其族团又进一步向中原迁移发展，从而在今山西平陆也出现了虞城。《史记·秦本纪》说，昭襄王五十三年，秦伐魏，"取吴城"。《正义》引《括地志》云："虞城故城在陕州河东县东北五十里虞山之上，亦名吴山，周武王封弟虞仲于周之北故夏虚吴城，即此城也。"其地在今山西平陆县。这样，虞舜的活动地域就从山东首先转到了河南虞城，再转到了山西平陆。这就是《管子·治国》和《吕氏春秋·贵因》等所说的"舜一徙成邑，再徙成都，三徙成国"。虞舜到了中原之后的都邑，按照皇甫谧《帝王世纪》的说法："舜所都，或言蒲阪，或言平阳，或言潘。"也由于虞舜从东夷之地来到了中原，所以《史记·五帝本纪》说："舜，冀州之人也。"

南方也有关于舜的传说。例如，相传尧女舜妻为湘君。《吕氏春秋·召类》说："舜却苗民，更易其俗。"《山海经·海内南经》说："苍梧之山，帝舜葬于阳，帝丹朱葬于阴。"《山海经·海内经》说："南方苍梧之丘，苍梧之渊。其中有九嶷山，舜之所葬，在长沙零陵界。"舜为姚姓，《史记·五帝本纪》正义引《会稽旧记》云："舜上虞人，去虞三十里有姚丘，即舜所生也。"只要我们相信孟子所说的舜"东夷之人也"，而东夷乃至商代的"人方"即"夷方"所在地，愈来愈多的证据表明它就在今山东地区[1]，所以有关舜与南方关系的这些说法，或者是由于虞舜的活动范围时常到达了南方，或者是舜的势力和文化影响传播到了南方，或者是由于舜死于南方的缘故。

虞舜之后的族邦盟主是大禹。关于夏族的发祥地，有"夷夏东西"说，也有"夏起于东方"说、"禹兴于西羌"说、"夏起于东南"说等等。我们知道，禹与鲧是联系在一起的。例如，《山海经·海内经》说："洪水滔天，鲧窃帝之息壤以堙洪水，不待帝命，帝令祝融杀鲧于羽郊，鲧复生禹，帝乃命禹卒布土以定九州。"这是说禹由鲧而生，并完成了自鲧而来的治理洪水的大业。对此，《国语·鲁语》说："鲧障洪水而殛死，禹能以德修鲧之功"，故夏后氏"郊鲧而宗禹"。因而，夏族的发祥地可由鲧和禹兴之地来说明。

《国语·周语下》说："其在有虞，有崇伯鲧，播其淫心，称遂共工之过。尧用殛之于羽山。"鲧被称为崇伯，韦昭注："崇，鲧国。"《史记·夏本纪·索隐》引

---

[1] 李学勤：《重论夷方》，《民大史学》第1辑，中央民族大学出版社，1996年；李学勤：《论新出现的一片征人方卜辞》，《殷都学刊》2005年第1期。

《连山易》云："鲧封于崇。"禹也曾被称为"崇禹",如《逸周书·世俘解》有"崇禹生开"的乐章。文中的开即启,是避汉景帝讳而改。鲧和禹都被称为"崇伯",为此,《国语·周语上》说:"昔夏之兴也,融降于崇山。"可见,尧舜时期的崇地乃夏族兴盛之地。关于崇的地望,至少有四说:其一为丰镐说,其二为秦晋说,其三为山东鄄城东南说,其四为嵩高说。四说中因嵩高说与夏的其他传说互证较多,故而无论是古人的注疏,还是今人如徐旭生、邹衡等学者,多主张嵩高说。在《国语·周语上》"昔夏之兴也,融降于崇山"句下,韦昭注曰:"融,祝融也。崇,嵩高山也。夏居阳城,崇高所近。"《汉书·武帝纪》:"朕……至于中岳……见夏后启母石。翌日亲登嵩高。"此也可以与《逸周书·世俘解》"崇禹生开"相互为证。《汉书·地理志》颍川郡嵩高县下,班固自注:"武帝置以奉大室山,是为中岳。"颜师古注:"嵩古崇字。"嵩为崇的别体。崇地就是指今河南登封市嵩山附近。《诗经·崧高》说:"崧高维岳,峻极于天,维岳降神,生甫及申。"甫即吕,所以吕侯也称甫侯。崧即嵩,说的也是今河南嵩山,所谓中岳是也。诗意是说从耸入云天的嵩山高峰上降下神灵,生出姜姓的吕和申来。这也和《左传》中说姜姓的齐、吕、申、许"四岳"国乃"太岳之胤"、"太岳之后也"说法相吻合,我们由吕和申地处豫西之地,也可证崇山为今河南嵩山。再加上这一带还有禹都阳城的文献记载,以及发现有战国阳城的夯土城墙和刻有"阳城仓器"铭文的陶器,这一系列综合的证据链都可证明作为鲧和禹兴起的崇地,就在今河南嵩山一带。

上述唐尧、虞舜、夏禹都是先后以邦国盟主的身份出现在历史舞台的。尧舜时期作为重要盟友的,至少还有东方的皋陶和伯益诸部。孔子的弟子子夏说:"舜有天下,选于众,举皋陶。"(《论语·颜渊》)《史记·夏本纪》说:"帝禹立而举皋陶,荐之,且授政焉,而皋陶卒。"皋陶偃姓,伯益嬴姓,偃、嬴,同音通用,这是两个关系密切的部族。因少皞氏也是嬴姓,所以皋陶和伯益有可能与少皞部族有渊源关系。《帝王世纪》说"皋陶生于曲阜",而《左传·定公四年》又说曲阜本为"少皞之虚",由此也可证皋陶部族是从少皞部族衍生出来的。皋陶的后裔有英、六、蓼和群舒(舒鲍、舒蓼、舒龚、舒庸、舒龙、舒鸠),分布于今安徽六安一带,这是皋陶部族向南迁徙发展的结果。伯益为嬴秦之祖。《史记·秦本纪》:"大费……佐舜,调驯鸟兽,鸟兽多驯服,是为伯翳。舜赐姓嬴。"《史记·郑世家》:"秦,嬴姓,伯翳之后也。"《国语·郑语》也说:"嬴,伯翳之后也。……伯翳能仪百物,以佐舜者也。"伯翳即伯益。嬴姓的秦后来出现在我国西部地区,嬴姓的赵也出现在河北,这都是嬴姓部族由东向西迁徙发展所致。

如果说尧舜禹时期在东方有较多的盟国,其与南方则多为对立的关系。如《吕氏春秋·召类》说:"尧战于丹水之浦,以服南蛮。"《墨子·非攻下》说:

昔者三苗大乱,天命殛之:日妖宵出,雨血三朝,龙生于庙,犬哭乎市,夏冰,地坼及泉,五谷变化。民乃大振(震)。高阳乃命玄宫。禹亲把天子瑞令以征有苗。四电诱祗(雷电悖振)。有神人面鸟身,若瑾(奉珪)以侍。搤矢有苗之祥(将)。苗师大乱,后乃遂几(微)。

可见,从唐尧到大禹,都与苗民发生过战争和冲突。当然,也有中原之民南下变为苗民的。如前所述,祝融族中的夔越、蛮芈、荆楚等部就向南迁徙,加入了苗蛮集团。再如《山海经·大荒南经》说:"大荒之中,有人,名曰驩头。鲧妻士敬,士敬子曰炎融,生驩头。"此驩头即《海外南经》所说的"讙头国"或"讙朱国"。袁珂《山海经校注》注引诸家之说指出,驩头国即讙头国或讙朱国亦即丹朱国,丹朱乃尧不肖之子,《竹书纪年》说他被放逐于丹水。所以南方的驩头国的人来自中原。

苗民的居地,据战国人吴起说:"昔者三苗之居,左有彭蠡之波,右有洞庭之水,文山在其南,而衡山在其北。"彭蠡即今鄱阳湖,洞庭即洞庭湖,衡山据说为今安徽之霍山(古曾名衡山),文山的具体地址不详,应该在鄱阳湖与洞庭湖的南边。再结合"尧战于丹水之浦,以服南蛮"的传说,以及《史记·五帝本纪》"三苗在江淮、荆州数为乱"的记载,可知南方三苗部族居地和活动区域相当广大,包括湖南、江西的洞庭湖至鄱阳湖地区、安徽的霍山一带和湖北的江汉平原。

尧舜禹时期史称为"万邦",在这万邦之中,既有自炎黄时期以来仍处于氏族部落发展程度的诸氏族部落或部族,也有演进为早期国家的邦国。《尚书》的《尧典》、《皋陶谟》等典籍在叙述它们的关系时,是把帝尧、虞舜、共工、四岳、皋陶、伯益、后夔、大禹,乃至商之始祖契、周之始祖弃等原本属于不同系的部族的邦君或首领安排在一个朝廷里,组成天子(君王)与朝臣之关系,从而构成了大一统古史体系。近人借鉴人类学、民族学知识,将尧舜禹时期诸部之间的关系称为"部落联盟"。在这种关系中,有的学者已明确主张它们之间不同系、不同族,这确属学术上的进步,但进一步研究将会发现,在当时被称为"万邦"的诸部族中,有的已经发展成了真正的邦国,可称之为族邦,而从事物的性质总是由其主要矛盾的主要方面予以规定的来看,尧舜禹时期诸部族之间的关系,与其称为"部落联盟",不如称为"部族邦国联盟"或"族邦联盟"(邦国联盟)。唐尧、虞舜、夏禹之间的关系实为邦国与邦国之间的关系,只是当时随着势力的相互消长,唐尧、虞舜、夏禹都先后担任过"族邦联盟"的盟主而已。总之,尧、舜、禹的身份一度曾是双重的,即首先是本国的邦君,其次是族邦联盟之盟主,这种盟主地位就是夏、商、周三代时"天下共主"之前身。

七、五帝时代与考古学文化的时间对应关系（距今7000—4000年）

通过文献,我们以颛顼为界,已将五帝时代细分为三个时期,即"炎黄时期—颛顼帝喾时期—尧舜禹时期",并对这三个时期的主要部族的传说重新作了清理,那么,文献中的这三个时期与考古学有着什么样的时间对应关系呢?

· 49 ·

炎黄是紧接着神农氏而来的一个时代,我们既已将神农氏时代划定在距今12000—7000年的新石器时代早期和中期,那么炎黄称雄的时代当拟划在距今7000—5000年的新石器时代晚期,若以北方的考古学文化为坐标的话,距今7000—5000年的范围属于仰韶文化时期,可称之为仰韶时代。

前面已讲到,仰韶文化中出现的人面鱼纹可与《山海经》所说的炎帝族氏人国(互人国)"人面而鱼身"的图腾标志相联系,仰韶文化和马家窑文化中的鳖纹(又称蛙纹)可与黄帝族中的轩辕氏(天鼋氏)相联系。而这些都可作为我们把炎黄时期划定在仰韶时代的一个依据。

颛顼、高辛氏时期,帝颛顼"乃命南正重司天以属神,命火正黎司地以属民……是谓绝地天通"(《国语·楚语下》)的现象,说明当时的社会中已出现诸如"南正"、"火正"、巫觋之类的神职人员,也意味着已形成一个祭祀管理的阶层,这是史前走向文明过程中社会复杂化的重要现象。所以,颛顼、高辛氏时期是古代中国邦国文明的草创期,这应当属于距今5000—4500年的龙山时代前期。

尧舜禹时期史称"万邦"时代,这时大江南北、黄河内外都有邦国兴起,有的还结盟为族邦联盟,属于王国之前的邦国文明阶段,当与考古学上距今4500—4000年的龙山时代后期相对应。

总括本篇五帝与考古学的时代对应关系,再加上三皇,可列表如下:

考古学与传统史学的中国古史体系的对应关系

考古学时代	传统史学的古史体系	年代	社会形态	主要经济生活方式
旧石器时代晚期	伏羲氏 燧人氏	距今15万—12000年	原始群、氏族	渔猎、采集
新石器时代早期和中期	神农氏	距今12000—7000年	氏族、部落	渔猎、农业、畜牧业
新石器时代晚期的仰韶时代	炎帝、黄帝	距今7000—5000年	部落、部族	农业、畜牧业、手工业
新石器时代晚期的龙山前期	颛顼、帝喾	距今5000—4500年	邦国的草创期	农业、畜牧业、手工业
新石器时代晚期的龙山后期	尧、舜、禹	距今4500—4000年	邦国	农业、畜牧业、手工业
青铜时代	夏、商、周	距今4000—2000多年	王国	农业、畜牧业、手工业、商业
铁器时代	秦—清	距今2228年—公元1911年	帝国	农业、畜牧业、手工业、商业

结　语

　　我的两位老师尹达先生和杨向奎先生都曾指出,我国古代社会的传说并非全属伪造,在那些疑说纷纭、似是而非的神话般的古史传说中"有真正的史实素地,切不可一概抹杀";古史传说是"历史与神话的交融"。对于古史传说中"虚"与"实"的这种研究,本篇还只是初步的,有实证史学和历史解释学的特点,当然也有对于神话和古史传说研究的理论与方法论的意义,也是在向接近历史实际迈进,不妥之处,敬请方家指正。

　　（作者:王震中,中国社会科学院历史研究所副所长、中华炎黄文化研究会副会长）

炎黄学论纲

◇霍彦儒

前 言

炎黄文化有广义、狭义两种。广义是指从炎黄时代开始,前后相继、绵延至今的中华传统文化;狭义是指炎黄二族即炎黄二帝所处时代所发生的文化。"炎黄学"所说的炎黄文化介乎二者之间①。其大致时空范围,时间为炎黄二族及其以后对炎黄传说所进行的阐释、认同、重构的文化,空间为炎黄二帝发祥与迁徙之地和炎黄文化的传播之地所发生的文化。

炎黄二帝是中华民族伟大的人文始祖,炎黄文化是中华文化、中华文明的源头。研究炎黄文化,不仅有利于加强中华民族的凝聚力、向心力,建设中华民族共有精神家园,而且有利于传承中华传统文化,创新现代文化,促进经济社会科学、和谐发展。建立"炎黄学"的目的,是为了使炎黄文化的研究成为一门学科研究,构建系统、完整而科学的炎黄学研究理论体系。

炎黄文化研究经过起步、发展、沉寂近三千年的发展之后,到了20世纪80年代初,随着解放思想、拨乱反正和文化寻根热的兴起,迎来了炎黄文化研究的繁荣期。经过三十多年的研究,在炎黄文化资料整理、研究队伍形成、学术研究及当前寻根祭祖旅游文化等方面均取得了长足的发展。尤其在学术研究方面,对炎黄二帝的含义、炎黄二帝与中华文明的起源、炎黄时代的定位和性质、炎黄文化的内涵、炎黄文化与民族精神、炎黄文化与民族史、炎黄文化与考古学文化、炎黄文化与区域文化、炎黄文化与民俗文化、炎黄文化与中华民族认同感等问题,作了深入或较为深入的研究,并取得了丰硕的成果。还有更重要的一点,炎黄文化的研究得到了社会的认同,受到中央有关领导和有关地方政府的重视和支持。所有这些,都为今后拓展、深化炎黄文化研究打下了坚实的基础,也是建立炎黄学学科的前提和基础。

---

① 高强:《近百年来炎黄文化研究的回顾和思考》,《炎黄文化研究》第五辑,第31页,大象出版社,2007年。

一、炎黄学的研究基础

一门学科的建立,首先必须要有其坚实的研究基础,即有丰富的资料、研究人员和研究成果等。我们建立炎黄学,也是首先基于这些条件的思考。其主要表现在:

(一)历代的文献记载

关于炎黄二帝的文献记载是依据后世人口耳相传整理而成的,因而真伪杂芜、相互抵牾,且散见于浩如烟海的古籍文献之中。但尽管如此,在历代的文献中还是多有炎黄的记载。据不完全统计,经书类有 10 余种,史籍类有近 60 种,诸子类有 50 余种。这仅仅是我们目前所能看到的,未看到的不知还有多少,尤其是珍藏于地下而未出土的简帛等方面的文献。明清时期的地方志书中也有比较多的有关炎黄方面的条目。尤其是秦汉以前的史书和诸子著作如《逸周书》、《左传》、《国语》、《周易》、《竹书纪年》、《礼记》、《庄子》、《世本》、《山海经》、《吕氏春秋》、《淮南子》、《史记》、《汉书》等重要古籍中均有记载①。

(二)丰富的考古资料

随着考古学文化的迅速发展,有关新石器时代的考古资料越来越丰富。研究成果表明,学术界大多认为炎黄时代约为仰韶文化与龙山文化的早期。而这一时期的考古学文化,从遗址和器物来看,不仅发现最为丰富,而且各时段的资料最为完备。从文化的分布地域来看,黄河中游地区是仰韶文化和龙山文化分布最为密集的地区。这里仅以仰韶文化为例:1983 年,陕西、甘肃、河南、山西、河北、内蒙古、宁夏、青海、湖北等九省区的文物普查数字显示,发现的仰韶文化遗址有 5000 多处,已试掘或发掘的仰韶文化遗址共计约有 200 处。从 1949 年至 2000 年,发掘面积总计近 20 万平方米,获得了很多重要发现。据不完全统计,已发现房屋 1400 多座,窖穴和灰坑 7350 多个,灶坑 145 个,陶窑 112 座,壕沟 62 条,土坑墓 3200 多座,城址 1 处,其他发现的还有瓮棺葬、圈栏、道路、制陶作坊、石器制造场、祭祀坑等。生产工具、生活用具及装饰品等各类文物 6.7 万多件②。重要的文化遗址有半坡遗址、庙底沟遗址、元君庙遗址、横阵遗址、王湾遗址、西王村遗址、后岗和大司空村遗址、大正集老磨岗和鲍家堂及大寒南岗遗址、姜寨遗址、史家遗址、大河村遗址、下王岗遗址、大地湾遗址、西山遗址、八里岗遗址、零口遗址、北首岭遗址、福临堡遗址等。

仰韶文化的前身是新石器早期文化即前仰韶文化,重要遗址有河北武安磁

---

① 参见霍彦儒主编:《陕西省志·炎帝志》,第 529—629 页,三秦出版社,2009 年;何炳武、刘宝才主编:《陕西省志·黄帝陵志》,第 332—476 页,陕西人民出版社,2005 年。
② 巩启明:《仰韶文化》,第 90、126 页,文物出版社,2002 年。

山遗址、河南新郑裴李岗遗址、陕西华县老官台遗存和宝鸡关桃园遗址等。仰韶文化之后在中原发展为庙底沟二期文化。

另外,在长江中下游地区,与前仰韶文化相当的有江西万年仙人洞、浙江余姚河姆渡、嘉兴马家浜和桐乡罗家角等遗存。在辽宁沈阳的新乐和长海县小珠山下文化层也有此时期文化的发现。与仰韶文化相当的有大溪文化、屈家岭文化等。在黄河中上游有马家窑文化,黄河下游有山东等地的大汶口文化,北方地区有红山文化等。仰韶文化之后在山东、河南、陕西、浙江、江西、河北等地又发现了大量的龙山文化遗址①。

总之,这些数以千计的新石器时代遗址和数以万计的各类出土文物,为我们研究炎黄时代提供了最直接、最重要的资料。

(三)大量的民间传说

民间传说虽不能认为是信史,但也不能采取虚无主义态度,对其予以完全否定。著名史学家林剑鸣曾引用赫胥黎的话:"古代的传说如用现代严密的科学方法去检验,大都像梦一样地消逝了,但奇怪的是,这种像梦一样的传说往往是一个半醒半睡的梦,预示着真实。"接着他又说道:"像神农氏这样久远、古老的传说背后,一定隐藏、蕴涵着远古时代大量的、真实的历史,关键是如何用'现代严密的科学方法'将它们揭示出来,使人们通过这些神奇、动人的传说,加深对中国历史的认识,发挥神话、传说对研究历史的作用。"②关于炎黄二帝的民间传说故事,在炎帝、黄帝诞生和活动之地大量地存在着,虽在长期的流传过程中,附会较多甚至有神话的浓厚色彩,但是,正如赫胥黎和林剑鸣所说,其中蕴涵了"大量的、真实的历史"。只要我们运用"现代严密的科学方法"加以去伪存真,就能从中发现有关炎黄二帝及炎黄文化的历史信息,以补充历史文献和考古资料之不足。

(四)众多专家的参与

一门学科的建立,除了有文献、考古等资料外,研究队伍的形成和建立是这门学科能够得以设立的基本条件之一。20世纪80年代以来,随着炎黄文化研究的勃兴,其研究愈来愈引起一部分上古史和先秦史专家学者的关注,尽管专门从事炎黄文化研究的专家学者还为数不多,但参与的专家学者却不断增加。不仅有社会民间专家学者的参与,更有高等院校和国家、各省市社科院所专家学者的积极参与;其中既有中青年学者的参与,也不乏著名专家学者的积极参与。现在已成立各类炎黄文化研究会50多家,研究人员以每个学会平均200人计算,有会员10000多人,再按3%的比例计算实际参与者,至少也在300人左右。这对一个学科来说,其研究人员是相当可观的。再从多次召开的国内、国际学术研

---

① 张学海:《龙山文化》,文物出版社,2006年。
② 景明:《神农氏·炎帝》,第2页,西北大学出版社,1993年。

讨会来看，每次参会者多则百人以上，少则四五十人。这说明炎黄文化研究队伍已基本形成。

（五）政府的大力支持

随着寻根祭祖旅游文化的兴起，有关炎黄二帝出生地和活动地的省、市，为了提高本地知名度和扩大影响力，推动本地旅游业发展，对炎黄文化研究给予了极大的支持。例如陕西宝鸡，自本世纪以来，由当地政府主办，连续召开了4次高规格的国内、国际学术研究会。陕西省人民政府自本世纪起，在每年的清明节祭祀黄帝陵期间都要邀请海内外学者召开学术会。中华炎黄文化研究会与黄帝陵基金会、炎帝陵基金会联合，自2005年起，轮流每隔三年召开一次研讨会。其他如湖南、湖北、河南等地也在政府的支持下，多次召开学术研讨会或举办高层论坛。一项学术课题，能长久地得到政府支持，尤其是在经费上予以大力扶持，这在历史上是不多见的。这也是炎黄文化研究历经三十多年而不衰的重要原因之一。

二、炎黄学的研究成果

"炎黄学"概念虽是于2010年5月在北京召开的"新时期炎黄文化研究的回顾和展望"研讨会上由几位学者分别提出，而实际上，其作为一种学科研究，早在20世纪80年代就开始了。若往前追溯，20世纪初就有学者开始对炎黄二帝的传说进行研究。于右任于20世纪40年代就组织人力编纂了《黄帝功德纪》一书。这可以说是炎黄学研究的前奏。

据不完全统计，新时期以来，出版炎黄文化研究方面的著作（包括论文集）达200多部，发表论文（文章）1700余篇，召开各类学术研讨会50多次。对炎黄文化研究中所涉及的问题均有研究和探讨，对一些长期争论不休的问题也初步达成了共识，使炎黄文化即中华传统文化得到了进一步传播和普及，同时也涌现出了一批专门和热心从事炎黄文化研究的专家学者。

（一）炎帝与炎帝文化研究

从学术研究方面看，新时期以来，是炎帝和炎帝文化研究的繁荣期。据不完全统计，至2010年底，出版各类著作百余部，发表论文800余篇。其主要论文有屠武周的《神农、炎帝和黄帝的纠葛》（《南京大学学报》1985年第1期），杨亚长的《炎帝、黄帝传说的初步分析与考古学观察》（《史前研究》1987年第4期），刘起釪的《姬姜与氏羌的渊源关系》（《华夏文明》第2集，1989年），李绍连的《炎黄二帝与中华民族文化》（《光明日报》1989年10月25日）和《炎黄文化与炎黄子孙》（《中州学刊》1992年第5期），张玉勤的《神农、炎帝、黄帝关系辨》（《山西师范大学学报》1990年第3期），唐嘉弘的《炎帝传说考述——兼论姜炎文化的源流》（《史学月刊》1991年第1期），邓乐群的《"炎黄子孙"称谓的文化意蕴——评〈炎黄子孙不是中华民族、中国人民的同义词〉》(《湖南师范大学学报》1991年第5期),张岂之的《从炎黄时代到周秦文化》(《炎帝论》,三秦出版社,1996年),邹衡的《漫谈姜炎文化》(同上),赵世超的《炎帝与炎帝传说的南迁》(《陕西师范大学学报(哲社版)》1998年第4期)等。著作有李学勤、张岂之任总编的《炎黄汇典》八卷(吉林文史出版社,2002年),霍彦儒主编的《陕西省志·炎帝志》(三秦出版社,2009年),宫长为、郑剑英主编的《炎帝神农氏——中华远古文明追索》(中国文史出版社,2005年),何光岳的《炎黄源流史》(江西教育出版社,1992年),炎帝与宝鸡课题组编写的《炎帝·姜炎文化》(三秦出版社,1992年),蔡柏顺的《炎黄二帝研究》(中州出版社,1992年),景明的《神农氏·炎帝》(西北大学出版社,1993年),台湾学者钟宗宪的《炎帝神农信仰》(学苑出版社,1994年),霍彦儒、郭天祥的《炎帝传》(陕西旅游出版社,1995年),高强的《炎黄子孙称谓的源流与意蕴》(三秦出版社,2006年),刘毓庆的《上党神农氏传说与华夏文明起源》(人民出版社,2008年)等。论文集有《炎帝》(长江文艺出版社,1990年),《炎黄文化与民族精神》(中国人民大学出版社,1993年),《炎帝论》(陕西人民出版社,1996年),《姜炎文化论》(三秦出版社,2002年),《炎帝与中华文化》(人民出版社,1994年),《炎帝与汉民族论集》(三秦出版社,2003年),《炎黄颂》(中国经济文化出版社,2003年),《炎黄文粹》(武汉出版社,2009年),《炎帝文化》(中华书局,2005年),《炎帝文化与21世纪社会发展》(岳麓书社,2002年),《炎帝与民族复兴》(陕西人民出版社,2006年),《炎帝·姜炎文化与和谐社会》(三秦出版社,2007年),《炎帝·姜炎文化与民生》(三秦出版社,2007年)等。在陆续出版的一些通史、民族史、社会史等著作中,也将炎帝、黄帝列章或列节加以论述。先后再版了徐旭生的《中国古史的传说时代》(科学出版社,1985年),整理出版了王献唐的《炎黄文化氏族考》(齐鲁书社,1985年)。与此同时,还创办了一批以炎黄文化为研究对象的集刊,如《炎黄文化研究》、《炎黄天地》、《华夏源》、《华圣文化》等。

(二)黄帝与黄帝文化研究

黄帝与黄帝文化的研究亦起步于20世纪80年代。据不完全统计,出版专著、论文集近百部,发表论文近千篇。除前面已提到的之外,主要论文有张岂之的《黄帝与陕北黄土高原》(《炎黄文化与民族精神》,中国人民大学出版社,1993年),严文明的《谈炎黄传说与炎黄文化》(同上),李学勤的《古史、考古学与炎黄二帝》(《走出疑古时代》,长春出版社,2007年),石兴邦的《黄帝与中华民族的形成和发展》(《黄帝与中国传统文化学术讨论会论文集》,陕西人民出版社,2001年),马世之的《试析炎黄文化的发祥地》(《炎黄文化研究丛书(四)》,河南科学技术出版社,1993年),刘宝才的《炎黄时代——中华文明的开端》(《西北大学学报(哲社版)》1994年第3期),李民的《黄帝的传说与燕文明的渊源》(《中原文物》1996年第1期),刘起釪的《炎黄二帝时代地点考》(《炎黄文化研究》1994年第1期[《炎黄春秋》增刊])、罗琨的《"炎黄"、"黄炎"与黄帝陵》(同上)、张宏彦的《陕北的史前文化与"黄帝文化"的考古学观察》(《光明日报》2007年4月5日)等。著作有柏明、李颖科的《黄帝传》(陕西人民出版社,1990年)、张岂之主编的《血脉五千年》(西北大学出版社,1993年)、曲辰的《中华民族的先祖——黄帝与炎帝》(人民日报出版社,1995年)、何炳武、刘宝才主编的《陕西省志·黄帝陵志》(陕西人民出版社,2005年)、刘宝才、韩养民主编的《黄帝文化志》(陕西人民出版社,2008年)、刘文学主编的《黄帝故里统鉴》(中国古籍出版社,2006年)、何炳武的《黄帝与中华文明》(陕西旅游出版社,1999年)等。论文集有《炎黄文化与现代文明》(武汉出版社,1993年)、《轩辕黄帝与缙云仙都》(浙江人民出版社,2001年)、《黄帝文化研究》(山西古籍出版社,2006年)、《黄帝与中国传统文化学术讨论会论文集》(陕西人民出版社,2001年)、《黄帝与中华文化学术研讨会论文集》(西北大学出版社,2008年)等。

三、炎黄学的研究领域

炎黄学的研究领域是很广泛的,它涉及多个学科和领域。我们认为主要涉及历史学、考古学、民俗学、民族学、人类学、文艺学等领域。

(一)历史学的研究

历史学研究包含的内容比较多,历史观点、历史资料、史书的结构和文字的表述等研究,都属于历史学的范围。这里所说的历史学研究主要是指历史文献的研究,是属于历史资料的范围。这在炎黄文化研究中占有重要地位。其研究内容主要包括:一是历代有关炎黄二帝的文献记载,二是出土器物即甲骨、青铜器、简帛等上面有关炎黄二帝的记载,三是明清以来的方志文献,四是碑刻等。而在这些史料中,更应注重于先秦及秦汉时期经、史类文献的研究。在历史唯物主义的指导下,通过搜集、校勘、考订、梳理、比较、分析各类史料,搞清历代史料中哪些史料是有价值的,哪些是无价值的;哪些是正确的,哪些是错误的;哪些含有后人更多的附会成分。近年来,尽管我们也出版了多部史料选编方面的书籍,如《炎黄汇典·史籍卷》、《陕西省志·黄帝陵志》、《黄帝文化志》、《炎帝神农氏——中华远古文明追索》、《陕西省志·炎帝志》等,但只做了史料的搜集、辑录等工作,而对文献的甄别工作做得还比较少。在对各类史料进行研究的同时,应该对历代有关专家学者的研究成果,尤其是近百年、近三十多年来的研究成果加以整合,归纳出哪些观点应肯定下来,形成共识,哪些观点还应继续加以研究和探讨,以避免重复研究和在有些问题上出现无休止的争论。

(二)考古学的研究

历史学研究固然重要,但由于炎黄二帝属于史前人物,当时文字还未出现,而前面所说的历史文献严格来说是传说文献或文献传说,即后人通过前人口耳相传而记录下来的。所以,考古学文化研究也就成了炎黄文化研究的重要领域,尤其在史前史研究方面更占有举足轻重的地位。新中国建立后,尤其是新时期以来,我国的考古学文化有了长足的发展,新石器时代的考古学文化更是发展迅速。目前学术界一般认为,炎黄二帝所处的时代,从社会形态来说,是属于原始社会的末期,是母系社会向父系社会的过渡或父系社会初期;从考古学文化来说,是新石器时代的中晚期,即仰韶文化和龙山文化的早期。而这个时期的考古学文化,无论是黄河流域还是长江流域,无论是内蒙古、辽宁等北方地区还是岭南、闽越地区,都发现了大量的新石器时代的遗址和文物。比如陕、豫、晋交会的中原地区,是仰韶文化的密集区,其序列完整,传承清楚,出土文物数以万计。可以说凡是文献中有记载的,在考古学上基本都能找到其对应的器物。所以,加强考古学文化的研究,采用"二重证据法"研究炎黄时代,是研究炎黄文化的重要方法和途径。今后考古学研究的重点应是建立炎黄文化的考古学体系,正如张岂之先生所提出来的,应"充分运用渭河流域的石器时代的丰富考古资料,以大量的仰韶文化资料解释对应炎帝传说"①。当然,这种对应解释应是较为宏观的,而不是一一对应的关系。虽说这项研究有一定的难度,但随着考古学文化的日益繁荣,研究目标一定会逐步达到。这将是炎黄文化研究的突破。

(三)民俗学的研究

民俗学研究主要是指对在炎黄文化影响下所产生的民俗事象等进行研究。其中关于历代炎黄二帝的传说和祭祀等是民俗学研究的主要内容。在炎黄二帝活动地区,都流传有大量的民间传说故事。这些民间传说故事是历经数千年而口耳相传下来的,涉及炎黄二帝的生葬、功绩等各个方面。尽管这些传说在长期的流传过程中难免有附会的成分和神话的色彩,但是我们如果将其附会的成分和神话的色彩加以剔除和剥离,其中必含有历史的"素地",所以这也是我们应研究的方面。

关于炎黄二帝的祭祀,在炎黄二帝曾活动过的地方,几乎历代都有,而且有大量的文献记载。虽说这些祭祀既有朝廷(政府)的公祭,也有民间社团和个人的民祭,但不管是哪种形式的祭祀,均属于炎黄文化的组成部分,都是我们要研究的内容之一。对炎黄文化的民俗学研究,与历史学、考古学构成了"三重证据法"的研究方法。

(四)民族学的研究

炎黄二帝和炎黄文化对中华民族的产生、形成和发展曾起过重要的积极作用。我们知道,中华民族是一个以汉族为主体的统一的多民族的共同体,而汉族的前身是华夏族,华夏族最早的产生和形成可追溯至炎黄时代,即炎、黄、蚩经过

---

① 张岂之:《关于〈炎帝志〉(终审稿)阅后的几点意见》,载宝鸡炎帝研究会、宝鸡周秦文化研究会编:《厥功甚伟 其德至大——〈陕西省志·炎帝志〉汇评》,西安出版社,2011年。

阪泉和涿鹿之战而形成华夏联盟集团,中华民族是以此为核心而逐步发展、壮大起来的。要通过对炎黄时代在共同语言、共同地域、共同经济生活和表现于共同文化上的共同心理以及炎黄精神等的研究,探讨炎黄二帝和炎黄文化在中华民族和中华民族精神产生、形成、发展过程中所起的重要作用,以增强民族认同感,增强中华民族的凝聚力和向心力。

（五）人类学的研究

所谓人类学,是一门从生物和文化的角度对人类进行全面研究的学科。我们这里所说的人类学研究,运用人类学的有关理论和观点,一是将炎黄二族作为一个人类学族群,与其他人类学族群进行比较,以探讨炎黄族群与其他族群在体质特征上的区别和联系,研究炎黄族群的体质形态、形成过程、地理分布及其相互关系,从而为民族学研究提供炎黄族群的体貌特征。二是从文化的角度,研究炎黄族群的起源、发展、变迁的过程,以及炎黄族群与其他族群在文化上的差异、文化性质和变化规律。

（六）文艺学的研究

文艺学是指反映在历代各类文艺作品中有关炎黄二帝的材料。比如在秦汉以至于唐、宋、元、明、清的诗词歌赋等文艺作品中存在着大量有关描写炎黄二帝的作品,这些文艺性的作品虽不能作为史料,但这是当时生活的反映,其中也渗透、熔铸着作者的理念和思想。通过对这些作品的研究,可以了解历代炎黄子孙对炎黄二帝的认同,还可了解炎黄文化在不同时代的影响。所以,这方面的研究也是炎黄学不可缺失的。

四、炎黄学的研究特点

炎黄学的研究特点归纳起来主要有以下几方面：

（一）综合性

炎黄学的研究对象涉及政治、经济、文化、伦理、哲学、宗教等多个方面,只有开展综合性研究,多学科参与,才能使炎黄学研究有所突破,有所创新,建立起炎黄学自己的理论体系。

（二）地域性

在炎黄二帝活动的地方,留有大量有关炎黄二帝的遗迹和炎黄文化。但由于各地地理、气候和历史发展等自然环境和人文环境的不同,形成了不同的地域文化,反映在炎黄文化上,也必然具有其地域特性。比如,传说炎帝发明了农业,在黄河流域是指粟作农业,而在长江流域是指稻作农业。农作物品种不同,所反映的文化内涵必然有其差异。再如,在民俗方面,其表现的地域特性更为明显。对炎黄二帝的民间祭祀,北方（陕西、河南）多为庙会形式,而南方（湖南、湖北）多为随祭,即随到随祭。所以说,炎黄学的研究不能脱离地域性文化的研究。

（三）跨时代性

炎黄文化在数千年的发展中一脉相承，前后互为影响和补充，这就使炎黄文化具有了跨时代性的特征。尽管每个时代对炎黄二帝及炎黄文化的阐释有所不同，但其基本精神是一致的。我们在进行炎黄学的研究时，不能拘泥于一朝一代的研究，而要从数千年的整个发展过程着手，进行跨时代的研究。

（四）世界性

炎黄学研究既有地域性特点，也有世界性特点。炎黄文化发展到今天，已不是大陆文化，也不是包括港、台、澳在内的中国文化，而是早已走出国门，成为具有世界性意义的文化。凡是有中华民族成员生存的地方，只要他们自认为是炎黄子孙，就有炎黄文化的存在，这也就是炎黄学应涉及的内容。这对团结、凝聚全世界炎黄子孙无疑具有积极的意义。

五、炎黄学的学科建设

尽管炎黄文化的研究就新时期来说已有三十多年，先后出版了数百部著作，发表了数以千计的论文，召开过数十次的学术研讨会，但是，要建立一门学科，形成一个完整而系统的理论体系，还需要有一个较长期的艰苦努力。这里就目前所能认识的有关炎黄学的学科定义、研究对象和今后一个时期的设想谈点意见。

（一）炎黄学的学科定义

初步设想，炎黄学是研究炎黄时代所发生的文化，历代对炎黄传说所进行的阐释、认同和重构的文化，及炎黄二帝发祥与迁徙之地和炎黄文化的传播之地所发生的文化的学科。通过多学科、多角度的综合研究，建立炎黄学系统而完整的学科理论体系。

（二）炎黄学的研究对象和重点研究课题

根据炎黄学的学科定义，炎黄学的研究对象可分为三个层面：第一个层面是对炎黄学所涉及的所有史料进行搜集、整理、排比、鉴别和利用，这些史料既包括文献资料，也包括考古学和民间传说等资料。第二个层面是在资料整理的基础上，进行炎黄学学科体系的理论研究。第三个层面是结合时代特点，进行以炎黄二帝为代表的中华民族人文精神研究，以建设中华民族共有精神家园。

当前和今后一个时期应研究的重点课题有：

1. 炎黄文化在不同历史时期的流变
2. 炎黄文化与中华民族多元一体格局
3. 炎黄精神与中华民族精神
4. 炎黄文化与中国传统文化
5. 炎黄文化与诸子百家
6. 炎黄文化与地域历史文化

7. 炎黄文化与海外华人

8. 炎黄文化与考古学文化

9. 炎黄文化与中国新文化

10. 炎黄二帝及其时代文化研究的理论和方法问题

11. 炎黄时代与中华文明的起源

12. 炎黄时代的社会性质

13. 炎黄二帝的发祥地与部落迁徙路线

14. 炎黄二帝与中华民族的起源、形成和发展

15. 炎黄文化与历代祭祀文化

16. 炎黄文化与构建中华民族共有精神家园

在对这些课题进行研究的同时，着手组织人力编写《炎黄学概论》、《炎黄文化辞典》、《百年炎黄文化研究》等图书。在这一系列研究的基础上，再分门别类从文献、考古、民俗以及研究成果等方面进行《炎黄学大系》的编写。

六、炎黄学研究的价值

(一) 开展炎黄学研究，有利于对中华文明起源、形成和发展的认识

对中华文明起源的研究和探讨，是当前史学界、考古界的重大课题。虽说当前学术界对中华文明起源等诸多问题还存在着不同看法，但在认为炎黄时代即仰韶文化与龙山文化的早期是中华文明起源的重要阶段，即已处在文明起源的门槛，为中华文明的起源奠定了基础这一点上，已无异议。目前，学术界对文明的标准有多种观点，有人认为出现了金属器、文字、城市、礼仪性建筑就标志着文明的出现，还有人认为国家的出现是文明产生的条件，等等。我们认为，对一个具体民族和国家来说，文明起源的标准应该是不一样的，即有其特殊性。就中国而言，其立族立国都是以农业为基础的，即"文明的产生是与农业的发展息息相关的"①。农业是中华文明的主要特征之一。实际上，农业不仅在中国，就是在古代世界都是"决定性的生产部门"②。所以，中华文明应起源于农业产生并发展到的一定阶段即锄耕农业阶段。当然，农业的产生、发展有一个较长的过程，而文明的起源也应该有一个较长的过程。我们之所以这样说，是因为农业是人类生存的基础和保障，只有农业文明出现，人类才真正摆脱了自然界的桎梏，自立于自然界而独立生存。人类在解决了吃、喝、穿、用以后，才有闲暇时间去从事其他工作，如文字的发明、铜器的制造、城市的建设、祭祀活动的开展等等。正如有学者所说："生产性生产的产生——农业革命，是人类脱离原始状态的革命，

---

① 苏秉琦主编：《中国通史》第2卷，第57页，上海人民出版社，2004年。
② 《马克思恩格斯全集》第21卷，第169页，人民出版社，2003年。

同时也是文明起源的关键一环。都市的出现、文字的产生、复杂的社会组织形式及具有共同宗教信仰的艺术等都是在农业文明的基础上形成的。"[1]明白了这一点,我们再联系炎黄时代,就会发现,炎黄时代正是农业进入锄耕农业的时期,是中国农业文明的重要发展阶段。大量考古发现的生产、生活工具和粟、稻等粮食作物证明了这一点。可见,炎黄二帝被人们尊为"人文初祖",就是因为他们是中华民族踏进文明门槛的一个历史象征,所以,后来的好多物质文明和精神文明,都可以追溯至炎黄时代,这也是后世好多著作以炎黄二帝之名命名的原因所在。这说明人们早已认识到炎黄文化是中华文明的源头。所以说,开展炎黄学的研究,有利于我们对中华文明起源、形成和发展的认识。

(二)开展炎黄学研究,有利于对中国传统文化的解读

中国传统文化博大精深、源远流长,而追溯其渊源是炎黄二帝及其时代,也就是说,炎黄文化是中国传统文化之根、之源。这已成为传统文化研究者的基本共识。我们之所以说炎黄文化是中国传统文化之源,是基于文献传说中的炎黄二帝的创造和发明。传说炎帝发明了农耕、医药、交易、陶器、音乐、弓箭、纺织、房屋、刻画符号等。而黄帝的创造和发明就更多了,林林总总有20多项,这还不包括传说的众多著作和其他功德,如文字、制度、艺术、宗教等。而炎黄二帝的这些创造和发明,有些是后世才出现的,如五行、镜子等,是后世人附会的,但有一部分传说已被大量的考古学文化所证实。这些物质文化和精神文化从现在的角度看是粗糙的、不成熟的,甚至仅为雏形,但正是这些粗糙的、雏形的文化,孕育、产生了中国传统文化,也就是说,中国传统文化就是以这些文化为基础而形成和发展起来的。所以,我们只有从源头开始,从炎黄二帝及其时代开始,才能真正了解中国传统文化的博大精深和源远流长,才能认识中国文化、中华文明传承数千年而始终不断、不衰的真正原因。

(三)开展炎黄学研究,有利于中华民族精神的继承和弘扬

中华民族精神有其孕育、形成、丰富和成熟的过程,而追溯其孕育阶段就是炎黄时代,与炎黄二帝有着密切的关系。换句话说,炎黄精神是形成今天中华民族精神的内核和基础。今日之研究者将炎帝精神概括为:敢为人先的实践精神、百折不挠的创新精神、造福于民的务实精神、自强不息的进取精神、无私无畏的奉献精神。实际上黄帝也具有这种精神。正是这种精神,才孕育和产生了今天的中华民族精神,也就是说,炎黄精神经过数千年的培育、丰富、发展和升华,铸就了今天的中华民族精神。正因为如此,炎黄精神才成为中华民族精神的重要源头和组成部分。我们研究中华民族精神要从炎黄精神研究起。炎黄精神是炎黄学研究的一个重要内容,而研究炎黄精神即中华民族精神就是为了代代继承

---

[1] 何星亮:《炎帝与中华文明的起源》,载霍彦儒主编:《炎帝与汉民族论集》,第157页,三秦出版社,2003年。

这种精神,弘扬这种精神。所以说,研究炎黄学,有利于中华民族精神的继承和弘扬。

(四)开展炎黄学研究,有利于增强中华民族凝聚力和构建中华民族共有精神家园

中华民族由56个民族构成,这56个民族在长期的交流、交往中形成了"你中有我,我中有你"的"一体"格局,但由于其族源和地域、历史发展各异,又形成了不同的文化传统即"多元"。而要将这种具有不同文化传统的众多民族凝聚在一起,形成"多元一体"格局,加强中华民族凝聚力、向心力、亲和力,增强各民族之间的认同感,构建中华民族共有精神家园是极其重要的一项工作,也是一项长期的任务。

我们知道,民族是一个共同体,而构成这个共同体必须要有"黏合剂",即凝聚力。对于国家而言其凝聚力是政治核心,对于民族而言其凝聚力则是文化,否则就如同一盘散沙,成不了民族。中华民族的起源、形成和发展的历史事实证明,认同炎黄二帝的始祖地位,继承和弘扬炎黄文化,对于加强各民族之间的认同感、凝聚力和亲和力是极为重要而且有效的。研究表明,现有的56个民族中,除了少数外来民族,其他绝大多数民族均与炎黄有直接或间接的关系。这种关系既有某种文化的认同,也有某种血缘的联系。比如历史上某些少数民族以炎帝或黄帝为其始祖,自称是炎黄后裔、炎黄子孙就是明证。历代朝廷将炎黄二帝立庙或设坛祭祀,尤其清代将炎帝、黄帝同伏羲一样以"三皇"身份而立庙祭拜,并遣使在其陵冢祭奠,就说明了炎黄二帝在中华各民族中的崇高地位。20世纪80年代以来,海内外一批批炎黄子孙每年清明节或在炎黄二帝的生日、忌日,来到其曾生息的地方,焚香叩头,顶礼膜拜,就很能说明炎黄二帝和炎黄文化至今还有其强大的生命力、感召力和凝聚力。再说,海内外炎黄子孙寻根祭祖,就是寻找自己的精神家园,以寄托自己崇拜祖宗、热爱祖国的思想情感。所以以炎黄二帝为始祖,以炎黄文化为精神纽带,更有利于加强中华民族的凝聚力和构建中华民族的共有精神家园。

(五)开展炎黄学研究,有利于促进地域历史文化的发展和繁荣

虽然各地的历史文化有其自身的特点和内涵,但追本溯源,都与炎黄文化有着千丝万缕的联系。从广义来说,各地域文化都是炎黄文化的组成部分;从狭义来看,也都受到炎黄文化的影响。据文献传说,炎帝、黄帝都到过好多地方,可以说黄河、长江等流域都遗留有他们的足迹,其后裔也有迁往台湾地区和海外的,其文化传播就更远了。所以,地域文化的研究离不开炎黄文化的研究。新世纪以来,随着炎黄文化研究的兴起,一个研究地域历史文化的热潮也逐渐兴起,全国有二十多个省市先后成立了以"炎黄"命名的学术或文化团体,众多市、县也成立了相应的学术或文化研究组织。这些团体、组织在各地域历史文化研究中取得了重要成果,促进了地域历史文化的发展和繁荣。同时,炎黄文化研究也带动了其他古文化,如华胥氏文化、伏羲文化、尧舜禹文化的研究。这既丰富了炎黄文化的研究内容,促进了炎黄学的建立和发展,同时也促进了其他各地域历史文化的深入发展。

(六)开展炎黄学研究,有利于促进寻根祭祖旅游文化的发展

可以说,寻根祭祖促进了炎黄文化的研究,反过来,炎黄文化又有力地促进了寻根祭祖旅游文化的发展。新世纪以来,在传说炎帝、黄帝生葬和活动的地方,如陕西宝鸡和黄陵、河南新郑、湖北随州、湖南炎陵、山西高平和长治等地,每年都吸引了数以万计的炎黄子孙来到这些地方寻根祭祖、旅游观光。尤其如陕西黄陵,来此祭拜黄帝的海内外华夏儿女逐年递增,由最初的每年几千、几万人增加到现在的几十万、上百万人。不仅如此,寻根祭祖旅游文化还带动了其他文化旅游,如陕西延安的红色文化旅游,西安、宝鸡的周秦文化和唐文化旅游,国内其他地方也是一样,对当地精神文明建设,拉动经济发展都起到了积极的作用。

七、炎黄学的未来发展

(一)编写《炎黄学丛书》

编写《炎黄学丛书》是炎黄学研究的重要内容。近期内,主要以前面提到的几本书为主要编写内容。其后,逐渐分门别类从政治、经济、文化、哲学、科技、伦理、法律等方面进行研究,并组织人力开展编写工作。

(二)举办"炎黄论坛"

举办"炎黄论坛"不仅是开展炎黄学研究的重要平台,而且也是普及炎黄文化的有效形式。近年来,陕西西安、宝鸡,河南新郑,湖北随州等地陆续举办了多次炎黄论坛和研讨会,尤其三地(北京、陕西、湖南)联合轮流举办的炎黄文化研讨会产生了重要影响。这些研讨会在推动炎黄文化深入研究,普及炎黄文化方面发挥了积极作用。我们应在总结这些论坛经验的基础上,整合各方力量,继续办好炎黄论坛,尤其在论坛的质量上下工夫,做到有目的、有计划、有步骤地开展炎黄学研究。

(三)继续办好《炎黄文化研究》等集刊

《炎黄文化研究》创刊二十多年来,发表了许多有见地、有分量的作品,在研究和宣传炎黄文化方面功不可没,已受到广大学人尤其是炎黄文化研究者的肯定和赞誉。今后应在提高办刊质量上下工夫,在条件允许的情况下,由现在的每年两辑增加到每年四辑,以适应炎黄学研究的需要。同时,地方学会办的有关炎黄文化方面的集刊,在立足地域历史文化研究的同时,要多关注海内外炎黄文化的研究动态,不断提高集刊质量。

八、炎黄学研究的保障和措施

要实现炎黄学研究的总体目标,落实其研究课题,需要有一套切实可行、操作性较强的具体措施。

(一)建立两支研究队伍

新时期以来的研究实践表明,炎黄文化的研究需有两支队伍:其一是专业的,以大专院校、科研院所为基本力量,以从事理论研究为主;其二是业余的,即民间的,由炎黄文化传播地的专家学者和民间爱好者组成,以民俗和应用研究为主,这股力量是不容忽视的。从某种意义上说,改革开放以后,各地的炎黄文化研究,更多的是由地方业余性的专家学者和民间有关人士较早介入,再逐步扩展到专业人士的参与和研究。

为了吸引更多的年轻学者投入到炎黄文化的研究中来,并加强专业队伍的培养,可有计划、有目的地分期分批举办炎黄文化研究(培训)班:一类是学术性的,吸收各地炎黄文化的研究者(专业、业余)参加;一类是普及性的,吸纳中华文化的热爱者(企业家)参加。通过适当收费或者赞助,解决所需经费。每期设为5—7天,每班20—30人。

(二)建立研究基地或研究中心

在建立两支研究队伍的基础上,选择在一两所大学或科研院所或炎黄二帝遗迹地及文化传播地,建立炎黄文化研究基地或研究中心,集中人力、物力专门从事研究。如果说前者为面上的研究,那么,基地的建立则是点上的研究。点面结合,才可保证研究落到实处。

(三)有计划、有目的地开展学术研讨活动

根据研究课题,在规范现有由中华炎黄文化研究会、黄帝陵基金会、炎帝陵基金会联合召开的三年一次炎黄文化研讨会的基础上,与有关炎黄二帝遗迹地及文化传播地结合,有计划、有目的地开展学术研讨活动。对研讨题目要拉入整体研究序列之中,避免重复、炒剩饭。

(四)充分调动两个积极性

一是充分调动国家级学术团体(社科院所、高校)和学者参与、研究的积极性,这是研究的中坚力量,而且是保证炎黄文化研究上新台阶、建立理论体系的根本所在。二是充分调动地方学术机构、学者和地方政府的积极性。新时期的研究实践证明,炎黄文化研究所取得的丰硕成果与地方学术机构、学者和地方政府积极性的发挥有着直接关系,可以说炎黄文化的研究是由地方推动的。所以,继续重视、调动地方学术机构、学者和地方政府的积极性,是继续推动炎黄文化研究前进的重要方面。

（五）设立炎黄文化研究基金

充足的经费是研究得以持续深入开展的保障。在当前各方经费比较紧张的情况下，完全依靠政府财政支持是不现实的，因而应另辟财源，争取社会热心炎黄文化研究的团体、企业及个人捐资，设立炎黄文化研究基金，资助炎黄文化研究课题，或通过资源共享，即我出智、你出资的办法筹措资金。

（六）积极争取政府财政的支持

在设立炎黄文化研究基金的同时，向政府"项目引资"，即设计与政府意向相符合的课题，争取中央和地方政府的财政支持，尤其是炎黄遗迹所在地政府的支持。这些地方政府为了发展当地旅游经济和提高当地知名度、竞争力，纷纷出台政策，大造炎帝、黄帝故里，举办祭祀活动，这就为我们争取财政资金提供了契机和可能。

（七）建立课题招标和奖励制度

为了保证研究的水平和质量，给研究以导向作用，且使有限的研究经费充分发挥作用，应建立课题招标和奖励制度，如两年发布一次课题招标，五年评选一次炎黄文化研究的优秀成果。

结 语

炎黄文化研究工作已开展三十多年了，可以说，建立炎黄学的时机和条件都已基本成熟。当然，我们也要充分认识到，一门学科的建立不是一朝一夕之事，而是需要长期的学术积累，需要多人的参与，对炎黄学这门涉及多个研究领域、上下数千年的学科的研究更不容易。但是，只要我们努力、认真地去做，就一定能够实现我们的预定目标。

（作者：霍彦儒，宝鸡炎帝研究会会长、研究员）

中华人类与远古文明探源
——基于武陵山地域的考据分析

◇丁孟春　罗先明　熊柏隆

近现代以来,随着考古发现的不断增多,史前研究日益深入,关于中华人类起源问题的探究,在学术理论界相继形成了"中华人类连续进化附带杂交说"和"非洲迁来说",而对中华远古文明起源地域问题则倾向于以黄河流域、长江流域为主发源地的多元论。依据现有考据,通过对武陵山地域远古人类遗址的系统举证研究及对其早期文明萌芽的综合辨析推导,本文认为,武陵山地域是中华古人类活动最为密集的中心地域,呈现出较为连续完整的进化链环和远古文明滋生地域的显著特征。

一、武陵山地域的空间范围

武陵山地域:自贵州苗岭分支,行乌沅二江间,北抵长江。乌江源头在贵州省威宁县盐仓镇营硐村石缸洞。沅江源头在贵州省都匀市云雾山鸡冠岭。

《中国古代地名大词典》载:"自贵州苗岭分支,行乌沅二江间,蔓延于湖南省西北境沅澧二江间,高度达六千余尺,至常德西境之平山止,通称武陵山脉,为古昔五溪蛮地,开发甚迟。平山一名武山,一名太和山,又名武陵山。其自贵州北出者,经川湘间入湖北,分为二支:南支绵延来凤、咸丰、鹤峰诸县境,北支横亘利川、建始诸县境,亦曰施山山脉,郁积盘亘,山高谷深,至为险阻,利川县之齐岳山,尤为高峻,终日积雪不融。"该地域内有乌江、清江、澧水、沅江四条较大江河径流,武陵山脉就是横亘绵延在这四大江河之间的巨型山体总称,其地域范围大致是:自贵州苗岭(雷山县雷公山)向西经贵阳市、普定县、六枝、水城县至威宁县(乌江发源地),向北经毕节市、遵义市、桐梓县沿乌江至重庆市涪陵区,向东沿长江南岸经奉节县、巫山县至湖北宜昌市长阳县,向南进入湖南省澧县、临澧县、津市市至常德市,向西沿沅江经怀化进入贵州铜仁至苗岭,跨贵州、重庆、湖北、湖南四省市六十多个县(市),位于北纬26.2°(苗岭)—31.1°(巫山县),东经104.3°(威宁县)—111.8°(津市市),总面积约20万平方千米,历史上是以土家族、苗族、侗族等为主的少数民族聚居区和汉族混居区。

二、武陵山地域中华史前人类的考古发现及古冰河期生存环境分析

(一)武陵山地域及其邻近周边发现的古人类化石和旧石器时代遗址概况

迄今为止,在武陵山地域内先后共发现了12处古人类化石及其旧石器时代遗址,另在武陵山邻近地域发现了3处古人类化石及其旧石器时代遗址,呈现出极其显著的年代久远性、进化关联性与分布密集性,全国少见,具有相当的国际学术影响力。武陵山地域的旧石器考古学文化为探究中华古人类的起源及其进化奥秘提供了另一角度的考古实证。

(1)"巫山人"遗址。1984—2006年,中国科学院古脊椎动物与古人类研究所、重庆博物馆、万州博物馆等联合考察组,对重庆市巫山县长江南岸的庙宇镇龙骨坡的一处洞穴进行了考察,发掘出一枚人类门齿和一段人类下颌骨化石,颌骨上带有两枚牙齿,另发掘出100多种动物化石和少数石制品。这段颌骨像人又像猿,经考古学家黄万波鉴定为早期人类,并于1991年被命名为"巫山人"[①]。有学者怀疑其是猿不是人,2004年中法考古学家进行了联合考察,发掘出有清楚人工打击痕迹的石器以及大量的古人类生活遗迹,从而进一步证明"巫山人"已经产生了文化,而文化是区别人与猿的重要标准。所以,"巫山人"是人而不是猿,即早期"直立人"。经古地磁测年,"巫山人"生活年代为204万年前,后经美国依阿华大学拉塞尔·石汉教授等科学家用最先进的电子自旋共振法测定,其年代被正式确定为200万年前。"巫山人"化石早于人们所熟知的170万年前的元谋人化石,因此21世纪以来我国的一些教科书和有的学术著作在讲到中国旧石器时代早期的直立人时,每每从"巫山人"讲起。

―――――――――
① 黄万波、方其仁等:《巫山猿人遗址》,海洋出版社,1991年。

（2）"建始人"遗址。1968年，中国科学院古脊椎动物与古人类研究所对湖北省建始县高坪镇麻家坪村的龙骨洞进行了发掘，获得大量动物化石，包括巨猿牙齿化石和3枚"似人似猿"的下臼齿。这3枚下臼齿被倾向认为可能是人类的直系祖先南方古猿化石，欧亚大陆在此以前还未发现过南方古猿化石。该遗址与"巫山人"遗址仅一山之隔。1999—2000年，中国科学院古脊椎动物与古人类研究所"国家九五攀登专项课题"鄂西课题组再次对该洞进行了发掘，出土大量动物化石和一批石制品、骨制品，并又发现巨猿牙齿化石和3枚"魁人"牙齿化石。古地磁测年显示其距今约215万—195万年。中国科学院古脊椎动物与古人类研究所郑绍华教授鉴定认为，这3枚牙齿属于人类而不是巨猿，并将其命名为"建始人"[1]。其地质时代属于早更新世早期，是亚洲由猿进化为人的早期代表。也有人认为它就是直立人化石，是亚洲最早的直立人化石。之后，相关研究者将其改称为"魁人"，认为它是中国最早的直立人阶段的化石。虽然"魁人"与现代人没有直系传承关系，而是直立人中灭绝的旁支[2]，但它仍是亚洲早期人属的代表，是研究早期人属在亚洲生存与演化关系的宝贵实物资料。

（3）"桐梓人"遗址。1972年，中国科学院古脊椎动物与古人类研究所联合贵州省博物馆，对贵州省桐梓县城西北25千米的九坝乡白盐井村境内的岩灰洞进行考察发掘，出土古人类牙齿化石2枚，并发现了旧石器、用火遗迹及相当多的动物化石。1983年他们再度考察，又获人类牙齿化石4枚。长久以来，对于这一颇具重要性的遗址究竟应划为更新世中期还是晚期，"桐梓人"在人类进化系列中究竟应归属于直立人还是智人，研究者们基于不同的出发点，有过不少讨论。有专家对其牙齿作了鉴定，认为是早期智人，年代在距今20万年以上[3]。

（4）"水城人"遗址。1973年，贵州省博物馆有关专业人员在对六盘水市水城县的硝灰洞进行发掘清理时，发现了古人类牙齿化石1枚。经鉴定，该牙齿系老年男性左上犬齿，齿枚粗壮，齿根较完整，末端稍缺，齿冠咬合面严重磨损。据有关专家考证认为，该男性古人较"北京人"进步，较"柳江人"和"山顶洞人"原始，命名为"水城人"，距今约20万年，为晚期直立人[4]。伴随出土的还有东方剑齿象、野牛、野羊、野猪及野鹿等化石多件；另有石器53件，其中5件用锤击法制成，28件用锐棱砸击法制成。用锐棱砸击法加工石器，为该洞古人类加工石器之主要方法。

---

[1] 郑绍华主编：《建始人遗址》，科学出版社，2004年。
[2] 张银运：《鄂西"南方古猿"和印尼早更新世若干人类化石》，《人类学学报》1984年第2期。
[3] 沈冠军，金林红：《桐梓人遗址岩灰洞的铀系年龄》，《人类学学报》1991年第1期。
[4] 曹泽田：《贵州水城硝灰洞旧石器文化遗址》，《古脊椎动物学报》第16卷第3期，1978年。

（5）"长阳人"遗址。1957年由著名古人类学家贾兰坡主持发掘，在宜昌市长阳县大堰乡钟家湾村的龙洞内发现了人类上颌骨和1枚左下第二前臼齿化石，经鉴定为旧石器时代中期的人类，属早期智人，距今年代为19.5万年，介于猿人和现代人之间，比"北京人"先进，1957年被定名为"长阳人"，是中国长江以南最早发现的远古人类之一[①]。

（6）"奉节人"遗址。2001年，中国科学院古脊椎动物与古人类研究所黄万波研究员等人考察三峡地区洞穴时，在奉节县云雾乡兴隆村兴隆洞发现了一枚人类下颌臼齿化石。2002—2004年，黄万波等人对此地再次发掘，又发现了3枚人类牙齿化石。经鉴定，牙齿属于早期智人，遗址测年结果为15万—12万年前，被命名为"奉节人"[②]。

（7）"官渡人"遗址。2004年，重庆市巫山县官渡镇的村民在雷坪洞挖砂采石时，从砂砾层里挖出一颗人类头骨化石，后被观赏人群打碎，现保留有1块枕骨和左、右侧颞骨的乳突部分。是年10月下旬，中国科学院古脊椎动物与古人类研究所黄万波研究员前往雷坪洞调查，发现一枚上门齿，以及人类顶骨残片、一段股骨、几段残肢骨和一块残破的儿童颌骨。这些化石暂定为"智人"（早期或晚期待定），遗址地质年代初步推断属中更新世晚期或晚更新世早期[③]。

（8）"石门人"遗址。1990年、1992年、2006年湖南省文物考古研究所所长袁家荣率团与石门县博物馆联合对湖南省澧水流域的石门县皂市镇凤堡岭西山角的燕尔洞洞穴内1、2号洞穴进行了三次发掘，在化石堆积层中发现有砍砸器、刮削器、石核、石锤等石制品50余件，以及烧骨和经人类加工的骨器。特别重要的是发现了一段人类左股骨化石，以及下颌骨1件、完整牙齿3颗。2006年5—7月第三次发掘的1号洞T7中，又相继出土了完整人类牙齿3颗。经鉴定，牙齿属晚期智人，距今约3万—1.6万年[④]。

（9）"奉节穿洞人"（考古学家未定名，暂用此名）遗址。2008年7月，重庆师范大学历史与文博学院师生在三峡古人类资源考察中，在奉节县云雾乡穿洞发现一处古人类化石遗址，试掘中发现1枚人类门齿化石，以及3件石制品和其他一些伴生动物化石。2009年8月，他们在穿洞试掘中又发现一颗完整的人类颅骨化石，为晚期智人，地质年代为晚更新世晚期。穿洞古人类颅骨化石的基本特征具有中华古人类连续演化的特点，同时也存在与欧洲同期化石相似的一些

---

① 贾兰坡：《长阳人化石及共生的哺乳动物群》，《古脊椎动物学报》第1卷第3期，1957年。
② 黄万波、徐自强等：《14万年前"奉节人"——天坑地缝地区发现古人类遗址》，中华书局，2002年。
③ 武仙竹等：《中国三峡地区人类化石的发现与研究》，《考古》2009年第3期。
④ 见常德博物馆资料。

现象,暗示该颅骨化石与欧洲晚期智人化石可能有基因交流①。

（10）"河梁人"遗址。1999—2000年,考古学家在重庆市巫山县河梁镇境内的迷宫洞发现了两件人类顶骨化石,这两件顶骨化石可以拼合,为同一个体的人类顶骨。该化石经初步研究确定为晚期智人,遗址地质时代为晚更新世晚期,约为7万—1.2万年前②。因巫山县已发现的200万年前的古人类化石被命名为"巫山人",所以巫山县河梁镇发现的这个人类化石被命名为"河梁人"。

（11）"穿洞人"遗址。1979年,考古学家在贵州普定县城西约4千米的穿洞中考察发掘时,获得较为完整的两个人类头骨化石、上下颌残片及几枚牙齿化石,经鉴定,化石为晚期智人,距今1.6万年③。同时出土的伴生动物化石有猕猴、黑鼠、箭猪、鼬、熊、赤鹿、猪獾及犀牛等12个属或种。除犀牛外,其余均为现生种属。在遗址中发现有人工痕迹清楚的石制品3000余件,其中包括石核、石砧、石锤、刮削器、尖刃器及砍砸器等。

（12）"桃花洞人"遗址。1983年,贵州省博物馆在贵州省六枝县城边的桃花湖旁的山洞进行发掘时,获得磨制的石斧1件、骨锥2件、打制骨器17件、穿孔蚌器和螺壳2件（在国内系首次发现）；清理出石核32件,石片、石钻、石锤20件。石器分刮削器、砍砸器、尖状器、盘状器。在用火遗迹处,有大量的烧骨、烧石和炭屑,同时发现一段人类左侧股骨化石。经省博物馆有关专家鉴定,人类股骨化石为旧石器时代晚期智人。

在武陵山邻近的长江北岸,考古学家发现了两处古人类化石遗址：

（13）"草堂人"遗址。1994年,中国科学院古脊椎动物与古人类研究所到长江北部、巫山西侧三峡支流的河流界地考察,在奉节县草堂镇发现1件古人类肱骨残片。由于残片保存程度较差,无法作早期智人或晚期智人的准确判断,只可笼统地称之为"智人"。该地点标本和地层堆积目前尚未经任何专家作专门研究,仅见有对标本的简单报道,"草堂人"的称呼是三峡地方文化研究者于2007年提出的④。其地质时代暂定为晚更新世早期,约距今7万—20万年前。

（14）"铜梁人"遗址。"铜梁人"化石于1980年出土于重庆市铜梁县城西郊的张二塘旧石器时代文化遗址。"铜梁人"化石在学术界研究中未被正式提出,但在重庆地方史志中见于记述⑤。在重庆地方博物馆中亦见有标本,为一件肱

---

① 武仙竹:《重庆穿洞古人类遗址的重要发现及初步认识》,《中国社会科学报》2009年10月22日。
② 武仙竹等:《中国三峡地区人类化石的发现与研究》,《考古》2009年第3期。
③ 俞锦标:《贵州普定县穿洞古人类化石及其文化遗物的初步研究》,《南京大学学报（自然科学版）》1984年第1期。
④ 曹诗图等:《长江三峡学概论》,长江出版社,2007年。
⑤ 周勇主编:《重庆通史》第一卷,重庆出版社,2002年。

骨残段。"铜梁人"遗址的地质时代为晚更新世晚期。

在武陵山西南边近邻贵州省，考古学家发现了一处古人类化石遗址：

（15）"兴义人"遗址。1974年，贵州省博物馆对位于兴义市火车站前数百米的猫猫洞遗址进行发掘时，出土古人类化石7件，打制石器、石材4000余件，骨器、角器多件，及各种哺乳类动物化石等。猫猫洞古人类被专家定名为"兴义人"，属旧石器时代晚期，距今约1.2万年。

除上述古人类化石遗址外，近20年来，在湘、鄂、渝、黔境内的武陵山地域连续不断地发现了近400处远古人类活动遗址与旧石器时代遗址，著名的有：常德津市虎爪山旧石器时代遗址，距今40万年；怀化新晃大桥头旧石器时代遗址，距今35万年；澧水下游澧南鸡公垱遗址，距今25万年；常德石门王家山遗址，距今15万年；长阳伴峡小洞遗址，距今13万年；长阳鲢鱼山遗址，距今12万—9万年；怀化会同坛子墙遗址，距今5万年；沅水中游沅陵丑溪口古人洞穴遗址，距今1.5万年；贵州沿河和平镇遗址，距今1万年。据怀化市博物馆统计，仅怀化12个县市，近20年就发现旧石器时代遗址达113处之多；据常德市政府网站公告，其境内发现旧石器时代遗址达78处；贵州省政府网站公布全省发现旧石器时代遗址50处。

武陵山及近邻地区古人类发现地分布图

（二）武陵山地域众多古人类遗址考古发现的历史价值与重要意义

在武陵山地域发现的古人类化石遗址和旧石器时代遗址数量如此之多，聚集的密度如此之高，且年代从距今200万年至1万年的延续进程十分清晰，呈现出较为完整的时代序列，这不仅在我国绝无仅有，而且在全世界也是极为少见的。在此之前，仅非洲大峡谷和北非地区有比较集中的古人类化石发现。

人类起源进化理论认为，人类的起源和演化有四个重要阶段：一是人类的祖先古猿阶段，二是从类人猿进化到直立人，三是从直立人进化到早期智人，四是从早期智人进化到晚期智人即生理解剖意义上的现代人。在这四个阶段中，古人类的进化与传播迁徙可谓古人类的发展史。通过比对，我们发现上述四个阶段的古人类化石在武陵山地域均有出土，且清楚地呈现出递次进化的连续性。

古猿 近代以来的科学研究表明，人类是由类人猿进化来的。类人猿是一种近似于人的古猿，学界一般认为生活在距今1200万—800万年前的腊玛古猿是人类的祖先。腊玛古猿之后，被归入人科的是南方古猿。在"建始人"遗址中发现了距今200万年前的"南方古猿"，在武陵山东南的湖南衡东县发现了世界最早的5500万年前的真灵长类（亚洲德氏猴）头骨化石，在武陵山西南部不远处的云南省禄丰县发现了距今1000万年前的"腊玛古猿"，在云南省保山县发现了距今800万—400万年前的"保山古猿"，在云南省元谋县发现了距今400万年前的"蝴蝶古猿"。这就表明在武陵山及其邻近地域内，有完整的人类祖先古猿进化链中的各个环节。西方学者曾认为，非洲古猿有从距今700万年前的"萨赫勒人乍得种"到距今200万年前的南方古猿惊奇种，在世界上最古老且进化系列最完整，人类就是从非洲古猿进化而来的[①]。但与近几十年来我国考古新发现的武陵山及邻近地域的古猿年代相比，这一说法的各个古人类化石节点年代明显滞后。从而，我们更能从中看出中国古人类本土进化的最早痕迹和一些端倪。关于人类起源地，以往大多数学者认为人类起源于非洲，而后向世界各地扩散。我国古人类学家根据云南腊玛古猿的材料提出，人类的起源地"以亚洲南部更可信"。云南"腊玛古猿禄丰种"化石和武陵山"建始人"遗址中南方古猿化石的发现，使得我们更有理由相信，中华大地是人类起源的摇篮之一，中国是世界上人类起源的重要地区之一。

直立人 武陵山地域的"巫山人"经鉴定为直立人，年代为200万年前，比190万年前的非洲"匠人"早10万年，比180万年前的印尼"爪哇人"早20万年，比170万年前的云南"元谋人"早30万年，比115万年前的陕西"蓝田人"早85万年。215万—195万年前的"建始人"虽鉴定为"魁人"，是人类已灭绝的旁支，但它仍是欧亚大陆上最早的直立人，而且在"建始人"遗址中发现了另外三枚"似人似猿"的牙齿化石，考古学家初步认定其为南方古猿，这是出现在地球上最高纬度的南方古猿。我们完全有理由相信："建始人"、"巫山人"就是从这样的"似人似猿"的人猿进化而来的；我们同时也可以认为：全世界从古猿最先进化到人类的地点中，中国的武陵山及其邻近地区应该引起高度关注。

早期智人 在武陵山地域内发现的早期智人代表是"长阳人"，年代在19.5万年前。在其之前有距今20万年以上的早期智人"桐梓人"和距今20万年的

[①] 布赖恩·费根：《世界史前史》，世界图书出版公司，2011年。

晚期直立人"水城人",在其之后有15万—12万年前的早期智人"奉节人"。从年代来看,早期智人在武陵山地域有明显的连续进化特征。"官渡人"、"草堂人"化石年代暂未测定,介于早期智人和晚期智人之间,暂时称为智人,进一步显示出其连续进化特征。特别是在"长阳人"遗址近旁长阳地区的伴峡小洞发现了距今13万年左右的旧石器及人类用火遗迹,在鲢鱼山发现了距今12万—9万年的人类用火遗迹,在伴峡榨洞发现了距今2.7万年的旧石器和人类用火灰烬层,清楚地留下了从早期智人到晚期智人生存活动的原始痕迹。

晚期智人 以"石门人"为代表的晚期智人化石遗址共有7处之多,可以说在武陵山地域内广为分布。其中,特别值得注意的是"奉节穿洞人",经鉴定该化石与欧洲古人类化石之间存在着基因交流的现象,是更新世期间地球上晚期智人迁徙扩散而随之引起的基因交流的结果。这种现象符合中国古人类学界提出的"中华人类连续进化附带杂交"的观点①。

在人类进化史上的古猿、直立人、早期智人、晚期智人这四个关键时期中,武陵山地域内都有古人类化石发现,而且是如此密集地集中在这一地域,呈现出连续进化特征,其古人类化石的年代均早于非洲出现的化石年代,足可纠正"中华古人类是从非洲迁徙而来的"偏颇理论。我们有足够理由认为:武陵山地域不仅是中华古人类活动最密集的中心地域,而且是中华古人类的主要发源地。

(三)武陵山中华远古人类生存并躲避第四纪冰河期的地理气候条件推论

1. 对中华古人类源于非洲迁徙说的质疑

在发现"建始人"、"巫山人"之前,人们已经相信了人类非洲起源说,认为亚洲人系从非洲迁徙而来。世界著名考古学家、美国的布赖恩·费根在他的《世界史前史》一书中说,"在250万年前的一场全球范围内的激烈的冰河作用之后,此时,阿尔卑斯、喜马拉雅,巨大的山脉已经形成","大陆块上升,北纬地区的温度日益下降","就是这一时期非洲进化出了一种更为先进的人种,并从热带来到了亚洲和欧洲"。这个人种叫"非洲匠人"(直立人),距今190万—60万年前。布赖恩认为,"距今190万年前的匠人早于其近亲,发现于亚洲东南部(尤金·杜布瓦)和中国的直立人这一事实,意味着后者很可能在向亚洲移民之前就已经出现在非洲了",意即尤金·杜布瓦发现的印尼"爪哇人"(180万—60万年前)是从非洲迁徙过来的,因为"匠人"比"爪哇人"早10万年,由于冰河期海平面下降,大陆架露出海面成陆地,爪哇岛能与非洲从陆地相通。"不幸的是,有关这一重要传播过程的完整考古资料和化石证据至今仍令人望眼欲穿"。据此推演,地处中国武陵山地域的215万—195万年前的"建始人"和200万年前的直立人"巫山人"是从190万年前的非洲直立人"匠人"迁徙过来的结论,显

---

① 吴新智:《现代人起源的多地区进化学说在中国的实证》,《第四纪研究》,2006年第5期。

然有违考古实据。

布赖恩依据200万年来地球发生了多次冰河期,气候的剧烈变化灭绝了地球各地的古人类,而现代人的早期化石主要出现在晚更新世早期且集中于非洲这一事实,认为"现代人(早期智人)在约15万年前起源于非洲"。可是武陵山地域内发现了距今约19.5万年前的早期智人"长阳人",20多万年前的"桐梓人"(对牙齿化石的鉴定也是早期智人)。这些事实说明:亚洲的早期智人是15万年前从非洲迁徙而来的结论亦令人难以置信。

布赖恩甚至还认为,"在进入距今45000年以后,智人从非洲和亚洲西南部向欧洲和欧亚大陆传播"。可是在武陵山地域发现的"石门人"、"河梁人"、"奉节穿洞人",以及在近旁地域发现的"铜梁人"、"兴义人",经鉴定都是属于这一年代的晚期智人;同时,在武陵山地域内还有分布在近400处旧石器时代遗址中的古人,大多生活在晚期智人时代。因而,距今45000年以后武陵山地域的人类是从非洲和亚洲西南部迁徙而来的结论仍很难成立。

2. 古冰河期武陵山地域中华古人类生存的自然环境与气候条件

人类非洲起源说的主要依据是200万年来地球上发生的多次冰河期和集中出现在非洲的人类化石。布赖恩在其《世界史前史》中写道:"在过去的73万年中,超过四分之三的时间,世界气候始终处于从一个极端向另一个极端转变的过程中,其间至少出现过九个冰河期,其中较大规模的一个出现于大约52.5万年前,当时向南远至北美洲的西雅图、圣路易斯和纽约等地均出现结冰现象,而海平面比现代海平面低197米",非洲以外的古人类"就是在这一时期实现扩张的"。"另一个极寒期出现于距今18万—12.8万年前,这一周期大体上与完全现代的智人出现于非洲的时间一致。距今10万—1.5万年前,即冰河期最后一次冰川作用期间,智人不仅在整个世界遍地开花,而且进入了美洲"。意即世界各地的古人类都不能适应冰河期的严寒气候而灭绝了,再由非洲进化出的新人种迁徙传播到世界各地。

200多万年以来,地球上发生的多次冰河期是否果真完全灭绝了世界各地的古人类呢?辨析古地质学、古气候学的研究成果,这一结论显然难以确立。

古地质学、古气候学的研究成果表明,第四纪冰河期来临的时候,地球的年平均气温曾经比现在低10℃—15℃,全球有三分之一以上的大陆为冰雪覆盖,冰川面积达5200万平方千米,冰厚有1000米左右,海平面下降130米。冰期和间冰期的冰盖地区分别约占陆地表面积的30%和10%。但各大陆冰期的冰川发育程度有很大差别,如欧洲大陆冰盖南缘曾达北纬48°,而亚洲只达到北纬60°。没有被冰雪覆盖的非洲有人类生存,其他未被冰雪覆盖的区域为何就一定没有古人类生存呢?

武陵山地域地处北纬26.2°—31.1°之间,与亚洲冰盖南缘北纬60°相距很远,显然没有被冰雪覆盖。武陵山地域近代冬季最低气温为零下5℃—零下

7℃,夏季最高 38℃—40℃,第四纪冰河期气温降低 10℃—15℃,武陵山地域冬季的最低气温也就是零下 20℃左右,这里的古人类很早就会用火取暖,因此完全有可能在这个短时间的低温条件下生存。每次冰河期时间长达几万年至几十万年,气温下降是一个渐变过程,相当部分的动植物是有时间演变以适应这一过程的。武陵山 3 万—1.6 万年前的"石门人"就生存在第四纪冰河期的"沃姆冰期"(Würm,11 万—1.2 万年前),19.5 万年前的"长阳人"、15 万—12 万年前的"奉节人"和 20 万年前的"桐梓人"就生存在"里斯冰期"(Riss,20 万—13 万年前);还有 40 万年前的常德津市虎爪山旧石器时代遗址的古人就生存在"民德冰期"(Mindel,45.5 万—30/38 万年前)。在 40 万—1 万年前武陵山地域有几百处旧石器时代遗址,那里的古人都生存在"沃姆"、"里斯"、"民德"三个冰河期。由此观之,冰河期地球气候的变化并未使武陵山先民灭绝,相反,武陵山先民战胜了地球气候剧烈变化的挑战,并在这片土地上进化繁衍至今。

因此,依据古地质学、古气候学理论,结合大量考古实据审慎推论,武陵山地域的古人类连续进化为中华人类的起源提供了系统证明。

三、武陵山地域的远古人类文明遗存及其类比解析

(一)北纬 30°地理空间的人类文明滋育现象

在地球的北纬 30°附近地带,人们不难发现一个十分奇特的人类文明现象:在该地带内不仅分布着最古老的远古人类文明,而且诞生了无数的人文奇迹,如两河流域、尼罗河流域、印度河流域,以及中国的长江、黄河流域,墨西哥的特瓦坎山谷,均在全球率先进入了农耕时代,那里的古人也率先成为了食物生产者。"两河流域在 9000 年前开始种植小麦、大麦,驯养羊,并向尼罗河、印度河传播"[1]。长江流域在 12000 多年前开始种植水稻,随后又开始饲养猪、牛;黄河流域发现有 8000 多年前种植的粟和黍,并饲养猪、牛。古巴比伦、埃及、印度、中国则不约而同地成为了世界文明古国。究其因,归根结底是北纬 30°的地理气候这个决定性因素滋育了人类文明的起源。

英国著名历史学家汤因比认为,要揭示文明的起源,首先要了解原始社会与文明社会的本质区别。在原始社会里,人们模仿的对象是已故的祖先,"传统习惯占着统治地位,社会也就静止了"。而在文明社会里,"模仿的对象是富有创造精神的人物,这些人拥有群众,因为他们是先锋。在这种社会里,那种'习惯的堡垒'(白哲特在他的《物理学与政治学》里所用的名词)是被切开了的,社会沿着一条变化和生长的道路有力地前进"。由此看来,文明起源的性质就是从静止状态到活动状态的过渡。这种过渡之所以能够实现,是由于人类面对某种

---

[1] 严文明:《农业起源与中华文明》,《光明日报》2009 年 1 月 8 日。

困难的挑战进行了成功的应战①。"据估计,旧石器时代初期,人类的人口数为12.5万人","由于工具技术的发展导致生产率的提高,从而使能供养的人口大大增加","到了距今1万年的旧石器时代末期,即农业革命前夕,人类的人口增为532万人,增长42倍以上"②。由于人口增加,进入新石器时代后,食物的缺乏迫使人类从食物采集者成为食物生产者。人类对这一巨大的挑战进行了成功的应战,这就是"农业革命",人类文明由此起源。

对于人类文明从何地起源,地理气候是决定性因素。人类成为食物生产者的必备条件有二:一是必须有可供驯化的动植物祖种,二是受到食物缺乏的挑战。美国当代历史学家斯塔夫里阿诺斯估计:"即使在那些冬季气候也很温暖、物产丰饶的地区,每平方英里也只能养活1—2名食物采集者,如果在气候寒冷的地方,在热带雨林地区和沙漠地带,那么养活一名食物采集者则需要有20—30平方英里的地盘"③。高纬度的北方气候寒冷,没有可供驯化的植物祖种,获取食物以狩猎为主,人口稀少,食物不缺,这里的人不可能率先成为食物生产者;低纬度的热带雨林虽有多种可供驯化的动植物祖种,但这里没有冬季,全年都有极丰富的食物,人们不需养殖、种植动植物就能生存,没有成为食物生产者的动力,也不可能率先成为食物生产者;而北纬30°左右的地域有多种可供驯化的动植物祖种,又有较长的冬季,冬季食物缺乏,且人口相对密集,这迫使人类接受冬季食物缺乏的挑战,率先成为了食物的生产者。

武陵山地域地处北纬26.2°—31.1°,气候温和,雨量丰沛,有野生稻祖种。这里的古人类相对密集,又有较长的寒冷冬季,食物缺乏,具备从食物采集者成为食物生产者必备的地理环境、气候条件、生存挑战与物种基础。从该地域及周边发现的15处古人类化石遗址、近400处旧石器时代遗址和同时发现的人类最早的栽培稻谷来看,中华远古文明由此发端显而易见是自然规律使然,更是人类社会进化内在的历史逻辑。我们可以据此认为:既是土著的亦是多元起源的源远流长、博大精深的中华民族文明,武陵山地域是其重要发祥地之一。

(二)武陵山地域可能是世界栽培水稻的发源地

1988年,在武陵山东北部与洞庭平原接壤的湖南澧县大坪乡孟坪村发现了彭头山古人类遗址,在其出土的陶片中掺和有大量的稻谷和稻壳,经研究确定为早期形态的栽培稻,距今约9000年。1993年,又在距彭头山10余千米的澧县梦溪乡五福村发现了八十垱遗址,时代相当于彭头山文化的中晚期,距今8000年左右。在狭小的数平方米范围内,出土人工种植的稻谷和大米1.5万粒以上,其数量超过了国内已有发现的总和。在距彭头山不足2千米的车溪乡城头山发

---

① 汤因比:《历史研究》,上海人民出版社,1959年。
② 斯塔夫里阿诺斯:《全球通史》,北京大学出版社,2005年。
③ 斯塔夫里阿诺斯:《全球通史》,北京大学出版社,2005年。

现了三处完整的有灌溉设施的水稻田,其中面积最大的为0.3亩,距今6500年,为世界发现最早的水稻田。

2011年11月21日,湖南省文物考古研究所、哈佛大学、北京大学和波士顿大学联合对常德市临澧县新安镇杉龙岗遗址进行考古发掘,发现了六粒炭化稻谷,经鉴定距今约9000—8000年。美国考古学家、哈佛大学教授巴尔·约瑟夫表示,"我坚信澧阳平原是世界稻作文化的起源地"①。

1995年,在湖南省道县玉蟾岩,考古发掘中发现了两粒稻子。后来,北京大学严文明教授和美国哈佛大学巴尔·约瑟夫教授一起再次来到玉蟾岩,又发现了一粒稻子,经鉴定其年代是距今1.2万年前。这粒稻子既像野生稻,又像栽培稻,这说明这里的古人已经开始试种水稻②。由于道县地处湖南南部的南岭山脉,稻谷只能在山谷中小面积种植,不能成为食物的主要来源,故此处的古人仍属食物采集者。

发现了"石门人"(距今3万—1.6万年前)的石门县燕尔洞位于澧水支流渫水旁,距临澧县新安镇的杉龙岗遗址仅四五十千米,距澧县彭头山遗址仅六七十千米,我们有充足的理由相信武陵山先民——"石门人"走出山洞,沿澧水而下,来到很近的澧阳平原(属西洞庭平原)的彭头山、八十垱、杉龙岗、城头山种植水稻,从食物采集者成为了食物生产者,形成了"彭头山文化"。另外,在沅水流域的怀化市洪江市一带,先后发现在12处新石器时代遗址中有栽培稻谷的遗存,最早的洪江高庙遗址中的稻谷遗存为7800年前。怀化地处武陵山的腹地,从而进一步佐证了武陵山地域是水稻种植的发源地。

真正的发源地并非只是发现植物的祖种,更是要具备发展传播的态势。古人种植水稻时,注意到有很多鸟来到稻田后稻谷就高产,所以常把鸟当作神灵,其实这是鸟粪的肥效作用。种了几年后的土地产量逐年降低,"一块土地经开垦、种植若干年后,就得放弃,让它在八年、十年甚至更长一段时间里处于自然状态,以恢复土壤肥力。农业的这种粗放性,使得被放弃(即休耕)的土地与正在种植的土地的比例在任何时候总处于5:1—10:1之间。这一点再加上人口的不断增加,就产生了这样一种必要性:人类必须经常进入新的区域,以扩大耕地面积,即脱离原来的农业居留地,进入食物采集者居住的人口比较少的地区,农业就是以这种方式从其发源地向四面八方传播"③。

武陵山脉蜿蜒向东与洞庭平原相连。据地质学、古地理学研究,一万年前洞庭湖区不是大湖,而是广阔肥沃的大平原。洞庭湖在地质史上属于"江汉—洞庭凹陷",根据湖盆每年沉降值估算,洞庭湖区在一万年前是比现在高出60—110

---

① 《临澧出土八九千年前炭化稻谷》,《三湘都市报》2011年11月22日。
② 严文明:《农业起源与中华文明》,《光明日报》2009年1月8日。
③ 斯塔夫里阿诺斯:《全球通史》,北京大学出版社,2005年。

米的河网交错的冲积大平原,土层厚度达200多米,面积近3万平方千米。洞庭平原气候温和、雨量丰沛、土壤肥沃,与黄河中游的八百里秦川比较,地理气候更为优越,土地更为辽阔,因此,源于武陵山与西洞庭平原接壤处的彭头山的栽培水稻,一万年前迅速在洞庭平原传播。近代在原洞庭湖中心的大通湖等地发现了达24处之多的新石器时代遗址,其中多处发现有栽培稻谷的遗存,如在洞庭平原西北部安乡县的汤家岗遗址中发现了6800—6300年前的栽培稻谷遗存,这无疑是具有说服力的实证①。

澧县梦溪八十垱遗址与湖北公安县、松滋县接壤,公安县、松滋县地处长江边的冲积平原,八十垱的种植水稻便向这里传播,然后过长江,进入江汉平原。关于稻作农业,考古学者最早开始注意的是湖北。在湖北江汉平原的京山县屈家岭和天门县的石家河曾发现稻谷遗存,是用谷壳掺入泥里面,然后用这种泥土抹墙盖房子。这些谷壳经鉴定为人工栽培稻,距今4000多年前。在彭头山、八十垱、杉龙岗遗址发现前,考古学界曾认为江汉平原可能是中国水稻的发源地,但它比彭头山晚了近5000年;且江汉平原在北纬30°以北,没有野生稻祖种,不可能成为水稻发源地。屈家岭、石家河的栽培水稻显然是从彭头山、八十垱传播过去的。

武陵山地域的古人类在9000年前,就开始在武陵山东部的彭头山种植水稻,在华夏大地上较早开始从食物采集者成为食物生产者。随着古地质条件、地理环境与气候的变化,武陵山先民将其文明成就逐步向华夏大地广泛传播。

(三)武陵山远古人类创造了无与伦比的物质文明与精神文明

文明包括物质文明和精神文明两个方面,或者说包括经济、政治、文化三个方面。经济是生产力的体现,是文明的决定因素。武陵山先民率先由采集狩猎型经济发展到农耕养殖型经济,进入了文明的起源阶段,并由此创造出众多物质文明与精神文明的卓越成就。

1. 创立了当时中华大地最为先进的社会管理体系及原始的政治制度

在城头山遗址发现了6000年前的古城,从规模和年代两方面看,可称是中华第一古城。

对此城的规模、建造工程所需的社会组织力量及内含的政治制度等方面进行分析,我们完全有理由相信:当时这里已经具备了先进的管理体系和政治制度。此城有5米多高的土城墙,顶宽13米,底宽30米,长1000多米,有35—50米宽的护城河,筑此城需土方10多万方。土城分四层筑成,第一层筑城时间为大溪文化一期,经碳14测定为6000年前。城面宽约2米,高2.5米,底宽约11米,城长1000多米,总土方约1.6万方,在四层中工程量最小。从其动用的劳动力情况测算,因挖土运土的工具比较原始(挖土的工具是石器、骨器或木器),估

---

① 张修桂:《中国历史地貌与古地图研究》,社会科学文献出版社,2006年。

计完成1方土需3个工日(包括清基、排水、工具制作修理、食物加工等用工),完成1.6万方土约需工日5万个。此地春季多雨,夏秋种稻,只有冬季才能集中劳力修城,若有雨雪天气还要参加狩猎活动,修城时间就只有30天左右,需要组织约1700名劳动力才能完成此项浩大工程。一次动员如此众多的劳动力,必须有一个较为严密的组织体系(如组长、队长、指挥长)、制度体系(如工程分工、现场管理甚至定额奖罚等)和后勤保障体系(如工具、吃住)。显然,他们做到了,不论是城邑的选址、空间勘测、功能结构规划,还是工程实施、人力组织、建筑规模等,聪明的城头山远祖们出色地完成了这一艰巨的大工程:城池东南西北开了四门(北为水门)、城内布置了十字形的火烧土道路、祭坛、陶瓷窑作坊、房屋等建筑,这需要有从事规划的人或小组乃至总设计;城内有可以远行的船,必然有从事运输的人,还有制陶烧窑、祭祀、狩猎、种稻等不同行业,显示出了明确的社会分工。当然,多数职业可能是兼职,但制陶烧窑、狩猎、种稻的多余产品不可能完全自用,必定有原始的物品交换及相关的分配制度。所修住房中,经鉴定有夫妻住房,这里或有原始的类似婚姻的制度、房屋分配制度,还有祭祀丧葬制度。城中大多数房屋已荡然无存,只有少数屋基由于牢固地嵌入地中而保存至今,显然这些是比较高级的住房,其中居住的应是上层管理者或贵族,或是从事制陶烧窑、造船等有技术的人。众多的族人应住在简陋的房屋中和城外,部落人群因此显示出等级之分。从一具出土的人体尸骨分析,尸骨颈部有两根玉璜,身旁有一小儿头骨和两具成人尸骨,佩玉者当为部族首领,小儿和另两具尸骨应是陪葬的奴隶,或为奴隶社会的萌芽。澧水流域不产玉,玉璜可能是从外地交换而来的,极可能是用陶器来交换,显示这时可能已有商业。城内还设有大型祭祀场,说明城头山人已经有宗教信仰。

  从第一层筑城时期所出动的约1700个劳动力来考量,可推测出城头山城邑当时的部落总人口和居住总面积。修城劳动力与总人口按照1∶4—1∶5计算(狩猎者、儿童、妇女、老人不能参加筑城),则总人口应在6800—8500人之间;养活一名食物生产者至少需耕种3亩水稻田(原始耕种产量很低),需种植面积估计为2万—2.5万亩;斯塔夫里阿诺斯提出,休耕的土地与正在种植的土地的比例在任何时候总处于5∶1—10∶1之间,我们大致估算,这个部落所占据的可耕种地面积约为20万亩。若平原总面积与耕地之比按2∶1计算,平原总面积应在40万亩左右。临澧、澧县两县的澧阳平原经几千年开发平整后现在总耕地仅为10万亩,所以此部落据地范围应在临澧县、澧县、津市市、安乡县(安乡县汤家岗遗址中有6800—6300年前的栽培水稻)、公安县、松滋县六个县市的部分连片平原地带。此部落应当据有更大的狩猎山丘地域,山丘面积与平原面积之比按2∶1估算,则狩猎山丘面积约为80万亩。据此推算该部落所据总面积应在120万亩左右。这可是一个小县的面积啊!要从这样大的地域内组织约1700个劳动力,部族首领必须有很高的权威与号召力,必须有大量的粮食储备才能动工筑城。

从出土的文物以及人口总量、据地面积、组织管理体系、人群分工、阶级萌芽、原始宗教、原始社会制度、战略物资储备等诸多因素判断，城头山的社会组织管理体系应是当时中华大地最为先进的。已故中国国家博物馆前馆长、著名考古学家、史学家俞伟超曾说，城头山"已进入古国"①。它显然已经成为具有强大号召力、曾经统领一方的政治中心，即我国著名考古学家苏秉琦先生所说的"古国"的都城。

恩格斯在《家庭、私有制和国家的起源》中言及"国家是文明社会的概括"。有学者指出，"文明"不能等同于"国家"，它们是两个不同的概念。中国社会科学院历史研究所王震中教授认为，"这些指出是对的，文明确实不能等同于国家，但文明与国家又有交叉和部分的重叠，国家是文明的政治表现。……那么，我们在探讨进入文明社会的标志时，是把文明社会到来时所有的文化的和社会的现象都作为标志，还是也可以选取其中的一部分呢？若可以选取一部分，则把国家的出现作为文明社会到来的标志，不失为一种考虑"②。6000年前城头山这个最原始的"古国"的出现，是否标志着中华大地文明社会的起源，中华五千年文明是否应改写为六千年文明？

2. 创造了许多文化方面的世界之最和中华之最

斯塔夫里阿诺斯在其所著《全球通史》中对"文化"给出了一个大致的定义："人类创造自己想要的环境，以能适应自然环境和人类相互间的关系，这个环境就是所谓的文化。""具体地说，人类文化包括工具、衣服、装饰品、制度、语言文字、艺术形式、宗教信仰和习俗。"③按此分类，我们将武陵山先民创造的世界第一和华夏第一的文化成就，列举如下：

A. 工具、设施类

（1）中华最早的风帆船。以往所知的最早的风帆船画在东汉的一面铜镜上，而洪江市高庙遗址的7800年前的绘画中，出现了似为有两扇风帆的桨船图案。该画应当是根据实物的翻版，若果真为风帆船，这就成为世界交通史上有关风帆船的最早记录。我们可以推断7800年前的高庙人很可能发明了风帆船。另外，在城头山遗址还出土了6000年前的一条完整的有艄木船，艄长2米。有艄木船是能掌握方向的远行木船，这是中华大地上已经发现的较早、较先进的水运工具。

（2）中华最早的木制农具。彭头山文化遗址群中的八十垱出土了成批木耒、木铲等木制农具，是中华大地上发现的最早期木制农具。

---

① 《城头山：打开一座中国最早的城》，《湖南日报》2011年11月24日。
② 王震中：《中国文明起源研究的现状与思考》，《中国史前考古学研究》，三秦出版社，2003年。
③ 斯塔夫里阿诺斯：《全球通史》，北京大学出版社，2005年。

（3）世界最早的通气厨具。彭头山遗址出土了有孔通风的陶支锅架，取代了用石头支锅烧火。这应是华夏首次厨具创新，尽管他们不知氧气为何物，但已知道在陶支锅架上留孔通气助燃，这也应是9000年前地球人的首次创新。

（4）世界最早的稻田和水利灌溉设施。城头山遗址中出现的第一片有田埂的稻田，堪称全世界最早的稻田；城头山遗址中有一个人工挖造的直径近2米、深1.5米的非常规整的圆形水坑，有多道小水沟流入其中，这应当是全世界最早的农田灌溉系统。

B. 文字符号类

世界第一字。西方学者曾把两河流域苏美尔文明的哈拉夫遗址6000年前的陶塑女神肩上刻画的"X"形符号，称为"世界第一字"。彭头山出土的9000年前的石盾装饰品上也刻画了"X"形符号，比它早3000年。另外，洪江市高庙遗址中出土过一尊石雕人头像，在人头像的面部刻有三个符号，经鉴定为7400年前，比距今5300年前的苏美尔象形文字要早两千多年，比埃及的象形文字要早三千年，比希腊文和中原的甲骨文要早四千多年，可以看出，高庙遗址符号的年代是比较早的。

C. 宗教信仰类

（1）中华规模最大、年代最早的祭祀场。洪江高庙遗址发掘出的祭祀场，总面积约1000平方米，由三部分组成：正面有由4个主柱组成的两两对称的"双阙"式建筑，是"司仪（主祭）场"；南面有39个排列有序的"祭祀坑"；西侧有面积达40平方米、"两室一厅"结构的"会客议事馆"，并附设有窖穴式的"仓库"。"祭祀坑"分"人祭坑"和"牲祭坑"。在"人祭坑"内有人体骨架，两具遗骸头部均有被利器猛烈击打的迹象，经鉴定为7400年前，这是拿活人做祭品的有力证据，生动反映了当时宗教礼仪的真实状况，当时这里很可能是一个区域性的宗教中心。高庙祭祀场规模之大、规格之高、年代之久在我国史前史上都是前所未见的。

（2）中华民族最早的图腾形象。中华民族的两大图腾是龙和凤。有人经过考证，认为龙图腾不是源于黄河，而是源于洞庭湖，是由蛇演变为龙。凤图腾则最早起源于沅水流域中游武陵山腹地的洪江市高庙文化。在高庙文化遗址出土的部分陶器上，饰有由戳印篦点纹连缀而成的各种复杂图像，制作技艺精湛。这些图像中，獠牙兽旁有一飞鸟头戴羽冠，双翅载托太阳或八角星翱翔中天。据考证，这个飞鸟应当就是凤，显然是此地原始部落奉祀的超自然神灵，经鉴定距今约7400—7100年。我们推论，凤图腾就是在此最先出现，此后逐步传播流行于长江中下游地区及黄河流域，甚至更远地区。在洞庭湖区汤家岗（距今6500—6000年）、太湖流域的崧泽（距今5800年）、安徽含山凌家滩（距今5300—5600年）、浙江河姆渡（第一层距今5500—5000年）、浙江良渚（距今5000年）以及山东的大汶口中期和晚期文化遗址（距今5000—4600年）发掘的文物中所见到的鸟与太阳或鸟与兽面的复合图像,都与高庙遗址发现的类似,但年代均晚于高庙文化。从文化遗址不同年代的时序联系中,我们可以更清晰地看到"由高庙经沅江—洞庭湖—入长江到安徽、浙江—再到山东"这条显而易见的传播路线。

(3)华夏最早的"三光"崇拜。在城头山遗址中,考古学家们发现了比较丰富的宗教活动痕迹,有设置在城东的祭坛遗址、祭师墓葬和三座圆形祭祀坑,祭祀坑内分别置有长形石、圆形石、小卵石各一块,有的考古学家认为是代表月、日、星"三光"。此处既是华夏大地最早的以日月星辰为崇拜对象的宗教活动场所,更是古人开始对自然崇拜、出现专职祭师并开展宗教活动的实物见证。

D. 建筑艺术、工艺技术类

(1)最早的"T"形高台式建筑。在湖南临澧县竹马村出土的旧石器时代晚期的"T"形高台式建筑,经鉴定距今1.8万年,是中国"高台式土木建筑"的滥觞。

(2)世界最早的酿酒工艺。城头山遗址出土的用于滤酒的"漏斗形澄滤器",是当时已出现酿酒工艺的历史见证。

(3)世界最早的"三合土"地面加固技术。在城头山遗址中,发现了用于道路铺筑和居室防潮的红烧土,以及与今日"三合土"类似的地面加固等建筑技术,这在全世界是最早的。

E. 装饰品类

(1)中华最早的白陶。高庙遗址出土了目前所见年代最早的白陶制品。白陶是中国史前制陶工艺中的杰出代表,过去在浙江桐乡罗家角遗址、陕西汉中盆地的龙岗寺遗址以及珠江三角洲等地的史前遗址中都出土过白陶,但年代大都在距今6000年上下。洞庭湖区所出白陶的年代较各地要早,安乡县汤家岗遗址出土的白陶为距今6800—6300年。1990年在岳阳坟山堡遗址第3B层出土的白陶残片,其年代上限可能已接近距今7700年。在高庙文化最早一期遗存(处于遗址南区第24层)中新发现的精美白陶罐片,其所处年代大约不晚于距今7800年。白陶在整个高庙文化中较之于年代与之相当的洞庭湖区皂市下层文化更为发达,现在看来,高庙文化所处的沅水中上游地区可能是我国白陶的最初发源地。

(2)世界最早的彩色装饰。在距今8000—7000年的高庙遗址中,发现了一件陶簋(编号为T2003:21),陶簋底部刻画有精美的图案,有人称之为"凤凰产子图案"。为了显示该图案的神圣,当时还特意为这一图案涂上了朱砂。

(四)黄河流域与长江流域的远古文明比较

黄河是中华民族的摇篮和中华文明的发源地,这是尽人皆知的史实。8000年前黄河人开始种植粟和黍,黄河流域虽地处北纬35°以上,但那里到处都有粟和黍的祖种——狗尾巴草。西安半坡遗址的窖穴和陶罐里面均发现过粟,甚至在一个窖穴中就曾发现过成百斤的粟。粟在八百里秦川的肥沃土地上迅速普遍种植，出现了著名的 7000 年前的仰韶文化，并沿黄河流域向外传播。1976 年，在河北武安磁山一个距今约 8000 年的遗址中发现了上百个粮食窖穴，把这些窖穴里面储藏的粮食换算成新鲜的粟和黍，有十几万斤①。据此推断，黄河流域的远古人类从 8000 年前已由食物采集者成为了食物生产者，黄河文明也就从此起源了。

今天，大量的考古发现证明：长江也是中华民族的摇篮和中华文明的发源地。长江流域的远古人类在 1.2 万年前就开始在山区小范围试种水稻，9000 年前进入平原地区大面积种植水稻，更早于黄河流域生活的远古人类，在中华大地上率先由食物采集者成为了食物生产者。

文明起源后还要传播和发展，历史上，长江流域的文明传播与发展为何落后于黄河流域？大量考古资料可资说明，约 5000 年前，长江流域的远古文明已逐渐落后于黄河流域的远古文明。我们认为其决定因素应当是地理环境、交通条件和交通工具的限制。长江流域山多、山高、河流多，自然环境恶劣，尽管处于温带纬度空间，更多地保护了武陵山先民躲避过地球漫长而极寒的冰河期灾难，但交通条件明显不如中原平原地区优越；黄河流域则山少、平原多、河流少，黄河冬季有时还断流，交通阻碍少。古代南方的交通工具主要是船，长江流域的水运只能沿江行，是线状交通；黄河流域的交通工具是车马，是面状交通，可向四面八方通行。交通汇集人流、物流、信息流，必然导致经济发达，从而推进文明发展。显然，黄河流域的交通条件优胜于长江流域，所以其文明发展更快。在现代，凡沿海、沿铁路、沿公路、沿江河的地域，经济一般都较为发达，文明水平也更高一些，其决定因素依然是交通。另外，汤因比提出的"挑战与应战"理论，也许是黄河流域的文明发展快于长江流域的另一理由。黄河流域比长江流域冬季更为寒冷，夏季更为干旱，黄河流域的古人遇到的挑战更为严峻，迫使他们成功地进行了应战，促进了文明的快速发展。

长江文明源于水稻农业，黄河文明源于粟黍农业。这两个农业体系虽在两大不同地域，但两者又地缘相近。北方旱地农业歉收了，南方的水田农业可以补充；南方水田农业歉收了，北方旱地农业可以弥补。长江、黄河两个大而互补的流域既提供了十分宽广而适宜人类生存的空间，更有极其丰厚而稳定的物产供给基础。远古人类的田园生活随节令变化而劳逸有度，因而社会发展的整体稳定性与文明演进的持续性更强。而古代中国的周边部落均属采集狩猎主导型经济，难以形成强势文明。后来，虽然新兴的骑马民族不断强势崛起，频繁侵扰华夏大地，中华文明屡遭灾难，但长江、黄河两大核心地区依然稳固，不可动摇。相反，世界其他地域古代文明尽管有的发展程度很高，但它比较脆弱，一旦遭遇野蛮民族入侵，很快就被灭亡了。现在的埃及人已不是古埃及人的后裔，现在的印

---

① 严文明：《农业起源与中华文明》，《光明日报》2009 年 1 月 8 日。

度人也不是古印度人的后裔,古巴比伦两河流域的苏美尔人更是早被亚述人所灭,亚述人又被波斯人所灭。这三大文明古国的文化都中断了,唯有中华文明没有中断。因此,中华文明是世界绝无仅有的最具稳定性、持续性与悠久性的优秀人类文明。

结 语

在考古界与史学界,关于人类的发源地现有"非洲说"、"多元说",还有"DNA基因说"等,争论颇为激烈。因中国有世界上较为丰富的晚期智人化石和早更新世以来基本连续传承的旧石器时代文化,我国古人类学者大多持"多地区进化说"、"中华人类连续进化附带杂交"说等观点[1],但也受到化石实证的某些限制,如以前中国缺少可靠的距今10万—5万年的晚期智人化石。近些年来,武陵山周边的考古新发现却填补了这些缺环,如2004年在湖北郧西人遗址发现了10万年前的古人类化石[2],2007年又发现了距今10万—8万年的"许昌人"化石,使中国现代人起源于本土之说有了难以否定的考古实据。我们认为,中华人类及其远古文明的一个重要发源地就在中国本土内陆腹地的武陵山地域,这既充分佐证了汤因比文明起源的"挑战与应战"理论,也有力地证实了达尔文"适者生存"的进化论,还有助于说明王震中教授提出的"中国文明起源既是本土的亦是多元的"理论观点[3]。在武陵山地域这个特定的自然地理气候环境内,中华古人从这里率先进化繁衍成为中华现代人;在中华大地上这个古人类最为密集的中心地域,为应对人口增加与食物缺乏的严峻挑战,他们走出山洞,来到邻近的洞庭湖平原,率先从食物采集者成为了食物生产者,由此创造出中华大地上最早的远古文明,这是历史的必然。

大量考古事实更说明,长江流域、黄河流域是中华文明的两大主要发源地,都是中华民族的摇篮。长江流域的地理气候条件更有利于人类从食物采集者成为食物生产者,故长江流域文明中的农业起源先于黄河流域;因黄河流域的地理交通条件优于长江流域,使得长江流域文明的发展进步慢于黄河流域。综观长江、黄河两大流域文明演进史的地域差异,不难发现其中地域环境、气候条件、经济生活方式、传播路径以及稳定性与持续性等诸多鲜明特征,使得两大文明演进呈现出时空分异性与传导互补性,但在结构整体上,主要可分为夏代以前文明起源的多元性与自夏代开始的多元一体性[4]。

---

[1] 吴新智:《现代人起源的多地区进化学说在中国的实证》,《第四纪研究》,2006年第5期。
[2] 武仙竹等:《湖北郧西黄龙洞更新世晚期古人类遗址》,《科学通报》2008年第16期。
[3] 王震中:《中国文明起源的比较研究》,陕西人民出版社,1994年。
[4] 王震中:《夏代"复合型"国家形态简论》,《文史哲》2010年第1期。

本文仅从考古发现的古人类化石和旧石器时代遗址的数量、集中密度、年代久远性和进化链的连续性以及大量杰出的文明成就等方面，对武陵山地域的中华人类与远古文明进行了探源考证和综合分析，从而推导出中华人类及其远古文明的重要发源地之一可能是武陵山地域的基本结论，但其中尚有许多进化链环的不解之谜有待今后更多、更深的考古发掘成果予以补证，更需要学界大家共膺重任，协力研讨与释疑。

（作者：丁孟春，湖南省常德市老科协副会长、武陵文化创意产业园文化顾问；罗先明，湖南财鼎投资有限公司总经理、武陵文化创意产业园执行董事；熊柏隆，湖南省常德市教育局副调研员、湖南省社会科学院城市发展研究所特约研究员）

试论海峡两岸炎帝神农文化的认同

◇谭 云

炎帝神农氏是中华民族的始祖,炎帝神农文化是中华民族的宝贵文化遗产。2010年(庚寅年)8月,在炎帝安寝地——湖南省炎陵县举行了海峡两岸炎帝神农文化祭活动,此次活动展示了海峡两岸的炎帝神农文化,从中可看出海峡两岸同宗共祖,文化一脉相承。

一、两岸共同崇祀炎帝神农氏为"农业之祖",是对重农和民本思想的认同

(一)炎帝神农氏作为农业神为两岸崇敬祭祀

《易·系辞》记:"包牺氏没,神农氏作,斫木为耜,揉木为耒,耒耨之利以教天下。"《淮南子·修务训》曰:"古者民茹草饮水,采树木之实,食蠃蚘之肉,于是神农乃教民播种五谷,相土地之宜燥湿肥垴高下……"《论衡·感虚》载:"神农之挠木为耒,教民耕耨,民始食谷。"《白虎通义·号》曰:"神农因天之时,分地之利,制耒耜,教民农耕,神而化之,使民宜之。"这些史料,说明了神农是耕作器具的发明者、农耕文明的传播者。"神农氏"是对发明农业和最早经营农业者的一种称呼,而"炎帝"是中原最早的农业部落之首领,"炎帝神农氏"是人民对这一部落首领的"神化"和尊称。

中华民族的文化传统,对于给国家民族作出突出贡献或立下重大功绩的人,常建祠塑像予以纪念和祭祀。炎黄子孙对炎帝神农氏的祭祀历久不衰,除见于古籍的记载,全国各地遗留下来许多神农庙坛,既有官立的,也有民间筹资修建的。现在很多地方还保留了每逢农历初一、十五或春播秋种前后祭拜炎帝神农氏的风俗,这种对祖先的崇敬和对农神的敬畏,表现了民众祈祷五谷丰登的心愿。神农大帝在台湾被当作消灾祛祸、保境安民、法力无边的农神,由于台湾以农立省、靠海为生,神农大帝的神明形象正好暗合了台湾民众的避灾祈福、风调雨顺、五谷丰登的心理诉求。台湾师范大学教授钟宗宪在《炎帝神农信仰》一书中指出:"台湾地区目前以炎帝神农氏为主神的庙宇,大约有一百三十余座,其信仰固来自大陆,殆毋庸置疑,而民间对其尊称,除炎帝、炎王、五谷先帝、五谷爷、神农大帝之外,尚有先农、先帝爷、五谷仙、药王大帝、粟米王、土神、田祖、田

主等,率以农神、谷神、药神祭祀之,尤其为农民、米商、草药商之行业守护神。"

(二)炎帝神农文化所体现的重农和民本思想

中国是以农立国的世界文明古国,历朝历代对农业都特别重视,将其视为百业之首和立国之本。古代社会以农业经济为支柱,农业的重要性不言而喻。古代社会还由重农引发了"民为本"、"民为贵"的思想。《农书》载:"神农尝草别谷,烝民粒食,后世至今赖之。凡人以食为天者,可不知所本耶?"继承炎帝文化,历代形成一个系统的民本思想,历代王朝在施政中都推行重农的举措,奉行神农之道,这些都是因为"民之大事在农"。

历史发展到今天,经过几种社会阶段的演进,继承了我们民族优秀的传统文化,炎帝文化及其民本思想无疑是一个重要成分。在现代化发展迅速的时代,我国对农业的重视程度丝毫没有减弱,每年的一号文件都是涉农的重要文件,在关注农业、农村、农民方面,中央相继出台了取消农业税、粮食直补、加大农村基础设施建设、成立农家书屋等举措,表明在新的历史时期,传统的民本思想被赋予了全新的意义,古老的民本思想焕发着新的光芒,我们面对的不仅仅是与国际接轨、与世界同步,更重要的是如何复兴古老的中华文明。

二、两岸共同弘扬炎帝精神,是对共有的精神家园的认同

(一)大力弘扬中华文化,是两岸共同创造和构建精神家园的基础

弘扬中华文化,创建精神家园在物态上表现为重民生,致力于民利。衣、食、住、行是人在自然界谋求生存方式的最直接的反映,从《尚书》提出"民可近,不可下。民为邦本,本固邦宁"和"民之所欲,天必从之"等著名的"民本"思想起,历朝历代统治者都很关注民生民利。新中国成立后,中央政府更是投入了大量资金和精力,不断完善社会基础设施,切实关注民生民利,人民生活水平显著提高,文化艺术空前繁荣……

弘扬中华文化,创建精神家园在体制上表现为重德政,贵和尚中。中国人讲求秩序、和平、中庸、节制及和衷共济。现阶段,我们大力推行依法治国方略,高举以德治国的旗帜,在全社会培养和形成良好的社会道德风尚,弘扬优秀的传统美德,形成健康向上的价值判断与取向,建立一个"群居而不乱"、"体情而防乱",既有秩序,又有自由的社会,让每个人在合理的风俗习惯中,过着自己能把握自己,又能涵融群体的生活。

弘扬中华文化,创建精神家园在行为上表现为重融合,民族团结。我国幅员辽阔,民族众多,尽管在某些历史时期出现过短期的分裂、割据等现象,但反对分裂和战乱,维护国家统一,加强民族融和、交流和团结,始终是历史发展的主流。中华民族是由多民族汇合而成的,虽然方言不同,风俗各异,但汉族和少数民族总是在互相学习、不断融合,每当面临民族存亡之际,总能团结一致,共同抵御外

侮,保卫家园。

弘扬中华文化,创建精神家园在心态上表现为重乡土、伦理道德。中华文化受农耕文化影响,很注重保护自己赖以生存和发展的土地,乡土和区域观念都比较强。在古代,国家观念是乡土观念、区域观念的延伸和扩大。在我们长期形成的观念中,国家就是故土。在人们生产和生活实践中,产生了进取性和协调性的道德品质和道德规范,人们各尽其能地参加生产劳动;在"日中为市"时公平合理地交易、平均消费;与自然灾害和入侵者做英勇无畏的斗争;不断发明创造……

中华文化在中华民族不断繁衍、发展、融合、复兴的进程中,历经几千年的传承、整合、提炼,甚至重铸,已根植和深入到各民族人民的心灵、血脉之中,正在发挥其不可或缺的作用。进入新世纪以来,以炎帝神农文化为发轫的传统文化已成为现代先进文化大发展、大繁荣的重要内容,逐渐发展、融会成为文明进步、丰富灿烂的中华文化。在此基础上,两岸大力弘扬炎帝精神,不断创造和构建民族共有精神家园,已成为中华民族共有的精神向往和心灵归宿。

(二)炎帝文化中蕴涵的民族精神是两岸建设和谐社会的重要精神力量

炎帝神农文化所蕴涵的民族精神主要包括坚忍不拔的开拓精神、自强不息的进取精神、百折不挠的创新精神、天下为公的奉献精神。数千年来,炎帝神农氏的这种精神不断激励炎黄子孙,顺天应时,与时俱进,不故步自封,从而使中华民族能够经历各种挫折而始终保持旺盛的生命力,屹立于世界东方。炎帝神农氏是中华文明史上最早勇于探索、开拓创新的典范之一。他勇于探索,能够在先民蒙昧之初,善于模仿自然,善于动手,不断总结、观察、积累生产经验和简单的科学常识,从而发明许多生产、生活工具,成为农业、医学和商业等众多领域的创造者、奠基者和集大成者。炎帝神农文化中所具有的刚健有为、自强不息的精神,一直激励炎黄子孙前仆后继、不畏艰险、不屈不挠,为正义、真理的事业顽强奋斗,为中华民族的发展壮大作出了巨大贡献。《淮南子·修务训》说"神农憔悴","圣人之忧劳百姓甚矣"。炎帝神农氏以大公无私的奉献精神,塑造了中华民族的核心价值观,即强调个体生命的意义和价值并不在于索取,而在于对社会、对民族、对国家的贡献。从"先天下之忧而忧,后天下之乐而乐",到孙中山先生的"天下为公",无不闪耀着这种精神的光辉。

新时期的和谐社会当然与炎帝时代的和谐社会有明显的区别,但在追求人与自然、人与社会以及人自身的和谐目标上应该是相通的,因为和谐是人类永恒的追求,远古的和谐是今天和谐的雏形,今天的和谐是两岸社会发展、文明进步的必然趋势。台湾的神农信仰以道家思想为主,无论是儒家还是道家,两者都有深厚的和谐思想,并形成中华民族的重要精神之一。这种精神一方面强调人与人、人与社会的和谐,另一方面看重人与自然的和谐,亦即所谓的"天人合一",使中华文明能够在历史长河中绵延不绝、可持续地发展。

三、两岸共同祭祀炎帝神农氏，是对崇本尚源、爱国统一的认同

（一）两岸祭典同根同源同文化，正在不断地相互融合

查考史籍，对炎帝神农的祭祀分民祭和官祭。民间祭祀始于夏，官方祭祀源于周，御祭起于唐而兴于宋，经过元、明、清三朝完善，御祭十分庄严而隆重，除御祭外，地方祭祀也四时不断。新中国成立以来，共产党和人民政府注重弘扬民族文化，不忘始祖，面向未来。经过数千年的持续发展，炎帝神农祭祀由民间到官民并举，规模由小到大，祭典形式丰富多彩，越来越完备。2006年，炎帝陵祭典被国务院公布为首批国家级非物质文化遗产。

炎帝陵祭典祭祀方式有：文祭，包括陵前诵读祭文和镌刻碑文；物祭，是用炎帝创造发明的农产品、中药材及至今沿用的生活器物祭祀；火祭，通过钻木取火或击石取火来采集圣火纪念炎帝；乐祭，用炎帝发明的五弦琴和傩舞蜡祭等祭天祈福之举，以歌声和舞蹈表达缅怀之情；龙祭，表达龙的传人对始祖的敬仰。祭典仪仗队伍由1500余人组成，保持了击鼓鸣金、鸣炮奏乐、盥手敬香、敬供品、拜谒、恭读祭文、焚帛书、立碑等历史传统仪式形式，融入了佩戴胸花、披挂绶带、敬献花篮和歌舞祭祀仪式等现代文化内容。

台湾对神农大帝的信仰始于明代郑成功收复台湾以后，神农祀像也是从大陆迎请过去的，迄今有300多年的历史。目前在台湾中华神农大帝协进会登记注册的以奉祀神农大帝为主神的宫庙有166座，遍布台湾各行政乡村，加上未登记注册的小型宫庙寺坛等大致在300座以上，几乎遍布所有的自然村庄。对炎帝神农氏供奉崇祀的组织机构、宫庙样貌、庙会节期、祭祀仪程、庙产配置、财经管理等等都有比较完备的制度和惯例，并完全成为了信众的一种自觉行为规则。从近几年台湾祭陵团体祭祀炎帝神农氏的仪程上看，有着统一服装（古装），带炎帝圣像在陵殿前"开光"，行三跪九叩之礼等，虽仪式各异，名称不同，但祭典念祖，不忘根本的内容一致。尤其是在台湾保存完好的"三献礼"仪式，在20世纪70年代之前的大陆农村也是很盛行的。此次海峡两岸炎帝神农祭祀大典的祭典仪程融合了两岸元素，将大陆寓意深远、气势恢弘的火祭、乐祭和台湾发扬光大、虔诚周到的"三献礼"融入整个祭祀仪式，得到了台湾信众的高度肯定和赞许。从台湾的祭典中可以看到，台湾尊崇的神农大帝只是农业神明。至于把炎帝与神农合而为一，敬神与念祖相提并举，是近年来两岸开放交流带来的一种新的文化认同。

（二）炎帝神农祭祀已成为一种炎帝文化载体

炎帝陵自1988年整修竣工对外开放以来，共接待海内外游客600万人次，其中接待港澳台同胞、华人华侨及国际友人80余万人次。各类大型祭祀典礼活

动连年不断。1993年,"炎黄杯"世界华人华侨龙舟系列赛在炎帝陵举行取圣火火种仪式;丙戌年(2006年),重阳世界华人华侨炎帝陵祭祖大典;庚寅年(2010年),海峡两岸炎帝神农祭祀大典等大型炎帝陵公祭活动通过卫星电视、网络直播,让海内外华人精神振奋,纷纷前往炎帝陵寻根祭祖。如台湾神农庙、炎帝陵分陵信众拜谒炎帝暨请炎帝金身祀像开光活动,香港东华三院人士炎帝陵公祭,全国佛教界、道教界人士拜谒炎帝陵等活动都在海内外具有较大的影响力,促进了社会各界的和谐。炎帝陵已成为"中华民族的人文圣地,全球华人的精神家园",其所蕴涵的血缘认同、民族认同、文化认同,以及奋发向上、自强不息的民族精神,已成为维系中华民族团结、国家统一的牢固精神纽带。

台湾社会对神农大帝的虔诚景仰和崇祀、对炎帝神农的敬畏之情已融入血脉。钟宗宪先生在《炎帝神农信仰》一书中指出:"由该地区各村里轮流主办的情况来看,充分显示出神农信仰与当地历史渊源之密切关系,而神农大帝已成为整合居民向心力的表征。此外,由地方首长主祭,行三献礼之诞辰祭祀,其遵循古礼之隆重庄严,也可看出神农大帝在民间信仰地位的崇高,实有别于其他神明。"台湾大学教授黄建超在《远古神话魅力的宗教游憩资源吸引力》调查报告中,以高雄县大社乡为例,大社乡青云宫的神农大帝已有二百余年的香火历史,所有的文化资源都是从此延伸出来的,包括祭祀圈、商贸、私塾、品德教育成长的地方。这里既是不同族群的大社居民信仰中心的大庙,更是居民精神生活与休憩的交流处,虽然在当地还有其他神祇信仰,但民以食为天,不论何种族群,对掌管五谷丰收的神农大帝都存有一分敬意,祈求能得到庇佑。香客还经常规划家族亲子进香活动,目的是给予年轻学子必要的协助、引导或培养,让他们深切感受当地的信仰文化,以便能为中华文化的民间信仰再造永世的传承。

(三)祭祀炎帝神农是对敬祖爱国的传统美德的弘扬

此次庚寅年海峡两岸炎帝神农文化祭的宗旨是,通过组织对炎帝的祭祀、祭拜,寻访考察炎帝故里及其史迹,探讨两岸崇仰炎帝神农氏的理念、形式、内涵之异同,向社会展现两岸多元的炎帝精神文化样貌,从而得出两岸同胞心灵认同的最佳模式,使之成为民族凝聚力的永续源泉。

每当中华民族面临山河破碎、民族危亡的局面,民族、国家遭受空前危机的时刻,中华民族的凝聚力和认同精神就会发挥巨大威力,中华民族团结一致,同舟共济,共同抵御外侮,实现国家和民族的统一。国共两党在带领各族人民共同抵御日寇的侵略上最为典型地体现了这一点。2008年四川汶川地震后,台湾各界及时伸出援手,谱写了两岸同胞共抗灾害的感人篇章。患难见真情,大灾面前有大爱,2009年,受"莫拉克"台风影响,台湾中南部地区引发50年不遇的严重水灾和泥石流。台湾灾情时刻牵动着大陆同胞的心,灾情发生后,大陆各方面予以高度关切,并立即行动起来,向台湾受灾同胞捐款近10亿元人民币。两岸同胞在危难中彼此扶持、团结互助,充分体现了中华民族扶危济困、一方有难八方支援的传统美德和两岸血浓于水的同胞情。

经过长期的发展,爱国精神早已成为中华民族的普遍精神,两岸同胞热爱祖国的大好河山,热爱自己的共同祖先和民族同胞,热爱我们悠久的历史和灿烂的中华文化……保持和发展始祖开创的基业,维护祖国每一寸疆土的完整,把祖国建设得更加繁荣昌盛是两岸同胞的共同理想。敬祖与爱国历来都是紧密相连的,是我们中华民族源远流长的传统美德。

(作者单位:谭云,中共炎陵县县委统战部)

参考资料:

李绍连:《炎帝与农业神》,载《炎帝与民族复兴》,陕西人民出版社,2006年。

王贵民:《试论炎帝文化的民本思想》,载《炎帝与民族复兴》,陕西人民出版社,2006年。

刘玉堂、易德生:《炎帝神农文化所蕴涵的民族精神及其时代价值》,载《炎帝与民族复兴》,陕西人民出版社,2006年。

杨昶:《炎帝神农氏的功业与精神刍议》,载《炎帝与汉民族论集》,三秦出版社,2003年。

钟宗宪:《炎帝神农信仰》,学苑出版社,1996年。

张云才:《历代王朝祭祀炎帝陵》,《炎陵文化》,1995年第2期。

罗炳生:《炎帝陵的民间祭祀活动》,《炎陵文化》,1995年第2期。

林良材:《弘扬敬祖爱国的传统美德》,《炎陵文化》,2000年第7期。

羊头山是神农氏族的起源地
——略论高平所出土各代古碑记载之"烈山"

◇李　津　杨振贤

烈山因与神农炎帝有密切关系而闻名遐迩,但到目前为止,国内尚未发现有烈山之山名抑或烈山之地名。"烈山"一名见于《左传》、《国语》。《左传·昭公二十九年》曰:"稷,田正也。有烈山氏之子柱为稷,自夏以上祀之。"《国语·鲁语上》:"昔烈山氏之有天下也,其子曰柱,能殖百谷百蔬。"

这些史籍记载烈山是神农氏族的起源之地,但都未指出烈山的具体地理位置。三国时,韦昭便把"烈山"音转为"厉山"("烈山氏,炎帝之号也,起于烈山。《礼记·祭法》以烈山为厉山也")。

那么,天下到底有没有一个原汁原味的烈山呢?笔者有了重大发现:

在山西省高平市境内的羊头山周边,有大范围、高密度的神农炎帝遗址遗迹群,羊头山上有神农城、五谷畦、神农井、黑白二泉和神农高庙等遗址,山下有炎帝行宫、炎帝寝宫、炎帝陵,周边百里有上百所炎帝古庙,有上百通古碑记载了神农炎帝功德及在本地活动的情况。

一块出土的《唐故毕府君夫人赵氏墓志铭并序》铭文说:

维大唐天祐七年岁次庚午正月壬辰朔三日甲午,固迁祖茔。先在神农乡神农里团池店南一达之东。其势也,潜龙圣地,紫气盘旋……后恐嵌谷陨易,山河变移,时更代革。金石可销,海变桑田,子孙何监!刻石为铭。

该墓志铭指出:山西高平在唐代就是神农乡。

另一通 1995 年出土的《宋故郭府君墓志铭》,铭文记载墓主人郭用乃是高平县神农乡团池村人。这说明,宋朝的时候,高平也有神农乡的命名称谓,可见高平大地是神农炎帝活动的区域。

今珍藏在羊头山神农庙内的一通唐(周)天授二年(691 年)《泽州高平县羊头山清化寺碑》中,亦发现有烈山的信息:

……此山炎帝之所居也。昔者摄提纪岁之后,燧人化火之前,穴处巢居,茹毛饮血。爰建炎帝御宇,道济含灵,念搏杀之亏仁,嗟屠戮之残德,寻求旨味,以替膻腥。遍陟群山,备尝遮草,届斯一所获五谷焉。记此灵奇,显其神异。石类羊首,遂立为名。于是创制耒耜,始兴稼穑。调药石之温毒,除瘵延龄;取黍稷之甘馨,充虚济众。人钦圣德,号曰神农。历代崇恩,峰亭享庙。其山也,左连修岭,横巨嶂而峙沧波;右接遥峰,列长关而过绛阙。烈山风穴,泛祥气而氤氲;石鼓玉泉,泄云雷而隐轸……柱出兹山矣。

该碑身首一体,材质为石灰岩,高205厘米,宽87厘米,厚26厘米。碑文除了说明羊头山乃"炎帝之所居",炎帝在此山"获五谷焉",也透露出炎帝所居之地"烈山风穴,泛祥气而氤氲"。

高平神农镇团西村村民苏长明在村南河口旁一块叫"羊羊背"的农田里,挖出了一块方形的墓志铭。这通《唐故浩府君墓志铭并序》的铭文如下:

《唐故浩府君墓志铭并序》拓片

夫二仪元旨,应合三才,孕灵盘古娲皇,传之后裔。贯税泽郡,户寄高平乡神农团池村人也。曾祖讳贞,祖璋,府君讳义伏。以府君文传七步,武透九围,蕴事奇能,在里间之最首。庚年七十,命掩□泉。夫人程氏,容仪端贞,抚幼子以多能;处舍难遇,治家廷之无失。享年六十,定归泉夜。嗣子一人,福新,妇王氏。大女李郎妇,次女刘郎妇,次女张郎妇,次女郭郎妇,女王郎妇,大毕郎妇。孙男天留,新妇宋氏。天福二年岁次丁酉十一月庚戌朔十七日丙寅,裕祔村南二里,卜其宅地,永固玄堂,慈顺里也。其地势平如堂,四望俱全。东有长崖而掩,西连远岫而遮;前望玉案高源,后倚烈山大岭。恐后桑田改变,山谷更移,琢石题文,传于后嗣。

尊祖俱沉在墓中,神魂长镇岭花峰。唯愿亲灵垂拥护,儿孙享祭万春冬。

一哉吾君,百福生存,义重贤子,孝有其孙。

该志方形,石灰岩,宽 39 厘米,厚 11 厘米,盖呈梯形,周边刻有缠枝花卉图案。志文为楷体,刻有分行线,全文 269 字,计 16 行,志保存完整。

该墓主人浩义伏,享年 70 岁。夫人程氏,享年 60 岁。墓志铭对"烈山"的位置,有详细准确的四至记载:"东有长崖而掩,西连远岫而遮;前望玉案高源,后倚烈山大岭。"

有趣的是,这位老祖宗就怕后人不能分辨烈山的具体方位,在铭文中强调说:"恐后桑田改变,山谷更移,琢石题文,传于后嗣。"笔者曾专程到出土墓志铭的地点考察,"羊羊背"中的那座墓穴背靠的正是羊头山。

2011 年 9 月,又发现原北诗乡政府驻所居然是一所炎帝庙。该庙两侧厢房墙壁内各嵌有一通石碑,其中一通清乾隆年间勒石的碑刻记载说:"吾乡旧有烈山之宫焉。"

依上而言,在中国古代,山西高平境内的羊头山就被称为烈山。

(作者:李津,中华炎黄文化研究会理事、山西高平市炎帝文化研究会秘书长、高平市作家协会副主席;杨振贤,山西高平市炎帝文化研究会常务理事)

关于阳明心学的研究方法

◇方尔加

阳明心学的研究方法,学界各有高见,笔者根据个人体悟及教学实践,以为以下几点宜予关注。

一、点燃个人智慧之火

阳明将自己一生学说只概括为"良知",以为只要致良知,就无入而不自得。他甚至用"良知"来概括千古圣学绵绵不绝之精华。可以说理解了"良知",就理解了阳明心学。

可是,阳明却一直拒绝直接说出什么是"良知"。有人问:"道可见乎?"他答:"有而未尝有也。"又问:"然则无可见乎?"他答:"无而未尝无也。"又问:"然则何以为见乎?"他答:"见而未尝见也。"问者愈发糊涂了,请求明示。他却说:"道不可言也,强为之言而益晦;道无可见也,妄为之见而益远。"①"道"就是"良知"。"道"不可言即"良知"不可言。有人让他说明"道"究竟为何物,他的感受是"欲发挥此,只觉有一言发不出,津津然如含诸口,莫能相度"②,只能以"良知"二字示人。"良知"二字又为何物?再说不出。说不出者并非不能知晓。知晓的途径是求诸自身。阳明吸收禅宗的"佛向性中作,莫向身外求"③,强调"良知"求诸自心。每个人的内心都是保有自己个别性的根基。"良知"就是立足于根基的个别性之知。阳明对学生咏诗点化"良知":"无声无臭独知时,此是乾坤万有基。抛却自家无尽藏,沿门持钵效贫儿。"④"良知即是独知时,此知之外更无知。谁人不有良知在,知得良知却是谁?""知得良知却是谁? 自家痛痒自家知。若将痛痒从人问,痛痒何须更问为?"⑤阳明一再强调"良知"是"独知",也

---

① 《文录四·见斋说》,《王阳明全集》,第 262 页,上海古籍出版社,1992 年(以下同书只注篇名和页码)。
② 《年谱》,第 1279 页。
③ 《坛经·疑问品第三》,第 103 页,钟明译注,山西古籍出版社,1999 年。
④ 《外集二·咏良知四首示诸生》,第 790 页。
⑤ 《外集二·答人问良知二首》,第 791 页。

就是告诉人们：脱离个别性，"良知"便无从知晓。个别性是寻找"良知"的门径，"人虽不知而己所知独者,此正吾心良知处"①。师长并非不起作用，不过，师长不能有给人"良知"之念，只能点燃受教者内心的"良知"火种。阳明在稽山书院讲《大学》时，"只发《大学》万物同体之旨,使人各求本性,致极良知,以止于至善；功夫有得,则因方设教"②。阳明的做法是点燃学生个人"良知"的火种，非将学生当作填充"良知"的容器。阳明龙场悟道，并非在龙场有人给了他"良知"，而是龙场磨难启动了他内心的"良知"。学界对阳明心学多作为纯粹的认知对象加以研究和传授，尚未关注智慧之火的点燃。

当然，点化并非对一切人都有效。首先，作为被点化者必须具备一定的素质。没有素质就等于没有智慧的火种，也就无以点燃。这素质由一定的知识水平、信念、能力所组成。阳明就具备了这样一些素质：

（一）成圣意识

阳明读儒书、明儒理、中进士、希慕先圣前贤。少年时代塾师诲之第一等事"惟读书登第耳"，他偏说："登第恐未为第一等事,或读书学圣贤耳。"③在龙场，阳明时常将自己的境遇与圣人相比附。他把自己被发配到穷山恶水的蛮荒之地比喻为孔子欲居九夷④，把自己食粗食、饮山泉、住山洞比喻为孔子厄陈⑤。阳明后来虽张扬个性，不唯孔子之是非为是非⑥，但仍时不时将尧舜孔颜曾诸圣贤挂在嘴边，反映出他对圣贤境界的希慕与追求。这种希慕与追求使阳明在龙场没有仅仅满足于安顿下来衣食有着落，而是将谋取生活资料的物质活动视为成圣之资藉，达到临困境人不堪其忧，圣人不改其乐的乐观主义境界。

（二）强烈的主体性意识

阳明主体性意识甚强，制物而不制于物。其父王华或对其有一定影响。王华十四岁时，家乡龙泉寺闹鬼，别人都被吓跑了，王华却毫无惧色，照常在寺中夜读。有人问他："向妖为祟,诸人皆被伤,君能独无恐乎？"他说："吾何恐？"又问："诸人去后,君更有所见乎？"他答："吾何见？"⑦这是以我主体而非以他人传说为判断妖祟是否存在的标准。另外，王华辛辛苦苦攒钱盖了一座小楼，刚刚竣工，就被一场火灾化为灰烬。着火时，亲友来救，他"皆一一从容款接,谈笑衎衎如平时,略不见有仓遽之色……"⑧其制心功夫可见一斑。阳明亦如其父，强调

---

① 《语录三》，第 119 页。
② 《年谱》，第 1290 页。
③ 《年谱》，第 1221 页。
④ 《外集五·何陋轩记》，第 890 页。
⑤ 《外集一·始得东洞遂改为阳明小洞天三首》，第 695 页。
⑥ 《语录二·答罗整庵少宰书》，第 76 页。
⑦ 《世德纪·海日先生行状》，第 1393 页。
⑧ 《世德纪·海日先生行状》，第 1399—1400 页。

主体。十一岁时随祖赴京过金山寺赋诗一首:"山近月远觉月小,便道此山大于月。若人有眼大如天,还见山小月更阔。"①少年阳明已意识到,月亮和山的大小比较,尺度可由观察者确定。赴谪所途中,前有险峻路途,后有刘瑾爪牙追杀,阳明毫不畏惧。他在一野庙墙壁题诗:"险夷原不滞胸中,何异浮云过太空?夜静海涛三万里,月明飞锡下天风。"②眼前险境之根在吾胸,吾胸滞留则有,不滞留则无。这种强烈的主体性意识,使阳明能将龙场险境不滞于胸中,而紧紧把持住自身。《年谱》载:"(先生)自计得失荣辱皆能超脱,惟生死一念尚觉未化。乃为石椁自誓曰:'吾惟俟命而已!'日夜端居澄默,以求静一。久之,胸中洒洒,而从者皆病。自析薪取水作糜饲之,又恐其怀抑郁,则与歌诗;又不悦,复调越曲,杂以诙笑,始能忘其为疾病夷狄患难也。"③阳明还把他所居住的阴暗潮湿的山洞称为"小洞天",把为谋食而耕耘的体力劳动视为陶冶性情的高层次的精神活动,把自己的落魄险境视为砥砺之资。

阳明不仅保持自我,还扩充自我,以主体压倒客体。居京师时,他才十岁就屡次上书皇帝,献平贼之策,被父亲斥为"狂"。刚刚登第做官,还没来得及细品金榜题名的甘美,便开始忧愁不满,赋诗曰:"我才不救时,匡扶志空大。置我有无间,缓急非所赖。"④为自己不被重用感到不满。成圣的强烈欲望驱使他急于具备成圣的资质。正如郭沫若先生所说:"更从他的精神上说来,一种不可遏抑的自我扩充的努力,明明是在他青春的血液中燃烧着的。他努力想成为伟人,他便向一切技能上去追求。人所一能的他想百能,人所十能的他想千能,人所百能的他想万能了。"⑤他学的东西很多,孔孟经书、程朱理学、佛道、辞章、兵法,可多数都学不长,钻不深,一会儿一换。他的老师也不少,可他自称无师,"自予始知学,即求师于天下,而莫予诲也"⑥,"吾惟幼而失学,无行,无师友之助"⑦……天下之大竟无堪为师者,这是因为师之所教满足不了他自我扩张的欲望。他傲视一切,以至于历史上的帝王宏业,在他眼中只不过是小事一桩。"却怀刘项当年事,不及山中一着棋。"⑧刘邦、项羽五年苦战,为新时代的来临开辟通路,千古流传,可在阳明心目中,这还不及山中下盘棋。阳明作《九华山赋》言志:"吾其鞭风霆而骑日月,被九霞之翠袍。抟鹏翼于北溟,钓三山之巨鳌。道昆仑而息驾,

---

① 《年谱》,第1221页。
② 《年谱》,第1228页。
③ 《年谱》,第1228页。
④ 《外集一·登泰山五首之五》,第670页。
⑤ 《郭沫若全集·历史编3·王阳明礼赞》,第291页,人民出版社,1984年。
⑥ 《文录四·别三子序》,第226页。
⑦ 《续编一·赣州书示四侄正思等》,第987页。
⑧ 《外集一·题四老围棋图》,第666页。

听王母之云璈。呼浮丘于子晋,招句曲之三茅。长遨游于碧落,共太虚而消遥。"①这是在直面整个宇宙。他要超越宇宙,当凌架于宇宙之上独往独来的超人。

（三）随遇成务的灵活性

这仍要从阳明周围的环境谈起。阳明家学很有特色。三世祖王与准曾从四明赵先生（按:此人未详）学《易》,精通《易》、《礼》,著《易微》数千言②。曾祖王杰,著有《易》、《春秋说》、《周礼考证》③。祖父王伦,喜欢《仪礼》、《左传》、《史记》④。总的来看,其先辈似乎对官方规定的"四书"兴趣不大。笔者推测,或许因为"四书"中抽象的训诫太多,易被僵化。而《礼》、《春秋》、《左传》、《史记》等因事论理,随事变理,灵活而自然。阳明以史观经,称"五经亦史:《易》是包牺氏之史,《书》是尧、舜以下史,《礼》、《乐》是三代史"⑤。《周易》虽然讲的是抽象道理,但随象寓意,强调变动不居,对人束缚较少,有利于读者因其所遇作自由发挥。可能受家学影响,阳明很注重《易》。他一入狱就开始读《易》,赴龙场路上也读《易》,在龙场还专门收拾一山洞名之"玩易窝"。《易》中变的思想最受其注目。在赴龙场的路上,他写诗谈《易》:"无极生往来,往来万化出。万化无停机,往来何时息。"⑥在龙场,他解释《易》中"神"、"化"二字:"神故知周万物而无方,化故范围天地而无迹。"⑦"神"和"化"是形容无"方"无"迹",不可测度之变。阳明后来用易道形容其"良知":"良知即是易,其为道也屡迁,变动不居,周流六虚,上下无常,刚柔相易,不可为典要,惟变所适。"⑧强调变,把握变,才能灵活应对万物。阳明讲如何把握"中"道:"中只是天理,只是易,随时变易,如何执得？须是因时制宜,难预先定一个规矩在。"⑨关于灵活应物的思想,阳明在龙场尚未正式表达,但从他读《易》重变和因地制宜地磨炼自身来看,随遇成务的应物方式当是其素质的构成要素。

以上素质是阳明在龙场之前之中长期实践中形成的,被积淀成本能的心理结构。此结构发挥作用的方式是触感而发。发挥之前内心是"虚灵"、"纤翳无所容"、"如明镜"的状态。发挥中有成效,反思之又能与其"默记五经之言证之,莫不吻合",故而"始知圣人之道,吾性自足,向之求理于事物者误也"⑩。

---

① 《外集一·九华山赋》,第 659 页。
② 《世德纪·遯石先生传》,第 1381 页。
③ 《世德纪·槐里先生传》,第 1383 页。
④ 《世德纪·竹轩先生传》,第 1384 页。
⑤ 《语录一》,第 10 页。
⑥ 《外集一·梦与抑之昆季语湛崔皆在焉觉而有感因记以诗三首其二》,第 682 页。
⑦ 《外集五·玩易窝记》,第 897 页。
⑧ 《语录三》,第 125 页。
⑨ 《语录一》,第 19 页。
⑩ 《年谱》,第 1228 页。

其次，作为点化者必须注意点化对象的个性。一般性的道理与个性相对接才能使对方突然领悟到，这些道理根基于内心，发自内心，产生人所不知而己所独知之感。阳明的"良知"虽在应事接物中显现出内涵丰富，境界高深，可那是阳明独知的"良知"，与阳明的个性相融合，他人不容易真知其内涵和境界。当"良知"与他人的个性相融合，成为出自其内心并为其所独知，他人才算被点化成功。阳明一再强调，每个人都有自己的个别性，点化"良知"切忌强求一律，"圣人教人，不是束缚他通做一般，只如狂者便从狂处成就他，狷者便从狷处成就他"①。据此，学者们写文章、讲课也应有点化意，因读者、听众情况不同而点化方式不同。点化务求使被点化者感悟到阳明心学原本在我内心。

二、寓事因缘的表达方式

"良知"神秘不可析之以条理，即所谓"欲识浑沦无斧凿"②，须整体领悟。整体领悟的途径是通过具体事物。每一具体事物与"良知"如同万川映月，不是分有"良知"，而是完整地体现良知。阳明提出的这一领悟方式实受惠于禅宗。禅宗认为"佛性"不可言喻，不能被条理化，只能在具体事物中体认。故有"搬柴运水无非佛事"、"在在处上皆是道场"，以至有驴鸣狗叫拉屎撒尿皆有"西来大意"之说。阳明也赋诗："不离日用常行内，直造先天未画前。"③"饥来吃饭倦来眠，只此修行玄更玄。"④有一属官，心慕阳明心学，说："此学甚好，只是簿书讼狱繁难，不得为学。"阳明答："我何尝教尔离了簿书讼狱，悬空去讲学？尔既有官司之事，便从官司的事上为学……簿书狱讼之间，无非实学；若离了事物为学，却是著空。"⑤"郡务虽繁，然民人社稷，莫非实学。"⑥"政事虽剧，亦皆学问之地。"⑦阳明心学这一特点决定了对阳明心学的研究与教学也不能脱离其所应对的具体事物。如阳明在龙场，阳明与被俘获的少数民族酋长谢志珊的对话，阳明在江西赴任路上联商船智斗河道劫匪，阳明剿抚民乱和少数民族叛乱，阳明与昏君、奸臣、恶宦相周旋⑧，无一不折射出活生生的"良知"，无一不是后人体悟其"良知"的"资藉"。

良知寓于事物之中，但用通常的逻辑方法不可能从事物中寻究出良知，只能

---

① 《语录三》，第104页。
② 《外集二·别诸生》，第791页。
③ 《外集二·别诸生》，第791页。
④ 《外集二·答人问道》，第791页。
⑤ 《语录三》，第94—95页。
⑥ 《文录二·答路宾阳》，第192页。
⑦ 《文录一·答徐成之》，第145页。
⑧ 《年谱》，第1230—1327页。

用佛教因缘方法。佛教龙树《中论》"三是偈"云:"众因缘生法,我说即是空,亦是为假名,亦是中道义。"阳明"良知"与万事万物的关系可理解为佛教"空"与"法"的关系。"良知"非独立存在,须在万事万物中因缘和合而成。这种因缘和合只在非理性的直觉境界中存在。直觉在一刹那间把感官所接触到的一切东西,按照主体"良知"模式进行整合,使人对对象有一种异于物件而同于我心的感受。这种直觉在科学创造中是存在的。爱因斯坦谈科学的直觉能力是一种思想的"自由创造力",是将"思维元素""随意地"再现和组合;是"搜索漫无秩序地出现的事件,并且用创造性的想象力去理解和连贯它们"①。再拿日常生活中的例子看,当我们躺在床上,无意识地看着墙壁,有时会突然生出一种感受,上面的污痕斑迹有时会成为异乎污痕斑迹而同于我心中的某种形象。仰观天上的白云,有时也会直觉到它似乎呈现为某种表象②。阳明也在与伦理道德毫不相干的自然物中,感受到伦理道德的存在,如"诚"的道德。阳明在浙江南冈时,就南冈的景物发挥"诚"的存在性:"夫天地之道,诚焉而已耳;圣人之学,诚焉而已耳。诚故不息,故久,故微,故悠远,故博厚。是故天惟诚也,故常清;地惟诚也,故常宁;日月惟诚也,故常明。今夫南冈,亦拳石之积耳,而其广大悠远至于天地而无疆焉,非诚而能若是乎?故观夫南冈之崖石,则诚崖石尔矣;观夫南冈之溪谷,则诚溪谷尔矣;观夫南冈之峰峦岩壑,则诚峰峦岩壑尔矣。是皆实理之诚然,而非有所虚假文饰,以伪为于其间。是故草木生焉,禽兽居焉,宝藏兴焉,四时之推敚,寒暑晦明,烟岚霜雪之变态,而南冈若无所与焉。凤凰鸣矣,而南冈不自以为瑞也;虎豹藏焉,而南冈不自以为威也;养生送死者资焉,而南冈不自以为德;云雾兴焉而见光怪,而南冈不自以为灵。是何也?诚之无所与也,诚之不容已也,诚之不可掩也。"③阳明以自然界南冈之形貌、之动植物、之气候、之异象、之用途,因缘出道德之"诚"。在他眼里,南冈的存在已异乎其自然本身,而同乎阳明之"良知"。阳明诗歌中常有此境界。如:"一雨秋凉入夜新,池边孤月倍精神。潜鱼水底传心诀,栖鸟枝头说道真。莫谓天机非嗜欲,须知万物是吾身。无端礼乐纷纷议,谁与青天扫宿尘?"④在这首诗里,他带着摆脱尘俗纷扰的强烈愿望,直觉出活活泼泼自由自在的潜鱼栖鸟与我纯净自然之"良知"同心同理。总之,"良知"是在万事万物之因缘中存在,无万事万物,则无"良知";无"良知",则万事万物的存在失去意义。其"心外无理,心外无事"之论或许就立足于寓事因缘的领悟方式。

今日学界之误区是忽略具体事物,只注重纸面上概念、范畴、条理的推演,这

---

① 周义澄:《科学创造与直觉》,第 102 页,人民出版社,1986 年。
② 这一感受是笔者 1980 年在北大与金开诚教授聊天时聆听到的,笔者也有同感。
③ 《外集六·南冈说》,第 908—909 页。
④ 《外集二·碧霞池夜坐》,第 786 页。

样得出的阳明心学支离僵化,谬差愈益,转学转不得要领。

三、提炼永恒性价值

伟大的思想家之所以伟大,是因为其思想中包含着永恒性的价值,拨动了无数人的心弦,代代引起共鸣。耶稣、释迦牟尼、穆罕默德以及我们中华民族的孔子在时代的变迁中影响不但没有衰减,反而令更多的人神往。阳明心学的影响虽达不到前面几位大圣人的程度,但其影响之大也足以说明其中必包含不少带有永恒性价值的因素。当然,先圣前贤的永恒性价值不能不蕴藏在那个时代的特殊形式中,使后人不易明晓,故而须下提炼工夫。如何提炼?究寻可与之对话的共同点。今人与阳明之间就不乏这类共同点。

(一)主体性的树立

当今时代万象更新,主体摆脱客体中旧成分的要求日益迫切。对于新的主体如何在应对客体中树立自己,阳明的"心外无理,心外无事"当有一定启发。心与万物是因缘关系,心之"良知"在实现自身中根据需要随时随处组合客体要素。表现在他的处世中就是"圣人之行,初不远于人情"①,"吾亦非洁身者"②,"家贫亲老,岂可不求禄仕"③,"凡文过掩慝,此是恶人常态,若要指摘他是非,反去激他恶性"④,"苏秦、张仪之智也,是圣人之资"⑤。总之,这些令持气节、讲清高的士君子们所不齿的小人之举,皆可因缘出"良知"。表现在阳明事功实践中,敢于打破一切规章。"舜之不告而娶,岂舜之前已有不告而娶者为之准则,故舜得以考之何典,问诸何人而为此邪?抑亦求诸其心一念之良知,权轻重之宜,不得已而为此邪?武之不葬而兴师,岂武之前已有不葬而兴师者为之准则,故武得以考之何典,问诸何人而为此邪?抑亦求诸其心一念之良知,权轻重之宜,不得已而为此邪?"⑥阳明的答案当然是每一事例的第二个说法,所以阳明才能建立卓著事功。

(二)"知行合一"

知行不一不仅是古人的问题,也是今人的问题。而且今人解决这个问题的要求比古人更加迫切。阳明从多个角度论说这个问题。关于阳明的知行论,最为学界赞誉的是行而后有真知。阳明说:"食味之美恶必待入口而后知,岂有不

---

① 《文录二·答刘内重》,第197页。
② 《文录一·寄诸用明》,第148页。
③ 《文录一·寄闻人邦英邦正》,第168页。
④ 《语录三》,第113页。
⑤ 《语录三》,第114页。
⑥ 《语录二·答顾东桥书》,第50页。

待入口而已先知食味之美恶者邪？……路歧之险夷必待身亲履历而后知,岂有不待身亲履历而已先知路歧之险夷者邪？"①与此说法相近,阳明还提出躬行才算是真正的学,"如言学孝,则必服劳奉养,躬行孝道,然后谓之学,岂徒悬空口耳讲说,而遂可以谓之学孝乎？学射则必张弓挟矢,引满中的;学书则必伸纸执笔,操觚染翰;尽天下之学无有不行而可以言学者,则学之始固已即是行矣"②。笔者不否认这些说法的正确性。但仅就字面看,这绝非阳明知行论的特色和新贡献。相关的说法一千多年前就有过。韩非说:"观容服,听言辞,仲尼不能必士;试之官职,课其功伐,则庸人不疑于愚智。"③这个道理为世人普遍认同,早已成生活中的常理。陆游《冬夜读书示子聿》即有"纸上得来终觉浅,绝知此事要躬行"之名句。但是,如果不停留在字面,而是进一步深入采掘会发现,阳明的行中出真知的说法,还是隐含着异于古人的深层内容的。

　　前已说过,阳明讲的"良知"是非理性的,就如同老子的"道",不可言,不可名,没有固定的状态。所以,老子言"道"只能通过具体事物作比喻。存在主义者萨特所讲的"存在"也类于此,不可以理念形态言之,须通过小说描绘的具体人和事来体悟。阳明也强调在具体事物中体悟良知。由此可见,阳明所说的行而后出的真知非仅是前人以及今日学界一些人所理解的对某一具体事物的真知,如写字、射箭、驾车、登山等等,而是对最高真理的体悟。这是阳明知行论的重要之点。

　　阳明知行论的新贡献仍不在此,而在于他对知和行的独特解释可以引发我们后人对素质问题的关注。阳明强调,真知必然包含行,知而不行,只是未知。何为真知？笔者认为,是关乎素质之知。素质是在主体中秉性化的文明,成为主体的质的规定性。有些知并不关乎素质,即不进入主体的情感、习惯、价值体系、行为方式,而只是纯粹的认知。如:怎样做饭、裁衣、盖房、骑马、射箭等等。关乎素质的知则不然。见父不孝、见兄不悌、见孺子入井不恻隐,就意味着你无道德素质,无道德的质的规定性。只要你有道德的素质,面对眼前事物,一定会有道德素质的表现,以肯定你有道德素质。即见父自然知孝,见兄自然知悌,见孺子入井自然知恻隐。这如同虎狼见羔羊自然扑食的秉性,不扑食即不是虎狼。羔羊闻虎狼至一定逃逸,不逃逸不成其为羔羊。此比喻虽不中听,但理确如此。阳明也使用过猫之捕鼠的比喻。他说:对"好色、好货、好名等私逐一追究,搜寻出来,定要拔去病根,永不复起,方始为快。常如猫之捕鼠,一眼看见,一耳听着,才有一念萌动,即与克去,斩钉截铁,不可姑容与他方便,不可窝藏,不可放他出路,

---

① 《语录二·答顾东桥书》,第 42 页。
② 《语录二·答顾东桥书》,第 45 页。
③ 《韩非子全译·显学》,第 1075 页,张觉译注,贵州人民出版社,1992 年。

方是真实用功"①。猫捕鼠是秉性,或曰是素质,此素质决定了猫见鼠必捕。人的君子之德若成素质,闻私念必即克。所以在素质基础上知与行是合一的。

知与行在时间上合一否？阳明有时淡化时间问题而突出逻辑上的体用关系。阳明体表现于用中,用中蕴涵着体,两者逻辑上是一个整体,谈不上先后。阳明说:"某尝说知是行的主意,行是知的功夫;知是行之始,行是知之成。"②主意和功夫、始和成逻辑上是一个整体,不能再拆分先后,就像不能等树根长成之后再长枝叶,不能等太阳形成之后再发热一样。当然,逻辑整体也还是可以在思维中分解为逻辑前提和逻辑结果的,但分解只能在思维中进行,实际存在的仍是一个整体,故阳明说:"某今说个知行合一……知行本体原是如此。今若知得宗旨时,即说两个亦不妨,亦只是一个。"③

(三)伟大寓于平凡

当代年轻人,特别是尚未涉世的高学历者,往往自视过高,鄙夷细小琐事。这一弱点使不少年轻人付出了相当高的代价。如果能对年轻人多进行高水平的引导,使之正确认识伟大与平凡的关系,代价定大大减少。阳明的"致良知"之教可做引导之教。阳明把"良知"二字看得很高。《年谱》载,正德十六年,阳明五十岁,在江西,阳明成功地平定宁藩朱宸濠叛乱和周旋过正德皇帝南下带来的爪牙陷害后,"益信良知真足以忘患难,出生死,所谓考三王,建天地,质鬼神,俟后圣,无弗同者"。这是把"良知"说成儒家文明最精华、最具永恒性的观念,能让人超脱患难生死。后来,阳明又在"良知"前面加了一个"致"字,这一个"致"字学界关注不够。恰恰是这一个"致"字,包含了阳明心学的特色之一——无限与有限、伟大与平凡的结合。阳明在《答顾东桥书》中表述了自己对《大学》中"致知"、"格物"的理解:"若鄙人所谓致知格物者,致吾心之良知于事事物物也。吾心之良知,即所谓天理也。……致吾心之良知者,致知也。事事物物皆得其理者,格物也。"④阳明的特色是"致知"落实在"格物"上。朱熹的格物是即物。今日格一物,明日格一物,一草一木之微也要格。用力久了,脱然自有贯通处,能够领悟出一个超乎万物之上的"天理"。得到"天理"就是"致知",亦所谓知至。朱熹所追求的是有限之上的无限,平凡之上的伟大。朱熹的思想固然能启发人们不蔽于一隅,不泥于一时,追求高远和永恒,但也容易使人盲目希高慕大,陶醉于空洞玄远的理念,而不顾及眼前平凡之事,即所谓顶天而不立地。陈亮、叶适对朱熹道学的批评不无道理。阳明虽然也讲极高明、极抽象、极永恒的"良知",但纠朱熹之偏,强调"良知"不可"徒悬空口耳讲说",必致"良知"于事事物物

---

① 《语录一》,第 16 页。
② 《语录一》,第 4 页。
③ 《语录一》,第 5 页。
④ 《语录二·答顾东桥书》,第 45 页。

中。"政事虽剧,亦皆学问之地","郡务虽繁,然民人社稷,莫非实学","坐起歌咏俱是实学","饥来吃饭倦来眠"亦为修道之途。甚至士君子所不齿的"声色货利",亦可用"良知"之功①。

阳明致良知于事事物物给予人的启示有两个方面:一方面是顶天。必须有至高的理念,不要拘泥于有限和平凡而不能自拔,不要忘记用至高的理念作为引导。就像翻山越岭,要翻几座山,走多少路,途中何处有村店,应预先知晓。若能知晓,则每走一段,便能知道自己离终点还有多远,还应付出多少辛苦。若不知晓,则整个行程都会感到盲目,劳累时心中常有焦虑和失败感,甚至不得不半途折回。人若能带着"良知"之大理念应对每一事物,就不会陷入事物自身就事论事,而是事事有所超越、升华,把每一事物视为最高理念的表现形式、实现的步骤、价值的体现者、美丑善恶的镜子、考验锤炼的机会等等。总之,应对的每一事物其意义都超出自身,因而应对起来能自觉着眼于整体、长远、根本。另一方面是立地。不要脱离有限寻找无限,不要脱离平凡寻求伟大,否则会悬浮在虚无缥缈中。这在前面已数次讲到。阳明"致良知"所包括的上述两方面,可以用王弼的一段话来注释:"圣人茂于人者神明也,同于人者五情也。神明茂,故能体冲和以通无,五情同故不能无哀乐以应物,然则圣人之情,应物而无累于物也。"②

(四)宽容之心

往古来今东南西北之圣人无不怀宽容之心、宣讲宽容之心,可是人类却一直缺乏宽容之心。今日国人的宽容之心仍然不足。圣人要求宽容的内容很多,其中之一是宽容犯错误的人。这并非放纵错误,而是给人改过之机和教人如何改过。人凭什么要宽容?过去一般是从效果上讲宽容可减少冲突。而阳明的善恶一元论却告诉我们,恶与善同根于"良知",非另有所生。应以归根之心待之,不应斩尽为快。这为树立宽容之心提供了哲学根据。

贵州社科院哲学所王路平教授曾面质笔者:阳明持性善论,称人人本心清明,"满街都是圣人",那么恶竟从何而来?笔者一时语塞。笔者以为,这个问题恐怕眼前解决不了,但不妨探讨谁的说法更有价值。扬雄提出善恶混,董仲舒、韩愈提出性三品,张载提出"天地之性"和"气质之性",朱熹也从他的角度提出"天地之性"和"气质之性"。他们认为人的先天秉性有善恶二元,故有发为善,有发为恶。孟子虽讲人性善,但承认耳目感官之欲也是先天存在的,有可能导人"放辟邪侈,无不为已",所以孟子其实也是二元论。二元论的思维方式将善恶分为绝对对立的两极,强调以修炼存善去恶,在待人接物时立扬善除恶之心。这看似有利于道德建设,实则激化矛盾,更不利于道德建设。另外,按二元论的说法,导人为恶者,耳目感官之欲也;导人为善者,先天伦理本性也。耳目感官之欲

---

① 《语录三》,第 122 页。
② 《三国志·钟会传》,第 795 页注释,中华书局,1959 年。

备受贬损,从事物质资料生产、"谋食不谋道"的广大劳动群众由此处于不利地位,最易被视为"喻于利"的小人。如此人性论对大多数人缺乏宽容,不易被接受。

北宋周敦颐在《通书》中提出"性者刚柔善恶,中而已矣",认为恶生于本性动时偏离中道。这是善恶一元论,但周氏讲得抽象、单调,缺乏论证。阳明的善恶论也是一元的,且观点明了,内容详细具体。有学生问:"先生尝谓'善恶只是一物',善恶两端,如冰炭相反,如何谓只一物?"阳明答:"至善者,心之本体。本体上才过当些子,便是恶了。不是有一个善,却又有一个恶来相对也。故善恶只是一物""善恶皆天理。谓之恶者本非恶,但于本性上过与不及之间耳。"①善恶为一物,善恶皆天理。恶是对天理的偏离。如何偏离?应物时有所执著。阳明说:"若著了一分意思,即心体便有贻累,便有许多动气处。"②执著什么为恶?执著什么都为恶。阳明说:"心体上著不得一念留滞,就如眼著不得些子尘沙,些子能得几多?满眼便昏天黑地了。"又曰:"这一念不但是私念,便好的念头,亦著不得些子。如眼中放些金玉屑,眼亦开不得了。"③恶念不能执著,善念亦不能执著,什么念都不能执著。学生陆澄在京为官,忽家信至,言儿病危。陆澄忧闷不堪,可能影响了生活和工作。阳明即乘势启迪曰:"此时正宜用功。……父之爱子,自是至情。然天理亦自有个中和处,过即是私意。人于此处多认作天理当忧,则一向忧苦,不知已是有所忧患,不得其正。大抵七情所感,多只是过,少不及者。才过便非心之本体,必须调停适中始得。就如父母之丧,人子岂不欲一哭便死,有快于心?然却曰'毁不灭性',非圣人强制之也,天理本体自有分限,不可过也。"④

阳明不再像前人那样进行善恶二元之分,而是以本心流行把握中道否为取向,只要把握符合中道,均可成为心体至善之体现。做坏事的人从根源上是要展现心体之善,只是偏离了中道,才表现为做坏事。因此,不能对所做的坏事简单否定了事,不能把做坏事的人一棍子打死,而应从其本原处发现"良知",扭转他对中道的偏离。对苏秦、张仪这样世人皆鄙视的小人,阳明并没骂他们是小人,还从本原上说他们"亦是窥见得良知如何用处"。他们的问题不是本性坏,而是把"良知"用偏了⑤。善恶一元的思想蕴涵着极大的宽容。这宽容不是容忍干坏事当坏人,而是善解人意,理解犯错误者的初期是以"良知"为出发点,非成心要当坏人。所以坏人与好人、坏事与好事非清浊不同源,前者只要复归中道,转眼

---

① 《语录三》,第 97 页。
② 《语录一》,第 29 页。
③ 《语录三》,第 124 页。
④ 《语录一》,第 17 页。
⑤ 《语录三》,第 114—115 页。

即与后者合一。阳明与造反的百姓打交道，使人感到他理解别人，善与别人沟通，能洞察出造反者原本的苦衷，不把造反者视为势不两立的异类。阳明说过，"良知在人，随你如何不能泯灭，虽盗贼亦自知不当为盗，唤他做贼，他还忸怩"①。这就是为什么阳明平贼"速而贼定"。对造反者尚且如此，对日常生活中的百姓其更能与之心灵沟通。阳明的"满街都是圣人"、"百姓日用之道"对普通人极有感染力，所以阳明死后其心学能迅速传播蔓延，被广大平民百姓所接受。

四、语言的运用

叔本华说："一个人只要有可能就应该像伟大的天才那样思考，而像普通人那样说话，假如作者能够认识到这一点，一般来说他都将获益匪浅。作者应当深入浅出地表述其非凡的思想。""受过高层次教育的人说话常常更容易理解，也更加清晰明快，而受教育越少的人，他的作品也越令人费解。"②孟子说："言近而指远者，善言也。"③荀子说："故知者之言也，虑之易知也，行之易安也，持之易立也。"④阳明点化"良知"也不用高深玄奥的语言。他说："圣人之行，初不远于人情。"⑤"与愚夫愚妇同的，是谓同德。与愚夫愚妇异的，是谓异端。"⑥有一次，几个学生会试归来，道中向群众讲学，群众有信有不信。阳明批评他们："你们拿一个圣人去与人讲学，人见圣人来，都怕走了，如何讲得行？须做得个愚夫愚妇方可与人讲学。"⑦阳明当然不是要降低讲学水平迁就听众，而是强调针对"愚夫愚妇"要用通俗易懂的表达方式。

笔者相信学界绝大多数人表述阳明心学不会故弄玄虚，但无意中弄出玄虚者不少。之所以如此，与阳明心学内容的构成有关。阳明吸收了道家和禅宗思想。道家玄之又玄，禅宗不立文字，表意离奇，哲学上均属非理性主义。这使研究尚不到位的人难免用语晦涩。然而非理性主义者也有不神秘之处，他们常用客观事物本身表达玄理。道家和禅宗如此，西方的非理性主义者亦有人如此。萨特既是哲学家，又是文学家。他把塑造人物、描绘具体事物作为说明其哲理的最佳方式。"存在"一词殊难把握，据说很少有人能用概念逻辑讲清。萨特便用具体事物譬喻。有个学画的人问他的老师："我什么时候才能认为我的画已经

---

① 《语录三》，第93页。
② 《叔本华论说文集·二、论风格》，第325、327页，商务印书馆，2000年。
③ 《孟子译注·尽心下》，第338页，杨伯峻译注，中华书局，1960年。
④ 《荀子·正名》，第380页，北京大学注解组，中华书局，1979年。
⑤ 《文录二·答刘内重》，第197页。
⑥ 《语录三》，第107页。
⑦ 《语录三》，第116页。

完工了?"老师说:"什么时候你可以用惊讶的目光看你自己的画,并且对自己说:难道这就是我画出来的!这个时候才算完工。这等于说,永无完工之日。因为这样就等于用另一个人的眼睛来看自己的作品,等于揭示自己创造的东西。"①这个"我"就是"存在"。"存在"永远自我创造着,故而永远改变自己,没有完成的形态。如同柏格森所说:"没有自我保持的状态,只有正在变化的状态。"②萨特的许多深玄哲理都是通过塑造形象、描绘具体情景的文学作品来表达。如《恶心》、《苍蝇》、《间隔》、《墙》、《死无葬身之地》等等,即便在《存在与虚无》这样直接讲哲理的理论著作中,也不忘用具体事例作比喻。他形象地描绘了自我意识的发生过程:设想我通过门的钥匙孔偷窥屋内人,将其当作意识物件。突然,走廊里出现脚步声,我意识到有旁人在注视我,羞愧之感油然而生。我的意识便由窥视他人而转向自身,自我意识由此产生③。阳明心学与萨特的存在主义一样,虽然玄奥,却可以用"百姓日用"的通俗方式表达。如果以晦涩难懂为高,以谈论俗事为非学术,这既歪曲了阳明心学原旨,也不利于读者和听众理解。

以上是笔者近几年对阳明心学研究的体悟。然而,正如亚里士多德所云,知的圆圈越大,邻接的不知越多,也就愈益感觉自己无知。写完此文,笔者不但无释重之轻快,反而冒出更多的问号。

(作者:方尔加,中国政法大学教授)

---

① 《萨特研究·为什么写作?》,第3页,柳鸣九编选,中国社会科学出版社,1981年。
② 《创造进化论》,转引刘放桐等编著:《现代西方哲学》,第203页,人民出版社,1981年。
③ 《存在与虚无》,第345页,陈宣良等译,三联书店,1987年。

葛洪的思想来源及其前期道论

◇王启发

在中国古代思想史的发展进程中,多种形式和涉及多方面的"道",是很多思想家所关注的根本性论题[①]。历史上,既有天道、地道、人道、政道、王道、君道、臣道、妇道、仙道之论,又有大道、小道、中道、正道之说,以及先王之道、君子之道的述议,更有由此而形成的一个以"道"定名的思想流派即所谓道家,还有以"道"定名的宗教即所谓道教,后世还有所谓道学[②]之称。可以说,一个被限定性的"道"字,加上诸多具体的限定词,便涵盖了古代中国人的自然观、社会观、历史观、政治观、道德观、宗教观、人生观、生死观等等对世间万事万物一切方面的思考、认识和理解。道家老子的所谓"道生一,一生二,二生三,三生万物"和"人法地,地法天,天法道,道法自然",开启了中国古代道论之先河,也引发了古代中国人对道的形而上的思考。儒家孔子则有"朝闻道,夕死可矣"和"士志于道而耻恶衣恶食者,未足与议也"的慷慨之语,体现了其对道的追求和向往。《礼记·礼运》中的"大道之行也,天下为公",又是令人神往的理想世界。先秦以降,汉唐之间,宋明相承,至于近世,多种的道论,层出不穷,堪称历代思想人物精神生活的理论体现,也是各自所处当时社会风貌的精神表现,又构成了中国思想史上不同时期的重要论题[③]。

---

① 在笔者看来,中国古代思想史上有一些观念和范畴,诸如"道"、"礼"和"法",还有"玄"和"理",构成了中国古代思想发展演变的不同历史时期和不同发展阶段的核心观念和范畴。它们或者是形而上与形而下的性质兼而有之,如"道"、"礼"和"法";或者是最终发展为纯粹的形而上性质,如"玄"和"理"。有关这个问题,笔者将另外撰文来专门加以论述。

② 元代脱脱等主持修撰的《宋史》卷四二七《道学传一》说:"道学之名,古无是也。三代盛时,天子以是道为政教,大臣百官有司以是道为职业,党、庠、术、序师弟子以是道为讲习,四方百姓日用是道而不知。是故盈覆载之间,无一民一物不被是道之泽,以遂其性。于斯时也,道学之名,何自而立哉?"朱熹《谒二徐先生墓》说:"道学传千古,东瓯说二徐。门清一壶水,家富五车书。但喜青毡在,何忧白屋居。我怀人已远,挥泪表丘墟。"

③ 有关对中国古代的"道"的多层面意义及其形而上的演化历程的考察,参考王中江:《"道"的历程》,《原道》第2辑,团结出版社,1995年。

东晋思想家葛洪（283—363年）[①]，著有《抱朴子》，"其《内篇》言神仙方药、鬼怪变化、养生延年、禳邪却祸之事，属道家；其《外篇》言人间得失、世事臧否，属儒家"。又著有《神仙传》，医书《玉函方》[②]、《肘后备急方》。在葛洪的思想学说中，对于各种的"道"也多有议论，从而形成了其独特的思想体系，并体现了魏晋时期士人们的多种思考和精神生活的一些风貌。通过对葛洪的思想来源及其前期道论思想的具体考察，大体也可以透视其所处时代以及其所代表的魏晋士人所关心的多方面问题。

一、葛洪的学术经历及其思想来源

（一）正史所记葛洪的生平及其学术行止

根据《晋书·葛洪传》记载，葛洪字稚川，丹阳句容人，出身于官宦之家。其祖父葛系，任三国吴大鸿胪。其父葛悌，在吴亡后归晋，为邵陵太守。从其传记所载我们可以知道如下的几个方面，葛洪本人的成长经历与其后来的学术面貌和思想风格有着很深的联系。

（1）葛洪自年少而好学，虽然因其父早丧家道中落而致贫，但是他本人"躬自伐薪以贸纸笔，夜辄写书诵习，遂以儒学知名"。又其"性寡欲，无所爱玩"，"为人木讷，不好荣利"，"闭门却扫，未尝交游"，从而把更多的精力用在了求学问道上，即"时或寻书问义，不远数千里崎岖冒涉，期于必得，遂究览典籍"。由此而奠定了葛洪的知识体系和思想体系的一个主要方面。

（2）葛洪还尤好神仙导养之法，因为其从祖葛玄在吴时学道得仙，号曰葛仙公，并以炼丹秘术授弟子郑隐。于是葛洪得便于随郑隐学炼丹秘术，且悉得其法。后来葛洪又师事南海太守上党鲍玄，"鲍玄亦内学，逆占将来，见洪深重之，以女妻洪。洪传玄业，兼综练医术，凡所著撰，皆精核是非，而才章富赡"。这些经历，则形成了葛洪知识体系和思想体系的另一个主要方面。

（3）再有，葛洪的人生志向与追求并不在仕途和政道。尽管他因为参与征讨石冰之乱而曾经被朝廷拜将封侯，但是葛洪先是"不论功赏"而"欲搜求异书以广其学"，之后又屡次对朝廷官方的征辟和所受的举荐辞而不赴、不就。后来

[①] 有关葛洪的生卒年，学界或有不同认定。如钱穆推论其生于晋武帝太康四年，并考辩认为"其寿最高当不过六十"（《葛洪年谱》）；而王明确认其"生于晋武帝太康四年（公元283年），卒于东晋哀帝兴宁元年（公元363年）"（《论葛洪》，《道家和道教思想研究》，第55页，中国社会科学出版社，1984年）；日本学者吉川忠夫则在论及葛洪的文章中，在葛洪生卒年上都打着问号，作"283?—343?"，表示存疑（《六朝精神史研究》，第425页，日本同朋舍，1984年）。

[②] 《抱朴子内篇·杂应》："余所撰百卷，名曰《玉函方》，皆分别病名，以类相续，不相杂错。"

他"以年老,欲练丹以祈遐寿,闻交址出丹,求为句漏令",并称"非欲为荣,以有丹耳",得到晋元帝的许可,于是"洪乃止罗浮山炼丹"。葛洪的后半生,"在山积年,优游闲养,著述不辍",直到仙逝。

(二)《抱朴子外篇·自叙》所述葛洪的家世及学术经历

关于葛洪的家世及学术经历,还有一个可以参考的重要资料,这就是葛洪自己所撰写的《抱朴子外篇·自叙》。或可以说,唐朝人所撰《晋书·葛洪传》的记述材料也就是来自葛洪这篇自传性的文章。

(1)葛洪在《自叙》中讲到了其家族出身的官宦属性,即其先祖曾在西汉末期为官,之后在东汉光武帝时又拜将封侯,如《自叙》中所说:"洪曩祖为荆州刺史,王莽之篡,君耻事国贼,弃官而归,与东郡太守翟义共起兵。将以诛莽,为莽所败,遇赦免祸,遂称疾自绝于世。莽以君宗强,虑终有变,乃徙君于琅邪。君之子浦庐,起兵以佐光武,有大功。光武践祚,以庐为车骑。又迁骠骑大将军,封下邳僮县侯,食邑五千户。"后葛庐因兄弟谦让军功和官位,"遂南渡江而家于句容。子弟躬耕,以典籍自娱"。

葛洪的祖父,值三国孙吴,历任各种官职,《自叙》中记录说:"洪祖……父仕吴,历宰海盐、临安、山阴三县。入为吏部侍郎,御史中丞,庐陵太守,吏部尚书,太子少傅,中书,大鸿胪,侍中,光禄勋,辅吴将军,封吴寿县侯。"

葛洪的父亲,同样是在孙吴历任各种官职,《自叙》中记录说:"洪父……仕吴五官郎,中正,建城、南昌二县令,中书郎,廷尉平,中护军,拜会稽太守。未辞而晋军顺流,西境不守,博简秉文经武之才,朝野之论,佥然推君。于是转为五郡赴警。大都督给亲兵五千,总统征军,戍遏疆场。天之所坏,人不能支,故主钦若,九有同宾,君以故官赴,除郎中。稍迁至大中大夫,历位大中正,肥乡令。县户二万,举州最治,德化尤异,恩洽刑清,野有颂声,路无奸迹,不佃公田,越界如市。秋毫之赠,不入于门;纸笔之用,皆出于私财。刑厝而禁止,不言而化行。以疾去官,发诏见用为吴王郎中令。正色弼违,进可替不,举善弹枉,军国肃雍。迁邵陵太守,卒于官。"

(2)葛洪在《自叙》中还讲到了其家学渊源和他自己的问学经历。就其来自祖辈、父辈的家学渊源而言,葛洪说:"洪祖父学无不涉,究测精微,文艺之高,一时莫伦。有经国之才。"又说:"洪父以孝友闻,行为士表,方册所载,罔不穷览。"这对葛洪自身的学术之路的影响无疑是潜移默化的。

葛洪在讲到自己最初的问学经历时说:"洪者,君之第三子也。生晚,为二亲所娇饶,不早见督以书史。年十有三,而慈父见背。夙失庭训,饥寒困瘁,躬执耕穑,承星履草,密勿畴袭。又累遭兵火,先人典籍荡尽。农隙之暇无所读,乃负笈徒步行借。又卒于一家,少得全部之书,益破功日,伐薪卖之,以给纸笔,就营田园处,以柴火写书。坐此之故,不得早涉艺文。常乏纸,每所写,反复有字,人甚少能读也。"从中我们可以想见和感受到葛洪求学过程所历的艰辛及其刻苦程度。

从其早年所学习的内容来说，葛洪接受的是标准的儒家传统经典教育。这或许是自东汉以来士人学子们的必由之途，如葛洪在讲到自己系统性的学习时说："年十六，始读《孝经》、《论语》、《诗》、《易》。"而后，博览群书又成为其自觉不自觉的选择，"贫乏无以远寻师友，孤陋寡闻，明浅思短，大义多所不能通。但贪广览，于众书乃无不暗诵精持。曾所披涉，自正经、诸史、百家之言，下至短杂文章，近万卷。既性暗善忘，又少文，意志不专，所识者甚薄，亦不免惑。而著述时犹得有所引用，竟不成纯儒，不中为传授之师"。然而自东汉以来流行的图谶纬候之学，却不能引起葛洪的兴趣，"其河洛图纬，一视便止，不得留意也。不喜星书及算术、九宫、三棋、太一、飞符之属，了不从焉。由其苦人而少气味也"。由此可见，魏晋时期士人子弟在成长过程中所接触的经史子集之学术的广博与深厚，既具有时代的特点，也不乏其个性化的喜好，为葛洪后来的学术思想的形成和著书立说打下了坚实的基础。葛洪对后来学习所涉及的方面的兴趣和对图谶纬候之学的态度是差不多的，如其所言："晚学风角、望气、三元、遁甲、六壬、太一之法，粗知其旨，又不研精。亦计此辈率是为人用之事，同出身情，无急以此自劳役，不如省子书之有益，遂又废焉。"相反，对于经过汉人整理而流传的各种书籍，葛洪搜求寻找的愿望和热情不减，但却因所处世道变乱而不能达到目的，只能无奈和感叹，即如其所言："案《别录》、《艺文志》，众有万三千二百九十九卷，而魏代以来，群文滋长，倍于往者，乃自知所未见之多也。江表书籍，通同不具，昔欲诣京师索奇异，而正值大乱，半道而还。每自叹恨。今齿近不惑，素志衰颓，但念损之又损，为乎无为，偶耕数泽，苟存性命耳。博涉之业，于是日沮矣。"这段自述深刻地反映了葛洪意识中学无止境的精神诉求，还有对世道之乱和时不我予的无奈感受。

此外，在《抱朴子内篇》的《金丹》、《遐览》等篇中，葛洪还自述了其所习金丹仙道的经历和这些学说从左慈传到葛玄，传到郑隐，再传到葛洪的传承系统。应该说，这正是葛洪后期完全转型到对神仙道教和丹道技术上的追求的缘由之一面。他说：

> 昔左元放（左慈）于天柱山中精思，而神人授之金丹仙经，会汉末乱，不遑合作，而避地来渡江东，志欲投名山以修斯道。余从祖仙公（葛玄），又从元放受之。凡受《太清丹经》三卷及《九鼎丹经》一卷、《金液丹经》一卷。余师郑君（郑隐）者，则余从祖仙公之弟子也，又于从祖受之，而家贫无用买药。余亲事之，洒扫积久，乃于马迹山中立坛盟受之，并诸口诀诀之不书者。江东先无此书，书出于左元放，元放以授余从祖，从祖以授郑君，郑君以授余，故他道士了无知者也。（《金丹》）

葛洪还讲述了其跟随郑隐求学问道的经历，他说：

> 昔者幸遇明师郑君，但恨弟子不慧，不足以钻至坚极弥高耳。于时虽充

门人之洒扫，既才识短浅，又年尚少壮，意思不专，俗情未尽，不能大有所得，以为巨恨耳。郑君时年出八十……余晚充郑君门人，请见方书，告余曰：要道不过尺素，上足以度世，不用多也。然博涉之后，远胜于不见矣。既悟人意，又可得浅近之术，以防初学未成者诸患也。乃先以道家训教戒书不要者近百卷，稍稍示余。余亦多所先见，先见者颇以其中疑事咨问之。郑君言：君有甄事之才，可教也。然君所知者，虽多未精，又意在于外学，不能专一，未中以经深涉远耳，今自当以佳书相示也。又许渐得短书缣素所写者，积年之中，合集所见，当出二百许卷，终不可得也。他弟子皆亲仆使之役，采薪耕田，唯余尪羸，不堪他劳，然无以自效，常亲扫除，拂拭床几，磨墨执烛，及与郑君缮写故书而已。（《遐览》）

对于其师郑隐，葛洪还说："郑君本大儒士也，晚而好道，由以《礼记》、《尚书》教授不绝。"（同上）又讲到自己如何得到郑隐的器重与真传："然弟子五十余人，唯余见受金丹之经及《三皇内文》、《枕中五行记》，其余人乃有不得一观此书之首题者矣。他书虽不具得，皆疏其名。"（同上）还说："余承师郑君之言，故记以示将来之信道者，非臆断之谈也。"（《释滞》）应该说，除了家学渊源的影响和熏陶之外，对葛洪学术思想上影响最大的，就是其师郑隐。或可以说，其师郑隐的学术风貌最终是体现在葛洪的思想与学说当中，从而得到了最直接的传承和传播。

从以上的记述，我们了解到了葛洪求知问学的艰苦经历以及他求学内容的广博多样，也正是这些方面构成了他日后著书立说的价值取向之所在以及思想学说的来源。

（3）葛洪在《抱朴子外篇·自叙》中还概述了自己的各种文章著述及自我评价和感受。他说："先所作子书内、外篇，幸已用功夫，聊复撰次，以示将来云尔。洪年十五六时，所作诗赋杂文，当时自谓可行于代。至于弱冠，更详省之，殊多不称意。天才未必为增也，直所览差广，而觉妍媸之别。于是大有所制，弃十不存一。今除所作子书，但杂尚余百所卷，犹未尽损益之理，而多惨愦，不遑复料护之。他人文成，便呼快意，余才钝思迟，实不能尔。作文章每一更字，辄自转胜，但患懒，又所作多不能数省之耳。洪年二十余，乃计作细碎小文，妨弃功日，未若立一家之言，乃草创子书。会遇兵乱，流离播越，有所亡失，连在道路，不复投笔十余年。至建武中，乃定凡著《内篇》二十卷，《外篇》五十卷，碑颂诗赋百卷，军书檄移章表笺记三十卷。又撰俗所不列者，为《神仙传》十卷。又撰高尚不仕者，为《隐逸传》十卷。又抄五经、七史、百家之言，兵事、方伎、短杂奇要三百一十卷，别有目录。其《内篇》言神仙方药、鬼怪变化、养生延年、禳邪却祸之事，属道家；其《外篇》言人间得失、世事臧否，属儒家。"他又说："洪少有定志，决不出身，每览巢、许、子州、北人、石户、二姜、两袁、法真、子龙之传，尝废书前席，慕其为人。念精治五经，著一部子书，令后世知其为文儒而已。"

那么,今存《抱朴子》的《内篇》和《外篇》即成为我们考察和研究葛洪思想的重要资料。当今学界采用的标准本多为王明《抱朴子内篇校释》①和杨明照《抱朴子外篇校笺》(上、下)②。《神仙传》则是葛洪神道思想的又一种形式的体现,有《四库全书》本可以利用。

(三)葛洪思想前期、后期的变化

从葛洪的思想经历及其著述来看,在其学术生涯中,其主旨和取向有着前期和后期的变化。当葛洪年十六时,"始读《孝经》、《论语》、《诗》、《易》",他接受的可以说是正宗的儒家传统教育。此外,他又"但贪广览,于众书乃无不暗诵精持。曾所披涉,自正经、诸史、百家之言,下至短杂文章",这可以说是出入于儒墨法道诸家。而且,他"少有定志,决不出身",最初的志向就是要"念精治五经,著一部子书,令后世知其为文儒而已"。按照葛洪自己的说法,他著书立说开始于其年二十余岁时,"乃计作细碎小文,妨弃功日,未若立一家之言,乃草创子书"。后来他自己编订的著述《抱朴子》,既有"言人间得失、世事臧否,属儒家"的《外篇》,又有"言神仙方药、鬼怪变化、养生延年、禳邪却祸之事,属道家"的《内篇》。最终他感叹自己"竟不成纯儒,不中为传授之师",可以说他是亦儒亦道,先儒后道。至于葛洪的前后期思想和主张既非纯儒亦非纯道,以及他从入世到遁世,从儒家而皈依神仙道教的思想历程,早有学者有着很好的考察和论断可以参考,也就是葛洪思想前期、后期的变化与葛洪的家世出身、所处时代和个人遭遇都是息息相关的③。

如学界所注意到的那样,葛洪所著《抱朴子》的《外篇》和《内篇》的时间先后,在其《抱朴子内篇·黄白》中有所明证:"余若欲以此辈事,骋辞章于来世,则余所著《外篇》及杂文二百余卷,足以寄意于后代,不复须此。且此《内篇》,皆直语耳,无藻饰也。"

如其著述的时间先后所显示的那样,在儒道两家学说的选择上,葛洪是从前期的崇尚儒教而主张儒法并举,到后期的舍儒从道而认为道本儒末,即如其所谓:"笃论二者,儒业多难,道家约易,吾以患其难矣,将舍而从其易焉。"(《抱朴子内篇·塞难》)其同时又说:"世之讥吾者,则比肩皆是也。可与得意者,则未见其人也。若同志之人必存乎将来,则吾亦未谓之为希矣。"(同上)葛洪最终留给后人的,还是一个亦道亦儒的形象。人们可以分别从《抱朴子》的《内篇》和《外篇》中看到不尽相同的价值取向和不同的思想价值。还有,葛洪所著《神仙传》,可以说是以成仙者的存在来证明其《抱朴子内篇》中的神仙思想、仙道理论和长生不死之说。也正是这些思想学说成为葛洪最终的思想归宿和精神归宿。

---

① 中华书局,1985 年。
② 中华书局,(上)1991 年,(下)1997 年。
③ 王明:《论葛洪》,《道家和道教思想研究》,第 57 页,中国社会科学出版社,1984 年。

此外，丹道（药道）、医道也是葛洪一生所追求的重要方面，其《抱朴子内篇》中的丹道（药道）学说，以及他所编著的各种医方，都是他的长生不死仙道理论的延续和转化。

如本文开篇笔者所讲过的，有关"道"的学说，构成了中国古代思想史中的重要方面，儒墨道法名诸子百家均有所论。道无所不在，或论其作为天地自然万物之本源性的存在，或论其作为各类人物之生存、处世、行事的方法、途径和古代王朝历史的存在与过程。于是就有以道为名词，冠以各种事物、现象、人物、人事政治，乃至抽象性的名词为定语的词语，诸如天道、地道、人道、政道、古道、王道、君道、臣道、妇道、仙道等，还有如先王之道、圣人之道一类的"……之道"的表述。

那么，葛洪的道论也是贯穿其前后期思想的核心命题，既有形而上意义的方面，又有方法论意义的方面，还有关乎世道政治的方面。根据其著述，可以分别概括为关乎天地万物的自然之道，关乎人类社会的人道、政道、君臣之道，关乎人的生老病死的养生、长生、不死、成仙之道，还有关乎先秦以来形成的诸子百家学派儒墨道法中的道家之道，以及由之而来的道教之道。以下我们就对葛洪前期道论思想的核心命题以及其所体现的思想变化分别进行考察。

二、葛洪前期道论的内容及其思想特点[①]

如果说到葛洪前期思想所关注的内容，从道论意义上来说，则包括对政道（君道、臣道）、王道（先王之道）以及其他相关命题的议论，其所谓"道"，比较多地涉及当时的时事、世事，世俗教化，以及历代政治等，这与他出身于官宦之家、兼习儒墨道法诸子百家言而耳濡目染有直接关系，而且更多地表现出儒家传统思想的影响。

（一）葛洪前期道论的儒家思想基础

从葛洪前期的志向上来说，虽然如他自我评价的是"少有定志，决不出身"，并非愿意出人头地以追求高官厚禄，而更愿意著书立说，以期"令后世知其为文儒而已"，但是这并不妨碍他关注时事政治，关注历史与现实当中政治上的君臣关系。况且，此间的葛洪又是积极地主张以复兴儒教为宗旨的。

一方面，葛洪慨叹当时传统儒家思想所受到的多方面冲击，而说："世道多难，儒教沦丧，文、武之轨，将遂凋坠。或沉溺于声色之中，或驱驰于竞逐之路。孤贫而精六艺者，以游、夏之资，而抑顿乎九泉之下；因风而附凤翼者，以驽庸之质，犹回邈乎霞霄之表。舍本逐末者，谓之勤修庶几；拥经求己者，谓之陆沉迂阔。"（《勖学》）又说："澄视于秋毫者，不见天文之焕炳；肆心于细务者，不觉儒

[①] 以下所引述葛洪的著述，凡只标出篇名的均见于《抱朴子外篇》。

道之弘远。"(《崇教》)这可以说是葛洪就汉末三国西晋以来政治动荡、社会变迁对世风及儒家学术传承所产生的不良影响的深刻感受。

另一方面,葛洪则期望着当时的朝廷和宗室公族能够改变世风,在恢复儒教的地位与影响上有所作为,即所谓"今圣明在上,稽古济物,坚堤防以杜决溢,明褒贬以彰劝沮;想宗室公族,及贵门富年,必当竞尚儒术,搏节艺文,释老庄之意("意"字衍)不急,精六经之正道也"(《崇教》)。又说:"若使海内畏妄举之失,凡人息侥幸之求,背竞逐之末,归学问之本,儒道将大兴,而私货必渐绝,奇才可得而役,庶官可以不旷矣。"(《审举》)还说:"江表虽远,密迩海隅,然染道化,率礼教,亦既千余载矣。往虽暂隔,不盈百年,而儒学之事,亦不偏废也。"(同上)他对当时朝廷的不行贡举的情况深感忧虑:"昔吴土初附,其贡士见偃以不试。今太平已近四十年矣,犹复不试,所以使东南儒业衰于在昔也。"(同上)而且明确自己的职志在于"立言助教,文讨奸违,摽退静以抑躁竞之俗,兴儒教以救微言之绝"(《嘉遁》)。

在以上的思想背景之下,葛洪前期的道论,基本上是建立在表彰儒家思想学说基础上的。所以当有人对其著述加以质疑时而说道:"今先生高尚勿用,身不服事,而著《君道》、《臣节》之书;不交于世,而作讥俗救生之论;甚爱骱毛,而缀用兵战守之法;不营进趋,而有《审举》、《穷达》之篇。蒙窃惑焉。"葛洪的回答是:"君臣之大,次于天地,思乐有道,出处一情,隐显任时,言亦何系。大人君子,与事变通。老子,无为者也;鬼谷,终隐者也,而著其书,咸论世务。何必身居其位,然后乃言其事乎?夫器非琼瑶,楚和不泣;质非潜虬,风云不集。余才短德薄,干不适治,出处同归,行止一致,岂必达官乃可议政事君,否则不可论治乱乎?"(《应嘲》)

可以说,葛洪前期的思想和著述,所表现的正是他以一个隐逸者的身份[①],却广泛关注治道教化、时政得失,并且借古喻今,讥评世俗。那么,葛洪前期的道论也就是围绕着这些方面而展开,并体现出他的政治主张,以及历史观和道德观。以下我们就以具体的例证来加以考察和说明。

(二)君道与臣道所体现的君臣关系论

我们知道,作为古代政治思想的一个重要方面,有关君道与臣道的问题,在先秦诸子那里就有很多的论述,到了秦汉时代也仍然是很重要的论题。

儒家先师孔子、孟子对之各有其论。《论语·颜渊》中记载,齐景公问政于孔子,子曰:"君君,臣臣,父父,子子。"又《论语·八佾》中记载,鲁定公问孔子曰:"君使臣,臣事君,如之何?"孔子对曰:"君使臣以礼,臣事君以忠。"孔子还有云:"所谓大臣者,以道事君,不可则止。"(《论语·先进》)在《孟子·离娄上》中

[①] 《晋书·邓粲传》:"夫隐之为道,朝亦可隐,市亦可隐。隐初在我,不在于物。"在世事变迁剧烈、隐逸之风盛行的魏晋时代,葛洪前期的存在方式或可以说是一个市隐者的典型。

记载,孟子曰:"规矩,方圆之至也;圣人,人伦之至也。欲为君,尽君道;欲为臣,尽臣道。二者皆法尧、舜而已矣。不以舜之所以事尧事君,不敬其君者也;不以尧之所以治民治民,贼其民者也。孔子曰:'道二,仁与不仁而已矣。'"其后,在《荀子》中有《君道》、《臣道》两篇,在《管子》中有《君臣》篇,到汉代贾谊的《新书》也有《君道》篇,刘向《说苑》也有《君道》篇,还有《臣术》篇,其中讲的也都是为君之道和为臣之道。汉代大儒董仲舒的《春秋繁露》中虽然没有直接以"君道"、"臣道"之类定名的篇章,但是也有不少论及君臣关系的内容①。在王充那里也是如此②。可以说,君臣存在论和君臣关系论,作为一个古来的政论命题,在先秦到汉代代表儒家的思想人物那里总是议论不断的。

在《抱朴子外篇》中,葛洪不仅专门著有《君道》、《臣节》两篇讨论君道与臣道的关系,还在其他篇章中对历史上的君臣关系而以君道、臣道的标准作具体的论说。

首先,是对君臣关系存在的合理性所作的说明,他说:

> 往圣取诸两仪,而君臣之道立;设官分职,而雍熙之化隆。君人者,必修诸己以先四海,去偏党以平王道,遣私情以标至公,拟宇宙以笼万殊。(《君道》)

> 盖闻大者天地,其次君臣。先圣忧时,思行其道,三月无君,皇皇如也。(《嘉遁》)

其次,葛洪认同传统的"溥天之下,莫非王土;率土之滨,莫非王臣"和"万邦黎献,共惟帝臣"的历史表述和政治意识,所以在《逸民》中,葛洪借着其所预设的仕人与逸民的对话,针对隐逸者是否还要尽为臣者之义务的问题而有所议论。

> 仕人曰:"隐遁之士,则为不臣,亦岂宜居君之地,食君之谷乎?"

> 逸民曰:"何谓其然乎!昔颜回死,鲁定公将躬吊焉,使人访仲尼。仲尼曰:'凡在邦内,皆臣也。'定公乃升自东阶,行君礼焉。由此论之,'率土

---

① 董仲舒《春秋繁露·玉杯》有云:"《春秋》之法,以人随君,以君随天,曰缘民臣之心不可一日无君。"《玉杯》还说:"《春秋》论十二世之事,人道浃而王道备。"《正贯》云:"立义定尊卑之序,而后君臣之职明矣。"《十指》云:"强干弱枝,大本小末,则君臣之分明矣。"《离合根》云:"为人主者法天之行……为人臣者法地之道。"《基义》云:"君臣、父子、夫妇之义,皆取诸阴阳之道。君为阳,臣为阴;父为阳,子为阴;夫为阳,妻为阴。阴道无所独行,其始也不得专起,其终也不得分功。"《天地之行》有云:"是故君臣之礼,若心之与体。心不可以不坚,君不可以不贤;体不可以不顺,臣不可以不忠。心所以全者,体之力也;君所以安者,臣之功也。"《天地之行》还有云:"是故天执其道为万物主,君执其常为一国主。天不可以不刚,主不可以不坚。天不刚则列星乱其行,主不坚则邪臣乱其官。星乱则亡其天,臣乱则亡其君。故为天者务刚其气,为君者务坚其政,刚坚然后阳道制命。"

② 王充《论衡·偶会篇》有云:"君明臣贤,光曜相察,上修下治,度数相得。"《书虚篇》云:"有贤明之君,故有贞良之臣,臣贤君明之验,奈何谓之有乱?"

之滨,莫非王臣'可知也。在朝者陈力以秉庶事,山林者修德以厉贪浊,殊途同归,俱人臣也。王者无外,天下为家,日月所照,雨露所及,皆其境也。安得悬虚空,餐咀流霞,而使之不居乎地,不食乎谷哉?夫山之金玉,水之珠贝,虽不在府库之中,不给朝夕之用,然皆君之财也。退士不居肉食之列,亦犹山水之物也,岂非国有乎?许由不窜于四海之外,四皓不走于八荒之表也。故曰:'万邦黎献,共惟帝臣。'干木不荷戈戍境,筑垒疆场,而有蕃魏之功。今隐者洁行蓬荜之内,以咏先王之道,使民知退让,儒墨不替,此亦尧舜之所许也。昔夷齐不食周粟,鲍焦死于桥上,彼之硁硁,何足师表哉?"

葛洪所称述的孔子的话"凡在邦内,皆臣也",不见于其他文献;而"万邦黎献,共惟帝臣"则见于《尚书·虞书·益稷》。这里葛洪所要强调的就是,对于王者以外的人来说,无论是在朝者,还是在山林者,"俱人臣也",自然也就有着为臣者的义务。所以他对于"夷齐不食周粟,鲍焦死于桥上"的事情深感不以为然。有意思的是,现在我们经常提到的土地、资源等为国家所有意义上的"国有"的概念,在葛洪那里就已经出现了。

还有,在《诘鲍》中,针对"好老庄之书,治剧辩之言,以为古者无君,胜于今世"的鲍敬言有关无君论倾向的君臣之道论,葛洪有所反驳。鲍敬言说:"夫强者凌弱,则弱者服之矣;智者诈愚,则愚者事之矣。服之,故君臣之道起焉。"葛洪提出辩难说:

> 盖闻冲昧既辟,降浊升清,穹隆仰焘,旁泊俯停。乾坤定位,上下以形,远取诸物,则天尊地卑,以著人伦之体;近取诸身,则元首股肱,以表君臣之序,降杀之轨,有自来矣。
>
> 若夫太极混沌,两仪无质,则未若玄黄剖判,七耀垂象,阴阳陶冶,万物群分也。由兹以言,亦知鸟聚兽散,巢栖穴窜,毛血是茹,结草斯服,入无六亲之尊卑,出无阶级之等威。未若庇体广厦,粳粱嘉旨,黼黻绮纨,御冬当暑,明辟莅物,良宰匠世,设官分职,宇宙穆如也。
>
> 贵贱有章,则慕赏畏罚;势齐力均,则争夺靡悼。是以有圣人作,受命自天,或结罟以畋渔,或瞻辰而钻燧,或尝卉以选粒,或构宇以仰蔽。备物致用,去害兴利,百姓欣戴,奉而尊之,君臣之道于是乎生,安有诈愚凌弱之理?

在其他篇章中,葛洪更明确地认同君主地位的不可动摇性,而说:"夫君,天也,父也。君而可废,则天亦可改,父亦可易也。"(《良规》)又说:"方策所载,莫不尊君卑臣,强干弱枝。《春秋》之义,天不可雠。大圣著经,资父事君。民生在三,奉之如一。而许废立之事,开不道之端,下陵上替,难以训矣。"(同上)葛洪甚至对于历史上被废黜或放伐君主当时存在的状况提出疑问,他说:

> 周公之摄王位,伊尹之黜太甲,霍光之废昌邑,孙綝之退少帝,谓之舍道用权,以安社稷。然周公之放逐狼跋,流言载路;伊尹终于受戮,大雾三日;霍光几于及身,家亦寻灭,孙綝桑荫未移,首足异所。皆笑音未绝,而号

眺已及矣。

　　夫危而不持,安用彼相? 争臣七人,无道可救。致令王莽之徒,生其奸变,外引旧事以饰非,内包豺狼之祸心,由于伊霍,基斯乱也。将来君子,宜深鉴兹矣。夫废立之事,小顺大逆,不可长也。召王之谲,已见贬抑。况乃退主,恶其可乎! 此等皆计行事成,徐乃受殃者耳。若夫阴谋始权,而贪人卖之,赤族殄祀;而他家封者,亦不少矣。……又见废之君,未必悉非也。或辅翼少主,作威作福,罪大恶积,虑于为后患;及尚持势,因而易之,以延近局之祸。规定策之功,计在自利,未必为国也。取威既重,杀生决口。见废之主,神器去矣,下流之罪,莫不归焉。虽知其然,孰敢形言? 无东牟朱虚以致其计,无南史董狐以证其罪,将来今日,谁又理之? 独见者乃能追觉桀纣之恶不若是其恶,汤武之事不若是其美也。(《良规》)

　　葛洪所谓"独见者乃能追觉桀纣之恶不若是其恶,汤武之事不若是其美也"的这种议论,我们似乎可以在《论语·子张》中子贡所言中找到相同的表述。子贡曰:"纣之不善,不如是之甚也。是以君子恶居下流,天下之恶皆归焉。"在这里葛洪的政治主张是:"夫废立之事,小顺大逆,不可长也。"(《良规》)

　　在论及为臣之道时,葛洪提出了一个标准,那就是:

　　若有奸佞翼成骄乱,若桀之干辛、推哆、纣之崇侯、恶来,厉之党也,改置忠良,不亦易乎? 除君侧之众恶,流凶族于四裔,拥兵持疆,直道守法,严操柯斧,正色拱绳,明赏必罚,有犯无赦,官贤任能,唯忠是与,事无专擅,请而后行;君有违谬,据理正谏。战战兢兢,不忘恭敬,使社稷永安于上,己身无患于下。功成不处,乞骸告退,高选忠能,进以自代,不亦绰有余裕乎? 何必夺至尊之玺绂,危所奉之见主哉! (《良规》)

　　有学者认为,葛洪对司马氏代魏而立是持批判态度的[①],那么这应该说就是其论"君道"、"臣道"的思想根据了。另一方面,葛洪认为作为臣下所处的位置以及为君所用与否,也还是有不同境遇的:

　　夫君犹器也,臣犹物也,器小物大,不能相受矣。鬐孺背千金而逐蛱蝶,越人弃八珍而甘蛙黾,即患不赏好,又病不识恶矣。夫不用,则虽珍而不贵矣;莫与,则伤之者必至。昔卫灵听圣言而数惊,秦孝闻高谈而睡寐,而欲缉隆平之化,收良能之勋,犹却行以逐驰,适楚而道燕也。(《官理》)

　　骐骥之骋逸迹,由造父之御也。禹稷之序百揆,遭唐虞之主也。故能不劳而千里至,揖让而颂声作。若乃臧否之乘骐骥,殷辛之临三仁,欲长驱轻骛,则辔急辕逼,欲尽规竭忠,则祸如发机。所以车倾于险途,国覆而不振也。故良骏败于拙御,智士踬于暗世。仲尼不能止鲁侯之出,晏婴不能遏崔杼之乱。其才则是,主则非也。(同上)

---

① 王明:《论葛洪》,《道家和道教思想研究》,第61页,中国社会科学出版社,1984年。

然而，葛洪认为终究为臣者是不能够与君主论高下的：

> 昔鲁哀庸主也，而仲尼上圣，不敢不尽其节；齐景下才也，而晏婴大贤，不敢不竭其诚。岂有人臣当与其君校智力之多少，计局量之优劣，必须尧舜乃为之役哉！（《任能》）

从以上的议论，我们可以看出葛洪思想中是主张绝对维护君权地位，同时对为臣者的历史命运葛洪也有时表现出无奈的态度。

此外，在葛洪的论说中，还有转述时人讲论"道"时的话语，也可以说是为葛洪所认同的。

> 故零陵太守殷府君伯绪，高才笃论之士也，亦曰："……君子行道，以匡君也，以正俗也，于时君不可匡，俗不可正，林宗周旋清谈闾阎，无救于世道之陵迟，无解于天民之憔悴也。"又故中书郎周生恭远，英伟名儒也，亦曰："夫遇治而赞之，则谓之乐道；遭乱而救之，则谓之忧道；乱不可救而避之，则谓之守道。虞舜乐道者也，仲尼忧道者也，微子守道者也。"（《正郭》）

可以说，这里的"道"，也就是葛洪前期所称述和所追求的，而乐道、忧道、守道，或可以说是不同的三种状态。

（三）有道与无道相对比的王道政治论

在中国古代，评论历史上或所处当今的某一个王朝或帝王的时候，常常以有道或无道来判断，这已经成为一个古来的传统。政治上的合理有序，乃至合乎天道，就是有道，否则就是无道[①]。在《尚书·武成》中有云："惟有道曾孙周王发，将有大正于商，今商王受无道，暴殄天物，害虐烝民，为天下逋逃主。"而孔子最著名的话就是："天下有道，则礼乐征伐自天子出。天下无道，则礼乐征伐自诸侯出。"（《论语·季氏》）孔子还说："天下有道，则政不在大夫；天下有道，则庶人不议。"（同上）"天下有道，丘不与易也。"（《论语·微子》）孟子有云："天下有道，以道殉身。天下无道，以身殉道。未闻以道殉乎人者也。"（《孟子·尽心上》）孟子还说："天下有道，小德役大德，小贤役大贤。天下无道，小役大，弱役强。斯二者天也，顺天者存，逆天者亡。"（《孟子·离娄上》）

对于历史上政道的变迁，葛洪也有所议论。或论其出于先圣、先王，更以有道、无道而论之，葛洪的一些历史观点也就体现在这些议论当中。诸如：

> 请问唐虞升平之世，三代有道之时，为无赋役以相供奉，元首股肱，躬耕以自给邪？（《诘鲍》）

> 纣为无道，见称独夫；仲尼陪臣，谓为素王。（《刺骄》）

> 昔秦之二世，不重儒术，舍先圣之道，习刑狱之法。民不见德，唯戮是闻。（《勖学》）

[①] 正像葛洪自己所言："又于治世隆平，则谓之有道，危国乱主，则谓之无道。"（《抱朴子内篇·明本》）

今隐者洁行蓬荜之内,以咏先王之道,使民知退让,儒墨不替,此亦尧舜之所许也。(《逸民》)

　　为治国有道而助之以刑者,能令愿伪不作,凶邪改志。若纲绝网紊,得罪于天,用刑失理,其危必速。亦犹水火者所以活人,亦所以杀人,存乎能用之与不能用。(《用刑》)

　　夫学者所以清澄性理,簸扬埃秽,雕锻矿璞,砻炼屯钝,启导聪明,饰染质素,察往知来,博涉劝戒,仰观俯察,于是乎在,人事王道,于是乎备。进可以为国,退可以保己。(《勖学》)

　　古人询于刍荛,博辨童谣,狂夫之言,犹在择焉。至于墨子之论,不能非也。但其张刑网,开途径,浃人事,备王道,不能曲述耳。至于讥葬厚,刺礼烦,未可弃也。(《省烦》)

　　人事靡细而不浃,王道无微而不急(备),故能身贱而言贵,千载弥彰焉。(《辞义》)

从以上所列举的几条材料我们可以看到,在葛洪的政治思想中,既肯定三代政治为有道之世,以至借逸民之口说:"吾幸生于尧舜之世,何忧不得此人之志乎!"(《逸民》)也有对以桀纣为无道之世的确认,还有对王道政治的理想性认同。不过,葛洪虽然认为尧舜禹汤在对待隐逸者不强以为在朝之臣方面堪称有道①,还说:"影响不能无形声以著,余庆不可以无德而招,故唐尧为政七十余载,然后景星摛耀"(《广譬》),但是葛洪也提出了相对性的议论,即所谓"能言莫不褒尧,而尧政不必皆得也;举世莫不贬桀,而桀事不必尽失也"(《博喻》),还说:"民怨者,尧舜不能恃其长世之庆也。"(《广譬》)这又可以说是民之载舟覆舟政治论的另一种表述而已②。

(四)明君与昏君对比下的理想君主论

由君道之论,而引出圣君、明君与昏君的不同,在葛洪的论说中,有不少称述明君的地方,他对明君的各种行为及其影响也有所论说。其例如下:

　　故圣君莫不根心招贤,以举才为首务,施玉帛于丘园,驰翘车于岩薮,劳于求人,逸于用能,上自槐棘,降逮皂隶,论道经国,莫不任职。恭己无为,而治平刑措;而化洽无外,万邦咸宁。(《审举》)

　　夫明君恃己之不可欺,不恃人之不欺己也。(同上)

---

① "唐尧非不能致许由、巢父也,虞舜非不能胁善卷、石户也,夏禹非不能逼柏成、子高也,成汤非不能录卞随、务光也,魏文非不能屈干木也,晋平非不能吏亥唐也。然服而师之,贵而重之,岂六君之小弱也?"(《逸民》)

② 《荀子·哀公》:"孔子曰:'……且丘闻之:君者,舟也;庶人者,水也。水则载舟,水则覆舟。'"《荀子·王制》:"庶人安政,然后君子安位。传曰:'君者,舟也;庶人者,水也。水则载舟,水则覆舟。'"

故明君勤于招贤,而汲汲于攫奇,导达凝滞,而严防壅蔽。才诚足委,不拘于屠钓;言审可施,抽之于戎戍。或举于牛口之下,而加之于群僚之上;或拔于桎梏之中,而任以社稷之重。故能勋业隆济,拓境服远,取威定功,垂统长世也。(《名实》)

毫厘蹉于机,则寻常达于的;与夺失于此,则善否乱于彼。邪正混偞,则彝伦攸斁;功过不料,则庶绩以崩。故明君赏犹春雨而无霖淫之失,罚拟秋霜而无诡时之严。(《广譬》)

故明君治难于其易,去恶于其微,不伐善以长乱,不操柯而犹豫焉。然则刑之为物,国之神器,君所自执,不可假人,犹长剑不可倒捉,巨鱼不可脱渊也。乃崇替之所由,安危之源本也。(《用刑》)

班倕不委规矩,故方圆不戾于物;明君不释法度,故机诈不肆其巧。唐虞其仁如天,而不原四罪;姬公友于兄弟,而不赦二叔。仲尼之诛正卯,汉武之杀外甥,垂泪惜法,盖不获已也。(同上)

以上的议论,或可以说是在前期还比较积极地关心时事政治的葛洪对于当朝皇帝的一些政治期待吧。归纳起来,就在于任贤使能、明德慎罚、合理用刑等方面。

在《君道》篇中,葛洪还有很多议论将明君政治与昏君政治作对比,从而体现出他的理想的君主论。而且葛洪又提出"昏惑之君,则不然焉"作为对比。

其为政也,或仁而不断,朱紫混漫,正者不赏,邪者不罚。或苛猛惨酷,或纯威无恩,刑过乎重,不恕不逮。根露基颓,危犹巢幕,而自比于天日,拟固于泰山,谓克明俊德者不难及,小心翼翼者未足算也。于是无罪无辜,淫刑以逞,民不见德,唯戮是闻。

人主不澄思于治乱,不深鉴于亡征,虽目分百寻之秋毫,耳精八音之清浊,文则琳琅堕于笔端,武则钩铬攉于指掌,心苞万篇之诵,口播涛波之辩,犹无补于土崩,不救乎瓦解也。何者？不居其大,而务其细,滞乎下人之业,而暗元本之端也。

(五)历代王朝政道得失论

作为对于政治的关注,在继承儒家传统思想,讲论君臣关系论、王道政治论确立自己的政治主张的基础上,葛洪还展开了针对以往政治历史的政道得失论。在论及历史上的王朝政道之得失的时候,葛洪很有一些效果主义的倾向,即以结果论得失。他说:"俗儒徒闻周以仁兴,秦以严亡,而未觉周所以得之不纯仁,而秦所以失之不独严也。"(《用刑》)

在说到周朝政治的得失时,葛洪有云:

昔周用肉刑,刖足劓鼻。盟津之令,后至者斩,毕力赏罚,誓有孥戮。考其所为,未尽仁也。及其叔世,罔法玩文,人主苛虐,号令不出宇宙,礼乐征伐,不复由己。群下力竞,还为长蛇。伐本塞源,毁冠裂冕。或沉之于汉,或

流之于麀。失柄之败,由于不严也。(《用刑》)

在说到秦朝政治的得失时,葛洪有云:

> 秦之初兴,官人得才,卫鞅、由余之徒,式法于内;白起、王翦之伦,攻取于外。兼弱攻昧,取威定霸,吞噬四邻,咀嚼群雄,拓地攘戎,龙变虎视,实赖明赏必罚,以基帝业。降及杪季,骄于得意,穷奢极泰。加之以威虐,筑城万里,离宫千余,钟鼓女乐,不徒而具。骊山之役,太半之赋,闾左之戍,坑儒之酷,北击猃狁,南征百越,暴兵百万,动数十年。天下有生离之哀,家户怀怨旷之叹。白骨成山,虚祭布野。徐福出而重号咷之雠,赵高入而屯豺狼之党。天下欲反,十室九空。其所以亡,岂由严刑?此为秦以严得之,非以严失之也。(同上)

在说到汉末政治的衰微时,葛洪有云:

> 灵献之世,阉官用事,群奸秉权,危害忠良。台阁失选用于上,州郡轻贡举于下。夫选用失于上,则牧守非其人矣;贡举轻于下,则秀孝不得贤矣。故时人语曰:"举秀才,不知书;察孝廉,父别居。寒素清白浊如泥,高第良将怯如鸡。"又云:"古人欲达勤诵经,今世图官免治生。"盖疾之甚也。(《审举》)

在说到三国吴末期政治的衰微时,葛洪说:

> 吴之晚世,尤剧之病,贤者不用,滓秽弃序,纪纲弛紊,吞舟多漏。贡举以厚货者为前,官人以党强者为右,匪富匪势,穷年无冀。德清行高者,怀英逸而抑沦;有才有力者,蹑云物以官跻。主昏于上,臣欺于下,不党不得,不竞不进,背公之俗弥剧,正直之道遂坏。(《吴失》)

对比而论,葛洪说道:"至醇既浇于三代,大朴又散于秦汉,道衰于畴昔,俗薄乎当今。"(《用刑》)"历览前载,逮乎近代,道微俗弊,莫剧汉末也。"(《汉过》)从中或可以见其历史观,同时也有如清代学者陈澧所言:"不敢言晋朝,托之汉、吴耳。"也是一种托古刺今的思绪。

(六)仁道与用刑关系中的理想政治论

《抱朴子外篇》中的《用刑》一篇,集中体现了葛洪刑罚论的思想,他主张运用刑罚作为政治的必要手段,主张恢复肉刑来代替非必死之死刑,以达到惩戒作用。其很多思想内容可以说是对先秦法家思想的继承。其论证方式也是以人类效法天地之道而存在,圣君明主效法天地之道而用刑而进行说明的。如果对葛洪的用刑思想进行概括的话,可以分为以下几个方面。

首先,以道法自然及历史存在为论证依据,葛洪强调了刑罚在施政中加以采用的合理性。

> 盖天地之道,不能纯仁,故青阳阐陶育之和,素秋厉肃杀之威,融风扇则枯瘁摅藻,白露凝则繁英凋零。是以品物阜焉,岁功成焉。温而无寒,则蠕动不蛰,根植冬荣。

用刑其来尚矣。逮于轩辕,圣德尤高,而躬亲征伐,至于百战,僵尸涿鹿,流血阪泉,犹不能使时无叛逆,载戢干戈。亦安能使百姓皆良,民不犯罪而不治者,未之有也。唐虞之盛,象天用刑,窜殛放流,天下乃服。汉文玄默,比隆成、康,犹断四百,鞭死者多。夫匠石不舍绳墨,故无不直之木。明主不废戮罚,故无陵迟之政也。

其次,葛洪从道理上论证了仁政与刑罚的不同功能以及实行仁政的局限性,从而提出了"刑为仁佐"的主张。

仁之为政,非为不美也。然黎庶巧伪,趋利忘义。若不齐之以威,纠之以刑,远美羲农之风,则乱不可振,其祸深大。以杀止杀,岂乐之哉!

多仁则法不立,威寡则下侵上。夫法不立,则庶事汩矣;下侵上,则逆节明矣。

莫不贵仁,而无能纯仁以致治也;莫不贱刑,而无能废刑以整民也。或云:"明后御世,风向草偃。道洽化醇,安所用刑?"余乃论之曰:"夫德教者,黼黻之祭服也;刑罚者,捍刃之甲胄也。若德教治狡暴,犹以黼黻御剚锋也;以刑罚施平世,是以甲胄升庙堂也。故仁者养物之器,刑者惩非之具,我欲利之,而彼欲害之,加仁无悛,非刑不止。刑为仁佐,于是可知也。"

善为政者,必先端此以率彼,治亲以整疏,不曲法以行意,必有罪而无赦。若石碏之割爱以灭亲,晋文之忍情以斩颉。故仁者,为政之脂粉;刑者,御世之辔策;脂粉非体中之至急,而辔策须臾不可无也。肃恭少息,则慢惰已至;威严暂弛,则群邪生心。当怒不怒,奸臣为虎;当杀不杀,大贼乃发。

再有,葛洪强调了为政用刑的必要性。

故明君治难于其易,去恶于其微,不伐善以长乱,不操柯而犹豫焉。然则刑之为物,国之神器,君所自执,不可假人,犹长剑不可倒捉,巨鱼不可脱渊也。乃崇替之所由,安危之源本也。

故明赏以存正,必罚以闲邪。劝沮之器,莫此之要。观民设教,济其宽猛,使懦不可狎,刚不伤恩。五刑之罪,至于三千,是绳不可曲也;司寇行刑,君为不举,是法不可废也。绳曲,则奸回萌矣;法废,则祸乱滋矣。

夫赏贵当功而不必重,罚贵得罪而不必酷也。鞭朴废于家,则童仆怠惰;征伐息于国,则群下不虔。爱待敬而不败,故制礼以崇之;德须威而久立,故作刑以肃之。班倕不委规矩,故方圆不戾于物;明君不释法度,故机诈不肆其巧。唐虞其仁如天,而不原四罪;姬公友于兄弟,而不赦二叔。仲尼之诛正卯,汉武之杀外甥,垂泪惜法,盖不获已也。

故诛一以振万,损少以成多,方之栉发,则所利者众;比于割疽,则所全者大。是以灸刺惨痛而不可止者,以瘳病也;刑法凶丑而不可罢者,以救弊也。

还有,在议论中,葛洪表现出了在为政治国的有效性方面,对申韩法家的肯定和对老庄道家的质疑。

> 世人薄申韩之实事,嘉老庄之诞谈。然而为政莫能错刑,杀人者原其死,伤人者赦其罪,所谓土柈瓦戬,无救朝饥者也。道家之言,高则高矣,用之则弊,辽落迂阔,譬犹干将不可以缝线,巨象不可使捕鼠,金舟不能凌阳侯之波,玉马不任骋千里之迹也。

> 夫以其所畏,禁其所玩,峻而不犯,全民之术也。明治病之术者,杜未生之疾;达治乱之要者,遏将来之患。若乃以轻刑禁重罪,以薄法卫厚利,陈之滋章,而犯者弥多,有似穿阱以当路,非仁人之用怀也。

(七) 对礼仪之道的论述

在《抱朴子外篇》当中,还有很多涉及礼仪之道的内容,例如《省烦》中在节葬的方面,主张墨子之道可行,他说:

> 安上治民,莫善于礼,弥纶人理,诚为曲备。然冠婚饮射,何烦碎之甚邪!人伦虽以有礼为贵,但当令足以叙等威而表情敬,何在乎升降揖让之繁重,拜起俯伏之无已邪!……而欲以为以此为生民之常事,至难行也。此墨子所谓累世不能尽其学,当年不能究其事者也。……至于墨子之论,不能非也。但其张刑网,开途径,浃人事,备王道,不能曲述耳。至于讥葬厚,剌礼烦,未可弃也。自建安之后,魏之武文,送终之制,务在俭薄,此则墨子之道,有可行矣。

> 今若契合杂俗,次比种稷,删削不急,抗其纲,校其令,炳若日月之著明,灼若五色之有定,息学者万倍之役,弭诸儒争讼之烦,将来达者观之,当美于今之视周矣。

由上可见,葛洪在确认礼在治国治民上的重要性的前提下,对具体生活中礼仪上的繁琐细碎提出批评,主张人贵为有礼,但是如果礼仪形式上的繁缛已经超过了"叙等威而表情敬"的限度,就是无用功了。借此,葛洪表达了对墨子学派说法的肯定和认同,不仅从多种角度对墨子之学的不同方面提出了"不能非也"、"不能曲述耳"、"未可弃也"、"有可行矣"的评价,同时也肯定了建安之后魏武、魏文送终之制务在俭薄的做法。这可以说是完全超越了早期的儒墨之辩。

葛洪曾经十分主张官方朝廷对礼制进行整顿和变革,他在《省烦》中说:

> 余以为丧乱既平,朝野无为,王者所制,自君作古。可命精学洽闻之士,才任损益,免于拘愚者,使删定三礼,割弃不要,次其源流,总合其事类,集以相从。其烦重游说,辞异而义同者存之,不可常行除之。无所伤损,卒可断约而举之,勿令沉隐,复有凝滞。其吉凶器用之物,俎豆觚醢之属,衣冠车服之制,旗章采色之美,宫室尊卑之品,朝飨宾主之仪,祭奠殡葬之变,郊祀禘祫之法,社稷山川之礼,皆可减省,务令约俭。夫约则易从,俭则用少;易从则不烦,用少则费薄;不烦则莅事者无过矣,费薄则调求者无苛矣。拜休揖让之节,升降盘旋之容,使足叙事,无令小碎。条牒各别,令易案用。

我们知道,实际上在西晋统一天下之后,对传统礼制是进行了一番整顿和变革的。显然,葛洪是出于对东晋朝廷有更进一步的期待,而特别主张"皆可减省,务令约俭",以求"无过"、"无苛",既合乎礼仪秩序,又不劳民伤财。这依然透露出墨家简约思想的影响。

再有,或可以说是作为其所论礼仪之道的补充,葛洪还论及了男女之道以及妇道,所谓:

> 抱朴子曰:《诗》美雎鸠,贵其有别。在礼,男女无行媒,不相见,不杂坐,不通问,不同衣物,不得亲授;姊妹出适而反,兄弟不共席而坐;外言不入,内言不出,妇人送迎不出门,行必拥蔽其面;道路男由左,女由右;此圣人重别杜渐之明制也。且夫妇之间,可谓昵矣,而犹男子非疾病不昼居于内,将终不死妇人之手,况于他乎!昔鲁女不幽居深处,以致扈萃之变;孔妻不密潜户庭,以起华督之祸;史激无防,有汗种之悔;王孙不严,有杜门之辱。(《疾谬》)

根据古礼传习以及传统儒家的推重,强调日常生活中的男女有别、男女授受不亲,早已成为一种礼仪规范,对此葛洪显然是非常认同的,而且以总结历史经验教训的态度列举出因失礼所导致的一些变故、祸乱等事件的发生。葛洪以上的议论,实际上是出自他对时俗的不满和批评,如他所说:

> 而今俗妇女,休其蚕织之业,废其玄纴之务,不绩其麻,市也婆娑。舍中馈之事,修周旋之好。更相从诣,之适亲戚,承星举火,不已于行,多将侍从,晡晔盈路,婢使吏卒,错杂如市,寻道亵谑,可憎可恶。(同上)

由此说来,葛洪是以传统的礼仪规范为标准来看待自己身边生活的变化的。蚕织、玄纴、绩麻、料理家务本是普通家庭妇女所应从事的日常劳动和家庭生活,舍弃这些而不做,忙于穿着打扮、走亲访友,甚至"婢使吏卒,错杂如市,寻道亵谑",都是背离了妇道之妇德、妇行的表现,在葛洪看来则是"可憎可恶"而大加痛斥。

三、简要结论与未尽的研究

通过以上考察可见,葛洪前期的道论既形成于他当时的志趣和关心的问题之所在,又体现出其这一阶段总体思想的理论基础与特点。崇尚儒家教化与学术,关心时事政治,关注历代政治上的成败得失,以期为时政出谋划策,虽不在王朝政治的核心圈子之内,却以隐者的身份和眼光关注着和评论着。这就是从葛洪前道道论中也可以看到的他在这一阶段的思想风貌和精神生活。

葛洪精神生活的变化是有其鲜明的时代性的。葛洪曾经憧憬说:"今天下向平,中兴有征,何可不共改既往之失,修济济之美乎!"他对美好生活的赞美和期望是:"阴阳以广陶济物,三光以普照著明,嵩华以藏疾为旷,北溟以含垢称大,硕儒以与进弘道,远数以博爱容众。"(《广譬》)"五岳巍峨,不以藏疾伤其极天之高;沧海滉瀁,不以含垢累其无涯之广。故九德尚宽以得众,宣尼泛爱而与进。"(《博喻》)诚如《中国思想通史》第三卷在评论魏晋之际思想家嵇康的道论思想的特点时所说的那样,作为一种"简易无为的政治理想的提出",嵇康和王弼相似,反映出了一种要求安定的心理,所以,他们"论君道,则曰君敬于上;论臣道,则曰臣顺于下;论人民之道,则曰群生安逸。这样便是大道之隆,太平之业"①。那么,葛洪所指望的"何可不共改既往之失,修济济之美"或与之不同,他对东晋君臣有着一种"中兴有征",应当奋发有为的政治期待。但是,两晋时期世道变迁导致政道与教化的不良状态,使他不能不发出感叹说:"夫入虎狼之群,后知贲、育之壮勇;处礼废之俗,乃知雅人之不渝。道化凌迟,流遁遂往,贤士儒者,所宜共惜,法当扣心同慨,矫而正之。若力之不能,未如之何,且当竹柏其行,使岁寒而无改也。何有便当崩腾,竞逐其阘茸之徒,以取容于若曹邪!去道弥远,可谓为痛叹者也。"(《刺骄》)

尽管葛洪早期对儒家传统思想推崇备至,并且希望通过自己的著述立说而使之发扬光大,但是现实政治的激烈动荡和世风的负面变化,使葛洪不能不选择推广仙道和丹道的理论学说,通过追求和实现个体的长生不老与化而成仙,达到远离现实政治的避世理想。

本论文只是对葛洪的生平及其前期道论思想进行了考察,至于葛洪后期道论的内容及其思想特点,大体可以概括为以下几个方面:(一)儒道之辩基础上的"道"论;(二)老子学说的影响以及作为形而上的"道";(三)仙道与丹道相结合的神仙论;(四)从神仙道教出发对老庄及民间道教的排斥和批判。就这些方面,有不少学者分别有所论证。笔者也将在后续研究中参考学界已有的研究成果,另撰文章对葛洪前期、后期道论作综合对比性的考察。

(作者:王启发,中国社会科学院历史研究所研究员)

参考资料:

刘固盛、刘玲娣编:《葛洪研究论集》,华中师范大学出版社,2006年。
杨世华主编:《葛洪研究二集》,华中师范大学出版社,2008年。

---

① 侯外庐等:《中国思想通史》第三卷,第186页,人民出版社,1957年。

大禹图强拓疆考

◇李养民

大禹治水，导河疏川十三年，三过家门而不入，其大公无私的形象深入人心，成为数千年来仁人志士的楷模。但历史不同于传说，作为原始部落首领，大禹为了部落发展壮大，有忘我奋斗的一面，也有洪荒时代不可避免的局限性，否则禅让制不会在他传位过程中发生逆转，拉开中国历史长达四千年的家天下的政治序幕。本文试图通过对禹面对鲧治水失败的严峻形势，励精图治，东山再起，扩张领土，树立权威，为建立夏朝奠定基础的史料整理分析，揭开禅让制崩溃、原始社会彻底瓦解的奥秘，还原上古一段真实的历史。

学艺西王国

从屈原《天问》中有关鲧被流放曾经西逃的情况看，鲧的部落是在受到舜、祝融的夹攻战败后，逃亡西南的。西汉扬雄《蜀王本纪》："禹本汶山郡广柔县人也，生于石纽。"东汉赵晔《吴越春秋》也认为，禹"家于西羌，地曰石纽。石纽在蜀西川也"。三国时秦宓及《水经注》、《元和郡县志》也都有类似观点和记载。

结合《山海经·海内经》"鲧复生禹"的记载，禹的出生地和鲧的部落"崇"是在四川西北。这里大致是若水流域，是过去昌意、颛顼的领地，鲧逃奔这里也在情理之中。关于鲧遭流放至死不归以及禹出生成长的过程，史书记载实在太少，但仔细搜寻，仍有一鳞半爪可供参考。

《荀子·大略篇》记述："禹学乎西王国。"《韩诗外传》卷五和刘向《新序·杂事五》均引用孔子学生子夏的话，同样是"禹学乎西王国"。

西王国，据顾颉刚得意门生李文实考证，即西王母国。《淮南子·地形训》载："西王母在流沙之濒。"李文实考察认为在"今青海地区"，"而这块地区则是古氐羌生息活动地的主要所在"[①]。西王母石室在今青海湖地带。

另外《吕氏春秋·尊师篇》写道："禹师大成赘。"关于大成赘生平，未见相关记载。东汉王符《潜夫论·赞学篇》也写道："禹师墨如。"据清代汪继培《〈潜夫

[①] 李文实：《西陲古地与羌藏文化》，第33页，青海人民出版社，2001年。

论〉笺校》注解:"《路史·后纪四》云:'禹有天下,封怡以邵烈山,是为默台。'《国名·纪一》云:'怡,一曰墨怡,即墨台。禹师墨如,或云墨台。'"烈山氏,据记载是炎帝神农的后代,如此看来,禹向墨如学习的当是农耕方面的知识。

《荀子·大略篇》正好记载:"禹见耕者,偶立而式。"足见大禹不仅仅学治水,也和鲧一样,发现了农业的优越性,重视农业。从"偶立而式"可见,禹当初不是以农业起家的。当时极有可能处于游牧到农业的过渡期。

"禹之趋时也,履遗而弗取,冠挂而弗顾,非争其先也,而争得其时也。"大禹为了尽可能争取时间,鞋丢了不拾,帽子挂掉了连看也不看,神情专注,惜时如金,这为他日后治水兴夏奠定了基础。

传说总是以历史人物为基础的。"荀子更认为'禹学乎西王国'。学什么呢?当然是政治经济之策,包括最重要的治水经验。我们知道,大禹曾'导河于积石'。所谓积石山,就是现今青海境内循化撒拉族自治县的积石峡谷。那里黄河骤然转弯,其峪如削,传说是大禹凿山导河处。查此处乃东昆仑的余脉,其地域无疑属古代的西王母国,所以'禹学乎西王国'无疑是学于西王母国,可见当时的中原王朝与西王母有着何等亲密的关系。"①

《山海经》记载禹所积石共有四处,有两处在青海,一为青海果洛的阿尼玛卿山,史称大积石山;一为小积石山,为大积石山之支脉,在青海循化一带。这当为禹当年的杰作,也许是治水的初试。这两处都在黄河转弯的地方。

据徐南洲先生临终绝笔《鲧何所营·禹何所成》一文考证,大禹"出于西羌,学于西羌,将西羌治水的经验传到了中原,进而取得了成功。他并非生搬硬套,而是讲求结合,与中原原有的共工和鲧的治水经验结合。所以,他也用堙堵之法,也用泥木结构筑堤(《汉书·沟洫志》引《夏书》曰:"禹堙洪水十三年。");他也使用息壤(《淮南子·地形训》:"禹乃以息土填洪水。")但是他并没就此止步,而是在鲧创制的堤岸前面堆垒卵石以挫洪水的冲锋。这就是积石与筑堤的初步结合。'禹何所成?'在筑堤技术上的这种结合,保证了治水的成功"②。

联系上文,禹当时治水,除了筑堤、疏导,另外还在堤前用石头一道道地垒堰,形成防护堤,也可能用竹篓装卵石,堆在堤前,使治水的方式大为改进。不仅是导,而且也堵,堵导结合,取得成效,形成经验。这也可能是禹被选作夏伯治水的前提条件。

过去人们认为大禹治水属于传说,考古发现其实属于远古或者说是虞朝的史实。"尧舜禹确实曾经有过一段温暖的时期,这就是距今5000年前的温暖期。不论从山东大汶口文化遗址出土的扬子鳄,平地龟,印度象骨、象牙来看也好,从陕西西安半坡遗址出土的大熊猫、天竺鼠骨观察也好,都足以说明当时中国北方

---

① 李晓伟:《昆仑山:探寻西王母古国》,第71页,天津社会科学院出版社,2001年。
② 徐南洲:《古巴蜀与〈山海经〉》,第103页,四川人民出版社,2004年。

是亚热带气候。日本的考古学家也认为在距今4000年的时候,东亚地区有过一次'小海进'。"①

《论衡·别通篇》记载:"禹、益见西王母。"益是辅佐大禹治水的,禹、益同见西王母,一则可能是治水过程中遇到困难而去向西王母请教,一则可能是治水成功后,出于对西王母的尊重,禹、益一同回访,表示谢意。另外,据王隐《晋书》卷二记载,"陇西郡,旧大夏县。大夏县有禹庙,禹所出也"②。果真如此,则禹所封夏地当与西王国不远。

禹之复兴

禹的复兴之举,首先是瞅准机会,讨伐尧时北迁的三苗。据《墨子·非攻下》记载:"昔者三苗大乱,天命殛之,日妖宵出,雨血三朝,龙生于庙,犬哭乎市,夏冰,地坼及泉,五谷变化。民乃大振。高阳乃命玄宫,禹亲把天之瑞令以征有苗。四电诱祗,有神人面鸟身,若瑾以侍,搤矢有苗之祥。苗师大乱,后乃遂几。禹既克有苗焉,磨为山川,别物上下,卿制大极而神民不违,天下乃静。"

高阳是为颛顼,可见禹征三苗,并非奉舜之命。颛顼和禹至少相隔两代,怎能此时发号施令?因此本人认为,这里的高阳只是禹征三苗单方面行动的一个托词,而抓住地震的有利时机,扩大地盘才是根本目的。

同书《墨子·兼爱下》中的一段话还载录了征伐三苗的《禹誓》:"禹曰:'济济有众,咸听朕言:非惟小子,敢行称乱。蠢兹有苗,用天之罚。若予既率尔群,对诸群以征有苗。'禹之征有苗也,非以求以重富贵,干福禄,乐耳目也。以求兴天下之利,除天下之害。"

《史记·五帝本纪》记载:尧时"三苗在江淮、荆州数为乱。于是舜归而言之帝……迁三苗于三危,以变西戎"。

《孙膑兵法》记载"禹西面而并三苗",于方位也明确。郑玄《尚书正义》引《地记》:"《书》云三危之山在鸟鼠之西南,当岷山,则在积石之西南。"金景芳、吕绍纲《〈尚书·虞夏书〉新解》同意《括地志》的记载:"三危山有三峰,故曰三危。俗亦名卑羽山,在沙州敦煌县东南三十里。"其中按语云:"按今甘肃敦煌东南有山名三危。是三危在汉之敦煌县,唐之沙州,今之敦煌市,可以确指,不必阙疑。"③

"西羌之本,出自三苗。"(《后汉书·西羌传》)可见北三苗被大禹伐后变为西羌。禹本羌族,征服北迁三危的三苗,当为大禹复国第一步。禹征三苗后,

---

① 蔡凤书:《面目清新的〈中国远古社会史论〉》,《中国史研究动态》2004年第11期。
② 汤球:《九家旧晋书辑本》(三),第215页,商务印书馆,1936年。
③ 金景芳、吕绍纲:《〈尚书·虞夏书〉新解》,第145页,辽宁古籍出版社,1996年。

"四方归之","辟土以王"(《墨子间诂》辑《随巢佚文》),肯定留下亲信及部分族人镇守监督三苗,以行其教。这部分三苗族人极可能真被羌人同化,真的变为西戎。汉朝初期,匈奴南侵,到大敦煌祁连地区,当地居民西迁。1972年在新疆新和县发现"归汉义羌王"印,印证禹之羌族西迁史实,侧面证明禹征北方三苗并非浮文虚词,而有文物佐证。

进发雍州

禹征服三苗,收复古崇旧地,而恰在这时,冀州洪水再次告急,舜不得已,又命禹治水,可以说是上符天心,下合民意,禹也更是求之不得。《诗经·商颂·长发》记载:"洪水芒芒,禹敷下土方,外大国是疆,幅陨既长。"(译文:遍地大水白茫茫,大禹治水正四方,京外大国划疆界,疆域既已经扩张。)①《尚书·禹贡》记述:"禹敷土,随山刊木,奠高山大川。"近几年发现西周中期《遂公盨》铭文也记载:"天命禹敷土随山浚川,乃别方设征。""郑笺《诗·商颂·长发》'禹敷下土方'说:'禹敷下土正四方,定诸夏,广大其境界。'是郑意以敷为大,禹敷土是禹扩展疆土的意思。"金景芳、吕绍纲两位先生在《〈尚书·虞夏书〉新解》中列举"禹敷土"七种解释后指出:"比较而言,以上七说中郑玄说为得其实。'禹敷土'是扩大疆土的意思。"②

在《诗经》中同时还记载有:"奕奕梁山,维禹甸之。""信彼南山,维禹甸之。""丰水东注,维禹之绩。"丰水,即沣河,在陕西省西安市户县与长安区的交界。这里的梁山,我认为应包括今陕西境内南北两梁山。南郑县在周穆王元年时筑过祇宫。"祇"用同"祇",是土地神,也即社神。大禹正被人们奉为社神,以土治水,也在情理之中。而陕北的梁山,一度被称为少梁。少梁者,小梁也。且韩城一带秦时曾名夏阳,这正好表明夏族迁徙先后顺序,人们习惯以原居住地地名命名新地方地望,于是往往出现数地同名现象,其实仔细推究,还是有迹可查的。

《尚书·禹贡》记禹"嶓冢导漾,东流为汉","导渭自鸟鼠同穴,东会于沣,又东会于泾,又东过漆、沮,入于河"。

近年公布的上海博物馆藏战国简书《容成氏》记述:"禹乃通泾与渭,北注之河,于是乎虞州始可处也。"杜勇先生认为虞州有泾、渭二水,相当于《禹贡》的雍州③。

---

① 袁愈荌译诗,唐莫尧注释:《诗经全译》,第542页,贵州人民出版社,1981年。
② 金景芳、吕绍纲:《〈尚书·虞夏书〉新解》,第301页,辽宁古籍出版社,1996年。
③ 杜勇:《论〈禹贡〉梁州相关诸问题》,《巴蜀文化研究集刊》第4辑,第154页,巴蜀书社,2008年。

东汉灵帝建宁三年(170年),刻写于略阳摩崖、仇绋书写的《郙阁颂》碑,碑文中有"禹导江河,以清四海。经纪厥绪,艾康万里"。试译如下:"大禹疏导长江黄河,从而平定四海。继续进行他的事业,确保万里安全通行。"

从这通东汉摩崖刻石看,当时沮县(今略阳县)民众就认为修建栈道正是大禹事业的继续。沮县之名称也当为远古虞州的地名遗存。

东晋常璩《华阳国志·序志》载:"《蜀纪》言:'三皇乘祇车出谷口。'秦宓曰:'今之斜谷也。'及武王伐纣,蜀亦从行。《史记》:周贞王之十八年,秦厉公城南郑。此谷道之通久矣。而说者以为蜀王固石牛始通,不然也。"

这里虽未点明禹出斜谷,但表明三皇时候,斜谷即有道路。禹为社神,是为国土之主神,祇神也是土地之神。这里说"乘祇车",当与禹有相当密切的关系。

明末顾祖禹《读史方舆纪要》记载:"褒斜之道,禹贡发之,汉始成之。"

《春秋纬·命历序》(清河郑本)记述:"人皇九头,乘云车,驾六羽,出谷口。兄弟九人,分长九州,各立城邑。"

《绎史》卷一注引《尚书璇玑钤》也记载:"人皇氏九头,驾六羽,乘云车,出谷口,分九州。"

结合这些史料,联系大禹出生地、治水、分治九州的方位及功绩,这里的人皇当指大禹,也即顾颉刚先生当年所论之下人皇。

清代胡渭在《禹贡锥指》中写道:"愚窃谓褒、斜二水,禹时必有相通之道。如《水经注》所云'衙岭之南,溪水支灌于斜川'者。及夏、殷之际,梁俗变为蛮夷,贡职不修,贡道遂废。周武王牧野之师,八国虽尝来会,其后巴、蜀恃险,复不与中国通。逾沔入渭之道,其谁知之?尝观江、河之枝流,日久亦多埋塞……而况深山穷谷之中溪流一线?才得通舟,自禹至汉,多历年所,岂能长存而不变。褒、斜二水相通之道,禹时自有,汉时自无。"①

林向先生认同胡渭的看法,进一步提出古今水道变迁,"地壳的新构造运动,引起水陆山川的巨变"才是现在褒、斜水道不通的根本原因。他通过《中国地震简目》统计,从公元前1177年(?)至1900年之间,从潼关、七盘关到石鼓,这一地震高发地带,"共发生裂度大于六度的强震78次,即平均40年左右就有一次破坏性地震。根据晚近丰富的地方志材料,其震中烈度估计大于十度的特大地震有1303年山西赵城、1536年四川西昌、1556年陕西华县、1786年四川康定南、1850年四川宁南西昌、1879年甘肃武都南等六次,即每100年有一次特大地震。这正反映了上述那些古今水道的变迁,确实有其构造上的深刻原因"②。

这就证明大禹治水时,打通了褒斜古道,所以《禹贡》中才记载"浮于潜,逾于沔,入于渭,乱于河"。同时,由于几千年沧桑巨变,褒河才改向南流,由黄河

---

① 胡渭:《禹贡锥指》,第296页,上海古籍出版社,2006年。
② 林向:《巴蜀考古论集》,第364—365页,四川人民出版社,2004年。

流域的河流,转向长江流域。褒斜水道今时不通不等于几千年前不通。

有些学者对大禹时是否有车产生怀疑。其实银雀山简本《孙膑兵法》对此已有证明:"禹作舟车,以变象之。"(译文:大禹造车船,可以用作战中的随机应变比喻车船。)①

由此看来,《尚书·皋陶谟》中,禹陈述治水时"予乘四载,随山刊木"是可信的。"四载"作为交通工具,《史记·夏本纪》有叙述:"陆行乘车,水行乘舟,泥行乘橇,山行乘檋。"橇,今之雪橇犹其延续,可在泥面滑行。檋,无轮小车,实则是现在的轿子,那时候也可能是滑竿,《汉书》中"舆轿而越岭"可证。褒斜古道,当初也许就像茶马古道,不一定非要行车,不过是人马行道。大禹当年从蜀地进入关中,陆行乘车,水行乘船,山行则是坐轿而来的。

关于土方,郭沫若先生的观点是:"有的记载把夏禹称为'戎禹',是事出有因的。'禹敷下土方',土方从甲骨卜辞推测,在商朝的西北方向,估计在河套一带地方。夏后氏当是从这里沿黄河南下到今河南西部原共工氏所在地区的。"②《周礼·夏官》有土方氏,职能是主管四方邦国之土地。孙诒让《周礼正义》引俞樾:"土当读度,此官主相度四方,故曰度方氏。"《辞源》解释土国为平原国家。

徐南洲先生考证:土、杜"两字古常通用。《诗·豳风·鸱鸮》'彻彼桑土',陆德明《经典释文》曰:'土,《韩诗》作杜。'又如《诗·大雅·绵》'自土沮漆',《水经·漆水注》、《汉书·地理志》颜注等均引土作杜"③。

《史记·夏本纪》载:"禹……为山川神主。"《淮南子·氾论训》也说:"禹劳天下而死为社。"《周礼·大司徒》疏引《孝经纬·援神契》:"社,五土之总神。土地广博,不可遍敬,故封土为社,以报功也。"《路史后记》卷四引《孝经说》:"社,土地之主。"

詹子庆先生《夏史与夏代文明》一书引述:"据尹胜平先生新著《西周史征》认为:《诗·大雅·绵》中'自土沮漆'所云,是指后稷氏族,其初始地当是'漆水的上游杜水流域','当是关中西部陇县、千阳、麟游一带的杜地'。而且这里初步发现了早周文化之前的先周文化线索。"④据2008年10月27日《三秦都市报》记者赵争耀报道:在第三次全国文物普查中,在陕西省麟游县蔡家河村杜水河北岸发现一处4000年前城址遗存。在城址陶窑内采集有龙山文化的陶罐残片。考古专家据此推测,该城址时代不晚于龙山文化,距今约4500—4000年,应是宝鸡地区目前发现时代最早的城址。这正好在禹生活时段内,河名又叫"杜

---

① 李均明:《孙膑兵法译注》,第44—46页,河北人民出版社,1992年。
② 郭沫若主编:《中国史稿》第1卷,第120页,人民出版社,1976年。
③ 徐南洲:《古巴蜀与〈山海经〉》,第185页,四川人民出版社,2004年。
④ 詹子庆:《夏史与夏代文明》,第185页,上海科学技术文献出版社,2007年。

水",联系"敷下土方"极可能与禹有关,甚至就是禹生活过的地方。

另外《史记集解》注解《秦本纪》(宁公)"遣兵伐荡社"为:"徐广曰:'社,一作杜。'"《史记索隐》解释为:"徐广云,一作汤杜,言汤邑在杜县之界,故曰汤杜也。"这里说的是春秋时秦宁公伐荡杜,在其地设杜县的事。

综上所述,周人自称"奄有下土,缵禹之绪",土、杜、社相通,禹为社主,实质也为土主,或者说杜主。结合《诗经》中的"丰水东注,维禹之绩"、"信彼南山,维禹甸之"、"奕奕梁山,维禹甸之"等诗句,可见大禹当时活动的范围在今宝鸡至西安一带,开拓疆域从南到北、由西向东次序分明。

另外,《荀子·成相篇》云:"禹有功,抑下鸿,辟除民害除共工。"《左传·昭公二十九年》说:"共工氏有子曰勾龙,为后土,后土为社。"杜预注:"勾龙能平水土,故死而建祀。"《礼记·祭法》也记载:"共工氏之霸九州也,其子曰后土,能平九州,故祀以为社。"共工氏也是一个古老的部落。杜预注解:"共工氏在太暤氏后,神龙前,以水名官。"本人以为,后土实为土后,也即土方首领。禹攻占土方后,成为土方首领,自然而然成为社神。

从四川到陕西,有嘉陵江南流。陕西省周至县有黑河,其东邻户县有黑龙沟。据李文实考证:"'嘉'为'夏'之音转,可谓确凿不移。"①韩非子说禹作祭器表黑里红,现在户县发现庙底沟二期以后彩陶,彩即为黑色。禹行"灵教",伐三苗理由就主要是"三苗弗用灵",而在大禹治理过的沣河之侧,有新石器时代至于周朝的灵台遗址。

最近,喜读日本吉田笃志《大禹九州传说的形成过程》(博明妹译)一文②,给这篇论文找到了更有力的证据,为不断章取义,特摘引其有关段落及脚注如下:

冈村秀典根据记载"丰水东注,维禹之绩"的《大雅·文王有声》及记载"禹賣(绩或迹)"的秦公簋,对《左传·襄公四年》的"芒芒禹迹,画为九州,经启九道"中的"禹迹"的记述,作了一些地理上的解释:"在《诗经》的'文王有声'中,把周文王将都城从岐山迁至丰说成是'禹迹',而秦公簋中的'禹迹'却是指岐山以西地区,'禹迹'从丰往西是相当广阔的地区。虽然还不能确定'文王有声'的形成年代,但假定上溯到西周时期的话,那么春秋时代的'禹迹'是从关中盆地东部扩大到甘肃东部,到《尚书》禹贡的时候则进一步扩展到了甘肃西武的沙漠地带。"

三原一雄指出,大禹治水的传说是从陕西省开始的,这是因为有关西部的地理贡物的记载多与大禹有关。三原认为:"关于禹贡还是来自陕西、甘肃的记载更多",除了上述的《大雅·文王有声》中的"丰水东注,维禹之绩"

---

① 李文实:《西陲古地与羌藏文化》,第241页,青海人民出版社,2001年。
② 《炎黄文化研究》第十辑,第268—269页,大象出版社,2009年12月。

以及《鲁颂·闷宫》中的"缵禹之绪"之外,还有《新书·术事》篇的"禹出于西羌"、《史记·六国年表》的"禹兴于西羌"、《礼记·缁衣》篇的"惟尹躬,先见于西邑夏"、《史记·吴世家》的"周武王克殷……乃封周章弟虞仲于周之北,故夏墟"等记载为依据,"可以证明,不仅大禹个人,整个夏王朝的传说都带有其浓厚的(地域)色彩"。除此之外,他还对"禹迹"、"禹之堵"、"夏墟"、"夏方"、"大夏"等地都位于陕西、甘肃这一说法进行了考察。①

如果说禹敷下的土方,在西至宝鸡、东到西安这么大的范围内,有扈氏的中心区域在今陕西户县,正处其中。《墨子·明鬼下》记述:观看《夏书》知禹与有扈氏"大战于甘",且有《禹誓》原文。《禹誓》与《甘誓》相比,语气缓和,并有争一日之命的说法,文笔高古,更具有原始性,本人曾有短文专论,不再赘述。《墨子》记载《禹誓》源于《夏书》,可见禹征有扈自有远源。《庄子·人间世》也记载:"昔者尧攻丛枝、胥敖,禹攻有扈,国为虚厉,身为刑戮,其用兵不已,其求实无已。"(译文:过去尧讨伐丛枝和胥敖,禹讨伐有扈,被讨伐的国家土地成为一片废墟,人民变成厉鬼。三个国家的国君也都被杀死。也是因为这三个国家不断地使用武力征伐别国,贪图实利的缘故啊。)②《说苑·政理篇》也说:"昔者禹与有扈战,三阵而不服,禹于是修政,一年而有扈服。"多书记载禹攻有扈,可见已非孤证,当年有扈也极可能就是土方的一个邦国,禹是采用恩威并济的策略才使有扈臣服的。据李民先生考证,有扈氏盛时,势力范围已达今陕西东部,中心区域则在户县。

挺进冀州

《吕氏春秋·求人篇》载:禹北至"夸父之野,禹强之所"。《山海经·海外北经》正好有"夸父逐日"的传说:"夸父与日逐走,入日,渴欲得饮,饮于河渭。河渭不足,北饮大泽。未至,道渴而死。弃其杖,化为邓林。"

《尚书·汤誓》尽管是夏末商汤伐桀的一篇誓言,但也能看出夏的端倪。《汤誓》有这样的话语:"夏王率遏众力,率割夏邑,有众率怠弗协,曰:'时日曷丧,予及汝皆亡!'""时日曷丧"一句,日即喻指夏桀,前贤注解多矣,不一一详述。关键是为什么非要以日指代夏桀。本人以为夏民族以太阳为最高神灵,于是日也便成为夏王乃至夏族的代称。由此看来,《山海经》中"夸父逐日"便不仅

---

① 三原氏在记述大禹的出身地和夏朝的由来时,得出了这样的结论:"殷之前就有了夏这个古国,被认为是始祖的大禹,最初从西部的羌族之地参狼谷出发,沿周边国家到了原本为西戎的居住地夏(土),今陕西省凤翔县的西北,成为王,并在那里建都,国号为夏(土)。"——原注

② 王世舜:《庄子译注》,第67页,山东教育出版社,1983年。

是传说，而是包含着史实。日，实指有夏氏，也即以大禹为首的有夏国。逐日，实际是夸父氏族追逐抗击有夏。渴死，喻指夸父抵抗夏禹以失败告终。

再如《左传·襄公四年》记述："昔有夏之方衰也，后羿自鉏迁于穷石，因夏民以代夏政。"《山海经》中同样有"后羿射日"的传说，屈原《天问》也说"帝降夷羿，革孽夏民"，这足以证明"日"便是夏政权的代称，而后羿则是对羿成为夏王的认定。

时光流逝，传说也便衍生出多种说法。洪兴祖《楚辞补注》注《天问》"应龙何画？河海何历？"引用《山海经图》曰："禹治水，有应龙以尾画地，即泉水通流。"《山海经·大荒东经》又记载："应龙处南极，杀蚩尤与夸父，不得复上，故天下数旱。"

禹治水，北至夸父之野。据清代郝懿行《山海经笺疏》"夸父之山"释文："一名秦山，与太华相连，在今河南灵宝县东南。"这当为夸父之野的地名遗存。夸父之国也当在附近。应龙帮助大禹治水，杀夸父，又见攻战血雨腥风。同时也给前文"夸父渴死"作了解释，实质极为可能是夸父与南来的大禹氏族对抗，由于没有后援，步步败北，最终战死，故曰"渴死"。

关于夸父的世系，《山海经》记述得特别清楚。《海内经》说："炎帝生炎居，炎居生节并，节并生戏器，戏器生祝融，祝融生共工，共工生后土。"《大荒北经》又载："后土生信，信生夸父。夸父不量力，欲追日影。"至于为什么禹要杀夸父，联系《海内经》中"鲧窃帝之息壤，以堙洪水"，"帝令祝融杀鲧于羽郊"，由此可见鲧当时力量也够强大，帝令杀鲧，还要借助祝融的力量。祝融杀鲧，夸父是祝融的后代，那么鲧的后代逐杀夸父便在情理之中。再远溯，夸父为炎帝后裔，大禹为黄帝后裔，"夸父逐日"、"杀夸父"，可说是炎黄斗争余绪。这次战斗极可能发生在舜伐南方三苗时期，禹攻杀夸父，断了舜的后路，以至越过黄河，攻占舜都。因此《韩非子·说疑》说"禹逼舜"，实则来了个分头消灭。

户县有三过村，史志载为禹之故乡，宋代称为禹王村。沣河岸边有禹王庙村，元代之前便有禹王庙。联系《诗经》中"丰水东注，维禹之绩"，可见其源远流长。梁山，从陕南、关中，逶迤到陕北。而渭河，至今陕、甘两省仍称之为"禹河"。"陕北文安驿川有禹居村，传说乃禹到雍州进行实地调查和测量时居住过的地方，因以为名。禹到宜川衣锦村居住时，曾娶周姓女子为妻，这里的人们后来修了一座禹王庙，因为禹是该村的姑爷，所以人们叫做'姑夫庙'"①。

陕西素有文物大省美称，从陕南、关中直到陕北，留存大量龙山文化遗址和齐家文化遗址。五行中，土居中央，而陕北黄陵县在民国之前一直被称为中部县。本人认为土方实质是以黄土高原为主体，兼及周围平原土地的宏大部落，面积过大，中间便有某某氏的分区称号。

---

① 姬乃军：《延安史话》，第5—6页，教育科学出版社，1988年。

随着疆土的扩大,土方和夸父被征服,以大禹为首的夏部落联盟发展农业,壮大力量,战略上处于主动地位,历史的新纪元即将到来。

《吕氏春秋·爱类篇》载:"昔上古龙门未开,吕梁未发,河出孟门,大溢逆流,无有丘陵沃衍,平原高阜,尽皆灭之,名曰鸿水。禹于是疏河决江,为彭蠡之障。干东土,所活者千八百国,此禹之神功也。"

《水经注》曰:"孟门即龙门之上口也,实为黄河巨扼,此处始禹凿河中,漱广夹岸,崇深倾岩,返捍巨石,临危若坠,复倚其中,水流交冲,素气云浮。"

大禹率部渡过龙门,夺得舜的政权,这也可能便是"鲤鱼跃龙门"的历史内涵。禹摧毁舜的都城,建都阳城。随后乘胜追击,歼灭讨伐南三苗不能回归的虞舜军队,舜死苍梧,虞朝宣告结束。

余论

禹在会稽(今浙江绍兴)开庆功大会,评功论赏,实质上等于宣告夏王朝建立,禹代替舜,已经成为部落联盟的最高权威代表。防风氏迟到,禹认为他蔑视夏王权威,无法无天,下令处死,可见禹的权力已经达到独裁专横的地步。禹扩张领土,复兴夏族,为父报仇,奋力治水,为民除害,以至建立夏朝,可谓一箭双雕,称誉大禹,当之无愧,以至两千多年后,孔子提起他,仍佩服至极。

中国历史从此由大同世界进入小康社会,宣告了原始社会趋向结束。首领由帝改称为王。禹居舜地,舜民自觉压抑,大禹心情也好不到哪里去。大禹后来便在登封建都。那里便是当年鲧帮助尧治水的地方,有一定民众基础。禹进入冀州,才真正开始称王,且将都城定在冀州,所以《尚书·禹贡》首述冀州,其实并非大禹起根发苗始于冀州。

(作者:李养民,中国先秦史学会会员、陕西省民俗学会理事、陕西省户县新闻宣传中心编辑)

文化丛谈

清朝总兵张鹏程、张玉麒父子身世考

◇ 李春元

清明时节,榆林人都要到自家的坟地去扫墓祭祖。张鹏程生于斯,长于斯,却不能用榆林的黄土埋于斯,而是"葬于咸阳之毕原",时间是清朝康熙七年(1668年)。康熙五十八年(1719年),张鹏程的儿子张玉麒葬于斯;雍正年间,张玉麒的独生子张祖谟亦葬于斯。1994年清明节,清河张氏第十二代掌门人张振华率领第十三代、第十四代子孙一行十几个人来到毕原祭祖,发现祖坟被盗。

从1998年到2008年十多年间,《西安晚报》、《三秦都市报》、《光明日报》以及电视、网络等多家媒体陆续披露了西安市长安区农民张振华家祖上七代为清朝武将,至今保存清朝五位皇帝御赐的两块牌匾、九道圣旨等珍贵物件的消息,却没有一则消息能够详细说明张鹏程父子的身世。在西安市长安区博物馆穆馆长等人的引领下,我先后两次来到长安区斗门镇中丰店村走访,在张家老宅院以及第十三代人的家里,查看牌匾、牌位、画像、墓志铭等物件,与张家人座谈,总算理出了头绪。参照明史、清史、《台湾府志》(由榆林人、福建

清朝贵州安顺总兵张鹏程像(戴苍绘)

泉州知府高拱乾主持编撰)、《续修台湾县志》、榆林地方志以及口碑资料,我们终于得出这样的结论:张鹏程父子是明末清初离开家乡的榆林人,参加了平定江南、削平三藩、复兴台湾等一系列战事,以身报国,功不可没。此文是对他们生平和战绩的追记,以告慰他们的在天之灵。

一、张鹏程原本是李自成的部下

明朝万历三十九年(1611年)阳春三月,张鹏程出生于榆林卫镇川堡张(家)庄一个军户家里。他的父亲张汝洪,字远大,排行第三,母亲蓝氏。蓝氏生了六个儿子,张鹏程的排行也是老三,因此取名"鹏程"。他的祖父张恩,字显德,排行第二,祖母马氏。镇川堡始建于嘉靖二十九年(1550年),是明军的粮草集散地。张庄的军户们平日里大部分时间种地养马,进入镇川堡守哨、集训的时间并不多。张鹏程"智勇过人",因此被保宁堡参将看重,常年抽调到镇川堡看管仓库。在这里,他结识了米脂人高杰,两人很快成了拜把子弟兄。崇祯元年(1628年)陕北大饥,李自成、李双喜与安边堡的白广恩等人结伴去庆阳卫当兵吃粮,在征调赴京途中造了反,投靠王左挂子(清涧人)。崇祯二年,高杰与张鹏程赶去入了伙。从此,张鹏程跟着李自成南征北战,高杰任老营总管,干的是老本行;张鹏程属高杰调遣,也是轻车熟路。崇祯七年,高杰勾引李自成小老婆邢氏的事情败露,向榆林副总兵贺人龙(米脂人)投诚,张鹏程也重返明军队伍。李自成打进北京城的时候,高杰已经升任援剿副总兵,张鹏程以游击将军跟随高杰在河南一带与义军作战。李自成兵败以后,高杰被南明政权任命为总兵,张鹏程为副总兵,在南明"四镇"中"高镇"兵力最强。清顺治元年(1644年)十二月,高杰率兵进至睢州(今河南省睢县)城外,试图与驻在城里的河南总兵许定国合兵,阻止豫亲王多铎渡过黄河南下,不料许定国已经暗中降清。顺治二年(南明弘光元年)正月十三那天,许定国在睢州城内袁尚书府设下鸿门宴,诱杀了高杰,史称"高许之变"。高杰属下副总兵李本身等率兵血洗睢州,老百姓惨遭涂炭;副总兵张鹏程则由许定国引荐降了清,仍然当他的副总兵,正如墓志铭所说,"豫亲王一见奇之,遂亲任焉"。时年35岁的张鹏程还因此成了许定国的乘龙快婿,与许定国16岁的二女儿结为伉俪,许氏正是张鹏程的元配夫人。

二、张鹏程降清后的三大功绩

如果说张鹏程在闯王的队伍里羽翼还不够丰满,在明朝军队里翅膀还不怎么硬,降清后在绿营里总算有了展翅高飞的机遇。他的大儿子张玉麒总结了父亲一生的三大功绩:一是"平定江南"。顺治二年四月,张鹏程告别新婚妻子,率领所部人马进入安徽。五月,在与李自成残部以及南明军队争夺凤阳的战役中,取得金山大捷,奉命以副总兵协守凤阳。在这里,张鹏程又娶了出身陕西"咸阳县望族"的章氏,张鹏程的长子张玉麒、次子张玉振和四子张玉佩都是章氏所生。八月,张鹏程又奉命出师宁国(今安徽宣城),击溃了义军范云龙部,招抚了驻守宁国府城的南明副总兵张鹏年,张鹏年与张鹏程同岁,应该是叔伯弟兄。张鹏年降清后,仍然被任命为宁国副总兵。顺治三年二月,张鹏程奉命率领本部人马进军婺源(今属江西上饶市),招抚华阳、溪口等地义军残部。四月移师宁国,见到了刚刚满月的大儿子张玉麒。此后陆续发兵,"平负险据湖之土寇",到年底,盘岭、洞溪、临泾县等处"俱获安帖"。顺治四年三月,张鹏程所部奉命剿灭孝丰(今浙江安吉县)、长潭等地反清势力。六月,张鹏程被正式任命为宁国副总兵,驻防宁国府。顺治五年自夏及秋,"削平铁头鹰、蛮和尚诸逆"。顺治六年三月,活捉昌化(今浙江临安县)反清武装头目四山坞、王二甫等,朝廷颁给他"关防(印)一颗"、圣旨一道,肯定他镇守宁国期间"出奇制胜"之功绩。顺治八年四月,朝廷册封张鹏程三代:祖父、父亲皆为"骁骑将军",其配偶皆为一品夫人;加授张鹏程二等阿达哈哈番(轻车都尉),袭五辈,年仅六岁的张玉麒在榆林卫袭父职,享受预备役军官的待遇。

二是"调征湖广",主要是与张献忠余部作战。顺治十一年,朝廷再次给张鹏程加官进爵,属都督佥事(正二品),任湖广沅州总兵官,在武溪镇修建都督府,长期安家于此。顺治十二年,张献忠余部孙可望与李定国在夺取辰州(今湖南沅陵以南地区)后发生矛盾,李定国进入广西;孙可望部数次进攻常德未果。五月,孙可望派部将卢名臣由辰州攻打桃园,号称十万之众。张鹏程设下伏兵,杀死卢名臣,受到嘉奖;顺治十五年三月,在收复辰州的战役中又立新功,于是又被任命为刚刚恢复的常(德)辰(州)总兵官。

三是"调防贵州",主要是剿灭土寇,安抚苗民。顺治十七年六月,张鹏程奉命调防镇远府(今贵州黔东南苗族侗族自治州镇远县),建置哨楼,驻兵防护,使苗民安居乐业。因此于顺治十八年正月,又受到"荫一子入监读书"的奖励。他的二儿子张玉振被保送到北京国子监就读。同年四月,张鹏程进爵都督同知(从一品),充任贵州安顺等处地方总兵官,于康熙元年(1662年)五月到任。上任以后,张鹏程召集各土司,"给以花红银牌缎匹,曲为抚绥,谕以恩德",只派兵防守要汛重地。康熙二年,又修筑城垣以固疆防,得到苗民拥戴。康熙三年,张鹏程进军毕节,驻防黑章一带,阵擒李自成余部头目慕魁、左柱楚等;同年十一月调移织金(今贵州西部织金县),剿抚土寇。因积劳成疾,他辞去军职,奉旨返回湖南武溪镇休养,于康熙七年四月十二日病故,享年58岁。

三、张鹏程的墓志铭、画像及其他

在咸阳毕原出土的张鹏程墓志铭,如今保存在中丰店村张家的老宅院里;张鹏程的第十三代孙张林虎家里还珍藏着张鹏程及其元配夫人许氏的画像，以及七代先祖的牌位。研究这些物件，更令我们震惊。墓志铭盖上的文字"皇清诰封加授特进光禄大夫总镇贵州安顺大都督张公墓志铭"为河南道御史侯于唐篆书，侯于唐是陕西三原人，顺治九年进士，曾经担任负责治理黄河的官员。张鹏程的第三位夫人刘氏出身河南南阳望族，侯于唐就是证婚人。张鹏程生前最后的官位是镇守贵州安顺地方总兵官，因此其死后加授"光禄大夫"、特进"大都督"都是虚衔。书写墓志铭全文的是刑科掌印给事中查培继，他是江西婺源（今属江西上饶市）人，与侯于唐为同科进士，他编写的《词学全书》闻名全国。为张鹏程撰写墓志铭的是兵部尚书龚鼎孳，他是安徽合肥人，明末清初著名文学家，曾与吴伟业、钱谦益并称"江左三大家"。龚是崇祯七年进士，当过县令，刑部给事中；李自成打进北京城以后，投井自尽获救，于是投降李自成，担任指挥使，巡视北城；睿亲王多尔衮进了北京城，他又降了清，因此留下"闯来则降闯，满来则降满"的恶名。康熙初年，此人得到重用，历任左都御史、刑部尚书、兵部尚书等职，为同朝武官撰写墓志铭责无旁贷。张鹏程和元配夫人许氏的画像有如真人大小，保了三百多年，仍然色泽鲜艳，栩栩如生。画像的作者是清代早期的画家戴苍，他擅长画肖像、人物和山水，有传世名作《看竹图》。戴苍是湖南常德人，张鹏程回武溪养病期间，请戴苍为自己和夫人许氏、章氏分别画像。张鹏程有三位夫人，五个儿子一个女儿。长男张玉麒、次男张玉振、四男张玉佩为章氏所生。张玉麒娶湖广偏沅镇标右营游击将军高国勋长女，张玉振娶镇守贵州平越等处副总兵石玉贵长女，张玉佩娶镇守贵州威清等处兵备道副使连世龙次女。三男张玉瑞为许氏所生，娶湖广提督全省左都督董学礼长女。五男张玉柱为刘氏所生，张鹏程去世时年尚幼未聘。刘氏还生一女，嫁给原任湖广荆州府总兵官郑四维长男郑勷国，郑勷国时任镇守广西浔梧等处副总兵。由此看来，张鹏程生前的四个儿女亲家以及一个女婿都是武官。

张鹏程元配夫人许氏像（戴苍绘）

四、张玉麒转战河北、陕北建功立业

张玉麒,字公仁,生于顺治三年(1646年)二月十三日辰时,卒于康熙五十八年(1719年)三月二十日辰时,享年74岁。有些资料把张玉麒一分为二,变成张玉麒和张玉麟两个人,有点想当然。张玉麒从10岁起,就跟随父亲张鹏程南征北战,练就了一身好武艺。父亲在世时,张玉麒已经是游击将军,曾经统领水军驻防武溪;父亲去世后,张玉麒守孝三年期满,于康熙九年出任直隶保定参将,时年25岁。康熙十二年,吴三桂打起反清复明的旗号,各地反清势力纷纷响应。康熙十四年秋天,新河(今河北邢台市东北)守将张可大发动兵变,应声而起的兵民成千上万,京师为之震动。张玉麒奉命攻击张可大,平息暴乱。他以一千步兵包围张可大大营,亲率一百多骑兵乘着夜色直奔张可大的指挥部,张的人马顿时大乱,四散奔逃,溃不成军。

康熙十四年正月,陕西榆林镇协守定边营副将朱龙,在自己家里捉住一个盗贼,此人名叫周四儿,是个枣贩子。他随机应变,声言朱将军有一条大蛇附体,有天子之相。朱龙刚刚收到陕西提督王辅臣从平凉的来信,说他已跟随吴三桂反清,并被吴三桂封为平远大将军。听周四儿一说,朱龙怦然心动,立即与周四儿合谋造反,先后攻取包括绥德在内的沿边各城堡,并且包围了榆林城达三个月之久。张玉麒奉命进军陕北,隶属平逆将军毕力克图麾下。张玉麒所部于康熙十五年三月随大军西渡黄河,由府谷、神木一线攻击前进,于当年六月进至定边营。在大军压境的情况下,朱龙被部下用计擒拿,押至榆林问斩。此后,张玉麒所部又参加了平定王辅臣的战役,迫使王辅臣再次向清廷俯首称臣。康熙十六年,张玉麒所部还参加了收复延安的战斗。康熙十七年,毕力克图率大军回京师复命,张玉麒调任定边营副将,镇守定边长达十年之久。定边城南关有一座创建于明朝万历三十五年的佛教寺院,名叫十方禅院,年久失修,康熙二十五年张玉麒曾经主持重修。康熙二十八年,张玉麒调任山东沂州副将。康熙三十四年,他升任浙江温州总兵,三年后调任福建台湾总兵。

五、张玉麒镇守台湾不忘练兵备战

康熙三十六年,康熙皇帝亲征蒙古反叛势力头目噶尔丹,于三月十一日到达榆林城,驻跸榆阳桥南行营。在接见地方官的时候,说起当年平息朱龙之乱时榆林军民的忠勇,特别是张玉麒的善战,康熙仍然感慨不已。第二年五月,康熙从宁夏返回北京后,又看到台湾军心不稳的奏报,于是想到了张玉麒,调他去镇守台湾。张玉麒于康熙三十七年七月到任,四十年七月离任,干了一个任期整整三年。他在北坊(今台南县境内)总镇署上任以后做的第一件事情就是在北门外修建演武场，并且把此项工程看得十分重要。他与同僚及属下商议，达成共识，"咸捐清俸"，从九月动工到年底完工，仅用了三个多月时间就建成了演武场。原来，张玉麒到任后通过调查摸底，发现镇守台湾的士兵由于多年没有大的战事，纪律松弛、军心涣散，甚至有开小差的事情发生，必须迅速加以整顿。在演武场建成后，张玉麒召集镇标三营和城守二军全体官兵开会，严惩了几个带头逃离的士兵。在他镇守台湾期间，除镇标营和城守营外，在安平镇协守台湾的水师三营和在澎湖协守的陆路二营都加强了军事训练，在军训中坚持奖勤罚懒，风气为之一振。收入《续修台湾县志》的《建校场演武厅记》是我们今天能够看到的张玉麒留给后人的军事论文，体现出他加强军训、积极备战的战略思想。全文如次：

> 台湾讨平，既十有七载矣。政治民风，翕然不变。戊寅秋，余奉天子命，移镇兹土，历览形胜，一切规模，靡不振举；独耀武之地，未之议建。随亟商僚属，咸捐清俸，构演武厅一座。是岁菊月兴工，嘉平告竣。虽不敢侈为雄观，然体制略备。以此阅军旅、奋武卫，组练扬麾，使山陬海澨，咸瞻克诘之声灵，实保邦者所不容缓。尚望后有同志，式廓而增焕之，永与山河并垂不朽也。

乾隆十六年，"后有同志"台湾总兵李有用增建了后堂。康熙四十年秋天，张玉麒离任前，还向正在新建的台湾府学明伦堂捐了清俸。此项工程于康熙四十一年完工，台湾厦门道王之麟在《重修台湾府学文庙新建明伦堂记》中将捐俸者姓名一一列出，镇守福建台湾等处地方总兵官都督佥事二等阿达哈哈番张玉麒名列榜首。

六、张玉麒与黑龙潭的传说

离开台湾以后，张玉麒出任福建福宁（治所在今福建霞浦县境内）等处地方总兵官，从康熙四十一年至康熙四十六年干了两个任期。此后他升任福建全省陆路提督，又干了两个任期。加上在台湾总兵任上的时间，张玉麒在福建连续任职长达十五年。康熙四十一年九月，康熙皇帝第四次南巡，张玉麒奉命北上"扈从圣驾"，于十月初九日"驻跸山东德州"。此次乘船渡过马颊河时，忽然起风，

康熙帝为张玉麒题写的牌匾"机宜果断"

波涛汹涌。站在船头的张玉麒见状,立即张弓搭箭,一箭射落风帆。龙船顿时停止颠簸,稳稳当当地靠了岸,龙颜大悦。当天下午,康熙皇帝召见了张玉麒,一见面就对张玉麒说:"尔是好总兵!"并且给张玉麒题写了"机宜果断"四个字进行褒奖,此牌匾至今犹存。

　　康熙四十六年正月,康熙皇帝第六次南巡,于"四月十二日驻跸杭州",张玉麒随同浙江、福建等地军政大员觐见,张玉麒请求圣上给他远在陕西长安中丰堡的家族祠堂题字,康熙欣然命笔,写下了"世泽堂"三个大字,此牌匾至今犹存。康熙五十三年,张玉麒退休回老家养老,康熙皇帝还赐给他"奕世承庥"四字,表达体恤之意,可惜此牌匾在"文革"中被毁。

康熙帝为张玉麒题写的牌匾"世泽堂"

　　在张玉麒老家榆林市榆阳区镇川镇红柳滩村东面的石崖上有水潭九个,建黑龙庙一座,人称黑龙潭。黑龙庙主神黑龙大王的故事广泛流传,这些传奇故事的源头,都可以追溯到张玉麒的真实经历。传说外国人打进中国,边关告急,有人向康熙皇帝举荐榆林总兵张耀前去御敌。张耀摆下香案,从老家请来黑龙大王显灵,果然大获全胜。张耀这个名字应是从"耀武扬威"、"光宗耀祖"而来,抗击外侮、镇守边关的故事背景显然与张玉麒镇守台湾的经历有关。绥德县辛店乡黑家洼村黑龙大帝的传说则以康熙三次亲征噶尔丹为背景,当大军陷入绝境之际,突然狂风骤起,暴雨大作,飞沙走石,敌军溃败。康熙皇帝封显灵助阵的黑龙大帝为"金锁侯",这与张玉麒护驾山东德州的经历不无关系。此外,在府谷县清泉寺、榆林市榆阳区三岔湾村也有黑龙王显灵的故事流传。2010年,由镇川黑龙潭庙会出资改编的豫剧《黑龙潭传奇》,在农历六月十三庙会期间演出,把张总兵的故事演义到了极致。只是编剧与演戏的人都不知道张耀的原型就是张玉麒。

七、武将世家与"不肖子孙"及其他

　　康熙二十年,张鹏程的元配夫人许氏去世,时任定边营副将的张玉麒在守孝期间,把埋在镇川堡张庄老坟的祖父、曾祖父的遗骸迁到咸阳毕原安葬。毕原曾

· 144 ·

经是周文王第十五子姬高的封地,现在位于咸阳市渭城区司魏东村西北。张鹏程死后,张玉麒给朝廷打了报告,请求赐墓地于陕西咸阳毕原,其中一个重要原因,是因为他的生母是咸阳人。此前,张玉麒曾经打发四弟张玉佩"回陕到中丰店买马姓花园四十余堵,打堡寨一座,修东西城门,盖房屋八十余间,住宅七院,马房、园子二院,祠堂一院;治旱地二十余顷,在咸阳县买坟地七十余亩,栽柏树二十余株,立牌楼一座、石狮子一对",这是张家家业田产最多的时期。张玉麒只有一个儿子,名叫张祖谟,此人"自幼习文进学",由举人而进士,未能承袭武职,做了永康县(今浙江省永康县)的知县。不料他的前任与知府勾结,贪污库银三十多万两,张祖谟向上举报反遭陷害,国库的亏空都栽赃到了他的头上。于是张祖谟变卖了几乎所有家产,甚至典当了祖坟,才补齐了亏空。雍正皇帝登基以后,认为他"居官无才",因而将他降为宝鸡县教谕。由县长降为教育局长,张祖谟被活活气死,虽然也埋进了毕原祖坟,但被家族后代认为是"不肖子孙",毕原也被称为"背子抱孙穴"。从此以后,北墓地不再埋人,张家第四至第七代先祖大都埋在了南墓地,即中丰店村西南。除张鹏程、张玉麒外,张家第四代张国正、张国枢及第五代张大成在乾隆年间都承袭世职,先后任宁国参将;第六代张廷彦由宁国参将升任郧阳副总兵,乾隆五十年曾经扈从圣驾南巡;第七代张锡奎承袭世职,出任固原游击将军。张家七代出了七位将军,可以说是显赫一时。

  台湾西部彰化县有一个陕西村,1976年被发现时有村民300多户1500多人。村里有一座乌面将军庙,里面供奉着陕西人马信,曾经参与郑成功收复台湾的战争,此人很可能是中丰店村马姓的先祖。除张氏家族外,康熙、乾隆年间在台湾任武职的榆林人还有台湾协守中营游击将军王进禄(康熙二十七年任)、焦云(乾隆年间任),台湾协守左营游击将军乔瀚(康熙三十二年任),台湾协守右营游击将军常太(乾隆年间任),台湾城守营参将张永龙(雍正十二年任)。2004年清明节前夕,台湾商人张连兴来到中丰店村认祖归宗,声言自己是台湾总兵张玉麒的后代子孙。清明节那天,中丰店村张家举行隆重仪式祭祀列祖列宗,张家第十三代子孙张连虎与台湾张家第十三代子孙张连兴的手紧紧地握在一起。2010年,张家第十二代孙张振华先生辞世;现如今,张家的后代子孙们期盼着到祖籍榆林认祖归宗的那一天早日到来。

  (作者:李春元,中学语文高级教师,《榆林市教育志》主编)

改进炎帝陵祭奠　促进炎帝陵旅游

◇谭伟平

炎帝以其首创农耕文明、开医药先河的历史功绩而恩泽九州、名垂宇宙,得到后世敬仰,几千年来历朝历代祭祀活动不断。2006年4月"炎帝陵祭典"成功入选首批国家级非物质文化遗产名录。炎帝陵祭典,对于弘扬优秀传统文化,振奋民族精神,增强民族凝聚力,推进祖国统一和中华民族伟大复兴具有重要意义。同时,炎帝陵祭祀也满足了人们心理渴望和精神抚慰的个体需求,在促进社会和谐和人的身心融合方面也有重要的作用。据记载,自1988年湖南酃县(今炎陵县)炎帝陵修复以来,已举办各类祭祀活动300余次,近年来举办公祭40次以上。但20多年过去了,"炎帝陵祭典"还仅是扩大炎帝陵影响的手段和平台,其自身尚未成为广大游客参观游览和给景区带来效益的项目。因此,利用好炎帝陵祭奠这一国家级非物质文化遗产,挖掘其中的旅游元素,改进祭奠的形式和内容,做好吸引游客、促进炎帝陵旅游的文章是很有必要的。

目前炎帝陵祭奠作为旅游项目存在的不足主要体现为:

一、祭典组织的官方性。目前的炎帝陵祭典,尤其是大型的能集中展示祭典全部内涵的,主要是以各种形式的官方祭祀为主。官方性质的祭典,从祭祀活动的策划、组织到最后落实,包括经费、人员、参祭队伍等都是政府在包办。这种形式的祭祀活动,对于参祭人员而言,往往以被动参加为主(多是邀请参加),基本上是盲从、随大流,因而体验和感受并不十分强烈,对"祭典"蕴涵的意义、价值也就领悟不多;对于组织者而言,因为是完成任务,再加上频率高、次数多,容易产生厌倦、疲乏心理,故而也很难真正做到全身心投入,因此效果不是十分理想。祭典举办的官方性同时使得其他的普通游客往往很难参与其中,因而使得祭典难以进入寻常百姓游之中。

二、祭典目的的单一性。目前的炎帝陵祭典主要还是以祭祖为主,而对于其中蕴涵的祈福价值,还挖掘、宣传不够。其实,从更实际和更长远的作用来看,炎帝陵的祭典应该有更强烈的"祈福"意义在其中,这样才能使游客真正发自内心、自觉自愿地祭拜始祖,也才能使游客在祭拜中感受到神圣。

三、祭奠缺乏相对固定的载体。祭典作为一种仪式,是一种表演过程,是一段时间流程。它每展示一次就需要调动较大的人力、物力,并且需要一定的场地、设施,还需考虑天气因素等。因此,除非有特殊需要或安排,一般游客很难观看或参与这样的祭奠活动。而且,作为景区,炎帝陵自身也没有这样的条件为普通游客提供该项服务。

四、游客参与环节少。从现状来看,来炎帝陵旅游的游客以散客为主,团体游客量不大,且团体游客安排在炎帝陵参观游览的时间一般都不长。而组织和展示一次祭祀仪式需要的成本一般都较大,时间较长。另一方面,就算是有这样的活动,游客的参与性也不大,目前的祭典仪式中,游客参与环节主要体现为鞠躬、敬香、敬献花篮等,而且很难做到每一个游客都能参与每一项仪式。

针对上述不足,要使"祭典"在炎帝陵祭祖游中发挥作用,真正让国家级非物质文化遗产的影响力渗透到每一次游览活动和每一位游客心中,还必须找到解决问题的对策,使炎帝陵祭典成为炎帝陵祭祖游的知名项目、必游环节和特色景致。

一、推进祭祀文化产品化。通过公司化、市场化运作,组织能适应不同游客需要的表演展示专业队伍。这支队伍要经常性地在炎帝陵的祭祀区进行表演(参照一些景区的大型表演活动),其基本收入要来自门票提成,以保障基本运转;同时,还可以应一些团队的需要进行特定的展演(收取相应的费用)。经常性的表演主要解决散客、日常游客的观看感知体验需要,特定展演解决特定游客的特殊需求,从而使表演活动能满足多样需求,兼顾不同群体。

二、在祭祀中增加游客参与的环节。目前,炎帝陵祭典活动中有一定的参与性,如鞠躬、烧香等,但仅仅这样尚不能真正体现祭拜人员对始祖的崇敬之情,不能激发他们发自内心的慎终追远的情怀。因此,要在现有的祭典仪式中增加一些参与程度高、时间相对较长、更能体现庄严肃穆情怀的环节,可以借鉴台湾信众祭拜神农大帝的那种方式:跪拜、叩头、净手、静思等。要使每一个环节都有其特殊的含义和神圣之处,从而增强参与人员的虔诚之心,真正使祭祖之旅刻骨铭心。

三、制作配套的宣传资料,满足多种需求。炎帝陵祭典作为非物质文化遗产,其存在本身就是一种历史和文化,同时它又是炎帝文化、祭祀文化等文化种类的载体。前来炎帝陵观光旅游的人群中有多样性的需求,满足他们的不同需求的过程其实就是扩大影响、进行宣传的过程。因此,要制作不同的宣传资料,如书籍、音像制品、纪念品等,游客除在现场观看和参与外,还可以回家后通过阅读和观看视频增加了解、加深印象。同时,旅游六要素中"购"也是重要的一环,其中当然也包括购买有纪念意义的宣传书籍、音像制品和各类纪念品等。

四、设置专门的讲解区和视频展播区。在讲解区或展播区安排专业人员针对不同游客进行有针对性的讲解宣传,使广大游客深入认识祭典的历史渊源、发展过程、基本程序、意义价值等,从而真正了解祭典的作用,进而能全身心地投入到对始祖的敬仰和崇拜中,达到缅怀始祖功绩、传承弘扬始祖精神的目的。

五、适当增强祈福的内容。祭祖与祈福是有机的结合,可以通过增强神农炎

· 147 ·

帝的神圣色彩,使广大游客(信众)真正从内心对神农炎帝产生敬畏、信仰,从而自觉自愿地参与到祭祀活动中来,并且在祭祖活动中感受到祈福的作用,体会到祈福的灵验。

其实从历史渊源来看,祭祖和祈福往往是紧密联系在一起的。祭拜先人的过程其实就是祈求福佑的过程,人们往往视故去先人为神灵,期望他们能护佑荫庇后世子孙。从"福"字本身来看,也蕴涵有这种意味。福,从示部,从示部的汉字多与祭祀、神明、祈祷、企盼有关。这一点从甲骨文中的"福"字可以得到印证。"福"字在甲骨文中是"两手捧酒浇于祭台之上"的会意字,是古代祭祀的形象写照。由此可见,"福"的最原始含义是"向上天祈求"。随着社会的发展,"福"的含义被逐渐延伸、扩展。如《左传·庄公十年》载:"小信未孚,神弗福也。"这里"福"是护佑的意思。我国最早的字书《说文解字》对福的解释基本采用的是《左传》上的说法:"福,佑也。"意为神灵保佑,逢凶化吉为福。现代人对福的解释是幸福、福气。总之,不管是《说文》对福的诠释,还是今人对福的理解,福是几千年来中国人孜孜追求、时时向往的境界。因此炎帝陵祭典中蕴涵的意义除表达对始祖的崇敬缅怀、慎终追远外,当然也还包含有对国家、民族、家庭及自身的美好祝愿,也许,此中的意味可能还更多一些、更现实一些。如台湾地区,往往就把炎帝当神来祭拜。

炎帝陵祭典已经成功入选国家首批非物质文化遗产名录,但入选仅只是其文化价值和历史意义的佐证,如何使其在现实中实现资源优势和品牌优势向经济优势的转化,促进当地旅游产业的发展和繁荣,值得进一步探讨和尝试。

(作者:谭伟平,湖南炎陵县文明办主任,高级讲师,湖南神农炎帝研究会理事)

阿房宫的想象[*]
——对杜牧《阿房宫赋》的双重误读

◇明 辉

阿房宫,在中国人心目中,始终是一个似乎无从言说却又不可替代的历史符号,它不仅代表着一个"奋六世之余烈,振长策而御宇内"的古代帝国,而且还引得后世无数文人墨客频发思古之幽情。其中,最具代表性的便是晚唐诗人杜牧(803—852年)所作的《阿房宫赋》。该文早已被列入中学语文教科书,成为莘莘学子吟咏朗诵的经典古文之一。

或许,也正是因为这篇经典赋文,引发了世人对阿房宫的无尽遐思与想象。然而,在历经千年吟咏流传之间,却逐渐累成了世人对《阿房宫赋》的第一重误读,即由此文推知,阿房宫系由秦始皇建造而成的一座恢弘壮阔的宫殿。与此同时,在考古成果频现的当代,一些考古专家也得出了一些与之相关的结论[①],诸如项羽没烧阿房宫,阿房宫从未建成过等,并引发了诸多质疑与争论[②]。然而,

---

[*] 本文初稿完成于哥伦比亚大学访学期间,回国后,经与张翀先生反复商讨,并承蒙其帮助收集相关资料,在其不断督促之下方成此稿,在此表示衷心感谢。

[①] 参见《阿房宫从未建成过》,载《青年科学》2010年9月,第4—6页;刘庆柱:《秦阿房宫遗址的考古发现与研究——兼谈历史资料的科学性与真实性》,《徐州师范大学学报(哲学社会科学版)》2008年第2期;《考古专家揭秘阿房宫:流传千年的三大美丽误会》,《辽宁日报》2008年4月1日;中国社会科学院考古研究所、西安市文物保护考古所阿房宫考古工作队:《阿房宫前殿遗址的考古勘探与发掘》,《考古学报》2005年第2期。

[②] 陈景元:《阿房宫:未被项羽"付之一炬"》,《科技潮》2008年第2期(阿房宫是"秦上林苑的一部分,它由秦惠文王和宣太后开始建造,经历了五代国君的不断扩大、充实而形成的",并且"被一直保留到隋末唐初",因而"杜牧《阿房宫赋》中描绘的规模,并非脱离历史的真实");王学理:《"阿房宫"、"阿房前殿"与"前殿阿房"的考古学解读》,《文博》2007年第1期("阿房宫已经初具建筑规模",并且"还不能轻易否认项羽对阿房宫的光顾");杨东宇、段清波:《阿房宫概念与阿房宫考古》,《考古与文物》2006年第2期("阿房宫概念是不同时代的人们为满足基本相同心理需求而创造出来的产物,虽然这一概念并不是空穴来风,但它与历史的真实性之间相去甚远,它误导了太久的时期和太多的人");朱思红:《关于阿房宫的几个问题》,《文博》2006年第2期(作者认为,项羽所烧的秦咸阳宫包括阿房宫;阿房宫虽有可能未完全建成,但其中的主要建筑可能已建成,其基本格局已经形成)。

· 149 ·

如果没有足以构成完整证据链的相应证据,这些结论或许会引发世人对《阿房宫赋》的第二重误读,尽管目前也无法证明杜牧在《阿房宫赋》中对阿房宫的描述,在何种程度上,是真实的抑或是想象的。

在进行下一步讨论之前,有几个问题或许是值得注意和思考的:其一,"阿房宫"究竟所指为何?其二,有哪些可借以讨论的资料依据?其三,在何种资料及分析程度上可以得出什么样的结论?先从第二个问题说起,迄今为止,关于阿房宫的讨论,无论在坊间,还是在史学界和考古界,都是有一些资料依据的。归纳而言,这些资料无非两类:一是历史文献资料,如《史记》、《汉书》等;二是考古信息资料,其中又包括出土的文献、实物等以及没有发现预期标的(如焚烧的痕迹)的实际情况。这些资料可以成为后续讨论与分析的基础①。对第一个问题的回答,显然应以第二个问题的解决为基础,并且至少还要区分以下两种不同的视角:一是从普通民众的常识理解来看,阿房宫似乎是指一座由秦始皇建造而成的宫殿;二是从历史文献资料的记载上来看,不同文献记载的语词在不同的语境中是否表达了同一的意义指向,这些不同语境中的语词又具体指向什么。这是一个前提性问题,影响着对其他资料或信息的分析与判断。第三个问题涉及历史研究方法与态度,应当贯穿在后面的全部讨论之中,并始终提醒我们在论证与得出结论时应当保持应有的严谨。

下面,本文将从"阿房宫"的名称、建造、地理位置、规模以及焚烧情况等几个方面入手,简要讨论和分析与"阿房宫"及杜牧的《阿房宫赋》相关的一些或许可以称为"历史问题"的问题。

一、"阿房宫"的名称

所谓的"阿房宫",由三个看似简单的汉字构成。首先是"阿",音"ē",据《尔雅·释地》解释,"大野曰平,广平曰原,高平曰陆,大陆曰阜,大阜曰陵,大陵曰阿",是指"大山"的意思②,例如,东晋诗人陶渊明(约375—427年)的名句——"死去何所道,托体同山阿"③——即是在这个意义上使用"阿"字;其次是"房",音"páng",据《说文》解释,"室在傍者也",另据《六书故》释为"室旁夹

---

① 从方法论意义上讲,有学者认为,考古(类型)学主要是建立在史料基础上的一门相对独立的科学,不仅能发现史料中没有记载的,而且还能在一定程度上纠正史料中记载错误的内容。因此,对一个古遗址作结论应该将"史料"与"考古"结合起来分析研究,才能得出正确的结论。参见原平:《阿房宫被焚毁》,《青年科学》2010年9月,第11页。

② 需要解释的是,从"野"到"平",经"陆"、"阜"、"陵",至"阿",已清晰表明此处所谓的"大山"并不是通常所理解的陡峭的高山,而是指具有相当海拔高度和一定坡度的隆起高地。

③ [东晋]陶渊明:《挽歌》(第三首)。

室也",既可指"旁边的室",亦可通"旁",意指"在……旁边"。最后是"宫",音"gōng",据《尔雅·释宫》解释,"宫谓之室,室谓之宫",可见古代的"宫"与"室"是互通的①。据此,若将前述三个词的意思连缀起来,"阿房宫"当是指"大山旁边的宫室"。

当然,以上仅仅是关于"阿房宫"名称的诸多解释中之一种。除此之外,古人对于"阿房宫"的称谓至少还有以下两种不同的解释:一是唐代学者颜师古的解释,颜氏认为,"阿,近也。以其去咸阳近,且号'阿房'",也就是说,因为其距离秦国都城咸阳比较近,暂且称之为"阿房";二是依据《史记索隐》的解释,"此以其形名宫也,言其宫四阿旁广也,故云'下可建五丈之旗也'。阿房,后为宫名"。这两种解释亦可自圆其说,因而在此一并列出,仅供参考。

二、阿房宫的建造

杜牧在《阿房宫赋》中述及"六王毕,四海一。蜀山兀,阿房出",大致是说阿房宫出现在秦始皇统一六国之后,但并未详细说明建造阿房宫的具体时间及情况。那么,在历史上,关于阿房宫的建造时间及相关情况②,被引用最多的证据就是司马迁在《史记·秦始皇本纪》中的一段描述:

> 三十五年,除道,道九原,抵云阳,堑山埋谷,直通之。于是始皇以为咸阳人多,先王之宫廷小,吾闻周文王都丰,武王都镐,丰镐之间,帝王之都也,乃营作朝宫渭南上林苑中。先作前殿阿房,东西五百步,南北五十丈,上可以坐万人,下可以建五丈旗。周驰为阁道,自殿下直抵南山。表南山之颠以为阙。为复道,自阿房渡渭,属之咸阳,以象天极阁道绝汉抵营室也。阿房宫未成;成,欲更择令名名之。作宫阿房,故天下谓之"阿房宫"。隐宫徒刑者七十余万人,乃分作阿房宫,或作丽山。发北山石椁,乃写蜀、荆地材皆至。关中计宫三百,关外四百余。

由此可见,秦始皇三十五年(前212年)因嫌都城咸阳"先王之宫廷"太小,无法容纳更多人,而另行"营作朝宫";将被处以宫刑、徒刑的囚犯七十多万人分成两部分,一部分负责在上林苑建造"朝宫",另一部分负责在骊(亦作"郦")山修建陵寝。只是其在位之时尚未建成,秦始皇原本打算在建成之后再重新选择名称。由于宫殿修建在大山旁边,故民间称之为"阿房宫"。若仅以此为据,"阿

---

① 仅就"阿房宫"三字的发音而言,便存在着不同的认识和争议。参见《"阿房宫"读音惹争议——一地名三叫法专家解疑》,《青年科学》2010年第9期;袁萍:《关于"阿房宫"的读音》,《科教新报》2010年第39期;郭剑英:《"阿房宫"的读音》,《学术研究》2007年第6期。

② 据史料记载,较早述及阿房宫修建时间的是,秦始皇二十八年(前219年),"为阿房宫"。参见《史记》卷十五《六国年表》。

房宫"始建于公元前212年,似乎当无太多分歧疑义。

然而,据《三辅黄图》载:"阿房宫,亦曰'阿城',惠文王造,宫未成而亡,始皇广其宫,规恢三百余里。离宫别馆,弥山跨谷,辇道相属,阁道通骊山八十余里。表南山之巅以为阙,络樊川以为池。"①在此,阿房宫也被称作"阿城",早在秦惠文王(前356年—前310年)时,便开始营造,只是没有完全建成。至秦始皇扩建宫室,连绵三百多里。另据《汉书》记载,"秦惠文王初都咸阳,广大宫室,南临渭,北临泾,恩心失,逆土气。足者,止也,戒秦建止奢泰,将致危亡。秦遂不改,至于离宫三百,复起阿房,未成而亡"②。亦可证明,至少在公元前4世纪晚期,秦国便开始修建王家宫室,只是当时并没有以"阿房"名之。当然,还存在一个关于阿房宫的实际地理位置的问题,将在下一节中细谈。

另据《史记·秦始皇本纪》记载,公元前210年,秦始皇在一次巡游中病逝于沙丘平台,此时阿房宫尚未建成。太子胡亥即位,于公元前209年4月返回咸阳,认为"先帝为咸阳朝廷小,故营阿房宫为室堂。未就,会上崩,罢其作者,复土郦山。郦山事大毕,今释阿房宫弗就,则是章先帝举事过也",于是"坏宗庙,与民更始作阿房之宫",或称"复作阿房宫",或称"[秦]二世充大阿房[宫]以崇绪"③。此外,据《长安志》引《括地志》载,"漆渠,胡亥筑阿房宫开此渠,运南山之漆"④。也就是说,秦二世胡亥继皇帝位后,打着"先帝举事未过"的旗号,命人从四处运送漆木原料,继续营造阿房宫。最终,在秦二世元年十二月,"就阿房宫"⑤。

三、阿房宫的位置与规模

关于阿房宫所处的地理位置及其建造规模的讨论,不仅有助于我们寻找和发现阿房宫的真正遗址,而且也是开启阿房宫的神秘之门至为关键的一把钥匙,同时还关乎如何恰当认识与评价历史上的阿房宫。

对于如何确定阿房宫的地理位置,从实用的角度考虑,首先还是宜从史料入手,尽管这并不能孤立地证实阿房宫的真实位置(因为这还需要考古及其他相关工作的佐证),但却可以从中发现或者推测出阿房宫所处位置的历史线索。

---

① 《三辅黄图》卷一。
② 《汉书》卷二七《五行志》。
③ 参见《史记》卷六《秦始皇本纪》;[汉]贾谊:《新书》卷一《过秦中》;[汉]桓宽:《盐铁论》卷二《忧边》。
④ 《艺文类聚》卷六一《居处部》。
⑤ 《史记》卷十五《六国年表》。但也有学者专门撰文指出,《史记·六国年表》中"就阿房宫"句的记载是失实的,甚至有可能是后人续补窜改的文字。参见项福库:《〈史记·六国年表〉"就阿房宫"句考实》,《兰台世界》2009年11月,第63—64页。

下面,将与阿房宫的地理位置及其建造规模相关的代表性史料列举如下,以资比对讨论:

材料一:于是始皇以为咸阳人多,先王之宫廷小,吾闻周文王都丰,武王都镐,丰镐之间,帝王之都也。乃营作朝宫渭南上林苑中。先作前殿阿房,东西五百步,南北五十丈,上可以坐万人,下可以建五丈旗。(《史记》卷六《秦始皇本纪》)

材料二:秦非徒如此也,起咸阳而西至雍,离宫三百,钟鼓帷帐,不移而具。又为阿房之殿,殿高数十仞,东西五里,南北千步,从车罗骑,四马骛驰,旌旗不挠。(《汉书》卷五一《贾山传》)

材料三:秦始皇既兼天下,大侈靡,即位三十五年犹不息,治大驰道,从九原抵云阳,堑山埋谷直通之。厌先王宫室之小,乃于丰镐之间,文武之处,营作朝宫,渭南山林苑中作前殿,阿房东西五百步,南北五十丈,上可坐万人,下可建五丈旗,周为阁道;自殿直抵南山之岭以为阙,为复道;自阿房渡渭水属咸阳,以象天极阁道绝汉抵营室也。(《说苑》卷二十《反质》)

材料四:阿房宫东西三里,南北五百步,庭中可受万人。(《正义》引《三辅旧事》)

材料五:秦政利觜长距,终得擅场,思专其侈,以莫己若也,乃构阿房,起甘泉,结云阁,观南山,百姓不能忍,是用息肩于大汉。([东汉]张衡:《西京赋》)

材料六:阿房殿,在长安西南二十里,殿东西千步,南北三百步,庭中受十万人。(《水经注·渭水》引《关中记》)

材料七:秦阿房宫,亦曰"阿城",在雍州长安县西北一十四里。(《正义》引《括地志》)

材料八:秦阿房宫,一名"阿城",在长安县西二十里。西北三面有墙,南面无墙,周五里一百四十步,崇八尺,上阔四尺五寸,下阔一丈五尺,今悉为民田。(《三辅黄图》卷一引《长安志》)

史料记载中阿房宫的地理位置及建造规模

	史料来源			地理位置	建造规模
	名称	作者	年代		
材料一	《史记》	司马迁	西汉	丰镐之间,渭南上林苑中	前殿东西五百步,南北五十丈,上可以坐万人,下可以建五丈旗
材料二	《汉书》	班固	东汉		殿高数十仞,东西五里,南北千步

153

(续表)

	史料来源			地理位置	建造规模
	名称	作者	年代		
材料三	《说苑》	刘向	西汉	丰镐之间,渭南山林苑中	(前殿)东西五百步,南北五十丈,上可坐万人,下可建五丈旗
材料四	《三辅旧事》	赵岐	东汉		东西三里,南北五百步,庭中可受万人
材料五	《西京赋》	张衡	东汉	起甘泉,结云阁,观南山	
材料六	《关中记》	潘岳	西晋	在长安西南二十里	殿东西千步,南北三百步,庭中受十万人
材料七	《括地志》	李泰	唐代	在雍州长安县西北一十四里	
材料八	《长安志》	宋敏求	北宋	在长安县西二十里	周五里一百四十步,崇八尺,上阔四尺五寸,下阔一丈五尺

综合前述史料及对比上表,大致可以推测,依据自西汉迄至北宋年间的记载,阿房宫(殿)大致位于渭水以南、长安(县)(今西安)以西丰镐之间的上林苑中,距长安县约一十四里至二十里之间;前殿东西长度约五百步至一千步或者三里至五里,南北三百步至一千步或者五十丈,殿上至少可以坐一万人,殿下可以立五丈高的大旗,庭中可以容纳上万人或十万人。从现代人的视角来看,这也已经是一个实在不小的规模了。然而,即使是一座如此规模的宏伟宫殿,相对于杜牧所言之"覆压三百余里"的"阿房宫",从直观的感受上讲,依然相去甚远。这就不得不令人心生疑窦,杜牧笔下或眼中的"阿房宫"与前述史料中记载的"阿房宫"是同一所指吗?

据《三辅黄图》卷一记载,"阿房宫,亦曰'阿城',惠文王造,宫未成而亡,始皇广其宫,规恢三百余里。离宫别馆,弥山跨谷,辇道相属,阁道通骊山八十余里。表南山之巅以为阙,络樊川以为池"。此处的"规恢三百余里"和《阿房宫赋》中"覆压三百余里"的描述完全吻合,由引可见,杜牧若非亲眼目睹阿房宫之恢弘气象,至少也一定读过《三辅黄图》及相关记载,而绝非诗人浪漫的文学想象。但这"覆压三百余里"的"阿房宫",自秦惠文王始建造,虽未筑成,但迄至秦始皇扩建营造,以至于"离宫别馆,弥山跨谷",甚至横跨渭水、樊川两河四岸,故而有"二川溶溶,流入宫墙";也只有这依傍高山、地跨两河"规恢三百余里"的"阿房宫",方能有"隔离天日","一日之内,一宫之间,而气候不齐"的奇观,以及似乎只有身处其间才能形成的独特切身感受。可见,杜牧在《阿房宫赋》中所描述的"阿房宫"绝不是前述史料中所指的一座"阿房宫"或"阿房(前)殿",而是指历经百年营造(或许仍未最终建成)的横跨渭水和樊川、"弥山跨谷"并由无数"离宫别馆"和"朝宫堂室"构成的秦代皇家宫殿群落。

四、"火烧"阿房宫

在秦末农民起义,特别是项羽率军进入咸阳后,阿房宫被焚毁,这似乎已成为民间流行的一个基本常识。但有学者认为,这个常识也是一种误解,而之所以造成误解,应归咎于杜牧在《阿房宫赋》中的感叹——"楚人一炬,可怜焦土";因为依据考古发现,在阿房宫遗址范围内①没有发现焚烧的痕迹,从而断言项羽没有"火烧"阿房宫。从表面看来,这个推理似乎很自然。然而,作为一个考古学及考古工作的门外汉,笔者在此只想表达两个观点:其一,仅在现在所谓的"阿房宫遗址"范围内进行考古工作,便得出上述结论,似乎不够严谨,因为在没有最后证实阿房宫的存在以及对其进行考证之前,这只能是一种理论假设或者推论,并不是结论,甚至都无法得到相关史料的支撑;其二,即使在进行考古证明的同时,也应当重视史料的历史价值,而不能对之予以一般的否定。

目前,关于项羽"火烧"阿房宫的文献资料,主要出自《史记》和《汉书》中的相关记载,现列举如下:

材料九:沛公遂入咸阳,封宫室府库,还军霸上。居月余,诸侯兵至,项籍为从长,杀子婴及秦诸公子宗族。遂屠咸阳,烧其宫室,虏其子女,收其珍宝货财,诸侯共分之。(《史记》卷六《秦始皇本纪》)

材料十:项羽引兵西屠咸阳,杀秦降王子婴,烧秦宫室,火三月不灭,收其货宝、妇女而东。(《史记》卷七《项羽本纪》)

材料十一:项羽遂西,屠烧咸阳秦宫室,所过无不残破,秦人大失望,然恐,不敢不服耳。(《史记》卷八《高祖本纪》)

材料十二:沛公归数日,[项]羽引兵西屠咸阳,杀秦降王子婴,烧秦宫室,所过残灭,秦民大失望。(《汉书》卷一《高帝纪》)

材料十三:[项]羽乃屠咸阳,杀秦降王子婴,烧其宫室,火三月不灭,收其宝货,略妇女而东。秦民失望。(《汉书》卷三一《项籍传》)

从上述五条史料来看,虽然具体是五个不同地方的记载,但因分别出自两部书,因而可视为两条史料,即司马迁和班固分别在《史记》和《汉书》中记载下来的材料;但若仔细对照,又可以发现,在记述这一事件时,班固在《高帝纪》和《项籍传》中基本上是"抄袭"司马迁在《高祖本纪》和《项羽本纪》中的相应描述,故

---

① 此处需要指出的是,这个所谓的"阿房宫遗址范围"的界定在多大程度上具有完全的排他性,也并不是不存在疑问的。

而又可将这五条史料视为一条,其意思主要包括:其一,项羽率军攻入咸阳,杀死秦王子婴(或及秦诸公子宗族);其二,项羽率军屠咸阳城,烧秦宫室,"火三月不灭";其三,项羽率军劫掠珍宝货财和妇女,而后东归。在这三层意思中,仅有第二层意思与本文主旨相关,故其他两层意思略去不谈。

在这些史料中,涉及焚烧秦宫室的文字表述包括"烧其宫室"、"烧秦宫室"、"屠烧咸阳秦宫室"三种。据此,有人可能会认为,这只是说明项羽焚烧了位于咸阳城内的秦宫室,而并没有明确说项羽焚烧了(或许位于咸阳城外的)"阿房宫"。对于这种看法,需要对两个问题加以解释:第一,依据相关史料记载,无论是在秦始皇时期,还是在胡亥和子婴时期,因整个宫殿群落或者作为主建筑的"前殿"都未能最终建造完成,所以秦代官方并没有明确将之命名为"阿房宫"的记载,因而这仅仅是一种民间的笼统称谓。因此,司马迁作为朝廷史官在撰写官方正史时,或许也因前朝没有明确的命名,而只能将实际情况予以客观记述。只是不知道汉代史官在撰写史书时,是否会进行田野或民间调查,以了解当时民众的观念或习惯说法。第二,正如上节所述,秦代皇家宫殿群落规模庞大,"规恢三百余里",甚至(可以推测)渭河两岸的"秦宫室"经由桥梁复道相连,已经结为一个整体。因而,"烧秦宫室"是否也可能包括渭南的"离宫别馆",况且在无数纵火的楚军中,会不会有些士卒跑到更远的"宫室"去放火呢?当然,这也仅仅是一种依据人之常情的猜测,并不是严格的科学论证。此外,"火三月不灭",也从侧面说明了此次人为纵火所波及的范围之广,所殃及的宫室之众,均属罕见。

当然,这些看法仅仅是笔者从有限的史料中推理出来的,简言之,在历史上,项羽当是纵火焚烧了秦宫室,至少是咸阳城内的宫室;但至于是否焚烧了"阿房宫",似乎不好轻易下结论,只有等待出现更多的历史资料或考古证据以及在此基础上更为深入的研究,或许才能接近历史的真实。

五、司马迁与杜牧之间的"阿房宫"

如若试图证明"阿房宫"曾经存在(或者不存在)、以何种样态存在过多久甚至何时如何消失等问题,似乎单纯依靠考古工作是不够的,或者在某种意义上,更需要有史料的指引与佐证。那么,在司马迁《史记》的历史记载与杜牧《阿房宫赋》的文学描述之间,是否还有其他可以证明阿房宫存在或者与之相关的历史资料呢?

据《晋书》记载,刘曜(?—328年)曾经"徙都长安……诛[长水校尉尹]车,囚[徐]库彭等五十余人于阿房",之后"欲拟阿房而建西宫,模琼台而起陵霄[台]"且"将于霸陵西南营寿陵"[①]。不难看出,至少在公元4世纪早期,身为前

---

① 《晋书》卷一〇三《刘曜载记》。

· 156 ·

赵皇帝的刘曜打算大规模修筑宫室陵台,并意图模仿阿房宫营建"西宫",如果阿房宫当时已经不复存在,他又如何命人据以仿建自己的宫室呢?

另据《晋书》记载,晋孝武帝太元九年(384 年)十二月慕容冲(359—386 年)"僭即皇帝位于阿房"或者"僭称尊号于阿房,改年更始。[苻]坚与[慕容]冲战,各有胜负。……[苻]坚寻败[慕容]冲于城西,追奔至于阿城。诸将请乘胜入城,[苻]坚惧为[慕容]冲所获,乃击金以止军"①。由此可见,前燕皇帝慕容冲于公元 384 年在阿房宫即皇帝位,更改年号,并且曾经拒守"阿城"与苻坚交战。也就是说,至公元 4 世纪晚期,阿房宫仍然处在秦时所谓的"阿城"(或者即为当时的皇城)之内,甚或被前燕皇帝慕容冲当作自己的皇宫。

再据《魏书》记载,太和二十一年(497 年)夏四月,北魏孝文帝拓跋宏行经龙门(祭夏禹)、蒲坂(祭虞舜)、长安,"戊寅,幸未央殿、阿房宫,遂幸昆明池"②。如果《魏书》中的这则史料是真实的,即拓跋宏在公元 497 年夏曾经参观过未央殿、阿房宫以及昆明池等地,那么可以推断,至少在公元 5 世纪末,阿房宫仍然是存在的,至于它是否呈现了秦代宫殿的全貌(以及后世的增修)或者仅为幸存的部分遗迹,却与本文主旨无关了。

此外,据《旧唐书》记载,北周武帝天和十三年(578 年)九月乙亥,李渊命李世民"自渭汭屯兵阿城"③。可见,在公元 6 世纪后期,李渊起兵时也曾命李世民从渭汭率兵驻屯"阿城",遗憾的是,此处没有关于阿房宫具体情况的详细记载④。

以上史料中的相关记载,虽然不能直接证实诸如阿房宫的位置、规模等具体问题,但至少可以说明,在《史记》记载公元前 3 世纪大规模营建阿房宫与杜牧在公元 9 世纪撰写《阿房宫赋》之间漫长的历史空间中,阿房宫作为一个古代宫殿群落的确曾经真实地存在过,并且给那期间的人们留下了某种无法轻易遗忘的记忆,而这种记忆或许也正为杜牧得以"想象"阿房宫提供了些许线索或者暗示。然而,略显遗憾的是,因笔者专业学识、阅读视野之局限,未能找到更多的历史记载来佐证上述史料,敬请方家批评指正。

余论:《阿房宫赋》仅仅是一种文学想象吗?

如果说秦始皇当年将七十多万囚徒分成两拨,分别建造阿房宫和骊山陵寝,

---

① 参见《晋书》卷九《孝武帝纪》以及《晋书》卷一一四《苻坚载记》。
② 《魏书》卷七《高帝纪》。
③ 《旧唐书》卷一《高祖本纪》。
④ 以上相关论述,可参见陈景元:《阿房宫的"另类观点"》,《科学大观园》2008 年第 8 期,第 4—8 页。

再考虑到秦始皇死后胡亥对阿房宫的继续修建，以及自秦惠文王以来一百多年的营建积累（当然，尚无法证明其间是否停止过），那么从常识上推测，作为地上建筑的阿房宫，至少其规模与恢弘程度似乎应远远大于深藏在地下的秦始皇陵。难道"阿房宫"真的只是考古学家呈现给世人的一道未完成的夯土台基和三面围墙？如果这是真实的，那么它不仅能证明《阿房宫赋》纯粹是一种文学想象，甚至还能证明作为诗人的杜牧具有完全超出常人的奇幻想象力。然而，实际上，这仅仅是某些学者建立在或许严谨的考古工作基础上的一种并不严谨的逻辑想象，因为依据一个"芝麻式"的事实（前提），并不能得出一个"西瓜般"的结论。

此外，即使是文学的想象，通常而言，也应源于现实生活的真实体验，更何况《阿房宫赋》并不是对虚无缥缈之物的想象，而是对曾经真实存在过（无论是史料的文献记载，还是坊间的口耳相传）的古代皇家宫殿群落的描述。在《阿房宫赋》中，那种"一日之内，一宫之间，而气候不齐"的精微的感受与描摹，若非身临其境，仅凭主观上的想象，似乎是不太容易达到的。当然，据杜牧所言，唐敬宗宝历年间，"大起宫室，广声色，故作《阿房宫赋》"[①]，由此可见，杜牧作《阿房宫赋》并非仅仅为"阿房宫"一叹，其主旨仍在于讽谏时政，针砭时弊。从一行行精美的文字之间汩汩流淌出来的，依然是中国古代士人的家国情怀。

（作者：明辉，北京航空航天大学法学院副教授，法理学、法律史学研究中心副主任）

---

① ［唐］杜牧：《上知己文章启》，载《樊川文集》卷十六。

史前黄河流域奠基现象研究

◇李银良

上古时期,先民们在筑城或建造住房时,在城基底部、城墙中、房基下、房基中、柱基下、墙基下、居住面下及散水等处,使用人、动物作为祭品的习俗,我们称之为奠基,并称那些用于奠基的人、动物等为奠基牲。

根据目前已知的考古资料,史前奠基现象主要出现在黄河流域,其时间可上溯到距今6000年前,在陕西西安半坡遗址中的一处房址里,考古工作者发现了最早的奠基现象①。到了龙山时期,奠基现象越来越盛行。我们收集了黄河流域史前遗迹中的奠基资料,并将其分成与城址有关的奠基和与房址有关的奠基两大类。下面就其相关问题,作更为详细的分类和研究。

一、城址的奠基

1. 筑造城墙时的奠基

人们在修筑城墙时,往往在城墙基部、城墙底夯层中以及墙体夯土层中使用奠基。如在郑州北郊西山仰韶文化城址中,人们就发现了这一现象。该城现存城墙残长265米,墙宽3—5米,存高1.75—3.5米,但均埋在今地表之下。城墙的建筑方法是先在拟建城墙的区段挖倒梯形基槽,在槽底平面上分段分层夯筑城墙。城墙建筑采用了方块版筑法,分层逐块逐段夯筑起来。在北门西侧的城墙底部,埋有陶鼎,底夯层中埋置有陶罐,墙体夯土中分层埋设有彩陶钵、鼎、罐,共10余件。其中,人们发现在彩陶钵内有婴儿的骨骸。这种埋置方式,与发现于西城墙台下的以尖底瓶、大口缸、罐为葬具的几组瓮棺正相对应。在西门门道下的H1818内也发现了两层20余件陶罐、鼎等,与那些以尖底瓶、大口缸、罐为葬具的瓮棺并存排列。这些现象,人们认为与筑城有关,属于奠基现象②。在山东寿光边线王城址中也有奠基的发现,考古工作者在该城址外圈的基槽夯层内

---

① 中国科学院考古研究所等:《西安半坡》,第18页,文物出版社,1963年。
② 国家文物局考古领队培训班:《郑州西山仰韶时代城址的发掘》,第11、14页,《文物》1999年第7期。

发现了人、兽骨架以及一些陶器,当属奠基遗存①。

2. 城址内大型建筑下的奠基

在城址里的一些大型的建筑基址下,人们也发现了很多奠基的现象。如考古工作者在新密古城寨城址中发现了奠基坑,该城址属于龙山文化。该奠基坑位于廊庑基址 F4 下,廊庑基址 F4 是古城寨龙山文化城址中的宫殿建筑的一部分。人们在西廊上发现有奠基坑,内有狗骨架一具②。又如在山西襄汾陶寺城址中,人们也发现了有关奠基的遗存,其位于陶寺文化中期的大型夯土建筑基址 IFJT3 里,在 IFJT3 主体殿堂柱网分布区内的夯土基础版块中,发现了 5 处比较明显的奠基性的人骨遗存,均被打在夯土版块里,多数是肢体残缺或散乱的人骨③(图一)。在山东邹平丁公龙山文化城址中,也发现有奠基现象。该城址中的房基有半地穴式建筑和地面建筑两类,前者面积较小,一般不超过 10 平方米;后者面积较大,有的近 50 平方米,并且有用小孩或成人奠基的现象④。另外,在山东阳谷景阳冈城址里也发现有奠基的现象,在城址内一台基的夯土层中,发现有人头骨,并在其边缘还发现有祭祀坑,以及牛羊的完整骨架。其中夯土层中的人头骨可能与奠基有关。考古工作者认为台基是利用自然沙丘加工而成,其

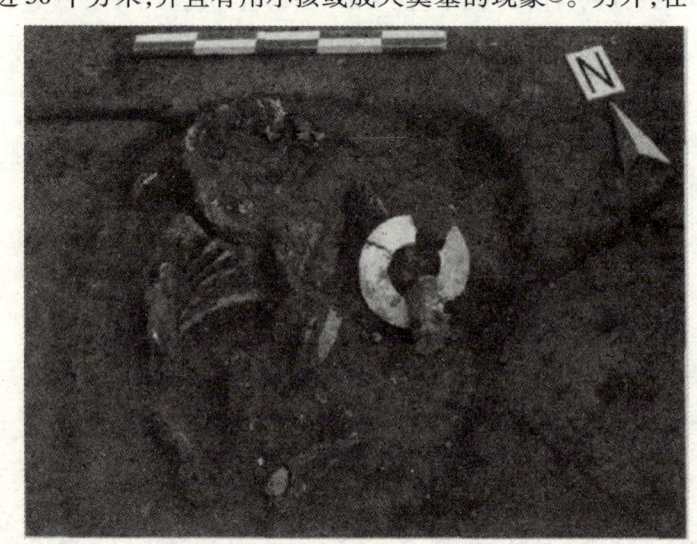

图一:陶寺奠基坑(《考古》2008 年第 3 期,第 5 页)

---

① 张学海:《寿光县边线王龙山文化城堡遗址》,《中国考古学年鉴(1985)》,第 157 页,文物出版社,1985 年。山东省文物考古研究所:《前进中的十年——1978—1988 年山东省文物考古工作概述》,《文物考古工作十年(1979—1989 年)》,第 166 页,文物出版社,1990 年。

② 河南省文物考古研究所、新密市炎黄历史文化研究会:《河南新密市古城寨龙山文化城址发掘简报》,《华夏考古》2002 年第 2 期,第 60 页。

③ 中国社会科学院考古研究所山西队、山西省考古研究所、临汾市文物局:《山西襄汾县陶寺城址发现陶寺文化中期大型夯土建筑基址》,《考古》2008 年第 3 期,第 6 页。

④ 山东大学历史系考古教研室:《邹平丁公发现龙山文化城址》,《中国文物报》1992 年 1 月 12 日。

上原当有大型建筑①。

在登封王城岗龙山文化城址中,考古工作者在一些夯土建筑遗址下面发现了13个圆形奠基坑,坑内的夯土层之间或夯土层底部下面,多填埋成年人和儿童的完整骨架或被肢解的人头骨、肢骨与盆骨。在这13个奠基坑中,考古工作者仅对1号奠基坑作了充分发掘,该奠基坑属于王城岗龙山文化二期。1号奠基坑(WT48H760)位于西城内中西部的夯土坑、奠基坑和夯土堆等分布较为密集的地区,其口径2.07—2.52米,底径2.82—2.94米,残深2.66米。坑内已发掘的部位残存20层夯土,夯层厚度8—24厘米不等。在偏下部的数层夯土层之间,发现了成年、青年和儿童骨架共7具,这些人骨架从坑底向上的第3层夯土面上开始填埋。第3层夯土面上靠北壁处填埋1个儿童,头东足西,作仰身直肢状。第4层夯土面上靠东北部处填埋1个男性青年,头东北,足西南,作仰身右手护头状。第5层夯土面上的东部与中部,分别填埋了1个女性青年和1个男性青年。女青年头东南,足西北,仰身直肢;男青年头东北,足西南,俯身直肢。第6层夯土面上的中部和西北靠坑壁处,分别填埋了1个女性青年和2个儿童。女性青年骨架已紊乱;2个儿童中的一个头西南,足东北,另一个头西北,足东南,皆作侧身屈肢状。其他12个奠基坑中,仅仅部分发掘。人们统计了13个奠基坑材料,初步能够确定的完整人骨架有17具,其中每个奠基坑内填埋完整人骨架的数量,多者7具,少者只有1具②。

二、房址的奠基

在建房过程中,人们往往以人或动物作奠基牲埋在房址下,根据其方位大致分为以下几种情况。

1. 墙基处

这一时期,有的奠基牲埋在墙基下,有的埋在墙基中,有的埋在墙中。一般情况下,奠基牲的方位与墙基平行。

墙基下的奠基。如在河南巩义市滩小关遗址中,人们发现了仰韶时期的奠基,它们就位于墙基之下。即F1遗址,其底部生土上挖有"凹"形基槽,基槽口宽0.9米,底宽0.7米,深0.4米,墙体直而墙面不光滑,在基槽底部正中有一具人骨架,但被近代墓打破,残存头盖骨与足骨,头西足东,与墙体平行。在墙基之

---

① 山东省文物考古研究所、聊城地区文化局文物研究室:《山东阳谷县景阳冈龙山文化城址调查与试掘》,《考古》1997年第4期,第16、23页。又见曲英杰:《古代城市》,第20页,文物出版社,2003年。

② 河南省文物研究所、中国历史博物馆考古部编:《登封王城岗与阳城》,第39页,文物出版社,1992年。

下,还发现了有瓮棺和墓葬,即 W8 和 M2,它们应是与 F1 同时,基槽中的人骨架以及墙基之下的瓮棺、墓葬应与奠基有关①。

龙山时代也有类似奠基发现。如在安阳后冈遗址的房址里就有这种现象,该遗址属于龙山文化。其中 F21 的东墙下埋有两座墓,即 M5 和 M12。他们头向南,M5 仰身屈肢,M12 仰身直肢。这两座墓与 F21 的墙平行,并且部分重合。墓口皆在墙基垫土下,坑底挖在房基垫土中(图二)。又如该遗址中的 F19 的东墙墙基下,埋有两个奠基牲,即 M16 和 M20。其中 M16 头向东北,基本与墙重合;M20 为二次葬,骨架紊乱,部分与墙重合。考古工作者认为其次序为:先垫房基土,接着埋 M16、M20,后在其上筑墙②(图三)。在永城王油坊遗址上层的一座方形圆角房基底层,发现了一具儿童骨架,骨架置于下面一个残房基的烧土面上,上有基土,无墓圹,人们认为是先埋置儿童,然后再夯筑③。在墙基下,除了用人作为奠基牲外,人们还可以用小动物作为奠基牲。在河南禹州市瓦店龙山文化遗址,人们就发现在墙基槽下用小动物作为奠基牲的现象④。

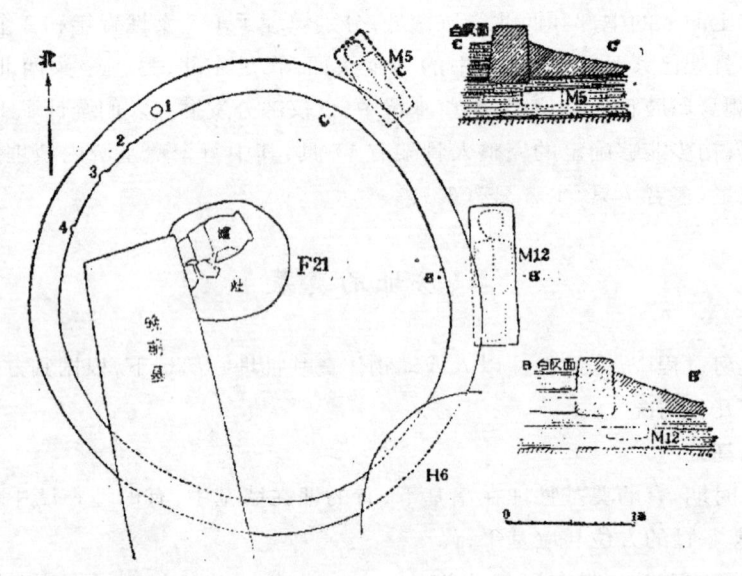

图二:F21 房址和 M5、M12 平面及剖面图(《考古学报》1985 年第 1 期,第 52 页)

① 河南省文物考古研究所:《河南巩义市滩小关遗址发掘报告》,《华夏考古》2002 年第 4 期,第 6 页。
② 中国社会科学院考古研究所安阳工作队:《1979 安阳后冈遗址发掘报告》,《考古学报》1985 年第 1 期,第 52—54 页。
③ 中国社会科学院考古研究所河南二队、河南商丘地区文物管理委员会:《河南永城王油坊遗址发掘报告》,《考古学集刊》第 5 集,第 84 页,中国社会科学出版社,1987 年。
④ 河南省文物考古研究所:《河南禹州市瓦店龙山文化遗址 1997 年的发掘》,《考古》2000 年第 2 期,第 19 页。

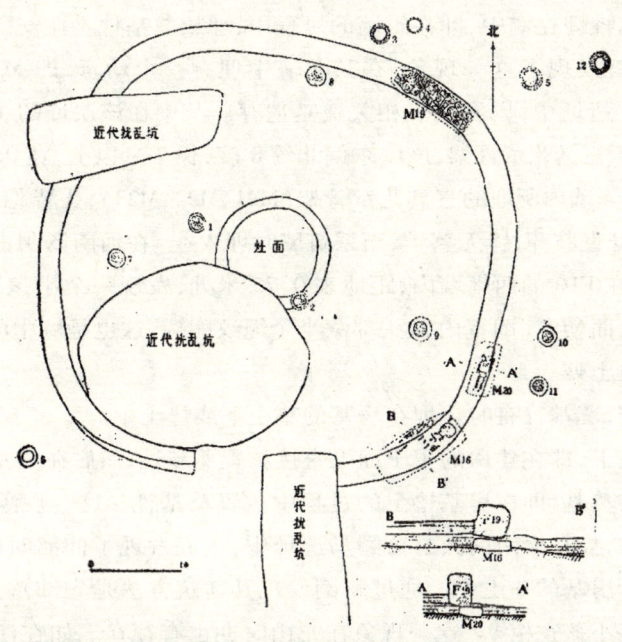

图三：F19 房址和 M16、M19、M20 平面及剖面图(《考古学报》1985 年第 1 期,第 52 页)

有的奠基牲埋在墙基中。如安阳后冈遗址中的龙山文化房址里,其中 F25 的东墙下墙基中,埋一个幼童,即 M18,与墙基几乎重合,其头向东北,仰身直肢,头部覆盖着几片陶片(图四)。

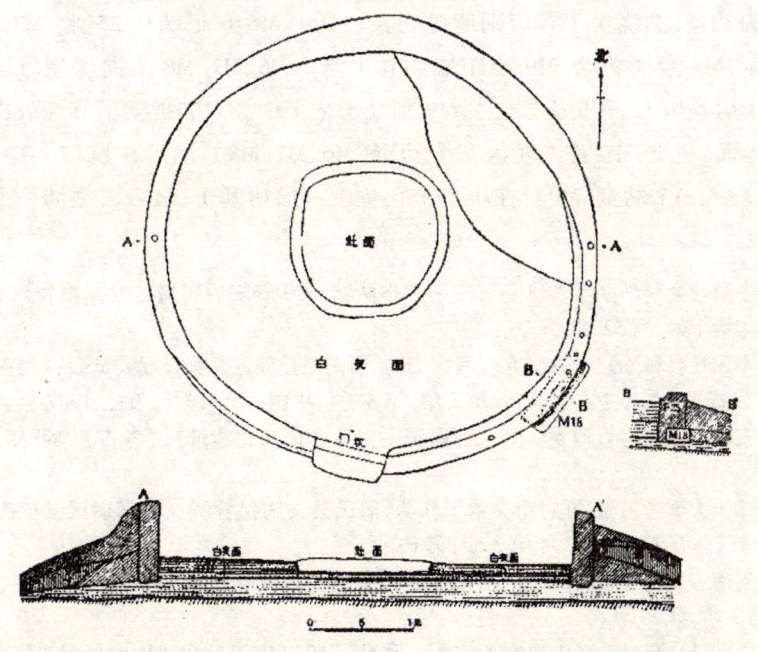

图四：F25 房址和 M18 平面及剖面图(《考古学报》1985 年第 1 期,第 44 页)

有的奠基牲埋在墙中,即在筑墙的过程中,埋放奠基牲。在安阳后冈遗址中的F19,人们就发现了这一现象,在其北墙中埋有一个幼童,即M19①(图三)。在永城王油坊遗址中,也发现了相关奠基遗存。其中在该遗址的T29第4层墙中,人们发现了三具儿童骨架,该墙东偏北约8度,长7米以上,宽0.2—0.25米,残高约0.5米。墙内所埋的三具儿童骨架(M21、M22、M23),头皆朝东,方向与墙一致,均为仰身直肢葬,皆无墓圹,当系墙时埋入②。在河南汤阴白营龙山文化遗址中,人们在F16的西南墙内,距地表0.75米处,发现一个小孩罐葬,仰身直肢,头向东南,面朝东(即室内),头部蒙半个绳纹陶罐,这也是墙中的奠基牲③。

2. 房基垫土处

这一时期,奠基牲有时还埋在房基的垫土下或垫土中。

埋在垫土下,即在建房的生土面上直接放置奠基牲,然后在奠基牲上垫房基土。垫土中的奠基,即在房基垫土的过程中放置奠基牲。这一现象早在仰韶时期就已经存在,如在河南尉氏县椅圈马遗址中,人们发现了仰韶时期的奠基,该奠基牲就位于房基的垫土中。通过解剖发现其建筑方法是先铺垫土,并且在垫土内填置1座小孩瓮棺④。这一现象在龙山时期也有存在。如在河南禹州瓦店龙山文化遗址中,人们在黄土基础上发现用人和小动物作为奠基牲,考古工作者发现了属于不同个体的人头骨、盆骨和肢骨,还有一些小动物骨骼⑤。

同一个房址里,有时人们会在垫土下和垫土中同时埋放奠基牲。如在安阳后冈遗址F23的西墙和北墙外,人们发现了四处奠基牲,即M6、M7、M8、M9,四墓中均为幼童,围绕房子有规则地排列着。其中M6东距墙0.25米,M7东距墙约0.1米,M8紧挨着墙,M9南距墙约0.1米。M6、M7、M8头向房屋,且这三个墓均处于房基垫土下(生土层上),M9则处于垫土中。人们推测了其埋放次序:在建房的地面(生土)上,首先埋入三个幼童(M6、M7、M8),然后在坑口上垫一层房基土,又埋入一个幼童(M9),在坑口上再垫上一层房基土,最后再垒墙⑥(图五)。

---

① 中国社会科学院考古研究所安阳工作队:《1979安阳后冈遗址发掘报告》,《考古学报》1985年第1期,第52页。

② 中国社会科学院考古研究所河南二队、河南商丘地区文物管理委员会:《河南永城王油坊遗址发掘报告》,《考古学集刊》第5集,第81页,中国社会科学出版社,1987年。

③ 安阳地区文物管理委员会:《河南汤阴白营龙山文化遗址》,《考古》1980年第3期,第197页。

④ 郑州大学考古系、开封市文物工作队、尉氏县文物保管所:《河南尉氏县椅圈马遗址发掘简报》,《华夏考古》1997年第3期,第10页。

⑤ 河南省文物考古研究所:《河南禹州市瓦店龙山文化遗址1997年的发掘》,《考古》2000年第2期,第20页。

⑥ 中国社会科学院考古研究所安阳工作队:《1979安阳后冈遗址发掘报告》,《考古学报》1985年第1期,第54页。

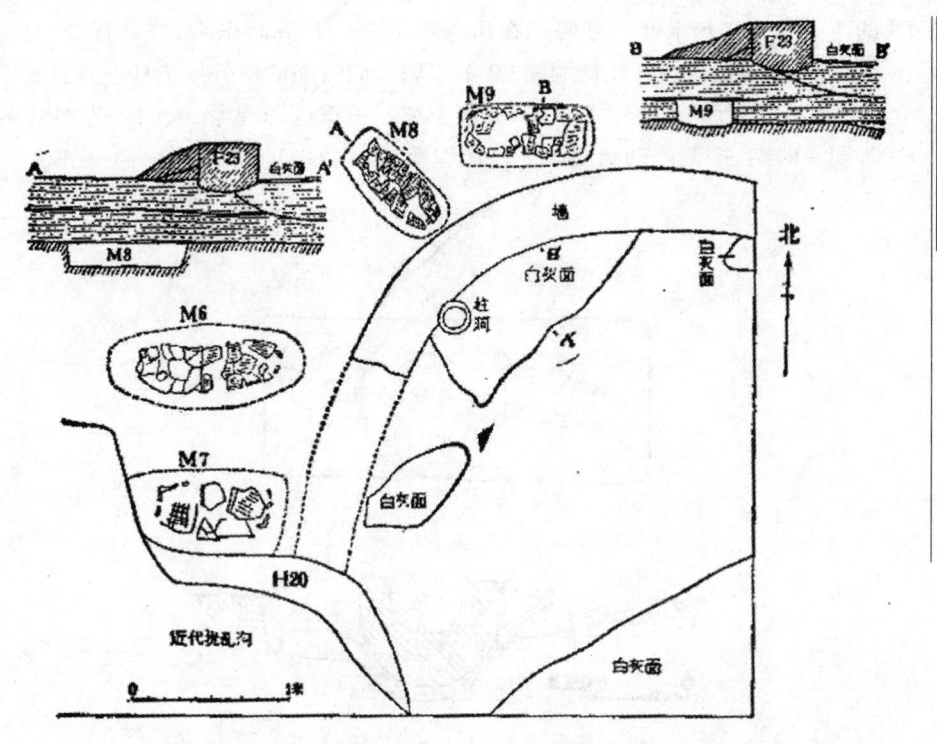

图五：F23 房址和 M6—M9 平面及剖面图（《考古学报》1985 年第 1 期，第 54 页）

3. 居住面下

有的奠基牲埋放在居住面下。如在半坡遗址第 1 号房址西部的居住面下面，考古工作者发现了人头骨和粗陶罐，当为修房子时有意埋入的，这些人头骨当为奠基牲[1]。在青海民和县胡李家遗址中，人们发现了属于庙底沟时期的奠基遗存，在 F2 东南侧硬土面现存范围外边，发现 2 件动物头骨埋藏，它们相距约 0.3 米，处在同一地层。初步鉴定这 2 件兽头可能是狗或犬科动物遗骸。人们认为这种兽头埋藏应该是房子建筑奠基的遗存[2]。在河南汤阴白营龙山文化遗址中，人们发现有埋在居住面下填土中的小孩罐葬，可能与建房时的奠基有关[3]。

4. 柱下

有时奠基牲还埋在柱下，即人们在筑房的过程中，有时在房屋的柱下放置奠基牲，然后立柱。如在安阳后冈遗址 F9 房址里，M11 即为柱下奠基牲，其位于

---

[1] 中国科学院考古研究所等:《西安半坡》，第 18 页，文物出版社，1963 年。
[2] 中国社会科学院考古研究所甘青工作队、青海省文物考古研究所:《青海民和县胡李家遗址的发掘》，《考古》2001 年第 1 期，第 43 页。
[3] 安阳地区文物管理委员会:《河南汤阴白营龙山文化遗址》，《考古》1980 年第 3 期，第 195 页。

F9 的西墙外约 0.6 米处。墓底挖在房基垫土中。其头向东南,仰身直肢,身上压着一个带泥圈的柱洞,此柱洞属 F9 下层居住面时期的室外撑檐柱。并且由于立柱的重压,死者的身躯中部下凹,下肢上翘。根据这一现象,人们认为 M11 和 F9 为同一时期,推测此幼童是为立柱而埋葬的①(图六)。

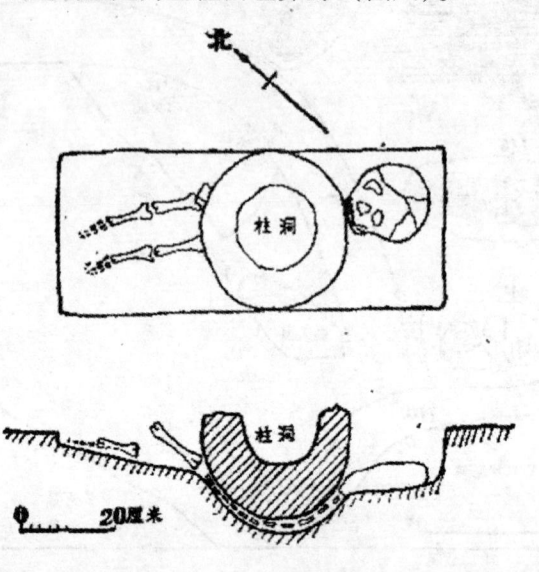

图六:M11 和柱洞平、剖面图(《考古学报》1985 年第 1 期,第 52 页)

5. 散水下

有时奠基牲还埋在散水下。散水即为在建筑周围铺的用以防止水渗入的保护层。如在安阳后冈遗址的 F33 南墙外的散水下埋一幼童(M27),墓圹不规整,葬具为两个深腹罐和一个瓿上部套合在一起,骨架已朽,头向西南。坑口在下层散水下,坑壁挖在房基垫土中,坑底打破 F38 的东墙②。

6. 其他

除了以上方位外,人们有时也把奠基牲埋放在房子的一侧。如在河南汤阴白营龙山文化遗址 F51 的西北侧,发现三角形(圆角)奠基坑,坑口距地表 1.25 米,直径 1 米,深 0.3 米,坑内发现一只羊的骨骼,通长 1.1 米,高 0.57 米,羊骨架侧放,头曲至背部中间,头向西北,前后肢皆重叠,似捆绑状。此羊架位于 F41 附近,与建房时的奠基可能有关③。

---

① 中国社会科学院考古研究所安阳工作队:《1979 安阳后冈遗址发掘报告》,《考古学报》1985 年第 1 期,第 52 页。

② 中国社会科学院考古研究所安阳工作队:《1979 安阳后冈遗址发掘报告》,《考古学报》1985 年第 1 期,第 54 页。

③ 安阳地区文物管理委员会:《河南汤阴白营龙山文化遗址》,《考古》1980 年第 3 期,第 195 页。

三、奠基牲的种类及对奠基的初步分析

1. 奠基牲的种类

史前时期,在黄河流域所发现的奠基遗存中,其所用的奠基牲主要有人和动物。其中动物主要有羊、狗、猪等,还有一些不知名的小动物。相对动物奠基牲外,这一时期用人作为奠基牲的现象比较普遍。在这些人牲里,幼童占了很大比例。

我们统计了一下有关人牲,列表如下①:

史前黄河流域主要遗址奠基人牲统计表

遗址名称	奠基人数	幼童数	成人数	出处
安阳后冈	27	27	0	《考古学报》1985年第1期,第51页
登封王城岗1号奠基坑②	7	3	4	《登封王城岗与阳城》,第39页,文物出版社,1992年
汤阴白营	2	2	0	《考古》1980年第3期,第195、197页
永城王油坊	7	4	3	《考古学集刊》第5集,第81、84页,中国社会科学出版社,1987年
尉氏县椅圈马	1	1	0	《华夏考古》1997年第3期,第10页

从上表结果可以看出,其中用幼童奠基占绝对多数。

2. 奠基的初步分析

远古时期,人们对自然界中的一些事物和现象,如山岳、河流、大地、风、云、雨、电、日、月、星、辰、地震、火山等,以及人的生、老、病、死等现象不能理解,于是他们相信这一切都是由冥冥之中的神来主宰着,就产生了万物有灵、鬼魂不死的观念。特别是人们在自然灾害面前无能为力时,往往就对其产生了畏惧之心。人们相信在另一世界有一些神灵,他们操纵着现实世界,于是人们就对这些神灵产生了畏惧与敬意。为使神灵满意,祈求减灾消祸,人们就向这些神灵奉献祭品,其中人也是祭品的一种。

用人作为奠基牲,作为祭祀品的一种,其渊源可以追溯到史前的食人之俗。在后世的经籍里也有相关记载,如《楚辞·招魂》记载楚国之南的"雕题黑齿,得

---

① 为了准确性,我们仅仅统计了考古发掘报告中提供确切数字的奠基人牲。
② 登封王城岗仅1号奠基坑进行大面积发掘,其他12个奠基坑均没挖完,因此在这仅仅列出1号奠基坑的结果。

人肉以祀,以其骨为醢些"①,《墨子·鲁问》也有"楚之南,有啖人之国者焉,其国之长子生,则解而食之,谓之宜弟",又《墨子·节葬下》:"越之东有輆沭之国者,其长子生,则解而食之,谓之宜弟。"②。

在奠基所用的牺牲中,人牲很多,特别是幼童占有很大比重。就奠基这一问题,我们作了如下初步分析和探讨。

其一,杀食长子或以初生儿为祭品的习俗。有些学者认为这可能与父系氏族制的确立有关。父系氏族制确立后,婚姻关系转入一夫一妻制。在这漫长的过程中,人们往往不清楚长子的亲生父亲是谁,为维护父亲的尊严和为建立父系的血统继嗣创造条件,杀食或杀祭非亲生的、来历不明的长子就有了很大的可能性。人们在狂热的事神求福观念下,他们不但愿意献出非亲生的长子,也愿意献出亲生的子女③。

其二,厌胜巫术。"厌胜"即"厌而胜之",用祈祷或法术诅咒来制伏人或物。有学者认为,杀食长子,以初生儿为祭品或奠基牲,应是一种"厌胜巫术"。因为在原始人看来,殇子可以"转世",魔鬼也可以再来"投胎",自己的子女说不定就是仇人、妖怪、恶魔或"投债鬼"来投胎。如果一生下来就把他杀死、吃掉,以后他就再也不敢来了。就是说,杀了或吃了那可能是"妖怪"或"投债鬼"的"长子"就会"宜"其兄弟的诞生、成长。非洲、东南亚以及我国偏远山村,近世犹有此俗。"砍掉是为了保护",牺牲部分,保存整体,这是原始人常用的思维法则④。

其三,总体而言,奠基背后所反映的实质可能是人们对土地神的信仰。人们相信万物有灵,大地下也有土地神,并认为土地神无处不在,其掌管着所有的土地,包括土地上生长的万物。那么建造房屋、城墙等,也应先得到土地神的允许。奠基所用的牺牲可能是人们对土地神的一种奉献,即对土地神祭祀,以祈求建筑物牢固,以及在建筑物里的人们受到神灵的护佑。根据上文有关资料,我们发现这些奠基牲所处的位置主要在墙基、柱基等下面,墙基、柱基等对建筑物来说至关重要。在建筑房屋时,可能人们认为向下挖墙基、柱基时会惊动下面的土地神,为了得到护佑,确保建筑物的牢固,人们就以动物或人作为牺牲来奉献给土地神。有的奠基牲放置在居住面下,这可能是为了祈求居住面上的人们受到神灵的护佑,确保平安。

这些现象我们可以从一些民族学资料中得到印证。如藏族还保留着古老的

---

① 蒋天枢:《楚辞校释》,第264页,上海古籍出版社,1989年。
② 吴毓江撰,孙启治点校:《墨子校注》卷十三,第735、267—268页,中华书局,1993年。
③ 黄展岳:《古代人牲人殉通论》,第4页,文物出版社,2004年。
④ 黄展岳:《古代人牲人殉通论》,第4页,文物出版社,2004年。该文注引肖兵的观点,详见肖兵:《略论西安半坡等地发现的"割体葬仪"》,《考古与文物》1980年第4期,第16页。

土地神信仰，他们认为土地神到处徘徊，任何时候使用土地或占有土地都必须先供养土地神。在建造房屋时，首先必须在地基的四角埋下四个装满各种各样食物的陶瓶①。又如壮族也有相似的习俗，广西武鸣县西北部和马山县东部的壮族群众在建造房屋时，要在房基的四角各放下几枚硬币，有的地区还放糍粑等，意思是向地鬼买地，或者称为奉献，以求平安②。在彝族，也保留了隆重的奠基习俗，房屋的主人先请人看好地相，确定房基。后请来木匠，在房基的东南西北四角点香烧纸，且用一只刚会叫的公鸡给木匠"行奠基礼"。木匠则手提锄头在房基的四角先挖两锄，杀鸡奠坑，把鸡血淋在每个坑里③。基诺族在建造竹楼时，在竹楼的六根立柱的柱洞里，各放入一只竹鼠头骨，还可放入刺猪头骨、猴头骨、穿山甲头骨，除此，还要放入狗爪、火炭和铁砂，以防止地下恶鬼作祟④。以上的这些民族学材料，给我们深化认识奠基提供了活生生的实例，也进一步印证了我们对奠基的分析，即奠基背后所反映的实质可能与人们对土地神的信仰有关。

其四，建筑物的神圣性、通灵性。人们在建造一些特殊的建筑物时，为了达到某种目的，如使建筑物具有神圣性、通灵性，而杀牲奠基。在半坡遗址里，我们发现的奠基现象就处于第1号房址里，这座大型的长方形房子是房子中最大的一座，并且又处于该聚落的中心位置，应该具有某种重要意义⑤。在该处房址中奠基，可能与该房子的用途有关，通过奠基使房子具有神圣性、通灵性。

（作者：李银良，中国社会科学院研究生院历史系2011级博士生）

---

① 周锡银：《中国各民族原始宗教资料集成·藏族卷》，第802页，中国社会科学出版社，1999年。
② 范宏贵：《中国各民族原始宗教资料集成·壮族卷》，第622页，中国社会科学出版社，1998年。毛公宁主编：《中国少数民族风俗志》，第292页，民族出版社，2006年。
③ 何耀华：《中国各民族原始宗教资料集成·彝族卷》，第353页，中国社会科学出版社，1996年。
④ 杜玉亭：《中国各民族原始宗教资料集成·基诺族卷》，第853页，中国社会科学出版社，1996年。
⑤ 中国科学院考古研究所等：《西安半坡》，第13、18页，文物出版社，1963年。

《周易》"藉用白茅"述论

◇ 辛亚民

一

《周易·大过》卦初六爻辞曰:"藉用白茅,无咎。"《象》曰:"'藉用白茅',柔在下也。"

《大过》卦卦象为☱,下巽上兑,初六爻为阴爻,为柔,又处一卦之下,故《小象》解释道:"柔在下也。"这一解释的特点在于以"刚柔说"对应阴阳爻,并结合爻位的上下关系来解经,为后来象数派进一步发挥阐释提供了理论基础。唐代李鼎祚《周易集解》引虞翻注:"位在下称藉,巽柔,白为茅,故藉用白茅。失位咎也,承二,过四,应五,士夫,故无咎矣。"①即是在此基础上的创造性阐释。

此外,《周易》对该句爻辞的解释在《系辞》中也出现过,《系辞下》第八章②以"子曰"的形式对七个卦中的某一条爻辞进行解释,其中,对《大过》初六爻辞解释如下:

"初六,藉用白茅,无咎。"子曰:"苟错诸地而可矣,藉之用茅,何咎之有?慎之至也。夫茅之为物薄,而用可重也。慎斯术也以往,其无所失矣。"

和《小象》不同,这一解释抛开爻位、阴阳刚柔之说,纯粹以义理解经,并引入了儒家一个非常重要的价值观念——"慎",对后世义理派解经产生了巨大影响,此后以义理解释这一爻辞的理论,虽然都出现了融合《小象》与《系辞》的特征,但都未脱离"慎"这一价值观念。如《周易注疏》王弼注曰:"以柔处下,过而可以无咎,其唯慎乎!"孔颖达疏曰:

以柔处下,心能谨慎,荐藉于物,用絜白之茅,言以絜素之道奉事于上也。无咎者,既能谨慎如此,虽遇大过之难而无咎也。以柔道在下,所以免害,故《象》云"柔在下也"。③

---

① 李鼎祚:《周易集解》,第 101 页,上海古籍出版社,1989 年。
② 本文所引《系辞》所分章节以朱熹《周易本义》为准。
③ 王弼、韩康伯注,孔颖达疏:《周易注疏》上册,第 343 页,中国书店,1988 年。

《程氏易传》也是结合《小象》与《系辞》的说法,但由于其重义理理解《易》,故更偏重《系辞》,甚至文中直接引用《系辞》原文加以阐发:

> 初以阴柔巽体而处下,过于畏慎者也。以柔在下,用茅藉物之象。不错诸地,而藉以茅,过于慎也,是以无咎。茅之为物虽薄而用可重者,以用之能成敬慎之道也。慎守斯术而行,岂有失乎?大过之用也。《系辞》云:"苟错诸地而可矣,藉之用茅,何咎之有?慎之至也。"夫茅之为物薄而用可重也,慎斯术也以往,其无所失矣,言敬慎之至也。茅虽至薄之物,然用之可慎重。以之藉荐,则为重慎之道,是用之重也。人之过于敬慎,为之非难,而可以保其安而无过,苟能慎(一有思字)斯道,推而行之于事,其无所失矣。①

清代李光地《周易折中》分别引用了胡瑗、朱震、赵玉泉的说法,他们所作的解释都未脱离《系辞》的影响,体现出浓厚的诠释色彩:

> 胡氏瑗曰:"为事之始,不可轻易,必须恭慎,然后可以免咎。况居大过之时,是其事至重,功业至大,尤不易于有为,必当过分而慎重,然后可也。苟于事始,慎之如此,则可以立天下之大功,与天下之大利,又何咎之有哉!"

> 朱氏震曰:"茅之为物薄而用重,过慎也。过慎者,慎之至也。大过,君子将有事焉,以任至大之事,过而无咎者,其为过于慎乎?过非正也。初六,执柔处下,不犯乎刚,于此而过,其谁咎之!"

> 赵氏玉泉曰:"当过时而阴居巽下,是以过慎之心任事,谨始虑终,无所不至,如物错诸地,又藉之以白茅焉。如是则视天下无可忽之事者,举天下无不可为之事,身无过动,行无败谋,何咎之有!"

> 按:胡氏、朱氏、赵氏说,极于卦义相关,盖大过者,大事之卦也,自古任大事者,必以小心为基,故圣人于初爻发义,任重大者,栋也,基细微者,茅也;栋支于上,茅藉于下,故《系传》云:"茅之为物薄而用可重也。"正对栋为重物、重任而言。②

值得注意的是,在象数易学的著作中,对该句爻辞包括其《小象传》的解释也接受了《系辞》的说法,无一不在彰显"慎"的价值观念。如《周易集解》引侯果注:

> 以柔处下,履非其正,咎也。苟能絜诚肃恭不怠,虽置羞于地,可以荐奉,况藉用白茅,重慎之至,何咎之有矣!③

综上,这些材料都是局限在《周易》自身的象数系统和义理系统来进行诠释和阐发,就短短的四个字"藉用白茅",诠释、阐发出了一系列思想理论,这也是

---

① 程颐:《程氏易传》,载《二程集》下册,第840页,中华书局,2004年。
② 李光地:《周易折中》,载郑万耕主编:《易学精华》下册,第1928页,北京出版社,1995年。
③ 李鼎祚:《周易集解》,第101页,上海古籍出版社,1989年。

这些材料本身的价值所在；如果从历史的观点、实证的视角来看，就该爻辞"藉用白茅"文本本身的历史语境和原初含义，却被忽视了。

二

在此，我们考诸古今注释并结合其他历史文献，对爻辞"藉用白茅"的历史语境和本来意义进行一番探究。

值得注意的是，明代王夫之《周易内传》在解释该爻辞时云：

> 白茅，茅之秀也，柔洁而朴素。古者祀上帝于郊，扫地而祭以茅秀，藉俎豆所以致慎而不敢以华美加于至尊。①

其虽然还是继承和弘扬了《系辞》所谓的"慎"的价值观念，但还是明确地指出了"藉用白茅"与祭祀之间存在一定的联系。而更进一步肯定"藉用白茅"的祭祀意义并直接点明其中关键要素的，当属今人高亨，其《周易古经今注》云：

> 《说文》："藉，祭藉也。"《诗·野有死麕》："白茅包之。"《毛传》："白茅取絜清也。"古人陈祭有藉，藉用茅。《周礼·乡师》："大祭祀羞牛牲，共茅蒩。"郑注："郑大夫读蒩为藉，谓祭前藉也。"（引《易》此句）《仪礼·士虞礼》："苴刌茅，长五寸，束之，实于篚。"郑注："苴犹藉也。"并其证。享而藉用白茅，敬慎之至，故曰："亨，藉用白茅，无咎。"②

这里引《诗经·野有死麕》诗"白茅包之"一句，据此可知古代有以白茅包裹物品之习俗，类似于现在用荷叶包裹食物。又引《毛传》"白茅取絜清"之义，对后世解《周易》"藉用白茅"启发很大，朱熹《周易本义》"白茅，物之洁者"③，前文所引《周易集解》侯果注"絜诚肃恭"，《周易注疏》孔颖达疏"用絜白之茅，言以絜素之道奉事于上"以及王夫之《周易内传》"白茅，茅之秀也，柔洁而朴素"，皆是袭用此义。

参看《周礼·乡师》，其中有"大祭祀羞牛牲，共茅蒩"，注云：

> 杜子春云："蒩当为苴，以茅为苴，若葵苴也。"郑大夫读蒩为藉，谓祭前藉也。《易》曰："藉用白茅，无咎。"玄谓"蒩"，《士虞礼》所谓"苴刌茅，长五寸，束之"者是也。祝设于几东席，上命佐食取黍稷祭于苴，三，取肤祭，此所以承祭。既祭，盖束而去之。守祧职云"既祭，藏其隋"是与。④

---

① 王夫之：《周易内传》，载郑万耕主编：《易学精华》中册，第1473页，北京出版社，1995年。
② 高亨：《周易古经今注》，第96页，香港：中华书局香港分局，1963年。
③ 朱熹撰，朱鉴编：《原本周易本义 朱文公易说》，第23页，上海古籍出版社，1989年。
④ 郑玄注，贾公彦疏：《周礼注疏》，载《十三经注疏》上册，第713页，上海古籍出版社，1997年。

贾公彦疏：

案《大司徒》职云"奉牛牲"，此又云"羞牛牲"者，乡师佐大司徒，故此云"羞牛牲"也。云"共茅蒩"者，案《甸师》职"共萧茅"，彼直共茅与此乡师，乡师得茅束而切之，长五寸，立之祭前以藉祭，故云"茅蒩"也。

杜子春云"蒩当为菹，以茅为菹，若葵菹"者，但茅草不堪食，故后郑不从。"郑大夫读蒩为藉，谓祭前藉"此后郑从之，又引"《易》曰'藉用白茅，无咎'"者，《大过》初六爻辞，引之者证"蒩"为"藉"之义。"玄谓'蒩'，《士虞礼》所谓'苴刌茅，长五寸，束之'者是也"，引之者欲见其"蒩"为祭之"藉"，此增成郑大夫之义。又云"祝设于几东"至"所以承祭"，解所以藉祭之意。云"既祭，盖束而去之"并引守祧职者，欲见此是祭神之余，不可虚弃，必当藏之，所藏者即守祧职"既祭，藏其隋"是也。言"隋"者，谓祭黍稷三及肤祭如初，皆隋减以祭之，故名为隋。以其无正文，故言"盖"、"与"以疑也。①

以上我们可以得知，"茅"作为一种植物，在古代是一种非常重要的祭祀用品，在上文《周礼·乡师》中涉及的内容中，主要是用来包裹、承垫黍、稷或肉类等祭品，它在祭祀之前有专门的司职人员——甸师和乡师提供和准备，在祭祀结束后还需妥善保存。

因此，《周易·大过》卦初六爻辞"藉用白茅"描述的是一个祭祀场景，讲述了将祭品垫在白茅之上进行祭祀这样一件事情，这应该是在古代祭祀场面中常见的情形。高亨后来在其《周易大传今注》中认为，《大过》卦卦辞"栋桡，利有攸往。亨"，"亨"字当属"初六"爻辞，"亨即享字，祭也"②。这显然是基于"藉用白茅"的祭祀意义，是很有说服力的。

需要注意的一点是在《周礼》中提及的祭祀活动中屡次涉及"束茅"的问题，可见，茅不仅仅是在祭祀中有包裹、承垫祭物的作用，成束的茅草也是祭祀活动中的一个必需品。

三

考诸《周易》以外的其他历史文献，还会发现，"茅"在古代祭祀活动中所起的作用极其重要，除了《周易》中的"藉祭"，《左传》中也提到了"苞茅缩酒"之事。

《左传·僖公四年》记载，齐桓公伐楚，使管仲质问楚成王："尔贡包茅不入，

---

① 郑玄注，贾公彦疏：《周礼注疏》，载《十三经注疏》上册，第714页，上海古籍出版社，1997年。
② 高亨：《周易大传今注》，第204页，齐鲁书社，1998年。

王祭不共,无以缩酒,寡人是征。"杜预注:"包,裹束也。茅,菁茅也。"①

《尚书·禹贡》有"包匦菁茅"一语,据顾颉刚、刘起釪考证,"包匦菁茅"意思是指包缠成束的菁茅,菁茅是荆州南境有名的特产,自古作为贡品,早在西周初就规定楚国进贡,供周天子祭祀之用②。

可见,成束的茅草也是古代祭祀活动中非常重要的用品,主要用于"缩酒"。杜预注云:"束茅而灌之以酒为缩酒。"《周礼·甸师》郑兴注云:"束茅立之祭前,沃酒其上,酒渗下去,若神饮之,故谓之缩。""缩酒"还有另外一种解释,《礼记·郊特牲》"缩酌用茅",郑玄注:"缩,去滓也。"认为是用茅草来过滤酒。两种说法今人所取不一,但都表明茅是古代祭祀活动中一种必不可少的用品。

《左传·僖公四年》所载齐桓公伐楚一事,如管仲所言,楚国没有按时向周王室进贡楚地所产的茅草,致使周天子在祭祀的时候缺少用以"缩酒"的束茅,这成为楚国被攻伐的理由之一。

此外,在古代,束茅在诸侯朝会中还有"表位"的作用。《国语·晋语八》记载:

> 昔成王盟诸侯于岐阳,楚为荆蛮,置茅蕝,设望表,与鲜牟守燎,故不与盟。

韦昭注:"蕝,谓束茅而立之,所以缩酒。"但是这一说法受到后人质疑,认为此处的束茅并非供"缩酒"之用,而是作为确定各自位置的标志——表位。徐元诰《国语集解》引汪远孙注:

> 《史记·叔孙通传·索隐》引贾逵注曰:"束茅以表位为蕝。"《说文》:"蕝,朝会束茅表位为蕝。"引《春秋》、《国语》曰:"致茅蕝,表坐。"致、置古通用,"表坐"二字,盖许申《国语》之义。《汉书·叔孙通传》:"为绵蕞野外。"如淳曰:"谓以茅翦树地,为纂位尊卑之次也。"师古曰:"蕞与蕝同。"缩酒之茅不名为蕝,韦解非也。③

又引王引之的说法:

> 会盟无缩酒之文,韦注非是,当以贾说为长。窃谓置茅蕝者,未盟之先摈相者习仪也,习仪则必为位,故以茅蕝表之。置茅蕝,盖与《汉书·叔孙通传》"为绵蕞"相似,盖为习仪而设也。《周官·小宗伯》:"凡王之会同、军旅、甸役之祷祠,肄仪为位。"是其比类也。④

据《国语集解》的说法,古代诸侯会盟并未见有束茅缩酒的记载,束茅的用

---

① 杜预注,孔颖达疏:《春秋左传正义》,载《十三经注疏》下册,第1792页,上海古籍出版社,1997年。
② 顾颉刚、刘起釪:《尚书校释译论》第二册,第668—670页,中华书局,2005年。
③ 徐元诰:《国语集解》,第430页,中华书局,2002年。
④ 徐元诰:《国语集解》,第430页,中华书局,2002年。

途在于标记不同的位置、座次,以别尊卑。此处的束茅虽然不为祭祀缩酒之用,但也是古代诸侯会盟时不可或缺的礼仪标志,具有"表位"的作用。

四

另外还有必要谈一谈《周易》中其他两处涉及"茅"的爻辞。

《泰》卦初九爻辞和《否》卦初六爻辞都有"拔茅茹以其汇"一语,历代注家分歧颇多。《周易集解》引王弼注:"茅之为物,拔其根而相牵引也。茹,相牵引之貌也。"又引虞翻的说法:"茹,茅根。"①《周易注疏》孔颖达云:"拔茅茹者,似拔茅,举其根相牵茹也。以其汇者,汇,类也,以类从也。"②意谓:拔茅草,其根相牵引,由于以类相从。

高亨在其《周易大传今注》中取虞翻的说法,认为"茹"指"茅根","汇,类也","拔茅茹以其汇"的意思是"茅草及其同类之物,有害于禾稼,必须连根拔去之"③。

与以上解释不同,陈奇猷先生在其《〈易经〉"拔茅茹以其汇"解》一文中提出了新的看法。

陈文据《庄子汇释》所辑一条佚文"小巫见大巫,拔茅而弃,此其所以终身弗如",对其中所涉及的"拔茅"进行探究。文章指出:

> 《离骚》云:"索藑(《文选》作"琼")茅以筳篿兮,命灵氛为余占之。"王逸注云:"藑茅,灵草。"《骚》文之意是取琼茅命灵氛为我占卜。可知琼茅是占卜用的灵草。据此,知古代有用琼茅行占卜之俗。扬雄《反离骚》说:"费椒糈以要神兮,又勤索彼琼茅。"也以琼茅为要神之物。宋周去非《岭外代答》载"茅卜法"云:"南人茅卜法,卜人信手摘茅,取占者左手自肘量至中指间而断之,以授占者,使祷所求,尝闻楚人筭卜,今见之。"可见直至宋代仍有茅卜流传,更可以证明茅确是占卜之具。④

此处陈先生以古代文献为证,提出茅在古代还是一种"占卜之具",对于了解茅在古代宗教和礼仪生活中的作用提供了新的认识。

据此,陈文指出,《易经》爻辞"拔茅茹以其汇","茹"为"如"的假借字,"犹而也","汇"是"谓"的假借字,是祷告的意思,整句话应断作"拔茅,茹以其汇",而且应该和卦辞中的"小往大来"(《泰》卦)、"大往小来"(《否》卦)连起来解

---

① 李鼎祚:《周易集解》,第55页,上海古籍出版社,1989年。
② 王弼、韩康伯注,孔颖达疏:《周易注疏》上册,第206页,中国书店,1988年。
③ 高亨:《周易大传今注》,第114页,齐鲁书社,1998年。
④ 陈奇猷:《〈易经〉"拔茅茹以其汇"解》,《华东师范大学学报(自然科学版)》1980年第5期。

释,其义为:

> 小巫走了,大巫过来,拔起琼茅而进行祷告。大巫走了,小巫过来,小巫也拔起琼茅而进行他的祷告。

笔者认为陈先生的说法有以下几点需要商榷。

第一,《周易》中"拔茅"之"茅"是否就是《离骚》中用以占卜的"琼茅",需要证据。

第二,文中所引《离骚》和扬雄《反离骚》文,据文义和古注确实可以证明"琼茅"是与占卜有关的灵草,但其具体占卜之法是否就是后文所引的"茅卜法"还有待考证。此外,据王夫之《楚辞通释》:"筵,折竹枝。篿,为卜算也,楚人有此卜法。取琼茅为席,就上以筵卜也。"①这里明确指出琼茅并非直接用作占卜的工具,而是作席之用——"取琼茅为席",真正用来占卜的是竹枝,即"筵"。这和陈文所述"茅卜法"是有出入的。

第三,《庄子》佚文中的"拔茅",根据文义,确实和巫有关,以此推测《周易》中的"拔茅"可能和巫觋有关是可以的,但将卦辞中的"小往大来"、"大往小来"中的"大"、"小"与爻辞连接起来,直接解释为"大巫"、"小巫",显得过于曲折,而且孤证也难以令人信服。

五

最后,有必要对易学史上关于"藉用白茅"所作的诸多诠释加以审视,通过对这些不同诠释的检讨,由"点"及"面",对古代易学诠释发展的方向和特征有一个更为明晰的认识,尤其是对传统所谓的"象数派"与"义理派"之间的关系有一个较为公允和理性的看法。

首先,考察《大过》卦的初六爻辞,可以将其分为两部分,前一部分即"藉用白茅",后一部分即该句爻辞的"断占之辞"——"无咎"。《小象传》的解释着眼于前一部分,并和爻象紧密联系,认为白茅为柔软之物,有"阴柔"之象,恰好对应初六阴爻本身的阴阳属性;而白茅承垫祭品,自身处在祭品下方,恰好又对应了初六爻在一卦之下,故曰"柔在下也"。而《系辞》的解释则完全抛开了爻位爻象,从这句爻辞的两部分之间的逻辑关系着眼加以诠释,即认为"藉用白茅"和"无咎"之间存在因果联系,之所以有"无咎"的结果,是因为有"藉用白茅"这件事情;并且,通过这一视角的诠释,赋予了整句爻辞一项人文价值——"慎",而这一点恰好是《小象传》所缺乏的。

由此可见,从《易传》开始,对卦爻辞的诠释就已经开辟了两条不同的路径,一种是着眼于发掘象、辞之间的逻辑联系,阐释出二者之间的内在关联,及后世

---

① 王夫之:《楚辞通释》,载《船山遗书》第七卷,第4128页,北京出版社,1999年。

所谓"象数派"的滥觞；另一种则抛开卦爻象，直接从卦爻辞内容本身入手，揭示出其中的人文价值，即义理解易的先河。

这两种路径的区别显而易见，各自的优点和缺点也很明显。

《小象传》的解释，其优点在于照顾到了爻象与爻辞的联系性，使得原本显得零散甚至支离的《周易》文本呈现出一种统一性和整体性，将《周易》的符号系统——卦爻，和文字系统——卦爻辞，水乳交融地结为一体。但是，并不是《周易》的所有卦爻象和卦爻辞都具有如此微妙的联系，如果将《小象传》的这一解释方法应用于解释《周易》整个文本，就有牵强附会的危险，而后世象数派就是沿着这个方向发展，以汉代易学家虞翻为代表，将象数解易发展到了极致，既有附会，又显烦琐，前文引《周易集解》中虞翻就"藉用白茅"的解释可见其一斑。

而《系辞》的解释，其长处在于赋予了爻辞新的内涵，使得原本作为一个仅具有描述性意义的祭祀场景具备了浓重的人文价值含义，体现出很大的创造性；而其缺点在于将该爻辞原本没有的价值观念——"慎"，"移植"进去的嫌疑；此外，这种解释仅仅是从《周易》的文字系统出发，没有照顾到卦爻象——符号系统。

通过以上梳理，这里有两个问题可以得到澄清。

第一，关于义理与象数之争，学界多津津乐道魏晋时期"王弼扫象"说，由此容易形成一种误解，即义理解易对抗象数之学始于王弼，后世义理派对王注更是奉为圭臬，如唐代孔颖达《周易正义》称颂王注是"独冠古今"。事实上，我们通过《易传》对《大过》卦初六爻辞的解释的考察，发现义理解易和象数解易的对立在《易传》中就已经存在；更为重要的是，《系辞》抛开卦爻象，引入儒家价值观念"大胆"诠释，赋予爻辞全新的人文内涵，将原本属于占卜之辞、描述宗教场景的爻辞解放出来，为易学开辟了一条新的发展方向。后世的义理派基本上是沿着《系辞》开创的弘扬和彰显人文价值这一方向不断发展壮大。魏晋时期王弼反对汉易象数之学，虽然主要是引入玄学的观念来对抗象数，但其诠释的途径却和《系辞》引入儒家价值观念的路子是一致的，甚至有些内容也是直接承袭《系辞》而来，如前文所引王注"藉用白茅"道："以柔处下，过而可以无咎，其唯慎乎！"

因此，我们说，所谓的义理易"扫象说"，其实从《系辞》就已经开始了，后世所谓的"王弼扫象"具体指的是王弼对汉代象数易学的反对和清算，这对于此后的义理易的发展确有廓清之功，但不能因此而忽视了在此之前《系辞》以义理解易与《象传》以象数解易的对立。

第二，从易学史的角度来看，对象数与义理的对立关系也要有一个明晰的认识。

就本文所言，《小象传》与《系辞》对《大过》卦初六爻辞"藉用白茅"的解释非常典型地体现了象数派解经和义理派解经的对立。但后世的解易著作，虽然

· 177 ·

也有义理、象数之分,但其各自的内容总体表现出的象数与义理的对立已不像《小象传》和《系辞》这样泾渭分明,准确地说,是在融合象数和义理的基础上各自有所偏重。汉易之后的主要易学著作,出现了融合象数与义理的特征,象数派著作包含义理的内容,而义理派著作中也并非完全排斥象数。就对"藉用白茅"一句的解释而言,以"扫象"闻名的王弼也是吸取《小象传》的说法,认同"柔而处下"的观点;而作为典型义理派易学著作的《程氏易传》也解释道:"初以阴柔巽体而处下……用茅藉物之象。"[1]同样,我们来看后世的象数派著作,明代来知德《周易集注》云:"无咎者,敬慎不败也。"又道:"当大过之时,阴柔已能慎矣;又居巽体之下,则慎而又慎者也。"[2]可见,作为象数易学的著作,此处不但没有完全排斥《系辞》提出的"慎"的价值观念,反而在一定程度上有所加强。

因此,我们说,所谓象数和义理的对立,不能绝对地、笼统地说,要定位在易学史上具体时期具体的著作,甚至具体的内容,尤其是汉代以后的易学著作,大多具有义理与象数融合的特点,将其归为义理派或象数派,仅是就其偏重和旨趣而言,并非绝对的说法。这也是我们通过考察易学史上对"藉用白茅"一语的解释得出的一点体会。

(作者:辛亚民,清华大学历史系博士后)

---

[1] 程颐:《程氏易传》,载《二程集》下册,第840页,中华书局,2004年。
[2] 来知德:《周易集注》,载郑万耕主编:《易学精华》下册,第1143页,北京出版社,1995年。

《国语·齐语》与《管子·小匡》辨析

◇张连伟

《齐语》出自《国语》,《小匡》出自《管子》,二者都记载了管仲辅佐齐桓公成就霸业的过程及其重要的政治改革,是研究桓管霸业的重要史料。《管子·小匡》与《国语·齐语》主体内容相同,但在一些叙述上存在差异。对《齐语》与《小匡》之间的关系,学术界有两种相反的观点。一种观点认为,《小匡》抄袭《齐语》。如李学勤先生说:"《小匡》的文字远比《齐语》浅显易懂,无疑是在《齐语》上加以修改的结果。"[①]另一种观点则认为,《齐语》抄袭《小匡》,《齐语》对《小匡》的文字进行了省略,《小匡》文意更为完整。如顾颉刚先生认为,编辑《国语》的人是"把《小匡》一篇略加压缩和修改,算作《齐语》"[②]。

大多数学者采信了第一种观点,对齐桓公称霸史事的考论,多依据《国语·齐语》提供的史料。但二者孰是孰非,还必须通过文本的对比研究来澄清。

一

从《齐语》和《小匡》的文本对比来看,主要存在以下几点明显差异:

第一,《小匡》的内容多于《齐语》。原因主要有两方面,一方面是有的地方《齐语》叙述简略,而《小匡》叙述详尽。如《齐语》:"唯能用管夷吾、宁戚、隰朋、宾胥无、鲍叔牙之属而伯功立。"《齐语》简短的一句话,在《小匡》中演绎成一段文字。《小匡》说:"桓公能假其群臣之谋,以益其智也,其相曰夷吾,大夫曰宁戚、隰朋、宾胥无、鲍叔牙。用此五子者何功度义,光德继法,绍终以遗后嗣,贻孝昭穆,大霸天下,名声广裕,不可掩也。则唯有明君在上,察相在下也。"另一方面,《小匡》有些内容不见于《齐语》。如《小匡》鲍叔牙说:"夫管仲,民之父母也。将欲治其子,不可弃其父母。"施伯之言:"管仲者,天下之贤人也,大器也。在楚则楚得意于天下,在晋则晋得意于天下,在狄则狄得意于天下。"这种对管仲的溢美之词,不见于《齐语》。《小匡》最后一部分管仲向齐桓公陈述治国之策,亦不见于《齐语》。

---

① 李学勤:《古文献丛论》,第178页,上海远东出版社,1996年。
② 顾颉刚:《周公制礼的传说和〈周官〉一书的出现》,《文史》第6辑,第20页,中华书局,1979年。

第二，《齐语》和《小匡》使用的文字有异。《齐语》使用了一些古奥的文字，《小匡》则用一些通俗的文字取代，如"弗若"作"不如"，"权"、"膊"、"肇"作"美"、"原"、"穷"，"襄"作"弊"，"引"作"易"，"易"作"乱"，"敏"作"力"，"赞"为"佐"，"陨越"为"颠蹶"。有些异文属于通假，如《齐语》"筑葵兹、晏、负夏、领釜丘，以御戎狄之地"，《小匡》作"筑蔡、鄢陵、培夏、灵父丘，以卫戎狄之地"。"负夏"即"培夏"，"负"与"培"通，《齐语》"负夏"见于《礼记·檀弓》；"领釜"与"灵父"通假，"灵父丘"疑即"灵丘"，见于《孟子》赵岐注。其中有些差异可能与抄写的时代有关。如《小匡》改《齐语》的"恒"为"常"，可能是避汉文帝讳。此外《小匡》有明显的口语化倾向，如在几处上下文承接的地方连用"于是乎"，似乎是在向别人讲故事。

《齐语》和《小匡》有些关键词的使用不同，导致二者含义不同。如《齐语》"忠信可结于百姓"，《小匡》作"忠信可结于诸侯"。《小匡》云"士农之乡十五"，而《齐语》云"士乡十五"，一字之差，导致对"参国"设置方式的不同解释。《齐语》说："于是天下诸侯知桓公之非为己动也，是故诸侯归之。"《小匡》则说："于是天下之诸侯知桓公之为己勤也，是以诸侯之归之也譬若市人。"《齐语》中的"己"为齐桓公，《小匡》中的"己"则为诸侯。

第三，有些史事的记载不同。例如，齐桓公想从鲁国要回管仲，《齐语》记载"桓公使请诸鲁，如鲍叔之言"，只是说齐桓公派人去鲁国，没有说派谁去，《小匡》则明确说"公乃使鲍叔行成"。《齐语》："桓公问曰：'夫军令则寄诸内政矣，齐国寡甲兵，为之若何？'"《小匡》作："管子对曰：'未可。若军令则吾既寄诸内政矣，夫齐国寡甲兵。'"同一句话，《齐语》记载是齐桓公说的，而《小匡》则记载是管仲说的。再如"伍鄙"之制，按照《齐语》的说法，"三十家为邑，邑有司；十邑为卒，卒有卒帅；十卒为乡，乡有乡帅；三乡为县，县有县帅；十县为属，属有大夫。五属，故立五大夫，各使治一属焉"。《小匡》则说："制五家为轨，轨有长。六轨为邑，邑有司。十邑为率，率有长。十率为乡，乡有良人。三乡为属，属有帅。五属一大夫，武政听属，文政听乡。"《齐语》有"县"一级行政组织，"五属，故立五大夫"。《小匡》不仅没有"县"级行政组织，而且是"五属一大夫"。《齐语》齐桓公正其封疆，"地南至于岱阴，西至于济，北至于河，东至于纪酅"。《小匡》则说："地南至于岱阴，西至于济，北至于海，东至于纪随，地方三百六十里。"二者所言封疆范围和地名不一。

二

顾颉刚先生主要依据第一种差异推断《齐语》压缩修改了《小匡》，李学勤先生则根据第二种差异断定《小匡》抄袭《齐语》。对于第三种差异，两家都认为是抄误所致，只不过一方认为是《齐语》抄《小匡》，另一方认为是《小匡》抄《齐语》。可以说，双方都言之成理，持之有据。但是，笔者认为，《齐语》和《小匡》之间并不存在因袭关系。

首先，是否《齐语》抄袭《小匡》？

《小匡》与《齐语》对比，相当数量的异文，是将《齐语》艰深冷僻的字改换成明白易晓的同义字，如果是《齐语》抄袭或者压缩《小匡》，很难出现这种情况。《齐语》有些地方优于《小匡》。如管仲在谈到四民分居时说"令夫士"、"令夫工"、"令夫商"、"令夫农"，《小匡》"令"作"今"，从上下文叙述来看当作"令"，《小匡》可能是传抄之误。《齐语》云"五属，故立五大夫，各使治一属焉"，《小匡》则说"五属一大夫"。从"五属大夫复事"来看，"大夫"不止一人，当为五人，这与《小匡》前面的记述有出入，二者相比，当从《齐语》。因此，《齐语》不可能直接抄袭或者压缩《小匡》。

其次，是否《小匡》抄袭《齐语》？

根据《小匡》语言比《齐语》通俗易懂，判定《齐语》非抄袭《小匡》，这是正确的，但不能由此断定《小匡》抄袭《齐语》。理由主要有以下几点：

（1）《小匡》有些内容是《齐语》所无，如《小匡》最后一部分不见于《齐语》。有学者认为是《小匡》增益，但即使是增益，它也应该有所据，即《小匡》还有别的史料作参照。

（2）《齐语》有的地方因增字而误。如《齐语》云"执枹鼓立于军门"，《小匡》作"介胄执枹立于军门"。徐元诰云：枹为击鼓槌，"枹"下不当有"鼓"字，《管子·小匡》篇正作"执枹立于军门"①。

（3）《齐语》有疏漏、错乱，而《小匡》叙述相对完整。如《齐语》"春以蒐振旅，秋以狝治兵"，《小匡》完整的表述为"春以田曰搜，振旅。秋以田曰狝，治兵"。《齐语》"伍之人祭祀同福"，《小匡》作"故卒伍之人，人与人相保，家与家相爱，少相居，长相游，祭祀相福"，两者相比较可以看出《齐语》遗漏了中间部分的内容。在提到"正月之朝，乡长复事"时，《齐语》"蔽明"，《小匡》谓"蔽贤"；《齐语》"蔽贤"，《小匡》谓"蔽才"。两者相比较，《齐语》叙述有误。又如《齐语》："教大成，定三革，隐五刃，朝服以济河而无怵惕焉，文事胜矣。"《小匡》："教大成，是故天下之于桓公，远国之民望如父母，近国之民从如流水。故行地滋远，得人弥众，是何也？怀其文而畏其武。故杀无道，定周室，天下莫之能圉，武事立也。定三革，偃五兵，朝服以济河，而无怵惕焉，文事胜也。"此处《齐语》亦有遗漏，《小匡》"文事"、"武事"对举，而《齐语》只有"文事"。如果《齐语》是《小匡》的底本，这些疏漏、错乱的地方很难纠正。

因此，无论判定《齐语》抄袭《小匡》，还是《小匡》抄袭《齐语》，都失之于武断。从文本内容上来看，《小匡》和《齐语》各有优缺点。《齐语》与《小匡》都涉

---

① 徐元诰：《国语集解》，第216页，中华书局，2002年。

及管仲的内政、外交和军事改革,但二者的先后顺序不同,而且对话的内容也有差别。相比较,《小匡》的叙述条理清晰,《齐语》则简明扼要。

三

既然《小匡》不是抄袭《齐语》,《齐语》也非抄袭《小匡》,那么,如何看待《齐语》和《小匡》之间的差异?笔者试从史料来源、整理过程、流传方式等几个方面,对造成《齐语》和《小匡》差异的原因略作辨析。

1. 史料来源

《齐语》来源于《国语》,属于"国之善语"。《国语·楚语上》说:"教之《语》,使明其德。"这里的"语"不仅是文献资料,而且是贵族教学的重要典籍。韦昭注:"《语》,国之善语。"它的作用是"使明其德,而知先王之务用明德于民也"。《国语》大概就是对"国之善语"搜集整理的结果。

《小匡》来源于《管子》,属于"百家之语"。《史记·秦始皇本纪》李斯上书说:"非博士官所职,天下敢有藏诗、书、百家语者,悉诣守、尉杂烧之。"这里的"百家语"也就是百家之言、诸子的议论,指的就是诸子书。

按照传统的学术分类,《国语》属于史书,《管子》属于诸子书,分属不同的类别。李零认为,史书"往往要打'官腔',求典雅,成为套子,包含很多术语,很难懂(即使年代较晚的档案也很难懂)。而诸子书就不一样,它有点类似后世的白话创作,是一种比较灵活的东西,'文学性'(或故事性)胜于'记录性'。它可以在时间上离'事'比较远,离当事的'人'比较远,因而离真正的口语也比较远,但它在形式上却更接近口语。"[1]

就此而言,《齐语》收进《国语》,被编纂为史书,它就成了一种书面化的语言,追求古奥典雅,有些词句、术语变得让人难以理解。而《小匡》被编入《管子》,成为诸子书,文学性和故事性增强,通俗易懂。

2. 整理过程

从篇名上看,《齐语》和《小匡》都与其保存的典籍名称相一致。《齐语》与《国语》的《周语》、《鲁语》、《晋语》等并列,体例一致,而《小匡》在《管子》中属于"内言",和《大匡》、《中匡》并列,属于"三匡"之一。这说明无论是《齐语》还是《小匡》,都经过了编纂者的组织、安排。

从《国语》的内容来看,多是君臣、士大夫相与问答的治国之道。《国语》的编纂者把这些古代明君贤臣有关政治、礼仪、道德等方面的精辟言论搜集起来,按国别分类,编辑成册,用作统治者的教材,希望他们能够借鉴先王圣哲的经验,明德治民。因此,《国语》是经过编选的,各篇之间排列有序。但是,从各篇的文

---

[1] 李零:《简帛古书与学术源流》,第 202 页,三联书店,2004 年。

体风格和叙事方式来看,又不尽相同,显然不是出自一人之手。因此,《国语》各篇虽然在形式上经过了细心的安排,但在内容上,其编纂者只是抄录,并未认真审查。这就不难理解,为什么《齐语》会有些遗漏和抄误。

今本《管子》是刘向编定的,在刘向编辑《管子》之前,《管子》并没有定本,往往是单篇流行,或者某些篇章集结在一起流传于世,如张守节《史记正义》:"《七略》云:《管子》十八篇在法家。"刘向在《序录》中说:"所校雠中《管子》书三百八十九篇,太中大夫卜圭书二十七篇,臣富参书四十一篇,射声校尉立书十一篇,太史书九十六篇。"经过刘向整理的《管子》,最终定为八十六篇,除了十篇亡佚外,其余流传至今。《小匡》应是经过了刘向重新抄录,因此在《小匡》改"恒"为"常",避汉文帝讳。

3. 流传方式

《齐语》和《小匡》流传方式不同,也是造成二者差异的重要原因。在论及先秦典籍时,吕思勉先生曾说:

> 古人之传一书,有但传其意者,有兼传其词者。兼传其词者,则其学本有口诀可诵,师以是传之徒,徒又以是传之其徒,如今瞽人业算命者,以命理之书,口授其徒然。此等可传之千百年,词句仍无大变。但传其意者,则如今教师之讲授,听者但求明其意即止,迨其传之其徒,则出以自己之言。如是三四传后,其说虽古,其词则新矣。[①]

按照吕思勉先生的说法,先秦文献在流传过程中,可划分为两种方式,一种是"传其意",只求意思明白,不拘泥于文字句式,在流传过程中词句容易发生变化;另一种则是"兼传其词",不仅要表达原文的意思,而且不能改易原文字句。"传其意"者虽然较好地表达了原文意思,但由于不拘泥于文字形式,容易出现增益和夸饰的成分。"兼传其词"者似乎忠实于原典,但实际上由于"兼传其词"者往往只管记诵字句,死记硬背,反而容易造成疏漏和抄误。总的来说,"传其意"和"兼传其词"这两种古典文献的流传方式只是相对而言,"词"和"意"总是难分解的,其思想内容最终不会相差太远。

如果说《齐语》和《小匡》来源有别,那么在流传过程中它们又产生了差异,《齐语》偏重于"传其词",而《小匡》偏重于"传其意"。《国语·齐语》经过史官的收集整理,较多地保留了书面语言,造成《齐语》早于《小匡》的表象,但在其传抄过程中出现了抄误和遗漏。《管子·小匡》是管子学派的学习材料,老师向弟子口授心传,其文句尽量使用通俗易懂的词语,其间随着学派传承又有所增益。因此在流传过程中不断有文字和形式的变化,长此以往,在保留其基本思想的情况下,很多语句发生了时代的变异,并且有了口语化倾向。

(作者:张连伟,哲学博士,北京林业大学人文社会科学学院副教授)

[①] 吕思勉:《先秦学术概论》,第21页,云南人民出版社,2005年。

《文心雕龙》与汉代儒学

◇朱 清

一、《文心雕龙》与《礼记·乐记》

《乐记》以人性论为核心的性情说为立论基石，从儒家视角回答了音乐的起源、本质特征、教化作用及其与社会政治伦理的相互关系等诸多问题。《乐记·乐言》："夫民有血气心知之性，而无哀乐喜怒之常，应感起物而动，然后心术形焉。"音乐就是产生于人的情变即喜、怒、哀、乐、好、恶、敬、爱与外物相交感，其音响节奏即是表现人的情感，即《乐记·乐象》所谓"是故情深而文明，气盛而化神。和顺积中而英华发外，唯乐不可以为伪"。刘勰不仅依取《乐记》撰写了《乐府》与《声律》，而且将性情说阐发为文艺本质特征而贯穿于《文心雕龙》全书。刘勰援引《乐记·乐情》"故知礼乐之情者能作，识礼乐之文者能述。作者之谓圣，述者之谓明"之义作为其撰写《征圣》之旨："夫作者曰圣，述者曰明。陶铸性情，功在上哲。夫子文章，可得而闻，则圣人之情，见乎文辞矣。"圣人的文化创造就是要表达其情思的。刘勰又依取《乐记·乐情》"穷本知变，乐之情"之旨而撰《情采》："故情者文之经，辞者理之纬；经正而后纬成，理定而后辞畅：此立文之本源也。"将性情及其变化视为文学创作的源泉，文学作品都是作者真情实感的流露，亦即《体性》所旨归的"夫情动而言形，理发而文见，盖沿隐以至显，因内而符外者也"。《明诗》："诗者，持也，持人情性。……人禀七情，应物斯感，感物吟志，莫非自然。"此皆是对"应感起物而动，然后心术形焉"的申论，即谓文艺创作源于心物交感，是人性情的产物，亦是对《毛诗序》"诗者，志之所之也，在心为志，发言为诗。情动于中而形于言，言之不足，故嗟叹之……"的申论，诗、歌、舞与乐等艺术形式的运用皆是为表达情感服务的，都体现着作者的心声。可见刘勰是承"唯乐不可以为伪"之旨以论性情的。

《乐记》首次引入了《周易》"象"的概念，所谓"乐象"指音乐中的道德之善，《乐记·乐象》"乐者，德之华也"是说乐的意义不在于自身的精致与否，而在于其是否具有教化之功。"乐也者，圣人之所乐也，而可以善民心，其感人深，其移风易俗，故先王著其教焉"，音乐教化之功用即在于以音乐之和谐感染民众之心，使人身心同于音乐之平和，由此引导人的行为符合伦理规范，最终达致社会

· 184 ·

政治伦理之安定和谐,此即《乐记·乐本》"声音之道,与政通矣"。刘勰亦依此论文章的功用,以体现其儒家文艺观。《乐府》:"韶响难追,郑声易启。岂惟观乐,于焉识礼。"此谓与雅乐德教一样,有助于社会政治秩序及伦理规范是文艺作品功用之所在。总之,刘勰依取《乐记》性情说将"性情"阐发为"性情之数"(《养气》)而纳入"神理之数"(《情采》)中,即更为注重揭示个体的创造性及文化艺术自身的本质与规律,从而弱化了汉儒性情说中的人性论成分,不再将文艺创造完全归结于伦理道德的功用与附庸,即《乐记》所谓"德成而上,艺成而下",而是将德视为文艺的重要特征之一,此即《明诗》"神理共契,政序相参"之旨。刘勰秉持《乐记》儒学传统,标举"如乐之和,心声克协"(《附会》)之性情说,以此反对玄学派嵇康"心之与声,明为二物"的《声无哀乐论》。

《乐记·乐礼》:"天尊地卑,君臣定矣。卑高已陈,贵贱位矣。……如此,则礼者天地之别也。地气上齐,天气下降,阴阳相摩,天地相荡,鼓之以雷霆,奋之以风雨,动之以四时,暖之以日月,而百化兴焉。如此,则乐者天地之和也。"这是认为乐、礼与天地万物的根本法则是一致的,以乐、礼为表征的圣人之道是天地之道的体现。《乐记·乐化》:"夫乐者乐也,人情之所不能免也。乐必发于声音,形于动静,人之道也。声音动静,性术之变,尽于此矣。"这实际上是说圣人之乐又是圣人之道的体现。《乐记》择取《系辞传》词句为论,将天地之道、人之道、乐之道分开表述,虽已有以"和"为准绳,将天地之道与人之道、乐之道统一起来的内涵,但《乐记》的理论基础仍是人性论。刘勰则将《乐记》这一思想片段作了进一步整合提炼而撰著了《原道》篇并成为《文心雕龙》全书的理论基石,《序志》"盖《文心》之作也,本乎道"之所谓"本"以及《原道》之所谓"原",即谓"三才之道"乃根本,实是对万事万物所作出的理论概括,这表明其理论思维路径已摆脱汉儒宇宙生成论而具有了本体论意味。

二、《文心雕龙》"十代"与董仲舒"三统三正"说

据董仲舒《天人三策》与《春秋繁露·三代改制质文》,"三统三正"理论的主要内容为:夏、商、周分别以阴历正月、阴历十二月、阴历十一月为岁首,夏为黑统,商为白统,周为赤统。此后应天命而新建立的王朝都要纳入黑、白、赤三统循环往复之中,并相应改正朔、易服色。《天人三策》谓"孔子作《春秋》,先正王而系万事,见素王之文焉",以孔子为"素王",孔子作《春秋》为制一代之法,即《三代改制质文》所谓"《春秋》应天作新王之事,时正黑统",这样春秋为一代,属黑统。又认为《春秋》虽为一代之礼法,但未实施,故孔子作《春秋》是为以后的新王即汉王朝制定并要实施的一代之礼法。这样汉朝就与《春秋》同承黑统,也就是实际继周的是汉王朝。"三统"说在对历史统序问题上所体现出的最大理论特点与政治含义在于突显孔子及春秋一代而贬斥秦朝,强调汉代才是承周的正

统。《天人三策》中将尧、舜时期视为"治世";三王即指夏、商、周三代,商继夏、周继商为"继乱世"。至《白虎通义》则将"三皇五帝"视为儒家所尊崇的治世时期。

刘勰对"三统三正"说的依取也正是体现在这些要义上,《原道》所论"人文之元"即是由先圣之统绪展开并成就于孔子:"爰自风姓,暨于孔氏,玄圣创典,素王述训。"这是以孔子为"素王",故《宗经》篇专论孔子,实是对孔子"素王"之业的颂扬。刘勰的"十代"更是以"三统"为依据而划分的,《时序》与《才略》所论及汉之前的历史时期分别是:"昔在陶唐"、"有虞继作"、"至大禹敷土"、"成汤圣敬"、"逮姬文之德盛"、"春秋以后"、"角战英雄";"虞、夏文章"、"商周之世"、"及乎春秋大夫"、"战代任武"。刘勰按"三统"说将尧、舜视为"治世",《宗经》等篇又将三皇五帝时期称为"皇时"、"皇世"、"帝世"、"帝代",故将其统归为"一代"。夏、商、周皆为"三统"的体现,故并为"一代"。春秋为一代。两篇亦皆先总称战国,再具体述评战国各国包括秦的人物事迹,是不视秦朝为一代而将其并入作为"一代"的战国之中,如《时序》谓"春秋以后,角战英雄……五蠹六虱,严于秦令"。故刘勰所称举的"十代"是:尧舜(或三皇五帝)时期、夏商周三代时期、春秋时期、战国时期、前汉、后汉、魏、晋、宋、齐。《才略》省略齐则为"九代"[1],齐只能是"十代"中最后一代。据此,《文心雕龙》成书于齐。可见,刘勰所谓的"十代"是依据汉儒"三统"说的治世与道统思想所作的"时代"或"世代"划分,并贯穿于全书四大部分,特别是文体论各篇中所述文体之流变皆依此为据;其义在于以此隐喻齐朝为"新王"、齐朝复兴儒学可当《春秋》一代之法,即《时序》所谓"暨皇齐驭宝……经典礼章,跨周轹汉,唐、虞之文,其鼎盛乎"。

刘勰以春秋为一代实是要突显《春秋》的意义。董仲舒《天人三策》:"夫周道衰于幽、厉……周道粲然复兴,诗人美之而作……此夙夜不解行善之所致也。"以德为善,以诗文为美,这是以孔子所称举的尽善尽美最高标准来褒赞周宣王政治与文化的复兴。刘勰撰《时序》"有虞继作,政阜民暇,'薰风'咏于元后,'烂云'歌于列臣。尽其美者何?乃心乐而声泰也。……幽、厉昏而《板》、《荡》怒,平王微而《黍离》哀"即本于此段文意,以褒贬文学创作的得失优劣。《秦启》:"秦始立奏,而法家少文。……政无膏润,形于篇章矣。"秦任刑名而失德教,故其文辞既无善,也无美。可见,受董仲舒影响,刘勰的文学观是由其儒家尽善尽美的价值观所决定的,刘勰的文学史观是由其儒家治世历史观所决定的。

---

[1] 《春秋繁露·楚庄王》"世逾近言逾谨矣。……《春秋》之道也",为刘勰《史传》"故述远则诬矫如彼,记近则回邪如此……若乃尊贤隐讳,固尼父之圣旨"所本,刘勰《才略》等篇中因"世近易明,无劳甄序"而省齐、略宋体现的正是"世逾近言逾谨"的"春秋笔法"。

三、《文心雕龙》与扬雄《太玄》、《法言》

古文经学的五经排序,笔者认为当以扬雄为首唱,《法言·问神》:"《易》始八卦,而文王六十四,其益可知也。《诗》、《书》、《礼》、《春秋》,或因或作而成于仲尼,其益可知也。"又《法言·寡见》:"惟五经为辩。说天者莫辩乎《易》,说事者莫辩乎《书》,说体者莫辩乎《礼》,说志者莫辩乎《诗》,说理者莫辩乎《春秋》。舍斯,辩亦小矣。"扬雄以《易》为五经之首即是从历史视角认为《易》成书最早;《汉书·扬雄传》载其"自序"说"以为经莫大于《易》,故作《太玄》",即《易》最大意义在于为文化之源。刘歆《七略》是受扬雄《法言》学术思想影响的,其《六艺略》由此确定了《易》、《书》、《诗》、《礼》、《春秋》五经之序,并总结说:"五者,盖五常之道,相须而备,而《易》为之原。故曰'《易》不可见,则乾坤或几乎息矣',言与天地为终始也。"①扬雄"经莫大于《易》"及刘歆"《易》为之原"即五经以《易》为首、为根本、为源泉的古文经学思想则成为刘勰撰著《文心雕龙》以易学为理论基石及论述五经之序的依据②,即《原道》"人文之元,肇自太极,幽赞神明,《易》象惟先"、《宗经》"故论说辞序《易》统其首"之论。

《法言·学行》:"孔子习周公者也。"扬雄尊崇周公与孔子之德及"成周之法"与"圣人之言",以孔子为圣、为师而非神的古文经学主张为刘勰所弘扬与贯彻,亦即《征圣》之主旨:"征之周孔,则文有师矣。"《法言·问神》:"言不能达其心,书不能达其言,难矣哉。惟圣人得言之解,得书之体。……故言,心声也。书,心画也。"扬雄此段论述实是在阐释言尽意之旨:圣人之言、圣人之书可尽圣人之意;言尽意只有难易之分,而无可尽与不可尽之别。刘勰所持言尽意论在《书记》中即本于扬雄此段论述:"盖圣贤言辞,总为之书,书之为体,主言者也。扬雄曰:'言,心声也;书,心画也。声画形,君子小人见矣。'"《汉书·扬雄传》载扬雄撰《法言》缘起:"及太史公记六国,历楚、汉,讫麟止,不与圣人同,是非颇谬于经。""与圣人同"是扬雄所持的学术标准。刘歆《七略》:"仲尼思存前圣之业……故与左丘明观其史记……丘明恐弟子各安其意,以失其真,故论本事而作

---

① 刘歆《七略》中诸多论述是本于扬雄《法言》的:《汉书·扬雄传》载扬雄《解难》"是以宓牺氏之作《易》也,绵络天地,经以八卦,文王附六爻,孔子错其象而象其辞,然后发天地之臧,定万物之基",为《六艺略》"人更三圣,世历三古"说所本。《吾子》"诗人之赋丽以则,辞人之赋丽以淫。如孔氏之门用赋也,则贾谊升堂,相如入室矣。如其不用何!"为《诗赋略》所援引:"是以扬子悔之,曰:'诗人之赋丽以则,辞人之赋丽以淫。如孔氏之门人用赋也,则贾谊登堂,相如入室矣,如其不用何!'"可证扬雄《法言》对《七略》的影响。

② 《汉书·楚元王传》载刘歆《移太常博士书》:"古文不犹愈于野乎?"刘歆此文正是为争立古文经学为学官而撰的。故刘勰在《檄移》中称赞道:"刘歆之《移太常》,辞刚而义辨,文移之首也。"于此可见其古文经学立场。

传,明夫子不以空言说经也。"确定左丘明与孔子同世的意义,实是强调《左传》与《春秋》关系上就是"与圣人同"。刘勰正是依扬雄、刘歆此标准撰写了《史传》:"昔者夫子闵王道之缺……因鲁史以修《春秋》。……然睿旨存亡,经文婉约,丘明同时,实得微言。乃原始要终,创为传体。……析理居正,唯素臣乎!"此段全本《七略》文,孔子为素王,左丘明则为素臣;旨在阐明不仅左丘明所持的论点立场而且写作笔法也与孔子相同,"辞宗邱明"也就等于辞宗孔子。故是非善恶"与圣人同"亦成为刘勰评判所持之准则,如评《史记》"爱奇反经之尤"即是以扬雄《君子》"仲尼多爱,爱义也;子长多爱,爱奇也"为依据而质疑司马迁的。依此《史传》总归其旨:"是立义选言,宜依经以树则;劝戒与夺,必附圣以居宗。然后诠评昭整,苟滥不作矣。"扬雄《法言》中提出"折诸圣"(《吾子》)、"五经之为众说郛"(《问神》)的学术思想主张,是与诸子学说相较为论的,亦即确立以孔子及五经为根本、为源泉,以诸子学说为支流辅助的关系,即《吾子》"舍五经而济乎道者,末矣。……委大圣而好乎诸子者,恶睹其识道也"之谓。刘歆亦承此论,《七略·诸子略》:"今异家者各推所长,穷知究虑,以明其指,虽有蔽短,合其要归,亦六经之支与流裔。……方今去圣久远,道术缺废,无所更索,彼九家者,不犹愈于野乎?若能修六艺之术,而观此九家之言,舍短取长,则可以通万方之略矣。"刘勰依据扬雄《吾子》、《君子》及刘歆《七略》之旨撰写了《诸子》,来论述诸子学说与圣人经典的关系:"及伯阳识礼,而仲尼访问,爰序道德,以冠百氏。然则鬻惟文友,李实孔师,圣贤并世,而经子异流矣。"这是强调经、子分流,以孔子为圣人、以经为源,以老子为贤人、以诸子为支流,即诸子是"承流而枝附者"。刘勰本扬雄《君子》"诸子者,以其知异于孔子者也。孟子异乎?不异"、刘歆《诸子略》"儒家者流……宗师仲尼,以重其言,于道最为高"的诸子十家以儒家为最高的划分,将诸子分为两类:阐发五经的儒家学者为"纯粹之类",其他各家为"踳驳之类"。视儒家为根本并不意味着否定诸子学说,而是要择其合乎儒道之义者以为儒学有益的补充,即"述道言治,枝条五经",此亦所谓"然洽闻之士,宜撮纲要,览华而食实,弃邪而采正,极睇参差,亦学家之壮观也"。《法言·寡见》"古者之学耕且养,三年通一。今之学也,非独为之华藻也,又从而绣其鞶帨,恶在其《老》不《老》也。……'学者之说可约邪?'曰:'可约解科'"为《七略》"古之学者耕且养,三年而通一艺,存其大体,玩经文而已……后世经传既已乖离,博学者又不思多闻阙疑之义,而务碎义逃难,便辞巧说,破坏形体;说五字之文,至于二三万言……安其所习,毁所不见,终以自蔽:此学者之大患也"所本。刘勰《论说》:"若秦延君之注《尧典》,十余万字;朱文公之解《尚书》,三十万言。所以通人恶烦,羞学章句。若毛公之训《诗》,安国之传《书》,郑君之释《礼》,王弼之解《易》,要约明畅,可为式矣。"刘勰此论正是本于扬雄、刘歆贵简约的古文经学主张,也是将"与尼父争途"的各家论说之"辞气"纳入儒家经学体系之中,以体现"贵文之征"的"宗经"之旨。刘勰《诸子》、《论说》秉持以儒学为

· 188 ·

主干、以诸子学说为辅助之论正是扬雄、刘歆学术思想的体现,也是《宗经》"并穷高以树表,极远以启疆,所以百家腾跃,终入环内者也"之旨的具体贯彻。

《太玄·首义》:"阴敛其质,阳散其文,文质班班,万物粲然。初一……裕禛何缦,文在内也。次二……文蔚质否,不能俱睟也。次三……大文弥朴,质有余也。次四……斐如邠如,奚足誉也。次五……彪如在上,天文炳也。次六……鸿文无范,恣意往也。次七……雉之不禄,难幽养也。次八……雕搅之文,徒费日也。上九……极文之易,当以质也。"扬雄以文质相称为事物的法则,以文质相互推移的九个阶段解释万物的发展变化过程及其规律,即一至四是事物由质而文的生长阶段,五是文质相称、事物强盛阶段,六至九则是事物文极而复质、由盛转衰阶段。刘勰据此将扬雄所论的文质相互推移的九个阶段简化为由质到文质相称再到文的循环过程,又结合《系辞传》中有关"通变"即以阴阳消息为变、以阴阳流转反复无穷为通的理论而提出"通变"说,其核心内容即是以文质交替为变,以文质交替反复无穷为通,即《通变》所谓"斯斟酌乎质文之间,而隐括乎雅俗之际,可与言通变矣",以此阐发文学的发展规律。《通变》:"从质及讹,弥近弥澹,何则?竞今疏古,风昧气衰也。"这是说文学发展的过程就是由质到质文相称再到文的循环往复的过程。《时序》:"时运交移,质文代变,古今情理,如可言乎?"文学发展的规律也正是万事万物质文相互推移、循环往复这一规律的体现。扬雄还提出"因革"说,《法言·问道》:"可则因,否则革。"《太玄》:"因而能革,天道乃得。革而能因,天道乃驯。"因是就事物中的稳定性而言,革是就事物中的弊端而言,故因不是一味守旧,而是要因其合理,革则要适时改革弊端,有所更新。事物的发展就是有因有革。刘勰将扬雄"因革"说引入到文术论中,与其"通变"说相互发明,以因中有革为变,因革相成无穷为通。《通变》:"名理有常,体必资于故实;通变无方,数必酌于新声。故能骋无穷之路,饮不竭之源。"于文体规制的择取即是因,发挥作者的创作个性而有所创新即是革,这是以有因有革、因革相成论文体与文术相结合的创作法则,即"参伍因革,通变之数也"。故《通变》总归其旨:"文律运周,日新其业。变则其久,通则不乏。趋时必果,乘机无怯。望今制奇,参古定法。"文艺创作有所继承、适时创新才是文艺发展的必由之路。总之,刘勰秉持本于扬雄"与圣人同"的"征圣"、"宗经"之旨,实是认同汉儒所倡导的经典教化的积极意义,对儒家经典的借鉴与师法是文艺创作得以事半功倍的捷径,并依此反对玄学家嵇康"越名教而任自然"之说。

四、《文心雕龙》与王充《论衡》

王充将"自然"解释为无心而为的事物本性,《论衡·自然》谓"无心于为而物自化,无意于生而物自成"、"自然之化,固疑难知,外著有为,内实自然"、"天地不故生人",皆指天地为物质实体,自然界的观象及变化没有目的性,非超自然的力量即天的意识使之然。所以王充将万物的自生自化称为"天道无为"或"自然无为"。王充所谓的无心而为的"自然"是与其相对立的有心而为的"故"而论说的,以此反对董仲舒与谶纬之学的神学目的论。刘勰正是依据王充此思想以撰著《原道》篇:"形立则章成矣,声发则文生矣",是说天地之道是自然无为的,自然界的多彩多姿即天地万物之文不是由有意识的外力加持的,而是万物按其本性自生自化的,此即"夫岂外饰,盖自然耳"。"心生而言立,言立而文明"是说,人类能够创造出文化成果是由人的自然本性决定的,此即"性灵所钟"、"自然之道"。在刘勰看来,天道之"文"与人道之"文"是"并生"而非"天地故生",实际就是肯定天地为物质实体,其运动变化没有意识与目的,自然界及其现象如"文"等与人道之"文"一样不被创造。如此立论与王充一样旨在反对"天地故生人"的神学目的论。这也正是刘勰于三篇总论后附撰《正纬》以批驳纬书是"纬隐,神教也"的旨义所在。《定势》所谓"夫情致异区,文变殊术,莫不因情立体,即体成势也。势者,乘利而为制。如机发矢直,涧曲湍回,自然之趣也"、"是以模经为式者,自入典雅之懿……自然之势也",即是依取王充《论衡·物势》"自然之化"、"不故为"之旨以论创作中的体与势是"外著有为,内实自然"的关系。故刘勰的"自然之道"就其理论内涵而言,是本于儒家古文经学派王充的论说而不能将其视为择取道家思想的依据。

　　王充还提出"偶会"说,即《论衡·物势》所谓万物变化是"不故为"的,是自化自为的,即取决于"偶自然"。以此解释自然现象间其变化无必然的联系,万物的生长及人的有意识的活动的结果都具有偶然性。这是以偶然解释"自然",亦即《论衡·偶会》所专论的"偶适相遇"即偶适自然、偶然适遇之义。刘勰将王充"偶会"说引入文艺创作理论中并提出了"嘉会"说,《隐秀》:"隐以复意为工,秀以卓绝为巧,斯乃旧章之懿绩,才情之嘉会也。"隐篇秀句之所以难得可贵,即在于其往往是作者得之于偶然适遇,即所谓"才情之嘉会"、"自然妙会"、"思合而自逢";是作者情感与灵感的自然流露与闪现,即所谓"万虑一交",而非刻意的苦心搜求雕琢的结果,即所谓"非研虑之所课"、"雕削取巧,虽美非秀"。故"嘉会"是指创作中所呈现出的心与物、情思与文辞都处于相互交感契合、通畅无碍、自然谐调的创作效果;隐与秀两种艺术效果的获得都是与"嘉会"即偶然性联系在一起的,以此阐释创作主体与客体、各种创造要素间的偶然适遇的关系。刘勰汲取王充的"偶会"说,承认偶然性的价值,从而把握了艺术创作中偶然性这一重要特征。刘勰将偶然与"自然"相联系即所谓"自然妙会"以解释"嘉会",正是依据王充的"偶自然"说。

　　王充认为人的生命由元气构成,但人所禀受的元气的成分各不相同,有阴阳、薄厚、精粗之分,且所禀受的气是天生固有不可改变的,其形体与性质如骨相、气质亦不同,故人亦有智愚、寿夭、强弱、高矮之别,即《论衡·无形》所谓"气性不均则于体不同"、"体气与形骸相抱,生死与期节相须,形不可变化",《论衡·骨相》所谓"性命系于性体",以此解释生命现象。王充此论成为曹丕文气论的先导,《典论·论文》:"文以气为主,气之清浊有体,不可力强而致。譬诸音乐,曲度虽均,节奏同检,至于引气不齐,巧拙有素,虽在父兄,不能以移子弟。"这是说因人所禀之气有清浊之分,决定了人即便是父子、兄弟,其形体性质也各异的,且是固有不可改变的,故只能顺应各自气质来创作风格各异的作品,而不可与各自气质相违而勉为其难地从事创作。刘勰在《体性》中依文气论对诸多文学现象作了更为完整、深入的阐发,提出了"体性"论:"若夫八体屡迁,功以学成,才力居中,肇自血气;气以实志,志以定言,吐纳英华,莫非情性。"此段前半句以倒叙修辞法、后半句以正叙修辞法都旨在论证有刚柔、强弱之分的气决定了作者才能之庸俊,最后决定了文辞的风格多样、学习效果的深浅以及品位的高低与优劣。作品风格的多彩多姿即"文体繁诡"是由作者固有之不同气质即"气有刚柔"决定的,作者之气质个性与作品之风格是相符一致的,此即《体性》所旨归的"触类以推,表里必符,岂非自然之恒资,才气之大略哉"。刘勰在《时序》与《才略》、《知音》中同样依此论证了作者的气质、个性决定了作品的风格与优劣,欣赏他人作品亦能依作品的风格体会出作者的气质与个性,并由此可管窥到一定历史时期的社会风貌。刘勰正是依据王充"气性不均则于体不同"之旨趣以阐发其"体性"论,从而揭示出作者与作品及其时代的内在联系的。

王充"养性"实即"养气"之论及形神关系问题在《论衡》中多有体现:《言毒》谓"万物之生,皆禀元气",王充将元气视为物质元素,万物与人都由元气构成;《论死》谓"形须气而成,气须形而知。天下无独燃之火,世间安得有无体独知之精",王充将人的精神与形体视为一体不可分离的关系,精神依赖形体。王充依据《黄帝内经》"心藏神"、"血气者,人之神,不可不滋养"的医学理论及《乐记》"民有血气心知之性"来阐释其"养气"论。《订鬼》:"阴阳气具,故骨肉坚,精气盛。精气为知,骨肉为强。"骨肉坚强、精神发挥才智作用皆有赖于阴阳二气的充盈和顺。《论死》:"精神本以血气为主,血气常附形体。""血气"指心脏及血脉的充盈畅旺,为人的生命基本要素。精神虽依赖于形体,但其发挥知觉、才智作用有赖于形体中的血脉、血气的畅通旺盛,故保养血气为提升精、气、神之本;否则病入五脏,则精神恍惚,才智顿塞。在王充这里,"精神"由作为原初物质的元气所生,故是一种特殊的物质实体亦即精神实体。王充论"养气"是缘起于其长期从事著书立说的学术经历,即《佚文》所谓"造论著说之文,尤宜劳焉",故"养气"确是与写作状态联系在一起而非纯粹的养生之论。王充有关养气及形神关系的论说为刘勰所汲取以作为解释文艺现象的依据,如《风骨》释"风骨"之义:"故辞之待骨,如体之树骸;情之含风,犹形之包气。"情感蕴于文辞即如精神寄托于形体。又"骨劲而气猛也。文章才力,有似于此"、"是以缀虑裁篇,务盈守气,刚健既实,辉光乃新",即谓文辞中"风骨"之力是得之于作者"阴阳气具"的充盈饱满。刘勰亦以"血气"为精神活动即文艺创作中的思维、情感以及生理机能发挥作用的基本要素。《体性》:"若夫八体屡迁,功以学成,才力居中,肇自血气。"这是说作者才智的发挥及创作的完成都有赖于"血气"的旺盛。《声律》:"夫音律所始,本于人声者也。声含宫商,肇自血气,先王因之,以制乐歌。"这是以"血气"导致人的发声器官发挥作用,来解释人的发声及音律产生的生理基础。《原道》所谓"有心之器"则实是以精神(心)为实体(器)。可见刘勰这些思想承续的都是王充的论说。刘勰还将王充的"养气"论阐发为保持身心特别是精神健康状态的文艺创作原则,如就构思而言,《神思》:"夫神思方运,万途竞萌,规矩虚位,刻镂无形。……是以陶钧文思,贵在虚静,疏瀹五藏,澡雪精神。"精神活动,此处具体指形象思维,本身是无形的,即王充《论衡·雷虚》所谓"神者,恍惚无形,出入无门,上下无垠,故谓之神",发挥精神作用或运用形象思维才能组织言辞,亦即《养气》所谓"心虑言辞,神之用也",从而创作出有形有象的作品来。但发挥精神作用进行构思创作,又要以作者情思的自然流露为出发点,亦即《养气》"意得则舒怀以命笔",以排除杂念干扰从而处于精神专一亦即《养气》"清和其心,调畅其气"、有益于心理与生理协调一致的健康状态即"疏瀹五藏,澡雪精神"为前提。刘勰这些词句看似颇具道家意味,但从"疏瀹五藏,澡雪精神"两句连用来看,其思想内涵却是源于王充"养气"及形神一体的论说。故"养气"即有益于身心健康的创作原则正如《神思》所旨归的"是以秉心养术,无务苦虑;含章司契,不必劳情也"。这也就是《黄帝内经》"志闲而少欲,心安而不惧,形劳而不倦,气从以顺,各从其欲,皆得所愿"的养气之道的体现。可见,刘勰将"养气"作为文艺创作应保持的健康精神状态,也视其为人的有为活动与其自然本性相符合的最佳生命状态。刘勰依取王充"养气"的思想内涵,以此批驳嵇康《养生论》所谓"无为自得,体妙心玄"的玄学旨义。

综上所论,刘勰撰著《文心雕龙》的思想渊源之一是汉代儒学,这正是《文心雕龙》理论体系的广度所在。刘勰通过对汉代儒学的扬弃以坚持其儒学主张,同时也以此作为对玄学家嵇康"三理"辩驳的依据。

(作者单位:朱清,中央美术学院)

中国文化的传播者与俄国汉学的奠基人
——比丘林生平与学术贡献

◇李伟丽

一、比丘林生平

（一）入华之前

1777 年 8 月 29 日，在俄罗斯喀山省切博克萨雷县一个叫做比丘林村的小村庄里，小男孩尼基塔诞生了①。这是一个清贫的楚瓦什族家庭，祖父丹尼尔·谢苗诺夫（Данил Семенов）和父亲雅科夫·丹尼洛夫（Яков Данилов）都曾先后在当地最早的东正教堂中任普通神职人员，尼基塔是这个两子两女家庭中的长子。

1785 年 5 月，不满 8 岁的尼基塔进入喀山宗教学校（Казанская духовная семинария），开始学习拉丁语、希腊语和法语。宗教学校的课程是丰富的，除了语言科目，还有语法、算术、诗歌、修辞、哲学、神学等课程。在那个时代，在教堂做事的人是没有自己的姓

比丘林肖像

---

① Иакинф Бичурин. Автобиографическая записка, Ученые записки Академии наук по I–III отделениям. Т. 3, 1855, выпуск 5, с. 665.

氏的，只有名字和父称，尼基塔的祖父和父亲都是如此，尼基塔当然也没有姓氏。孩子们通常是在注册学籍的时候才会以自己的居住地或附近教堂的名称来为自己取姓。因此，尼基塔在这里有了自己的姓氏，那就是他所出生并成长的村庄的名字——比丘林。在这所宗教学校里，比丘林以其聪明的天资和罕见的记忆力赢得了很高的评价，也给大家留下了颇为深刻的印象。1799 年比丘林毕业，作为一名出类拔萃的优秀毕业生，他被留在了已易名为喀山神学院①的母校，任语法教师，一年后任修辞教师。

比丘林年轻时上学的喀山宗教学校

这时候的比丘林已经是一位身材高大而瘦削、朝气蓬勃的青年，长着一张颇似亚洲人的脸，面容清瘦，双目炯炯有神。

从 8 岁入学直到 22 岁毕业留校任教，再到 1800 年正式皈依东正教，比丘林在喀山神学院前后度过了 15 年的光阴。正是在这所培养他的宗教学校里，尼基塔·比丘林与他既同窗又同时留校任教的好朋友、表兄亚历山大·卡尔松斯基共同度过了青年时代令人难以忘怀的岁月。然而命运似乎给他开了一个不大不小的玩笑，他和亚历山大竟然同时爱上了一个名叫塔季扬娜的姑娘。面对两份美好的感情，姑娘无从选择，这使三人都陷入了迷惘和痛苦。为了不引起争吵，保持永恒的友谊，大家最终商定，让塔季扬娜作出选择，被选中的一位与她结婚，落选的一位则远离尘世，做一名修士②。尼基塔·比丘林，便是不幸落选的那

---

① 1798 年喀山宗教学校易名为喀山神学院(Казанская академия)。
② 东正教的神职人员分为"黑衣僧侣"(черное духовенство)和"白衣僧侣"(белое духовенство)。黑衣僧侣是做修道士的僧侣，不可以结婚，可以晋升高级职务和在教会学校任职；白衣僧侣是不过修道士生活的低级神职人员，可以结婚，但不能晋升高级职务，也不能在教会学校任职。

位。于是他信守约定,于 1800 年 7 月 18 日在喀山主易圣容修道院(Казанский Спасо-Преображенский монастырь)受洗入教,教名亚金夫(Иакинф)①。比丘林自 1822 年从北京回到圣彼得堡,直到逝世都一直与亚历山大和塔季扬娜一家保持着深厚的友谊和亲情。

比丘林受洗的喀山主易圣容修道院

爱情的无果而终固然是比丘林出家的一个重要理由,而当时整个社会背景也是促使他选择教会生活的因素。自 18 世纪初彼得一世改革以来,俄国境内非俄罗斯族居民不仅要接受贵族阶层更加残酷的剥削,生存环境更加恶化,更要面临政府强制性的基督教化运动。政府不仅在全国各地建造了大大小小的教堂,还设立了大大小小的宗教学校。不止是政府,甚至于贵族地主都有义务督促依附于他们的农民去教堂做礼拜。比丘林的祖父便是当地第一所小教堂里教职最低的诵经士(后升为司祭),而在比丘林出生之前,他的父亲就已经作为一名辅祭在同一所教堂中做事了。比丘林最终受洗入教,其出生并成长的宗教家庭环境的影响是很自然的,也是显而易见的。

皈依东正教之后,比丘林成为首都圣彼得堡城内的亚历山大-涅夫斯基修道院(Александро-Невская Лавра)的修士司祭,1801 年 11 月开始管理喀山约翰修道院(Казанский Иоанновский монастырь)。很快,1802 年比丘林又晋升为修士大司祭,同年他被派往伊尔库茨克。于是他辞别首都圣彼得堡,而这一去便是二十年的光阴荏苒。

---

① Н. С. Моллер. Иакинф Бичурин в далеких воспоминаниях его внучки. // Русская старина, 1888, №8, с. 276.

做一名修士不是比丘林的理想,静心修行也并非他的天性使然。一如在宗教学校里聪明好学的品质一样,成年后的比丘林仍然是一个思维活跃而又个性鲜明的人。在伊尔库茨克,比丘林出任耶稣升天修道院（Иркутский Вознесенский монастырь）的院长和伊尔库茨克宗教学校（Иркутская духовная семинария）校长。从神职人员的一般观念来看,比丘林的道路颇为顺利而平坦。然而,事情的发展很快就转变了方向。在伊尔库茨克宗教学校,作为一名新任校长,比丘林开始整顿教务,在各年级中推行新的教

身着东正教教服的比丘林

学法,整顿纪律,重罚擅自行动、不守规章制度的学生。然而比丘林这种积极的行为却招致了下层太多的怨言,也遭到了学校领导层太多的排挤。在复杂的人际关系中,比丘林很快就失败了。1805年主教公会决定解除他在修道院的管理职务,而且将他调到托博尔斯克修道院,任宗教学校的教师,但无权做宗教祈祷①。比丘林的宗教仕途从此便发生了转折。

也正是由于这次变故,比丘林开始将时间和精力用在读书上。而关于西伯利亚和远东地区各民族历史地理方面的图书引起了他极大的兴趣。托博尔斯克图书馆是当地一所大型图书馆,藏书量非常大,种类丰富。除了神学方面的图书,这里还保存有大量不同语言的历史和地理类的学术书籍。因此,对于当时的比丘林来说这是难得的好环境。在这里,他开始将自己的目光投向东方。

（二）北京时期

1805年5月,以戈洛夫金（Ю. А. Головкин）为首、由242人组成的庞大使团访华,与其随行的还有修士大司祭阿波罗斯（Аполлос）率领的第九届俄国驻华宗教使团。但是,阿波罗斯在途中的表现引起戈洛夫金的严重不满。途经伊尔库茨克时,戈洛夫金恰与返回此地的比丘林相识,这次的相识给比丘林的命运带来了关键性的转折。戈洛夫金看中了仪表堂堂、学识渊博的比丘林,他认为智

---

① АВПРИ, Ф. СПб. Гл. Архив, IV – 6, оп. 124, 1830, д. 1, л. 156. См.: История Российской духовной миссии в Китае. Сб. статей, М., изд. Свято-Владимирского Братства, 1997, с. 168.

· 196 ·

力有限、粗通文墨的阿波罗斯不能胜任,而比丘林才是第九届俄国驻华宗教使团团长更为合适的人选。于是在戈洛夫金的一再努力下,1807 年,比丘林被任命为第九届俄国驻华宗教使团团长,随监督官谢苗·佩尔武申(Семен Первушин)率领修士司祭 3 人、教堂辅助人员 2 人、学生 4 人,于 9 月 29 日自恰克图进入中国。

这一年比丘林正好 30 周岁。在 1847 年所作的以第三人称叙述的自传里他曾经谦虚地说:"在祖国那几年的学校岗位上,他什么都没有做,更不用说在学术上有什么值得纪念的东西,这是因为他当时的教育程度所限。而且,就其教育本身来说,也不可能说什么。"①

第九届使团于 1808 年 1 月 10 日抵达北京②。曾经在宗教学校学习过拉丁语等多种语言的比丘林抵达北京之后,很快与北京的西方天主教传教士贺清泰(Poirot, Louis de, S. J.)、德天赐(Santo Agostino, Adeodato da, O. E. S. A.)等人建立了联系,并成为他们图书馆的常客。因此,比丘林对中国的最初认识还是来自天主教传教士曾德昭、冯秉正、杜赫德等人关于中国的著述③。

19 世纪之前的俄国驻华宗教使团虽然也培养了一些人才,如第二届使团学生罗索欣(Илларион Калинович Россохин, 1717—1761)开始翻译《八旗通志》、《三字经》;第三届使团学生列昂季耶夫(Алексей Леонтьевич Леонтьев, 1716—1786)不仅在罗索欣离世后接替他继续翻译《八旗通志》,还翻译了《大清会典》、《大清律例》、《大学》、《中庸》等重要的中国典籍;第七届使团学生弗拉德金(Антон Григорьевич Владыдин, 1761—1811)不仅编写了俄国第一部满语教材,还编写了满、汉、俄语多种词典。不过总体上来说,18 世纪的使团教务荒废,学术成绩也有限。在比丘林看来,19 世纪之前的近百年间,历届使团的成员们"既没有对科学,也没有对艺术带来任何益处",并严正指出,列昂季耶夫等人的翻译存在很多问题,既有翻译的错误,又有晦涩难懂之处④。

比丘林本人对于中国典籍的翻译极为重视,在北京的最初几年时间里,他在学习汉语的同时也开始了翻译工作,而他的清史研究正是建立在对中国典籍的翻译工作上。在北京的第七年,比丘林开始翻译《四书》,并详加注解。他认识到《四书》是中国典籍译为外文的钥匙,而翻译和阅读中国古籍则必须了解古代

---

① Иакинф Бичурин. Автобиографическая записка, Ученые записки Академии наук по I - III отделениям. т. 3, 1855, выпуск 5, с. 666.

② А. Н. Хохлов. Н. Я. Бичурин и его труды о цинском китае. —Н. Я. Бичурин. Статистическое описание китайской империи. М., 2002. с. 6.

③ П. Е. Скачков. Очерки истории русского китаеведения. Москва, 1977, с. 93.

④ В Святейший Правительствующий Синодъ, Пекинскаго архимандрита Иакинфа Всепокорнейшее донесении. // Китайский благовестник. 1915, вып. 9 - 12, с. 33.

和现代有关地理资料和中国历史。因此在《四书》的翻译工作完成之后他便开始了《大清一统志》中关于中国历史地理资料的摘录,然后将其缩译成 16 卷本的中国史。此外,在北京期间,他初步翻译了《西藏志》、《西域记》①、《资治通鉴纲目》以及有关蒙古、西藏和西域方面的著作②。

不过比丘林并不是一个闭门苦读的人,精通拉丁语的他与驻华的西方传教士交往频繁,俄罗斯科学院东方学所圣彼得堡分所的图书馆至今保存有他与欧洲传教士的拉丁文和法文来往信函。此外,比丘林熟悉中文、拉丁文与满文,他因此经常受到中国官员的邀请翻译来自欧洲的文件③。除了官员、士大夫,市井庶民也是他的交往对象。与社会普通市民的接触和交往既能使比丘林更好地了解他所处的中国社会,又能为他提供进行研究所需要的信息和文献来源。居留在京的诸多少数民族,包括藏族人、回族人、朝鲜族人等同样属于比丘林的社交对象。与他们的长期交往,则在很大程度上帮助了比丘林对中国边疆诸民族的感性认识。

俄国驻华宗教使团基本上每十年左右换届一次,自 1808 年抵达北京至 1816 年已近十年时间,醉心于汉学研究的比丘林于是在 1816 年 11 月 18 日给俄国东正教主教公会发出一份呈报,其中写道:"请允许我再留居北京十年,好让我完成中国史地典籍的翻译和一些写作,也让我能够帮助新来的人尽快地掌握当地的语言。"④很幸运,比丘林的要求终被允许。之后,他与他的第九届使团又继续留居北京六年,1821 年 5 月才动身返回俄国。比丘林回国时随身携带有重达 6.5 吨的行李,其中包括十二箱中文、满文书籍,一箱手稿,一箱染料,六幅地图和一幅北京城郭平面图。

比丘林抵京之时,虽然使团驻华的历史已近百年,然而由于各种原因,使团的布道情况并不理想,不仅在中国民众之间的布道成绩微乎其微,甚至于在雅克萨⑤战俘及其后代中间信仰东正教的人数都越来越少。生活在中国社会里的这些东正教徒"像一滴水融入了大海"一样完全被中国化了⑥,不去教堂礼拜几乎成为司空见惯的现象。比丘林抵达北京之后接手的便是这样一个教务荒废、成

---

① Иакинф Бичурин. Автобиографическая записка. Ученые записки Академии наук по Ⅰ – Ⅲ отделениям. Т. 3 ,1855 ,выпуск 5 ,с. 667.

② А. Н. Хохлов. Н. Я. Бичурин и его труды о цинском китае. —Н. Я. Бичурин. Статистическое описание китайской империи. М. ,2002. с. 7.

③ Е. Тимковский. Путешествие в Китай чрез Монголию, в 1820 и 1821 годах. Часть 2. СПб. ,1824 ,с. 70 – 72.

④ Китайский благовестник. 1915 ,вып. 9 – 12 ,с. 34.

⑤ 俄国人称"雅克萨"为"阿尔巴津",称当地居民为"阿尔巴津人"。

⑥ Китайский благовестник (1685—1935). Пекин, 1935, с. 103; Адоратский. Отец Иакинф Бичурин(исторический этюд). Казан ,1886 ,с. 35.

员酗酒成性的宗教使团。他甚至认为这些人之所以还保持对东正教的信仰，"不是为了耶稣，而是为了面包"①。另一方面，正值沙皇政府忙于应付拿破仑对俄国的大举入侵，无暇顾及远在中国的宗教使团，1811 年俄国政府停止了向远在异国他乡的北京使团提供基本的生活费用。陷入窘境的比丘林于是开始变卖和典当使团的财产、房屋和土地②，而且他所领导的使团成员有人开始经商，有人则染上了赌博的恶习③。此外，两名学生在抵达北京后很快病故，还有一人发疯。面对如此窘迫而尴尬的局面，他放弃了整顿教务的计划，转而将全部的时间和精力放在了学术活动上，对其他成员也提出了必须学习汉语、满语的严格要求。使团的经济困境、气候的不适、对家乡的思念、几近被废弃的教务活动等等一系列的恶劣状况使大家陷入一种绝望，而必须学习中国语言的要求更是引起了他们对比丘林的不满。久而久之，这些不满不免被一些成员呈报给了伊尔库茨克总督。东正教团在北京的教务状况不容乐观，作为团长的比丘林也没有为此作出什么努力，相反，他在放任其他成员的行为的同时也放任自己。自 1813 年至 1820 年八年的时间里，比丘林领导的第九届东正教团共有 20 个俄国人后裔和 8 个中国人受洗，然而参加八年八个基督教复活节的人数加起来一共才 28 人。复活节一般持续一周时间，教徒都要在教堂里举行非常隆重的活动。但是作为东正教团团长的比丘林竟然常常在基督教最重要的复活节不到教堂主持圣事，即使出现在教堂，也仅仅是第一天，然后就没了踪影④。在这样一个非常的节日里尚且如此，比丘林平日里的宗教活动想必也不会太多。

1820 年底第十届使团团长卡缅斯基（П. И. Каменский）率其成员抵达北京，面对他的前任

身着中国官服的比丘林

---

① П. Е. Скачков. Очерки истории русского китаеведения. Москва, 1977, с. 92.
② П. Е. Скачков. Очерки истории русского китаеведения. Москва, 1977, с. 92.
③ Адоратский. Отец Иакинф Бичурин (исторический этюд). Казан, 1886, с. 45.
④ Китайский благовестник. 1915, вып. 9 – 12, с. 30.

比丘林所领导的教务荒疏、纪律涣散的使团，面对比丘林下属的种种反映，他一怒之下通过护送第十届东正教团一起来华的监督官季姆科夫斯基（Е. Ф. Тимковский，1790—1875）将一纸诉状呈送主教公会，指责比丘林对使团的不善管理。因此，1822年1月回到圣彼得堡后，比丘林很快就以"玩忽职守"的罪名受到指控。

季姆科夫斯基一行于1820年12月1日抵达北京。约半年后，即1821年5月10日随比丘林及其他第九届使团成员一起从北京启程回国。恰如一句俄国谚语所言，"山与山不能碰面，人与人总能相逢"，人与人彼此之间的缘分、相互之间的关系总是奇妙的，他们大概谁都没有想到，自中国至俄国的漫漫旅程竟然培养了两人的友谊，而且双方都给予了对方很大的帮助。行程中比丘林将自己很多在北京翻译和整理好的蒙古史资料提供给季姆科夫斯基，使之最终顺利完成三卷本的《1820—1821年经蒙古至中国的旅行》（Путешествие в Китай чрез Монголию, в 1820 и 1821 года, с картою, чертежами и рисунками. Ч. 1 – 3. СПб. ,1824），并于1824年在圣彼得堡出版；而季姆科夫斯基，在几年之后也亲自参加了营救比丘林出狱的活动。

（三）圣彼得堡时期

由于在华期间教务荒疏等原因，比丘林回国后即受到指控。就此，主教公会进行了一年多的调查。1823年8月，宗教法庭因"12年未进教堂；出卖教堂财产；完全疏于传教士的职责；对下属监管不力"①等罪名对比丘林作出判决，撤销其修士大司祭教职，并关进瓦拉姆修道院（Валаамский Монастырь，当时关押因各种宗教罪行入狱的罪犯）做普通修士，终身监禁②。此后，比丘林不得不在这里度过三年多的珍贵时光（1823.9.4—1826.11.1）。

其实在比丘林入狱之前就已有很多人在帮助他，其中不仅包括他的朋友，还包括未曾谋面而敬佩其汉学成就的高层人士。斯佩兰斯基（М. М. Сперанский，1772—1839）时任西伯利亚总督，他向外交大臣涅谢利洛杰（К. В. Нессельроде，1780—1862）呈报有关季姆科夫斯基随第十届宗教使团使华的情况时写道："根据许多情况可以看出，修士大司祭亚金夫（按，即比丘林）在汉语和满语方面获得了知识。希望在判定他的行为时能够公平地分析他的学术著作。"③而外交大

---

① ГИАЛО, ф. 19, оп. 413, №120, 670л. . См. : П. Е. Скачков. Очерки истории русского китаеведения. Москва, 1977, с. 97.

② РГИА. Ф. 796, оп. 99, д. 877（1818г.）, л. 274；ГИАЛО. Ф. 19, оп. 120, 1822г. , д. 413, л. 703. См. : А. Н. Хохлов. Н. Я. Бичунрин и его труды о цинском китае. —Н. Я. Бичунрин. Статистическое описание китайской империи. М. , 2002. с. 8.

③ АВПРИ, Ф. СПб. Гл. Архив, I – 5, оп. 4, 1817 – 1840, д. 1, п3, л. 68об. См. : История Российской духовной миссии в Китае. Сб. статей, М. , изд. Свято-Владимирского Братства, 1997, с. 179.

臣涅谢利洛杰本人也恰恰阅读过比丘林的译著《成吉思汗王朝前四汗史》(История первых четырех ханов из дома Чингисова. Переведена с китайского монахом Иакинфом. СПб. ,1829)和《准噶尔和东突厥斯坦古今志》(Описание Чжунгарии и Восточного Тюркистана в древнем и нынешнем состоянии. Переведено с китайского монахом Иакинфом. Ч. 1 – 2. СПб. ,1829)①,对比丘林他赞赏有加:"我非常认真地审查了这两部书稿,认为其中所包含的资料对一般历史而言颇为重要,对我国针对中亚地区的贸易和其他打算而言也十分重要。这两部书稿的问世不仅对我国学者有利,对西欧学者也很有利,因为他们已失去了以前通过罗马天主教传教士保持的直接联系。"②

涅谢利洛杰于是致函时任宗教事务与国民教育部大臣的戈利岑(А. Н. Голицын,1773—1844):"此人汉语成绩极佳,若能用于为北京宗教使团的宗教和世俗学员进行语言的初级培训,将大为有益。"③戈利岑很认真地将此事上奏沙皇亚历山大一世,但是亚历山大一世反驳说:"宽待其著作而削弱法律并非公正之举!"④

比丘林被判入狱的同时,第九届宗教使团的其他几位成员也都受到了不同年限的流放和监禁。

已是比丘林好友的季姆科夫斯基自中国返回俄国首都圣彼得堡后在外交部供职,他没有忘记监狱中的比丘林,而是尽力利用一切关系为营救比丘林铺路。比丘林终于在1826年11月离开瓦拉姆修道院,返回他所隶属的亚历山大－涅夫斯基修道院。同时,比丘林在季姆科夫斯基的推荐下进入外交部亚洲司,从事来自北京方面的官方文书的翻译工作⑤。自此,比丘林住进了亚历山大－涅夫斯基修道院,除了在恰克图的几年汉语教学之外,他在后半生里几乎再也没有离开过这里,直至1853年5月23日生命结束后仍然葬在此地。

在狱中,比丘林本人也一直在寻找解救自己的机会。他从瓦拉姆修道院发出了两封信,一封是给他的好友希林格(П. Л. Шиллинг фон Конштадт,1776—

---

① "东突厥斯坦"一词在比丘林的著作中指的是中国西域。
② АВПРИ,Ф. СПб. Гл. Архив,Ⅰ – 9, оп. 8, 1828, д. 10, л. 3 – 3об. См. : История Российской духовной миссии в Китае. Сб. статей, М. ,изд. Свято-Владимирского Братства, 1997,с. 176.
③ АВПРИ,Ф. СПб. Гл. Архив,Ⅳ – 4, оп. 123, 1810, д. 1, л. 186 – 187. См. : История Российской духовной миссии в Китае. Сб. статей, М. ,изд. Свято-Владимирского Братства, 1997,с. 179.
④ АВПРИ,Ф. СПб. Гл. Архив,Ⅳ – 4, оп. 123, 1810, д. 1, л. 191. См. : История Российской духовной миссии в Китае. Сб. статей, М. ,изд. Свято-Владимирского Братства, 1997,с. 179.
⑤ П. Е. Скачков. Очерки истории русского китаеведения. Москва,1977,с. 98.

1837,东方学家,科学院通讯院士)的,信中他请求对方去自己的图书室帮他找出一些中文书籍以委托他人带到瓦拉姆修道院①。另一封未显示收信人,是他请希林格转交一名高官帮助他摆脱监狱生活的。在信中他讲述了自己被选中替代阿波罗斯使华的过程以及与伊尔库茨克总督发生的不快,并且说,卡缅斯基之所以控告他,是受了那些对自己心怀不满的学生的欺骗。也正是在这封信中,比丘林给自己十多年的辛劳作了一个比较公正的评语:"如果让我为自己说句公道话,那么我可以说,在研究中国的 13 年里,我一个人所作出的成绩是使团在过去的一百年间所有成绩的好几倍。"同时他又虚心地说:"从 20 岁到 30 岁,我是懒散的,为过去那些轻浮的行为我的内心里受到的责备要比现在所遭受的不幸要严重得多。直到 35 岁,我才为自己选择好准则,并且逐渐认识到自己的选择是正确的,至今我仍然坚持这条路。"②据后来的研究者考证,此信可能与鲁缅采夫(Н. П. Румянцев,1754—1826,曾任商业大臣、外交大臣、国务会议主席、国务总理等职)伯爵有关。不过,不管是何方力量的帮助,比丘林最终在 1826 年 11 月 1 日被释放,重获自由。俄国外交部对比丘林有着很高的评价:"作为一名精通中国语言文化的人,作为一个东方学家,在当时的俄国还没有谁可以与之匹敌。"③因此,在他出狱之后很快就被推荐到外交部供职,每年还可以领取 1200 卢布的薪俸和 300 卢布的著作补贴。然而这些费用对于比丘林来说,除了维持基本的生活之外,用来出版几乎是不可能的,因此他大部分著作的出版都要或多或少地依靠各方的资助。

在以第三人称叙述的自传里比丘林说:"在 1821 年开始返回俄国时,亚金夫神甫就为自己的学术著作制订了一个新的计划。他不打算立刻向大家展示一个中华帝国全景图,而是首先让大家认识与这个中央帝国西部、北部相毗邻的地区,也因此,他首先着手出版相关的译著。"④在瓦拉姆修道院里比丘林并未中断他的工作,而是一直坚持中文典籍的翻译和整理。从他手稿上所署日期看,他待在监狱时就开始了《西藏志》、《蒙古札记》、《准噶尔记述》、《北京志》、《成吉思汗王朝前四汗史》、《三字经》、《公元前 2282 年至公元前 1227 年的西藏青海史》等许多中国典籍的翻译和整理⑤。这些译著在他获释后相继出版发行。

自 1822 年返回俄国,比丘林关于中国的各类文章就开始不断地发表在《西

---

① П. Е. Скачков. Письма Бичурина из Валаамской монастырской тюрьмы. // Народы Азии и Африки,1962,№1,с. 101.

② П. Е. Скачков. Письма Бичурина из Валаамской монастырской тюрьмы. // Народы Азии и Африки,1962,№1,с. 101—102.

③ Н. Адоратский. Отец Иакинф Бичурин(Исторический этюд). Казан,1886,с. 79.

④ Иакинф Бичурин. Автобиографическая записка. Ученые записки Академии наук по Ⅰ-Ⅲ отделениям. Т. 3,1855,выпуск 5,с. 668.

⑤ П. Е. Скачков. Очерки истории русского китаеведения. Москва,1977,с. 99.

伯利亚通报》(Сибирский вестник)①、《北方档案》(Северный архив)、《莫斯科电讯》(Московский телеграф)、《莫斯科通报》(Московский вестник)、《祖国之子》(Сын отечества)、《祖国纪事》(Отечественные записки)②、《国民教育部杂志》(Журнал Министерства народного просвещения)和《内务部杂志》(Журнал Министерства внутренних дел)、《俄国人》(Москвитянин)③、《现代人》(Современник)④等一些当时俄国文化界主流杂志上。他的文章一旦发表便会引起文化界的极大关注,一些杂志的主持人如先科夫斯基(О. И. Сенковский,1800—1858)⑤、波列沃伊(Н. А. Полевой,1796—1846)⑥等不但成了比丘林作品的评论人,还成了他的好朋友。比丘林还因此结识了一批诸如诗

油画《比丘林和普希金在圣彼得堡》(1994—1995 年画家 Н. В. 奥甫琴尼科夫绘)

---

① 史学家、考古学家斯帕斯基(Г. И. Спасский,1783—1864)于 1818 年在圣彼得堡创办,1825 年改为《亚洲通报》(Азиатский вестник),1827 年停刊。

② 1839—1884 年间圣彼得堡出版的学术和文学月刊,1859 年之后发表政治性文章。俄国许多著名作家和批评家、政论家,如莱蒙托夫、屠格涅夫、陀思妥耶夫斯基、赫尔岑、涅克拉索夫等人都在此发表过文章。

③ 史学家、政论家、作家波戈金(М. П. Погодин,1800—1875)1841—1856 年间在莫斯科创办的文学杂志。

④ 诗人普希金于 1836 年创办,1866 年停刊。俄国许多名著初刊于此,如普希金《上尉的女儿》、《青铜骑士》,赫尔岑的《谁之罪》,屠格涅夫的《猎人笔记》,冈察洛夫的《平凡的故事》,托尔斯泰的《童年》和《少年》,车尔尼雪夫斯基的《怎么办》等等。

⑤ 东方学家,作家,新闻撰稿人。曾任圣彼得堡大学阿拉伯语、波斯语、土耳其语教授,《读书文库》(Библиотека для чтения)主编。

⑥ 小说家,散文家,批评家,史学家。创办杂志《莫斯科电讯》。

人普希金（А. С. Пушкин, 1799—1837），作家、音乐家奥陀耶夫斯基（В. Ф. Одоевский, 1804—1869），寓言作家克雷洛夫（И. А. Крылов, 1768—1844），讽刺作家巴纳耶夫（И. И. Панаев, 1812—1862）等文化精英。在他们的家庭聚会上，常常有一位"稀稀疏疏的胡须呈楔形、深褐色头发、棕色眼睛、稍有凹陷的消瘦的双颊、微微突出的颧骨"的酷似"亚洲人脸庞"的人神采飞扬、高谈阔论。这就是比丘林。他总是这样兴致高昂地向大家介绍自己所看到的、不同于欧洲传教士描绘的一个文明的、法制完备的中国。无疑，比丘林是他们当时了解包括中国在内的整个亚洲的最好途径。

作为一名学者，比丘林与俄国的社会精英广泛交游，而作为一名基督徒，比丘林的心中却装满了凡夫俗子的复杂感情。比丘林回国后与亚历山大和塔季扬娜一家仍然是亲人和朋友，而且，亚历山大和塔季扬娜在圣彼得堡郊外的别墅也是他每年夏天与他们团聚的地方。这时候的他总是身着一套中国服装，手捧一杯中国茶，在别墅里那个中国式凉亭里进行他的汉学研究工作。在那里他还常常给大家讲中国故事，讲中国人智慧的教育方式，也积极地教孩子学习汉语。令人感慨万千的是，在塔季扬娜的最后时光里，比丘林一直守护在她的身旁。

晚年的比丘林身体欠佳，患有风湿等多种疾病。在生命的最后几年里，他再也不能轻松地离开修道院前往别墅与亲人们团聚，只有修道院那个小小的居室是他最后的憩息地。在他重病缠身的最后一些日子里，正是亚历山大和塔季扬娜的女儿和外孙女莫列尔（Н. С. Моллер）还常常前来修道院探望，给了他无限的温暖。最后，莫列尔几次来敲门，都不见比丘林的回答，便误以为他已外出。然而，当莫列尔怀着一种不安，最终不得不要求修道院强行打开房门后，她才发现，她的比丘林爷爷尽管还神志清醒，但已经是奄奄一息。当小姑娘莫列尔打开他的柜子找东西给他盖的时候，她发现除了书籍外，比丘林穷得只有一件旧棉袄了。然而令人备感遗憾的是，比丘林最终还是在无人相伴的凄凉中，一个人孤苦伶仃地在修道院的斗室里悄悄离去，直到第二天才被发现。他离开了这个世界，也离开了他挚爱的汉学。此后，只有墓碑上八个刚劲的汉字——"无时勤劳，垂光史册"孤独地守护

圣彼得堡亚历山大－涅夫斯基
修道院里的比丘林墓碑

着这位伟大汉学家的亡灵。

比丘林与当时影响整个俄国社会的知识分子的交往，其影响和作用是双向的。普希金从他所亲自题名赠送的《西藏志》(Описание Тибета в нынешнем его состоянии, с картою дороги от Чэнъ-ду до Лхассы, перевел с Китайского. СПб., 1828) 和《三字经》(Сань-цзы-цзин, или Троесловие с литографированным китайским текстом. Переведено с китайского монахом Иакинфом. СПб., 1829) 里初步认识了中国，将"长城"、"孔子"等字眼写入了自己的诗行，并且一度希望前往这个长城脚下的东方国家。此外，普希金在 1833 年 11 月开始撰写长篇历史小说《普加乔夫》(История Пугачева. СПб., 1834) 时还使用了比丘林提供的手稿来描写卡尔梅克人逃亡的历史事件①。

除了与文化界的接触，比丘林与当时活跃于社会的十二月党人别斯图热夫 (Н. А. Бестужев, 1791—1855) 等也有交往。比丘林十分珍惜与他的友谊，直到去世都一直将他所赠送的念珠挂在胸前。没有文字显示比丘林受了十二月党人何等的影响，不过，1831 年时尽管已经是 54 岁，他依然作出了脱去僧服的决定。于是他向主教公会提出了脱离教职的申请。庆幸的是主教公会同意其请求，而不幸的是尼古拉一世最终否决了主教公会的呈报，所以比丘林最终也没有实现这一愿望。作为一名修士大司祭，宗教在比丘林心中究竟占有怎样的位置，我们不得而知，也同样没有他个人的文字作为佐证，不过，他极力反对莫列尔的母亲将小莫列尔送往修道院学习。而且，在回忆里莫列尔说：尽管爷爷是一名修士，但他"从来不吃斋"②，而且，"不进教堂，甚至不画十字，对僧侣生活简直是憎恨"③。不仅如此，比丘林在亚历山大和塔季扬娜家度假的时候，还曾经脱去僧服，化装成常人与其家人、邻居等一起偷偷潜入剧院看他所欣赏的一位女演员的芭蕾舞演出。对于一名神甫来说，在当时这是绝对不允许的。由此我们可以看出，比丘林并非一名虔诚的基督徒。

比丘林的感情是丰富的，他的生活也是充实的。除了与亲戚的相聚、相伴，除了与朋友们的聚会、交流，学术——汉学研究，才是他生活的重心。

比丘林的学术活动有着一定的历史背景。16 世纪下半期俄国的殖民势力已经扩展到了西伯利亚，中国的丝织品等货物也开始出现在俄国社会；17 世纪末中俄两国之间已经有了由边界冲突等因素引起的雅克萨战役，而自那时开始，描写中国的各类出版物越来越多地出现在欧洲并流传到俄国。无论是出于政治

---

① П. Е. Скачков. Очерки истории русского китаеведения. Москва, 1977, с. 107.

② Н. С. Моллер. Иакинф Бичурин в далеких воспоминаниях его внучки. // Русская старина, 1888, №8, с. 295.

③ Н. С. Моллер. Иакинф Бичурин в далеких воспоминаниях его внучки. // Русская старина, 1888, №9, с. 535.

的因素,还是双边贸易的考虑,俄国政府及社会各阶层对中国的兴趣都在与日俱增。这就是俄罗斯汉学开始作为一门学科在进入 19 世纪后兴起的大背景。另外,19 世纪上半期既是尼古拉一世暴政肆虐的时代,也是知识分子思想活跃、流派林立的时期,作为一个有思想的学者,比丘林当然也发出了自己的声音。然而对于比丘林个人而言,推动他学术研究的主要因素是他个人对中国历史文化的兴趣,这一点与他之后的卡法罗夫有很大的不同。

树立于比丘林出生的小村庄村头的比丘林纪念碑(建于 1997 年)

二、比丘林的学术成就

比丘林的学术活动领域甚广,如果按照时间来看,前期主要是翻译,也发表关于中国的各类文章,后期是汉学的主要专著(前期发表的绝大多数文章都收进了后来出版的专著里)。按照类型来看,可以分为译著和专著两类;按照内容分类的话,主要包括以下几个大的方面:语言和词典,中国边疆少数民族史地状况,中国通史和中国文化。

(一)编纂词典与汉语教学

比丘林在中国语言方面的研究有两种:语法教材的编纂和诸多词典的编纂。为了学习语言并编辑字典,比丘林经常自称"和先生",身着中国长袍出现在集市、商场、店铺,记录一些实物的名称和发音,回家后在汉语老师的帮助下对词汇一一进行核对和检查①,同时与皈依东正教的中国人和供职于俄罗斯佐领的俄

---

① Иакинф Бичурин. Автобиографическая записка. Ученые записки Академии наук по I – Ⅲ отделениям. т. 3,1855,выпуск5,с. 667.

罗斯人练习口语①。为了更多地掌握词汇,他甚至尽量购买一切能够买得到的包括鸟类、树木、花草等多种动植物、矿物,在住所旁边开辟植物园,同时也注意观察中国的艺术品和手工艺品②。经过比丘林刻苦而有心的学习和积累,四年后终于编纂出一部丰富的汉俄词典。

在词典的编纂方面比丘林也付出了很多辛劳,回国之后比丘林继续编纂各类字典。仅在俄罗斯科学院东方学所圣彼得堡分所的档案馆就保存有他的5种词典的手稿,它们分别是:《汉俄词典》、《汉俄语音简明词典》、《汉拉(语音)词典》、《满—汉—俄词典》、《满—汉—俄钟表词汇词典》③。除此之外,圣彼得堡大学的图书馆里还保存有3种词典手稿,其中一种是9卷本的《汉俄语音词典》④。比丘林的各种词典在当时的俄国学术界基本上都是最早的,遗憾的是它们至今都没有出版⑤。

在俄国早期汉语教学方面,比丘林也作出了杰出的贡献。1821年比丘林一行在回国途中路经恰克图,结识了当地的著名商人伊古姆诺维(Н. М. Игумновый),出于兴盛的恰克图贸易对汉语人才的需求,伊古姆诺维提出在当地筹建一所汉语学校的设想,比丘林当即表示赞同,并表示愿意亲自为此编写一本汉语语法。可是比丘林还是要随使团其他成员一起返回圣彼得堡,所以关于这所学校的计划就此搁置。

1830年初希林格科学考察团赴中俄边境城市恰克图考察,出于语言的需要邀请比丘林参加。比丘林欣然前往。于是他再次与伊古姆诺维相见。1832年11月恰克图海关开办了学制为四年的汉语学校,由比丘林和从北京回国途经恰克图的第十届东正教团学生克雷姆斯基(К. Г. Крымский)共同执教。教学中所使用的教材《汉文启蒙》为比丘林本人编写。

比丘林不但为学校编写了语法教材,还亲自制定了教学纲要,其中规定:第一年讲授汉语语法,并同俄语语法进行比较;第二年除了语法再加设一门商业会话课;第三年扩大会话的内容,学习简单文章的翻译;第四年除了练习口语之外,

---

① П. Е. Скачков. Очерки истории русского китаеведения. Москва, 1977, с. 93.

② АВПРИ, Ф. СПб. Гл. Архив, IV — 4, оп. 123, 1810, д. 1, л. 82. См. : История Российской духовной миссии в Китае. сб. статей, М. , изд. Свято-Владимирского Братства, 1997, с. 173.

③ Л. И. Чугуевский. Бичуринский фонд в Архиве института востоковедения. // Проблемы востоковедения, 1959, №5, с. 141.

④ П. Е. Скачков. Очерки истории русского китаеведения. Москва, 1977, с. 93.

⑤ 这方面比比丘林幸运的是卡法罗夫。卡法罗夫身前着手编写汉俄词典,但是未能完成就去世了。后来波波夫(П. С. Попов)接替他最后完成了这部大型字典的编纂。1888年以"汉俄合璧韵编"(Китайско-русский словарь)为名在北京同文馆出版,给后人留下了一部可以使用的汉俄字典。

学习如何将句子和短语应用于各种交际场合,如何区分中文的文体、口语和书面语①。比丘林在恰克图的教学活动一直持续到1838年初返回圣彼得堡,是俄国早期汉语教学成功的尝试,更为之后的汉语作为一门课程的教学提供了典范。

比丘林的《汉语语法》于1835年在圣彼得堡出版,是俄国第一部比较完整和系统的汉语语法著作,奠定了俄国汉语语法教学的基础。1838年该书修订后在圣彼得堡再版,后于1839年使比丘林第二次获得杰米多夫奖②,还成为喀山大学和圣彼得堡大学东方语言系的教材。该书1908年在北京第三次出版,作为20世纪驻华东正教团成员学习汉语的教科书。

《汉语语法》一书包括中国语言和文字两部分内容,分24章:关于汉语;发音;关于汉字;汉字的构成;笔画;六书;拼写法和标点符号;音节;声调;偏旁部首;汉字的书写;汉语中字和发音的变异;名词;形容词;代词;动词;方言;前置词;连词;感叹词;实词和虚词;实词的使用;虚词的使用。附录的内容有:以70字举例说明其书写的笔画;六书的形体;23组46个容易混淆的汉字;84个汉字的变体;131个汉字的古今写法;214个偏旁部首③;中国人称呼语的书面形式和口语形式等内容。作为外国人学习汉语的教材,这本《汉语语法》从发音到汉字再到语法都有讲解和例子,和会话、翻译、写作等课程一起相互巩固,对当时恰克图语言学校的学生来说是一本难得的好教材。此外,附录里还附了法语、葡萄牙语和英语拼写汉语语音的音节表,而尤为引人注目的是他本人编写的446个音节的"汉语语音俄语拼写字母表"(Таблица русскаго начертания китайских звуков с значением и ее ударений)④。这份"汉语语音俄语拼写字母表"完善了罗索欣以来俄国已经出现的汉语语音俄语拼写体系,为俄国学生学习汉语提供了很大方便。

比丘林在中国13年间的努力学习使他很好地掌握了汉语,回国后的辛勤工作更使他的翻译水平日趋完善。这一切都为他后半生的汉学研究工作奠定了良好的基础。

---

① П. Е. Скачков. Очерки истории русского китаеведения. Москва, 1977, с. 111.

② 杰米多夫奖是1832—1865年间圣彼得堡科学院设立的科学奖项,用来奖励科学、技术和艺术领域的优秀作品。比丘林一生有5种著作荣获杰米多夫奖,先后是:《15世纪以来的卫拉特,即卡尔梅卡人史评》、《汉语语法》、《中华帝国详志》、《中国民情与风尚》、《古代中亚各民族资料汇编》。参见:Иакинф Бичурин. Автобиографическая записка, Ученые записки Академии наук по Ⅰ-Ⅲ отделениям, т. 3, 1855, выпуск 5, с. 670; П. Е. Скачков. Очерки истории русского китаеведения. Москва, 1977, с. 105、115、116、120.

③ 比丘林总结的汉字偏旁部首比我们现在流行的《现代汉语字典》所列的193个还要多出21个。

④ Ханъ-вынь-ци-мын. Китайская грамматика. Пекин, 1908, приб. стр. 1-11.

楚瓦什共和国首府切博克萨雷市的比丘林博物馆

（二）关于中国历史文化

比丘林全部的汉学研究都是以中国本土历史文化的研究为核心的。

在19世纪上半期的欧洲，关于中国的研究著作已经数不胜数，众所周知，这些研究绝大部分出自欧洲驻华传教士之手。然而，比丘林对欧洲的汉学研究却不尽赞同。

在一部著作的前言里他说："在欧洲，中国至今不仅仅从地理概念上被视为亚洲的一部分，而且在国民教育方面被认为是野蛮和不开化的：因为他们自己意识不到自己的不悟。一些早期在中国的天主教传教士居高临下地描写了这个国家的自然与国民状况，但是其中一些人对它的风俗习惯只是一带而过。后来的一些热衷于基督教的天主教传教士，在描写中国人的多神教道义的时候很自然地使用了阴暗的笔触，而这一点，却深深地吸引了聪明的欧洲人。"[1]他还写道："他们关于中国所写的许多东西真实而详细，他们虽然有机会从各个方面观察中国，但是过多地从事于传教事务，而以很少时间来全面观察这个国家。……有些人由于希望把基督教信仰的神圣原则凌驾于异教之上，故意从坏的方面来描写中国，有时甚至过分地渲染。另外一些人则想在中国的传说中寻找与《圣经》历史上的古老事件的相同之处，尽管这些事件与东亚没有任何关联。"[2]

同样作为基督徒，比丘林在观察、描写、研究中国时却极少因他批评的"热衷于基督教"之原因作出有失偏颇的结论。相反，比丘林在与当时俄国文化名

---

[1] Н. Я. Бичурин. Китай, его жители, нравы, обычаи, просвещение, СПб., 1840, с. Ⅲ - Ⅳ.

[2] Н. Я. Бичурин. Статистическое описание Китайской империи, М., 2002, с. 32.

流的交往中给人留下的印象是"他认为基督并不高于孔子"①。由此可见他对中国儒家文化的肯定与认同。

有了以上所述比丘林对于中国文化态度之前提，我们再来了解他关于中国历史地理和文化方面的相关著作。

1840年在圣彼得堡出版的《中国，及其居民、风俗、习惯和教育》（Китай, его жители, нравы, обычаи, просвещение. СПб., 1840）是比丘林的第一本关于中国的专著。该书以朴实的语言介绍了中国社会文化的各个层面：中国的语言与文字、教育、宫廷礼仪、民间节日、饮食、服饰和风俗；农作物的种植范围；刑法；萨满教；等等。但是评论家先科夫斯基批评道："我们的汉学家的新作好像不是为专家所写，因为难以在其中找到新颖的内容，但是可以在很大程度上满足那些急于了解中国信息的普通读者的好奇心。"②同年，先科夫斯基再次发表评论："假如从这本书判断，那么，中国人是所有人类美德的典范；我甚至看不出他是一个胆小鬼还是一个受贿者：在这个国家一切都那么美满，一切都严格按照法定的程序，法律是那么圆满地实行，君主是那么地仁慈，官吏是那么地勤勉，道德是那么地纯洁，甚至哲学都是那么地崇高，以至于读亚金夫神甫的书不能不感到惊讶，不能不嫉妒中国。"③而且，"更让我们感到惊讶的是中国的衰弱，而他一句都没有说"④。然而按照比丘林自己所说，"这是一本文与文彼此之间并无紧密关系的、介绍中国各种知识的文集"，"因为其出版目的就是为下一部专著准备材料"⑤，也因此，"汇集在该书的这些文章的大部分内容直接译自中文"⑥。可以看出，作者本人并未追求将这本书写成一本学术性极强的专著。比丘林对于中国的认识也并非批评家所批评的只看到了美好的一面，作者在这部新作中明确指出："从不偏不倚的观点看，可以准确无误地说，中国人民有很多美好的东西，也有相当多坏的东西，但是美好的要比坏的多。"⑦因此对于根本不了解中国的评论家的批评，比丘林认为"不值得回答"⑧。

比丘林另外两部关于中国的著作是1842年在圣彼得堡出版的《中华帝国详志》（Статистическое описание китайской империи. СПб., 1842）和1848年在圣彼得堡出版的《中国民情与风尚》（Китай в гражданском и нравственном состоянии. СПб., 1848）。这两部重要的汉学著作分别于1910年和1912年在

---

① М.阿列克谢耶夫著，高森译：《普希金与中国》，《国外·文学》1987年第3期，第69页。
② Библиотека для чтения, 1841г., Т.14, с.33.
③ Библиотека для чтения, 1841г., Т.49, с.2.
④ Библиотека для чтения, 1841г., Т.49, с.4.
⑤ Москвитянин, 1849, №8, с.95.
⑥ Москвитянин, 1849, №8, с.95.
⑦ Китай, его жители, нравы, обычаи, просвещение., СПб., 1840, с.389.
⑧ Статистическое описание Китайской империи, Пекин, 1910, с.293.

北京再版,2002年在莫斯科同时再版。

《中华帝国详志》一书内容分两部分,第一部分包括:中国的自然地理状况,动植物,矿产区域;居民,宗教,教育,工商业;度量衡,钱币与邮政;国家财政预算,政治沿革,行政区划,政体形式,国家机关,刑法,军事等。第二部分包括:满洲、蒙古、新疆、西藏等中国边疆地区的自然状况、气候、居民、语言、信仰、政权更替等内容。此外,附录的内容包括:长城,茶叶的生产,水路交通,以及蒙古和西藏的法令等。该书以其丰富翔实的史料获得了1843年杰米多夫奖[①]。

1844年11月27日比丘林写给《俄国人》(Москвитянин)杂志主编波戈金(М. П. Погодин)的信中说已经完成了自己最后的作品——《中国民情与风尚》和《中国文人的宗教》(Описание Религии Ученых, Пекин, 1906)[②]。然而遗憾的是《中国民情与风尚》直到1848年才在圣彼得堡出版,而《中国文人的宗教》在他生前竟然一直未能面世,1906年才由驻华宗教使团在北京刊行。

《中国民情与风尚》包括清代的国家体制、国家经济、审级制度、法律的执行和实施、教育状况以及民间习俗等内容。如以上两种著作一样,该书的史料来源主要是《大清会典》等典籍。诚然,他对史料掌握与利用的程度无可非议,然而他的著作中缺少对现实社会、下层民众的现实关怀,更多地是停留在官方史料的咀嚼与消化上,从一定意义上说比丘林是一位中国古代典籍的研究者。

遗憾的是比丘林并没有留下关于欧洲包括俄罗斯哲学与宗教的著作,我们也就无从得知他对欧洲哲学与宗教的看法。而中国宗教与哲学,在他的笔下是浑然一体的。

关于中国的宗教,比丘林有一段饶有兴味的话:"现在我知道在这个世界上只有一个民族,对于欧洲人来说非常惊奇的是,他的哲学是和宗教紧密相连的。在这里我把儒教看作是这个国家的国教,民间的宗教。这一宗教的内在成分以纯哲学之原初为基础,并且,这种哲学通过学校的教育渗透到民众的各个阶层,就像水渗透到海绵中一样。反过来说,这种古老哲学的大部分又正是来源于这种宗教之原初,而这种宗教产生于中国人的国民启蒙教育。现在有一个问题摆

---

① Иакинф Бичурин. Автобиографическая записка, Ученые записки Академии наук по I - III отделениям, т. 3, 1855, выпуск 5, с. 670. 比丘林一生5种著作荣获杰米多夫奖: Историческое обозрение ойратов, или калмыков, с XV столетия до настоящего времени, Китайская грамматика, Статистическое описание Китайской империи, Китай в гражданском и нравственном состоянии, Собрание сведений о народах, обитавших в Средней Азии в древние времена. 参见: Иакинф Бичурин. Автобиографическая записка, Ученые записки Академии наук по I - III отделениям, т. 3, 1855, выпуск 5, с. 670. ; П. Е. Скачков. Очерки истории русского китаеведения, М. ,1977, с. 105、115、116、120。

② Советское китаеведение, 1958, №3, с. 147.

在我们面前:宗教,还是哲学?"①

就儒教的起源来说,比丘林认为"它们产生于人类大自然本身"②。但是对于"儒教"中的"教"字,比丘林并没有与西方基督教作概念和实质上的比较,只是指出:"中国人认为'宗教'一词的意义就是教义本身,也就是在敬神和道德方面的某种思想形式",而且,"它是一种学说,一种流派,是一种宗教学说在仪式与教理精神方面的阐述"③。因此在《中国文人的宗教》一书中,比丘林叙述的并不是"儒学"本身,而是指祭祀活动。书中内容包括其敬拜对象、祭服、祭祀器具与用品、祭坛、祭坛之平面图、祭坛中的牌位、祭祀仪式的准备工作、祭祀仪式的程序、首都的祭日、各省的祭日等内容。

关于中国人敬拜的对象,包括"上帝、大气(包括神和鬼)、人(包括圣人、伟人、先贤等)"④。而普通民众的祭祀活动有:"对祖先,尤其是故去的父母也要因感激而进行宗教祭拜";"中国人都有家族墓地,必要的时候在那里进行祭拜故去先人的活动;在中国人的家里,他们在其他民族侍奉上帝的位置摆放写有故去先人的牌位以供奉"⑤。所以,"儒教解决了欧洲人难以理解的两个关于中国的问题:1. 为什么那里甚至在年轻人当中都很少有不结婚的人;2. 为什么中国人不在异域结婚并永久定居"⑥。

此外,1829年圣彼得堡出版了比丘林翻译的《三字经》,它的独特之处是中俄文对照并对其中的历史、文化典故加以解释,共附注103条。用比丘林的话说:《三字经》"文体简短而意义饱满,语句简洁而思想深刻"⑦;"从内容上看,这是完整的百科全书。从用途上来说,它是为了儿童成长而编写的,尽管过于简短,但是非常合理。它是全面认识中国教育的钥匙"⑧。该译本出版后先后成为喀山大学和圣彼得堡大学的汉语教材。

同年出版的还有译本《北京志》(Описание Пекина, с приложением плана сей столицы, снятого в 1817 году. Перевод с китайского языка. СПб., 1829),该书节译自清代吴长元辑《宸垣识略》,其中介绍了包括紫禁城、皇城以及各大

---

① Китай, его жители, нравы, обычаи, просвещение, СПб., 1840, с. V.
② Н. Я. Бичурин. Описание Религии Ученых. Пекин, 1906, с. 3.
③ Н. Я. Бичурин. Статистическое описание Китайской империи. Москва, 2002, с. 79 – 80.
④ Н. Я. Бичурин. Описание Религии Ученых. Пекин, 1906, с. 3 – 5.
⑤ Описание Религии Ученых. Пекин, 1906, с. 75.
⑥ Описание Религии Ученых. Пекин, 1906, с. 76.
⑦ Сань-цзы-цзин, или Троесловие с литографированным китайским текстом. Переведено с китайского монахом Иакинфом. СПб., 1829, с. I.
⑧ Отец Иакинф. Современные русские писатели. // Москвитянин, 1849, ч. 3, №8, с. 93.

名胜古迹在内的北京城的轮廓,书后还附有比丘林1817年所完成的北京城郭图①。为了绘制该地图,几年来比丘林几乎走遍了北京城的大街小巷,亲自步行以测量纵横交错的街道巷隅②。在一位写生画家的帮助下,比丘林最终利用五年时间完成了地图的绘制。对这幅倾注了大量汗水的地图,比丘林本人相当满意,他说:"这幅北京地图在当今的欧洲是仅有的一幅。任何一条大街,甚至一条偏僻的胡同都没有遗漏掉;所有的古迹建筑也都标在准确的位置上。总之,城墙和街道的尺寸都是正确的。"③正是由于这张地图的"完整、可靠、准确",它在第二次鸦片战争中被英法联军所利用④。

(三)中国边疆史地

1. 比丘林关于蒙古的翻译与研究

蒙古学研究是比丘林学术活动的一项重要内容。1828年底,两卷本《蒙古札记》在圣彼得堡正式出版,书中收录了同年发表的几篇文章。《蒙古札记》不只是简单的中国典籍翻译,作者提出并解决了一些问题,它的出版给比丘林带来的荣誉是使他在1828年底入选为科学院院士。该书内容分为四部分:比丘林本人1821年返回俄国时自北京至恰克图的旅行日记;蒙古地区自然地理方面的资料;蒙古民族的历史;清朝实行的蒙古法典。对于蒙古人的起源问题,比丘林批评了当时欧洲一些学者的错误观点。他认为他们对蒙古民族和历史了解太

2010年萨马拉"火神"出版社再版的《蒙古札记》封面

---

① 笔者在俄罗斯几家图书馆都找到过比丘林1829年版译本《北京志》,但是书中均没有原来所附的北京城郭图,很遗憾。

② П. Е. Скачков. Очерки истории русского китаеведения. Москва. 1977, с. 94.

③ Отец Иакинф. Современные русские писатели. // Москвитянин, 1849, ч. 3, №8, с. 91.

④ 第二次鸦片战争中,俄国驻华公使伊格纳切夫向英法联军提供了有关北京城防的详细情况,包括一份北京平面图。英国军官奥勒古说:"他已将一份我从未见过的最好的北京地图借给我们。这张地图比我们的更好,更详尽。他把所能提供的有关北京的全部情况给了我们。"参见奥勒古:《1860年对华战争:书信和杂记》,1901年伦敦版,第54页。转引自中国社会科学院近代史研究所《沙俄侵华史》第二卷(人民出版社1978年版)第206页。我认为这份"俄国人绘制的北京平面图"即比丘林所绘的北京城郭图,因为19世纪驻华东正教团里只有比丘林绘制了北京地图。

少,很多研究都是凭臆想而作出的错误结论,而且他们往往将一个强盛的种族当作一个民族,认为他们在起源和语言上比其他种族优越①。他认为,享有世袭统治权的蒙古种族不一定就是出身于蒙古家族,而是被封了蒙古人的称号,并且越来越习惯于这一统治者家族的称号。因此,蒙古人不同的宗室曾经被冠以鞑靼人、契丹人、回纥人、突厥人、鲜卑人、匈奴人等不同的名称②。

比丘林另一部关于蒙古史的著作是自《元史》前三卷和《通鉴纲目》选译的《成吉思汗家族前四汗史》(История первых четырех ханов из дома Чингисова. Переведена с китайского монахом Иакинфом. СПб. ,1829),该书1829年在圣彼得堡出版。比丘林对译自《元史》的内容作了解释和说明,而对译自《通鉴纲目》中每一年代内容的则作了摘录③。因为,"《元史》和其他的帝王传记不同的特点是,它包括了纯粹的历史事件,但不包括与其相关的历史背景,《通鉴纲目》则相反,它在详细描述历史事件的同时对历史背景也作了简要的说明"④。

在比丘林之前,欧洲学术界对于蒙古史的研究已经有相当长的历史,成果颇多,相比之下俄国的蒙古史研究微乎其微。比丘林对蒙古史典籍的翻译与著述则开启了俄国学术界在该领域的研究。

2. 比丘林关于中国西部地区的翻译与研究

比丘林的中国边疆史地研究中另一项内容是中亚民族与历史,而古代中亚民族与北方的蒙古诸族有着紧密的联系。

比丘林第一本关于中亚地区的著作是1829年在圣彼得堡出版的《准噶尔和东突厥斯坦古今志》(Описание Чжунгарии и Восточного Туркестана в древнем и нынешнем состоянии. Переведено с китайского монахом Иакинфом. Ч. 1 – 2, СПб. ,1829),该书译自《西域传》、《前汉书》、《西域闻见录》等中文史料中的部分内容。书中首先介绍了西域地区诸多古代地名的位置,然后分别详细介绍了各地的历史与地理状况,当地民族的历史沿革,以及它们与中原地区的联系等丰富内容。在当时的俄国,这是第一本介绍中国西部的历史著作,获得了学术界的一致好评。

1833年第3—5期《内务部杂志》(Журнал Министерства внутренних дел)

---

① Н. Я. Бичурин. Записки о Монголии. , сочиненные монахом Иакинфом, с приложением карты Монголии и разных костюмов. Т. 1, СПб. , 1828. с. 157.

② Записки о Монголии. , сочиненные монахом Иакинфом, с приложением карты Монголии и разных костюмов. Т. 1, СПб. , 1828. с. 157.

③ Н. Я. Бичурин. История первых четырех ханов из дома Чингисова, Переведена с китайского монахом Иакинфом. СПб. ,1829, с. Ⅳ.

④ История первых четырех ханов из дома Чингисова, Переведена с китайского монахом Иакинфом. СПб. ,1829, с. Ⅳ.

连载了比丘林的文章《15 世纪以来的卫拉特,即卡尔梅卡人史评》(Историческое обозрение ойратов, или калмыков, с XV столетия до настоящего времени),文章于 1834 年在圣彼得堡刊行成书,1991 年于埃利斯塔再版。在该书中比丘林不仅使用了《西域闻见录》等中文史料,使用更多的是俄文专著,其中有雷奇科夫(П. И. Рычков)、利波夫采夫(С. В. Липовцев)以及满学家列昂季耶夫(А. Л. Леонтьев)等人的作品①。《15 世纪以来的卫拉特,即卡尔梅卡人史评》一书包括两部分内容:准噶尔卡尔梅卡人、伏尔加卡尔梅卡人。第一部分叙述了早期蒙古诸部族及其与中国内地、西藏的关系,第二部分叙述了 17 世纪卡尔梅卡人向西迁徙的历史以及后来的清廷与俄国之间关于卡尔梅卡人的交涉等事宜。《15 世纪以来的卫拉特,即卡尔梅卡人史评》一书使比丘林第一次荣获俄国最高科学奖杰米多夫奖。

比丘林另一部有关中亚和蒙古的著作是三卷本《古代中亚各民族资料汇编》(Собрание сведений о народах, обитавших в Средней Азии в дрение времена. В 3 - х частях, с картою на трех больших листах. Сочинение монаха Иакинфа, удостоенное Императорской Академией наук демидовской премии. СПб., 1851)。1846 年比丘林应科学院之邀开始编纂"公元前 2 世纪至公元 9 世纪中亚民族史"②。1851 年该书在圣彼得堡初版时封面以"古代中亚民族史"(История о народах, обитавших в Средней Азии в древния времена)为名。1950—1953 年苏联科学院在莫斯科、列宁格勒两地再版了这部三卷本巨著。

这本书的史料来源是《史记》、《前汉书》、《后汉书》、《金史》、《魏书》、《隋书》、《唐书》、《宋书》、《齐书》、《梁书》、《陈书》等。在第一分册中比丘林简要介绍了上述中国典籍,然后分节描写匈奴、乌桓、鲜卑、柔然、回鹘、突厥、契丹各民族部落的历史。第二分册包括朝鲜列传、东夷列传、渤海郡王等章节。第三分册则为古代中亚民族史地图地理指南,为阅读前两分册内容提供了方便。该书的出版使他第五次获得杰米多夫奖。

除了上述两种著作,比丘林以"中亚"命名的著作还有《东亚中亚史地资料汇编》(Собрание сведений по исторической географии Восточной и Срединной Азии. Чебоксары, 1960),该书是俄罗斯当代著名历史学家古米列夫(Л. Н. Гумилев)和何万(М. Ф. Хван)根据比丘林手稿编辑而成,于 1960 年在切博克萨雷出版。该书虽以"中亚"、"东亚"命名,但其内容实际上是包括了中亚地区和东亚地区在内的中国所有省份,以及中国周边国家如韩国、日本、俄国等的地理

---

① Н. Я. Бичурин. Историческое обозрение ойратов, или калмыков, с XV столетия до настоящего времени, Элиста, 1991, с. 14.

② Иакинф Бичурин. Автобиографическая записка, Ученые записки Академии наук по I - III отделениям, т. 3, 1855, выпуск 5, с. 671.

概念和信息的资料汇编。对于中国各省主要地区、城市和山川河流,作者对其方位以及与省会的距离作了说明,而且大部分地名还注明了具体的经纬度。对于中国古代史地的研究者来说,它是一把非常重要的钥匙。

3. 比丘林关于西藏的翻译与研究

1828 年圣彼得堡出版了比丘林的译著《西藏志》(Описание Тибета в нынешнем его состоянии. С картою дороги от Чэнъ-ду до Лхассы. Перевел с китайского монах Иакинф. СПб., 1828),这是比丘林第一本正式出版的著作。该书译自中国历史地理著作《卫藏图识》,但是比丘林没有注明译本的中文出处,这在当时曾受到批评家的指责。不过译本中保留了 1792 年鲁华祝所作序言。对于书中诸多内容,比丘林作了较为详细的注解。

《西藏志》分两部分。第一部分包括:自成都至拉萨、自成都至打箭炉、自打箭炉至里塘、自里塘至巴塘、自巴塘至察木多、自察木多至拉里、自拉里至拉萨、自西宁府至拉萨等数条不同的线路。第二部分包括:西藏的山川河流、艺术、服饰、婚葬、宗教、寺院、法律等诸多方面。书后还附有自成都至拉萨的地图和布达拉宫的彩色远景图。

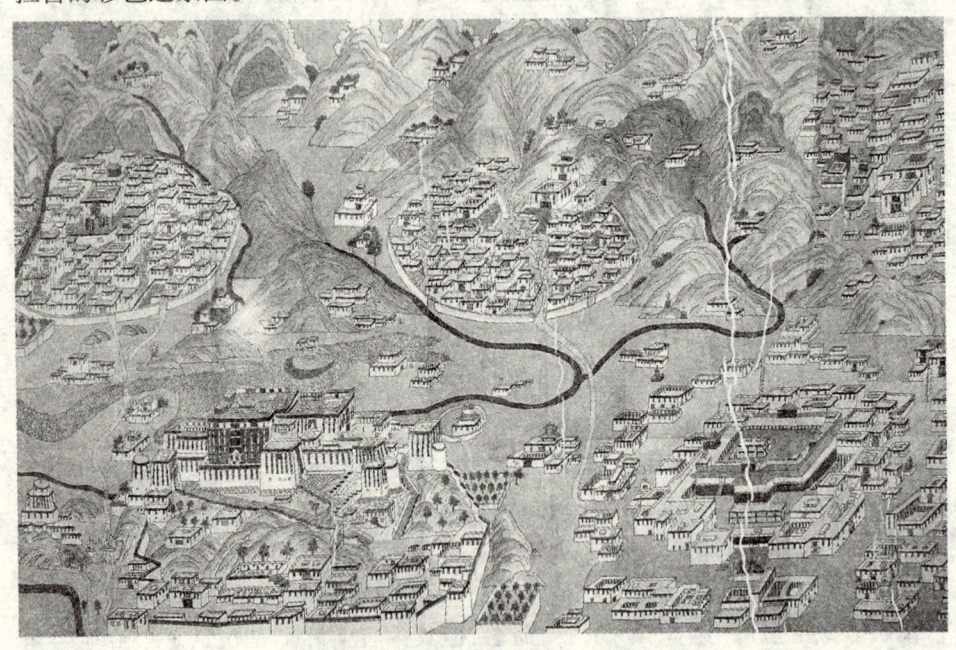

《西藏志》所附拉萨布达拉宫远景图

对于当时对中国西藏知之甚少的欧洲来说,比丘林的《西藏志》无疑成为了解西藏的一扇窗,立即引起欧洲学术界的注意。《西藏志》在圣彼得堡出版后,德国东方学家克拉普罗特(H. J. Klaproth, 1783—1835)的法译本也很快问世。

比丘林另一部关于西藏的译著是《公元前 2282 年至公元 1227 年的西藏青

海史》(圣彼得堡 1833 年版)(История Тибета и Хухунора с 2282 года до Р. Х. до 1227 по Р. Х. с картою на разные периоды сей истории. Переведено с китайского монахом Иакинфом Бичуриным. Ч. 1 – 2. СПб. ,1833)。该书内容摘译自《廿三史》和《通鉴纲目》①,分为两分册。第一分册叙述唐古特人的起源、唐古特人与中国的政治关系和战争、唐古特人与汉人的融合、鲜卑族等在青藏一带的迁居、藏族的起源、藏人的生活方式和习俗、藏人与中国内地的各种关系等等。第二分册包括西夏的建立、拓跋氏与宋辽金的关系、吐蕃的兴起和发展及其与唐的关系等,最后作者还附有中国历史编年和青藏地区的地图。

该书与《西藏志》作大量注解的翻译风格不同,基本上是对中国部分典籍的直译,正如作者在前言中所说:"希望给学术界以译文原件的完整面貌,我不作任何注解,也不改变任何一字。"②

比丘林的辛苦写作不但得到了俄国文化界和官方的赞誉,其作品在国内曾前后 5 次获得杰米多夫奖,并且在 1828 年底入选为科学院通讯院士,而且在欧洲国家也获得了认可,于 1831 年被巴黎亚洲协会选为会员。

除以上所列之外,比丘林还有大量手稿未被整理出版,这些手稿分散在俄罗斯科学院亚洲博物馆、东方学所圣彼得堡分所档案馆,喀山神学院图书馆,圣彼得堡大学东方学系图书馆,俄罗斯国家图书馆(原名为萨尔蒂科夫－谢德林国立公共图书馆)等单位。值得一提的是 2010 年圣彼得堡出版了《亚金夫神甫(Н. Я. 比丘林)"第一画册"》,书中刊载了比丘林依据《皇清职贡图》所画的 57 幅彩色图片及其手稿字体的说明文字。

基于比丘林以上丰富的著作,俄国东方学家巴尔托尔德(В. В. Бартольд, 1869—1930)认为"俄罗斯东方学在 1851—1852 年就已经超过了西欧"③。苏联时期著名汉学家斯卡奇科夫说:"比丘林的名字留给祖国科学的,是光荣和骄傲。"④

比丘林手稿所包含的内容与已经发表、出版的文字一样,也同样丰富而广博:有《御批资治通鉴纲目》、《大清一统志》和《大清会典》等大型典籍资料的译文手稿;《四书》等经书的译文;也有《中国钱币》(译自日文)、《牛痘的接种》、《法医》、《中国星学》、《关于黄河和运河的护岸工程》等各类科学方面的译文;

---

① Н. Я. Бичурин. История Тибета и Хухунора с 2282 года до Р. Х. до 1227 по Р. Х. с картою на разные периоды сей истории, Переведено с китайского монахом Иакинфом Бичуриным. Ч. 1. СПб. ,1833 ,с. Ⅲ.
② История Тибета и Хухунора с 2282 года до Р. Х. до 1227 по Р. Х. с картою на разные периоды сей истории, Ч. 1. СПб. ,1833 ,с. Ⅲ.
③ Анналы. 1923. с. 261. см. : А. Н. Хохлов. Н. Я. Бичунрин и его труды о цинском Китае. —Н. Я. Бичунрин. Статистическое описание китайской империи. М. ,2002. с. 29.
④ П. Е. Скачков. Очерки истории русского китаеведения. Москва ,1977 ,с. 123.

比丘林依据《皇清职贡图》所绘的彩色图片

还有《关于"西藏"一词的来历》、《俄国与中国西部边境的贸易状况》、《英国人在中亚的贸易》等文章和专著;尤为重要的内容还有比丘林在北京时期与当时驻华耶稣会士的来往函件,以及回国之后写给一些重要人士的信件。这些价值重大而笔迹难辨的手稿对于我们来说还很遥远,可喜的是俄罗斯国内总是有一些学者钟情于汉学也钟情于比丘林,他们一直在从事中俄关系史料与汉学著作方面的整理工作。因此,随着比丘林的手稿被整理出版,将会有更多的内容呈献给我们。

三、比丘林学术研究的意义与评述

相对于欧洲传教士形形色色的关于中国的著作,19世纪之前俄罗斯的汉学研究无论从其关注的广度还是研究的深度上都远远不够。罗索欣和列昂季耶夫等人的翻译和文章绝大部分都没有出版,至今仍是束之高阁的手稿,所以并没有给社会上的广大读者带去很多关于中国的信息,只是代表了俄罗斯汉学的萌芽。而这位身着教袍却心系俗世、身负重任赴华却辜负了教职的比丘林,撰写并出版了一系列关于中国的文字,涵盖了中国语言文字、历史文化、清代社会各个方面,奠定了俄罗斯汉学在19世纪走向繁荣的基础。所以说,比丘林在19世纪的东方学领域占据了非常重要的位置。总体上看,比丘林的贡献主要有以下几点:第一,编写了在俄国汉语教学史上第一本汉语语法教材并且流传很久,为俄国人学习汉语提供了便利。他编辑的多种字典也是为后人留下的宝贵财富。他对《三字经》文本的大量注释,对儒道释三教的研究开启了俄国学界研究中国文化的大门。第二,比丘林依据中国史籍翻译和撰写的中国边疆史地方面的著作不仅首先给俄国社会带去了大量信息,还开创了俄国的蒙古学、藏学和中亚民族等领域的研究。而且,他的这些著作还流传到欧洲,不仅为他们最先介绍了西藏,还纠正了欧洲学者在蒙古史研究方面的错误。第三,比丘林的汉学研究在很大程度上利用了中国的重要典籍,并且转变了18世纪罗索欣等人对中国史料简单翻译的状况,开始了对中国社会的综合研究,也因此,他的著作为后来的汉学家们提供了史料方面的可靠依据。第四,比丘林依据自己亲身的体验和观察撰写的清代社会给俄国读者以最真实的描绘,更使已经开始发展的俄罗斯汉学摆脱了从前翻译和出版欧洲传教士的汉学作品、附和欧洲声音的状况,摆脱了依赖欧洲认识中国的状况,从而也促进了俄罗斯汉学的民族化。

他极力抨击俄国在学术等方面对欧洲的模仿和跟随,促使俄罗斯汉学走向民族化,摆脱以往的局面。他说:"如果我们从彼得大帝至今都不是一贯地醉心于对欧洲的盲目模仿,那么在各个教育领域我们早就实现了独立。那些以为西欧在教育上早就远远超过我们,认为我们只能仿效他们的认识是非常错误的。这样的想法削弱了自己的智力和能力,使我们几乎变成了别人,而不能用自己的智慧思考。这样的想法也阻碍了我们在不同科学领域里的成功。有理性、有智力的不只是法国人和德国人。如果我们还是盲目地重复法国人或德国人写的东西,那么,重复他们那些早已为人所知的文字将使我们永远倒退,而我们的智力将永远停留在模仿别人那些常常是奇怪而且荒谬的文字上。"[①]

而比丘林汉学研究的缺失主要有两点:缺少现实关怀,对中国儒家文化的研究较为简单。

比丘林三种重要的专著《中国,及其居民、风俗、习惯和教育》、《中华帝国详志》和《中国民情与风尚》都主要使用了《大清会典》、《大清一统志》等中文典籍。诚然,他对史料掌握与利用的程度是无可非议的,尽管他也对最底层的中国百姓表示了同情,然而他的著作中还是缺少了对现实社会的深入观察和对下层民众的现实关怀。和珅、穆彰阿一类影响重大的腐败案件竟然没有出现在他的文字中,只用一句"一些徇私舞弊的行为还是根深蒂固的,政府只能努力采取各种手段以减轻这些问题带来的危害"轻描淡写而过。"经历了四千年经验考验"的、应该为"文明程度最高的国家都借鉴"的中国法律只是比丘林从大清律例的文本中获得的概念。因此说,比丘林在很大程度上更多地是停留在对官方史料的咀嚼与消化上,也因此,从一定意义上说他是一位中国古代典籍的研究者与翻译者,然后才是观察家、研究者。

[①] I. Б. Замечания на третью и прследнюю статью о Средней Азии, помещенную в 11 нумер *Отечественных записок* на 1843 год. // Москвитянин, 1844, №3, с. 170.

楚瓦什人文科学学院的比丘林雕像（建于 2000 年）

之所以会出现这样的情况，大概与他所居住的环境有关。他在中国居住虽然长达 13 年半，但是从未走出北京城，没有机会去其他地区体察中国社会的真实状况，对经历了康、雍、乾盛世后清王朝走向衰落的趋势缺乏准确的把握。所以他笔下的清代社会难免有不准确的地方。但是，相较于瓦西里耶夫和卡法罗夫，比丘林一直力求摆脱欧洲中心主义和欧洲文明的优越感，力图真实地反映中国社会的全貌。

作为中国人，比丘林著作应该为我们所了解的意义在于：第一，比丘林以一个外国人的视角所作的古代史研究、清史研究对我们考察国外汉学、中外文化交流史甚至中国历史来说都有一定的借鉴作用；第二，比丘林的学术成果促进了俄国人对中国历史文化的深入了解，对中俄文化交流起到了良好的作用，但是我们也不能忽视他的作品为沙俄侵略扩张主义者所利用的事实。

（作者：李伟丽，中国社会科学院历史研究所副研究员）

向仁存在——孔子开辟的人生方向

◇陈占国

我们在这里所使用的"存在"一词,是从西方存在主义和现象学那里借用来的。此所谓"存在"不同于通常所说的"存在"。通常所说的"存在",在现象学中被称作"存在者"或"实存"。现象学所谓"存在"是指事物从隐蔽中走出来的过程,是事物被逐步揭示的过程。事物被什么揭示呢? 被人揭示,也就是说,只有人才能让其他事物"存在"。人虽说也是万物中之一物,但人却有其他事物所不具备的特殊能力,亦即人不仅"存在",而且还能领悟自己的"存在",追问自己存在的意义。在这种领悟和追问中,人不仅为自己策划出了一个明确的人生方向和实现人生价值的道路,而且还使万物得到了揭示。如果按照上述理解,那么我们可以看到,孔子在《论语》中所讲的,实际上也是人的"存在"问题,不过他不像海德格尔那样认为人是向死亡存在,而是认为人应该向"仁"存在。

《论语》中有这样一段话,集中地体现了孔子的这一思想。他说:

> 士不可以不弘毅,任重而道远。仁以为己任,不亦重乎? 死而后已,不亦远乎? (《泰伯》)

孔子认为,人的一生,是"仁以为己任"的一生,是向着"仁"的方向不懈地努力的一生。这个责任非常重大,需要有宏大的精神和坚强的毅力才能完成。因此,"君子无终食之间违仁,造次必于是,颠沛必于是"(《里仁》)。对于"仁"来说,贫贱富贵都是微不足道的,人不能为了求富贵而离开"仁",也不能为了去贫贱而离开"仁"。无论是在匆忙紧迫之时,还是在颠沛流离之中,都不能离开"仁"、违背"仁"。孔子还说:"志士仁人,无求生以害仁,有杀身以成仁。"(《卫灵公》)"仁"不仅比富贵重要,而且比生命还重要。一个向着"仁"而存在的人,不能为了活着而害"仁",但可以为了"成仁"而牺牲自己的生命。

孔子为什么把"仁"看得比生命还重要呢? 他解释说:"仁者,人也。"(《中庸》)"仁"是人的真实,是人最本真的存在方式,只有仁人才称得上是真正的人。孟子说:"仁也者,人也;合而言之,道也。"(《尽心下》)有人说,"合而言之"是合"人"与"二"而言之。这种解释不合理。合"人"与"二"只是个"仁",而不是"道"。孟子在这里说的是合"仁"与"人"就是"道"。人是什么? 从本质上讲,"人"就是"仁",就是有仁德的人。在孟子看来,只有具备了仁德的人,才能称得起"人"。而"仁"作为人的基本德性,又不是现成的,而是由"四端"扩充发展而成的。"四端"天然地具有这种向善性,只要不遭到外力的破坏,它就一定能够成长为仁德。从"四端"到"四德"是一个过程,是一条道路,这条道路是人必须要走的唯一的"正路",只有沿着这条道路不断地向前走,才能成为一个真正的人,否则就会沦为禽兽,所以说"合而言之,道也"。

冯友兰先生说:"孔子讲'仁'是对于人的反思。这种反思是人类精神的自觉。可能只是初步的自觉,但有自觉和没有自觉,有很大的差别。宋朝有个无名氏的诗人写了两句诗:'天不生仲尼,万古长如夜。'(见《朱子语类》卷九十三)这显然是夸张。但'如夜'两个字很有意思。这是从人类自觉这方面说明问题。人没有自觉,虽然也可以生活,可以照常地穿衣、吃饭,但和有自觉的人比起来,他就好像在黑夜之中摸索而进。"[①]孔子把"仁"视为人的本真存在,这是人的自觉,有了这种自觉,人就有了一个明确的发展方向。有了这个明确的发展方向,然后才能够自己塑造自己,把自己从一般动物中提升出来,并且不断地向上提高,使自己的生命力得到无限的扩张与延伸。

什么是"仁"呢?孔子对"仁"有多种解释,其最根本之处大约有以下三点:

一、"仁"是人所具备的最深沉、最真实的情感,没有这种情感的人成不了仁人。

《论语》说:

> 宰我问:"三年之丧,期已久矣。君子三年不为礼,礼必坏;三年不为乐,乐必崩。旧谷既没,新谷既升,钻燧改火,期可已矣。"
>
> 子曰:"食夫稻,衣夫锦,于女安乎?"
>
> 曰:"安。"
>
> "女安,则为之。夫君子之居丧,食旨不甘,闻乐不乐,居处不安,故不为也。今女安,则为之。"
>
> 宰我出。子曰:"予之不仁也!子生三年,然后免于父母之怀。夫三年之丧,天下之通丧也,予也有三年之爱于其父母乎!"(《阳货》)

按《周礼》规定,父母死了,子女要为之守孝三年。在守孝期间,需要素衣素食,不参加任何娱乐活动,甚至不参与社会事务。宰我认为三年的时间未免太长了,三年不去习礼习乐,礼乐岂不是要荒废!所以他主张为死去的父母守孝一年就行了。孔子说宰我"不仁"。理由是,子女生下来三年时间都离不开父母的怀抱,在这三年之中,做父母的把一切情感、一切精力都用在了子女身上,做子女的为父母守孝三年难道不是应该的吗?这不是对父母的对等的回报,不是等价交换,而是出于对父母的亲情。在三年之内,守孝的子女不是因为外在的规定而素衣素食,不是因为外人的干涉而不参加娱乐活动和其他活动,而是由于对父母的思念和失去父母的悲痛而"食旨不甘,闻乐不乐,居处不安"。这种父子亲情是

[①] 冯友兰:《中国哲学史新编》第一册,第147页,人民出版社,1982年。

一种最真实、最深刻的情感。"仁"就是这种情感的发展和扩充。

儒家重孝,认为孝出自人的天性,是每个人都有的自然情感,无论什么人,自幼都会有一种对父母的温暖亲切之情。孟子说:"人之所不学而能者,其良能也;所不虑而知者,其良知也。孩提之童无不知爱其亲者,及其长也,无不知敬其兄也。亲亲,仁也;敬长,义也。无他,达之天下也。"(《孟子·尽心上》)"不虑而知"、"不学而能",说明爱亲之心是与生俱来的;"达之天下"说明天下所有的人都具有这样的爱亲之心。从孝亲出发,孔子没有把人的这种情感引向爱上帝,而是引导人们去爱那些和自己一样的人。他说:"弟子入则孝,出则悌,谨而信,泛爱众而亲仁。行有余力,则以学文。"(《学而》)他教导自己的弟子在家里要孝敬父母,在外面要尊敬长者,要普遍地去爱所有的人,做到了这些,就是一个仁人。所以当樊迟问他什么是"仁"的时候,他回答说:"爱人。"(《颜渊》)"爱人"是"仁"最主要的内涵,只有能够爱人的人才称得上仁人。

二、"仁"是人的类意识。

冯友兰先生说,"仁"是人的类意识,或曰"人类精神"。也就是说,人不仅是一个个体,而且是一个类;人不仅有自己的个性,而且还有人类的共性;人类的共性就在每个人的个性之中;每个人除了有一个"小我"之外还有一个"大我"。"小我"是自己的生命,"大我"也是自己的生命,是一个蕴涵在自己生命中的人类大生命。这个"大生命"就是"仁"。有了"仁",人与人之间才能相互同情,才能真正沟通。因此,要想成为一个仁人,首先要把别人视为自己的同类,把别人看成是一个和自己一样的人。《论语》说:

> 仲弓问仁。子曰:"出门如见大宾,使民如承大祭,己所不欲,勿施于人,在邦无怨,在家无怨。"仲弓曰:"雍虽不敏,请事斯语矣。"(《公冶长》)

"如见大宾"就是如同去见尊贵的客人那样,"如承大祭"就是如同参加重大的祭祀那样。一个人要想有仁德,就必须时时持有一颗至诚恻怛之心。这是讲对人的态度。"己所不欲,勿施于人"是说,不希望发生在自己身上的事情,一定不要强加于人。这是讲对待别人的原则。《论语》还说:

> 子贡曰:"如有博施于民而能济众,何如?可谓仁乎?"子曰:"何事于仁!必也圣乎!尧舜其犹病诸!夫仁者,己欲立而立人,己欲达而达人。能近取譬,可谓仁之方也已。"(《雍也》)

"博施于民而能济众"就是普遍地给人民以好处。孔子认为不能把这一条作为"仁"的内容或条件,因为这不是人人都能做到的。"己欲立而立人,己欲达而达人"是说,自己要生存,也要帮助别人生存;自己要发展,也要帮助别人发展。这也是"忠恕之道"。"己所不欲,勿施于人"是从被动方面说的,"己欲立而立人,己欲达而达人"是从主动方面说的。这两个方面结合起来,就是孔子所说的"忠恕之道"。

孔子说"忠恕之道"是"仁之方",亦即培养仁德的方法。人要想有仁德,就要把所有的人都视为自己的同类,把所有的人都看成是和自己同样的人。只有这样,才会去同情别人,关心别人,久而久之就会形成"爱人"的情感,才会成为一个仁人。

人是社会动物,有始一来就生活在社会之中,没有了社会,人也就不成其为人了。在长期的群体生活中人们逐渐认识到,人要想生存,要想发展,不仅需要把别人看成是和自己一样的人,而且还必须组织成社会。而社会的组成,又必须有一套规范系统,这一套规范系统在中国传统社会中就是"礼"。孔子认为,一个道德高尚的人,一个有完全的人格的人,除了"爱人"之外还要"克己复礼"。孔子说:"恭而无礼则劳,慎而无礼则葸,勇而无礼则乱,直而无礼则绞。"(《泰伯》)恭敬而不知礼就会很忙乱、很劳累,谨慎而不知礼就会畏缩、怯弱,勇敢而不知礼就会胆大妄为,直率而不知礼就会说话伤人。可见人是非知礼、守礼不可的。所以孔子经常教导弟子们要"博学于文,约之以礼"。《论语》说:

> 颜渊问仁。子曰:"克己复礼为仁。一日克己复礼,天下归仁焉。为仁由己,而由人乎哉!"颜渊曰:"请问其目。"子曰:"非礼勿视,非礼勿听,非礼勿言,非礼勿动。"颜渊曰:"回虽不敏,请事斯语矣。"(《颜渊》)

"克己"就是克制自己的私欲,克服不好的习惯。"复礼"就是遵循社会规范,遵守礼制,把自己的行为约束在礼的范围之内,让自己的视听言行都要合于礼。在孔子那里,"仁"和"礼"是不可分的,有时候他用"礼"规定"仁",如说"克己复礼为仁",这是用"礼"解释"仁"、规定"仁"。有时候他用"仁"规定"礼",如说"人而不仁如礼何",这是用"仁"解释"礼"、规定"礼"。这不是循环论证,而是这两点确实分不开。冯友兰先生说:"一个完全的道德品质是'仁'和'礼'的统一。'仁'和'礼'是相互矛盾的。'仁'是属于个人的自由这一方面的东西;'礼'是属于社会的制裁这一方面的东西。'仁'是属于自然的礼物这一方面的东西;'礼'是属于人为的艺术这一方面的东西。自然的礼物和人为的艺术是对立的。对立必然相反,相反就是矛盾。但是相反而又相成,矛盾而又统一。没有真情实感为内容的'礼',就是一个空架子,严格地说,也不成其为'礼'。没有礼的节制的真情实感,严格地说,也不成其为'仁'。所以真正的'礼',必包含有'仁';完全的仁,也必包含有'礼'。这就是两个对立面的互相渗透。所以一个完全的道德品质,就是'仁'和'礼'的统一。一个完全的人格,就是这个统一的体现。"[①]也就是说,在每个人的人格之中都会或多或少地含有社会组织、社会制度、社会秩序、个人与社会的关系,亦即人与人的关系等多种因素。一个人只有既能"爱人",又能"克己复礼",才算是具备了完全的人格,才能成为一个仁人。

三、"仁"是有益于国家、民族乃至人类的行为。

"克己复礼"是人类意识的消极表现。从积极方面说,人类意识应该表现为

---

① 冯友兰:《中国哲学史新编》第一册,第145页,人民出版社,1982年。

为国家、为民族、为人类作出应有的贡献，以使国家、民族、人类得以更好地生存和发展。《论语》说：

> 子路曰："桓公杀公子纠，召忽死之，管仲不死。"曰："未仁乎？"子曰："桓公九合诸侯，不以兵车，管仲之力也。如其仁，如其仁。"（《宪问》）

> 子贡曰："管仲非仁者与？桓公杀公子纠，不能死，又相之。"子曰："管仲相桓公，霸诸侯，一匡天下，民到于今受其赐。微管仲，吾其被发左衽矣。岂若匹夫匹妇之为谅也，自经于沟渎而莫之知也。"（《宪问》）

管仲事公子纠，公子纠死，管仲不死君难，这是不忠。管仲相桓公，桓公树塞门，管仲也树塞门；桓公用反坫，管仲也用反坫，这是无礼。不忠、无礼，孔子为什么反而称他为"仁"呢？管仲是个掌握着齐国实权的人，而齐国是当时的霸主，其权力相当于天子的权力。管仲运用手中的权力"九合诸侯，不以兵车"，以和平的手段维护天下的统一，解决各国之间的纠纷，使百姓免受战争之苦，"民到于今受其赐"，并且避免了"中国人""被发左衽"，亦即丧失"中国"的礼乐文化，沦于落后民族的统治。管仲对国家和人民的贡献是巨大的，几乎达到了圣人的标准。但由于他不忠、无礼，所以孔子不认可他是圣人，而认可他是个仁人。钱穆说："本章舍小节，论大功，孔子之意至显。……要之孔门言仁，决不拒外功业而专指一心言。"[1]李泽厚说："孔子是从为民造福的客观巨大功业出发来肯定管仲的，正如将'博施于民而能济众'的'圣'放在'仁'之上一样。'内圣'并非目的本身，因之大不同于受佛家影响的宋明理学。"[2]

钱穆说："孔子思想，在其发端处，虽若人人可知可行，可信可守，极平实，极亲切，极简单，极单纯。而在其各自前进之过程中，及至各自所欲达到之终极点，则需要学问上极广大，极精微，极高明之无穷追寻与研究。而有待人人各自之努力。"（《孔子思想与世界文化新生》）孔子指出，"向仁存在"需要不断地学习，需要在学习中不断地充实自己、提高自己、成就自己。他说："古之学者为己，今之学者为人。"（《宪问》）学习是为了提高自己的道德，增进自己的才干，增加自己的知识，使自己具有完全的人格，而不是为了向别人卖弄知识。孔子不做官而办学，目的就是为国家培养有用的人才。这样的人才首先必须有道德、有理想，必须懂得为人、治国的道理。孔子自己就以"闻道"为期许。他说："朝闻道，夕死可矣。"（《里仁》）"闻道"可以说是他的终极关怀，在他看来，人就是为了"闻道"而活着的，不懂得道理，人生就没有价值，没有意义。闻什么"道"呢？闻为人之道、为政之道。懂得了如何成为"仁人"、如何治理天下的道理，才能不虚度此生，才能成为一个对国家有用的人。

"闻道"需要学习，空有理想，空有抱负，而不认真学习是不行的。"子曰：

---

[1] 钱穆：《孔子与论语》，转引自李泽厚：《论语今读》，第390页，三联书店，2004年。
[2] 李泽厚：《论语今读》，第389页，三联书店，2004年。

'由也,女闻六言六蔽矣乎?'对曰:'未也。''居,吾语女。好仁不好学,其蔽也愚;好知不好学,其蔽也荡;好信不好学,其蔽也贼;好直不好学,其蔽也绞;好勇不好学,其蔽也乱;好刚不好学,其蔽也狂。'"(《阳货》)希望具有仁爱、智慧、诚信、正直、勇敢、刚毅种种优秀的品行,就必须认真地学习,不学习就会走向反面。子夏曰:"百工居肆以成其事,君子学以致其道。""博学而笃志,切问而近思,仁在其中矣。"(《子张》)认真地学习、思考、体会才能懂得做人的道理,才能成为一个仁人。

孔子的知识非常广博,但绝不杂乱,原因是他的学习有一个"一以贯之"的宗旨。《论语》说:"子曰:'赐也,女以予为多学而识之者与?'对曰:'然,非与?'曰:'非也,予一以贯之。'"(《卫灵公》)这个"一以贯之"的宗旨是什么呢?有人说是"忠恕"。我以为不是。"忠恕"是为仁之方,是做仁人的方法,而不是学习方法。这里所说的"一以贯之"指的应该是"闻道"。"道"就是社会、人生的根本道理,学习就是为了懂得这个道理,所以无论学习什么,都要以"闻道"为目的,都要围绕着这个道理进行。有了这个宗旨,就不会为博学而博学、为知识而知识,而是要"下学而上达"。"下"即各种常见而易懂的知识,"上"即宇宙社会人生之理。"下学而上达"就是通过学习各种知识以懂得这个最高的道理。例如他说:"小子何莫学夫《诗》?《诗》,可以兴,可以观,可以群,可以怨。迩之事父,远之事君。多识于鸟兽草木之名。"(《阳货》)《诗》是古代流传下来的诗歌,其形式是非常感性的,孔子却从中体会出"迩之事父,远之事君"的道理。又如孟子所说:"王者之迹熄而《诗》亡,《诗》亡然后《春秋》作。……其事则齐桓、晋文,其文则史。孔子曰:'其义则丘窃取之矣。'"(《孟子·离娄下》)《春秋》本来是鲁国的史记,其中记载了齐桓公、晋文公等人称霸的史迹,孔子却从中读出了别人没有注意到的微言大义。这正是"下学而上达"的意思。

"下学而上达"是在不断地"温故而知新"的过程中逐步实现的,所以孔子非常强调"温故",只有不断地"温故"才能"知新"。他说:"温故而知新,可以为师矣。"(《为政》)"温故"就是温习已经学习过的知识,"知新"就是不断地学习新知识,孔子用一个"而"字把两者串联起来,自有他的深意。所谓"新知识"并非仅仅指那些没有学习过的知识,更重要的还是指那些原来没有搞懂的道理。正如朱子所说的那样,"礼乐之文,射、御、书、数之法,皆至理所寓,日用而不可阙者也"。社会人生的大道理并非抽象的,它寓于一切事物之中,需要人去不断地体验。"温故而知新"就是在温习旧知识时有新的体会、新的发现。例如:"子夏问曰:'巧笑倩兮,美目盼兮,素以为绚兮',何谓也?'子曰:'绘事后素。'曰:'礼后乎?'子曰:'起予者商也,始可与言诗已矣。'"(《八佾》)孔子读《诗》已有时日,但他原来只体会到"绘事后素",受到子夏的启发,他才进一步体会到了礼要建立在朴质的人性和真情实感的基础之上才能稳固。冯友兰先生指出,人需要不断地增进自己的觉解,随着觉解的增进,人就会从原来已认识的事物中

"见"到新的意义。"礼后乎"就是孔子在温习已学过的诗时"见"到的新意义。孔子很重视"温故",《论语》开篇便说:"学而时习之,不亦说乎?有朋自远方来,不亦乐乎?人不知而不愠,不亦君子乎?"(《学而》)前面我们说,"学而时习之"就是对学习过的书本知识进行演练,只有在不断的演练中,在不断的生活实践中,才能对这些知识有新的理解、新的体会。

荀子说:"君子之学也,入乎耳,著乎心,布乎四体,形乎动静。"(《荀子·劝学》)孔子提倡的正是这种"君子之学"。这样的学习不仅能增长知识,而且能提高境界。所谓境界,用冯友兰先生的话说就是心态。随着学习的进步,觉解的增进,人的心态就会发生变化,精神境界也会随之提高。在《论语》中孔子对这个问题已有深刻的揭示。

孔子认为,学者可分为三种境界:知之者,好之者,乐之者。他说:"知之者不如好之者,好之者不如乐之者。"(《雍也》)这里所说的"之"字都是指"道"。孔子"一以贯之"的学习宗旨是"闻道",所以说,他所说的"知"是知"道","好"是好"道","乐"是乐"道"。知、好、乐看似学习态度的不同,实际上是精神境界的区别。"知道"就是对"道"有所了解,有所认识。"好道"就是对"道"有所了解后引发起了对它的兴趣,并不由地去追寻它。"乐道"就是从对"道"的体验中得到了无可替代的快乐。在孔子看来,"知道"不如"好道","好道"不如"乐道"。在"知"、"好"、"乐"三者中,"知"是最低层次的,其次是"好",最高的境界是"乐"。

孔子认为,达到"乐道"的境界是很不容易的,但绝非达不到,他自己就有这样的体验。《论语》说:

> 叶公问孔子于子路,子路不对。子曰:"女奚不曰:其为人也,发愤忘食,乐以忘忧,不知老之将至云尔。"(《述而》)

> 子曰:"饭疏食,饮水,曲肱而枕之,乐亦在其中矣。不义而富且贵,于我如浮云。"(《述而》)

这不是一种普通的快乐,不是感官的快乐,而是一种精神的愉悦。感官快乐可能会被其他欲望所替代,可能会被恶劣的生活环境所冲淡,这种快乐则不会。人生活在这种快乐之中,能够忘掉贫困和忧愁,能够忘掉衰老和死亡,因为他已经与"道"融为一体而进入了天地境界。

孔子认为,他最好的学生颜回也达到了这种境界。他说:"贤哉,回也!一箪食,一瓢饮,在陋巷,人不堪其忧,回也不改其乐。贤哉回也!"(《雍也》)住在陋巷之中,吃的是粗茶淡饭,这和"饭疏食,饮水,曲肱而枕之"没有什么两样。在这种生活环境中,要是其他人一定会感到忧愁和烦恼,可是颜回却仍然能够保持愉悦的心境。这是为什么呢?程颐说:"箪瓢陋巷非可乐,盖自有其乐耳。'其'字当玩味,自有深意。"又说:"昔受学于周茂叔,每令寻仲尼、颜子乐处,所乐何事?"(朱熹《论语集注》引)有人说颜回乐的是"道"。程颐说,如果说颜回乐的是"道",那就不是颜回了。颜回乐的不是贫穷,贫穷没有什么可乐的,那他乐的当然是"道"了。为什么程颐认为不对呢?程颐的意思是说,"道"不是个外在的事物,不是一个能够给人带来快乐的对象,所以不能说颜回乐的是"道"。颜回的"乐",是与"道"融为一体后所自有的"乐",是超越于苦乐之上的"乐",而不是由对象引起的"乐"。依程子看来,在"知之"、"好之"、"乐之"三者之中,"知"和"好"都是有对象的。"知"是把"道"作为认识对象,"好"是把"道"作为审美对象,有对象就意味着主体与客体的分离。只有"乐"没有对象,"道"不是"乐"的对象,这就如同在水中自由游动的鱼,鱼不是乐水,而是在水中自有一种说不出来的快乐。这样的乐是天地境界中的人所有的乐。

孔子活了七十二岁,在生命的最后几年,他对自己的一生作了一个总结。在总结中他没有讲在事功上、学业上所取得的成就,而是讲了自己在精神上的得获。他说:

  吾十有五而志于学,三十而立,四十而不惑,五十而知天命,六十而耳顺,七十而从心所欲,不逾矩。(《为政》)

"志于学"好理解:"志"是谓语,"学"是宾语,"志于学"即以学道为志向。

"三十而立"一句没有宾语,不知道他所说的"立"是立什么。有人说是立于礼,因为孔子说过,"不学礼,无以立"。"立于礼"是说,孔子到三十岁时对礼已有了足够的了解,并能做到"非礼勿视,非礼勿听,非礼勿言,非礼勿动"。也有人说是立足于社会,因为孔子三十岁后曾一度进入仕途,接着又授徒办学。其实两者并不矛盾,在当时,对礼不了解、不遵循的人是无法在上层社会中立足的。所以说,能立于礼者亦能立足于社会,能立足于社会者必然已立于礼。

"不惑"即不迷惘、不疑惑。"不惑"需要有自己的主心骨,需要自己能够做自己的主宰,也就是需要自己的主体挺立起来。这又需要以明确的人生观、价值观为基础。人有了明确的人生观和价值观,就有了明确的人生方向,就会坚定地向着这个方向前进而不受别人左右,不受外物驱使。人有了主心骨,遇到事情就能作出自己的判断和选择。四十岁的孔子已有了明确的人生观和价值观,并能正确地判断是非善恶,这说明他的人格已经成熟,主体已经挺立,对人生有了自觉。

"知天命"到五十岁才敢说,可见天命难知。从《论语》中可以看出,孔子对"天"的态度很犹疑。从理性上讲,他不否定"天"的存在,也不肯定"天"的存在,所以他"不语怪、力、乱、神",主张"敬鬼神而远之",但是在情感上他却承认"天"的存在,并且把"天"作为自己的精神支柱。

在孔子的思想中,"天"兼有主宰、命运、义理各种不同的意义,还是一种在冥冥中决定着人的命运的力量,而且代表着最高的道义。孔子所谓"命",一是指"天"赋予人的本性,二是指命运,三是指"天"赋予人的使命。由于"天"能决定人的命运,而且代表着最高的道义,所以人必须"知天命"、"畏天命"。他说:

"不知命,无以为君子也。"(《尧曰》)还说:"君子有三畏:畏天命,畏大人,畏圣人之言。"(《季氏》)

孔子始终保持着对"天"的敬畏。《论语》说:"子曰:'莫我知也夫!'子贡曰:'何为其莫知子也?'子曰:'不怨天,不尤人,下学而上达,知我者其天乎!'"(《宪问》)意思是说,自己一直在努力地学习,一直在努力地向上提升自己;无论遇到什么不顺心的事,都毫不动摇、毫无怨言;对于自己的所作所为,别人也许不理解,"天"是能够理解的。"天"知道我,我也要努力地去知"天"。孔子说,当他五十岁时就能够知"天"了,就理解"天"为自己安排的人生道路和赋予自己的使命了。《论语》说:"子畏于匡,曰:'文王既没,文不在此乎?天之将丧斯文也,后死者不得与于斯文也;天之未丧斯文也,匡人其如予何?'"(《子罕》)孔子认为,"天"把保护文化、传承文化的使命赋予了自己,自己就要勇敢地担当起来,无论遇到多大的危险,多大的阻力,自己都不会畏惧,不会退缩。

"六十而耳顺"这句话很难理解。朱熹说:"耳顺"即"声入心通,无所违逆,知之之至,不思而得也"(《论语集注》)。许多学者也都把"耳顺"解释为能听进各种不同声音,能接受各种批评。冯友兰先生说:"'六十而耳顺',就是六十而已顺。顺什么呢?联系上文,顺是顺天命。"①在古汉语中,"耳"、"尔"、"而已"可以通用,把"耳顺"解释为"而已顺"能够成立。从意义上说,从"知天命"到"顺天命"是一个合乎逻辑的过程,与上文的"知天命"和下文的"从心所欲,不逾矩"是相连贯的。"顺天命"就是沿着"天"为自己安排的道路前进。人到了六十岁,一切都想明白了,应该有的都有了,不应该有的也不会有了。对于个人的生死寿夭、贫贱富贵、荣辱毁誉、成败得失等等,也都放下了。留给自己的只是努力地去做自己应该做的事情,能做多少就做多少,能做到什么程度就做到什么程度,活一天做一天,直到生命结束为止。这也就是孟子所说的"夭寿不贰,修身以俟之,所以立命也"(《孟子·尽心上》)。到了这个时候,孔子真正地达到了"仁者无忧"的境界。

"从心所欲,不逾矩","从心所欲"讲的是自由,自己想怎么做就怎么做。"不逾矩"讲的是守规矩,受规矩约束。对一般人来说,这两者显然是相互矛盾、相互冲突的。从心所欲就不能不逾矩,不逾矩就不能从心所欲。但在孔子那里两者则统一了起来,既能从心所欲,又能不逾矩。一般人遵守规矩需要勉强,需要努力为之。而孔子不需要勉强,不需要做特别的努力。用《中庸》的话说,这叫做"从容中道"。从容中道者为圣人。圣人经过长期的学习和修养,礼乐制度已经融入了他的生命之中,已经成了他内在的生命。遵守礼乐制度已成了孔子的"自然",他自然就能如此,社会规范好像对他毫无约束,无论怎么做都能恰到好处。《易传》说:"先天而天不违,后天而顺天时。"一个人达到了这种境界,他

---

① 冯友兰:《中国哲学史新编》第一册,第169页,人民出版社,1982年。

的动静举止就会处处合于天道。他所做的,也正是"天"所希望的;"天"所做的,也正是他所希望的。所以无论他怎么做,都不会违背天理,都不会破坏规矩。朱子说:"事物之来,随其是非,便自见得分晓:是底,便是天理;非底,便是逆天理。常常恁地收拾得这心在,便如权衡以度物。"(《朱子语类》卷十二)心与天理不贰,心就是价值的尺度,所以能"从心所欲,不逾矩"。这是一种圣人境界,孔子教人,就是教人学做圣人。

(作者:陈占国,北京市社会科学院哲学研究所研究员)

论孟子的道德优先意识与民生思想

◇孔德立

道德优先意识是儒家思想的特色。所谓道德优先意识,就是道德是人之为人的首要条件,道德意识优先于经济、政治等其他意识。人只有具有道德优先的意识并自觉践行之,才符合人之本性。在早期儒家中,孟子以性善论完善了儒家道德优先意识,又以道德优先意识为前提,阐发了民生与教化的仁政学说。党的十七届五中全会上提出:"更加注重以人为本……更加注重保障和改善民生,促进社会公平正义。"[①]在建设和谐社会的今天,深入挖掘孟子的道德优先意识与民生思想,对于当前创建社会主义和谐社会与解决民生问题具有重要的启示意义。

一、性善论与道德优先意识

《孟子》书中三次提到"性善"。第一处是:"滕文公为世子,将之楚,过宋而见孟子。孟子道性善,言必称尧舜。"(《孟子·滕文公上》)另外两处出自孟子的学生公都子之口。公都子列举了当时的四种人性论,向孟子请教孰是孰非的问题。孟子向公都子系统阐释了性善论的内涵。孟子说:"乃若其情,则可以为善矣,乃所谓善也。"朱熹解释说:"情者,性之动也。人之情,本但可以为善而不可以为恶,则性之本善可知矣。"[②]"恻隐之心人皆有之,羞恶之心人皆有之,恭敬之心人皆有之,是非之心人皆有之。恻隐之心,仁也;羞恶之心,义也;恭敬之心,礼也;是非之心,智也。"(《孟子·告子上》)此处孟子直接把"恻隐之心"、"羞恶之心"、"恭敬之心"、"是非之心"表述为"仁"、"义"、"礼"、"智"四种善德,"四心"也就成了"四德"的代名词。人人有此四心,所以人人有此四德。

孟子进一步论证了"四心"与"四德"的关系:"恻隐之心,仁之端也;羞恶之心,义之端也;辞让之心,礼之端也;是非之心,智之端也。"(《孟子·公孙丑上》)有此四心就有了仁义礼智之善端,就具有了转化为善行的基础。"人之有是四

[①] 《中国共产党第十七届中央委员会第五次全体会议公报》,《光明日报》2010年10月19日第1版。

[②] 朱熹:《四书章句集注》,第328页,中华书局,1983年。

端也,犹其有四体也"(《孟子·公孙丑上》),每个人都有善端,就像人有四体一样。这样,每一个人都具备仁义礼智的善性。如果现实中有的人没有表现出善行,这是由于过度的欲望遮蔽了本来的人性,并不是因为缺乏善性。"仁义礼智,非由外铄我也,我固有之也,弗思耳矣"(《孟子·告子上》),只要用心反思,善就会呈现出来。

可见,孟子性善论的切入点是人情。按照孟子的逻辑,人情应该是善的。而人情的表现取决于人性,所以人性就是善的。人性的载体是心,所以心也是善的。如果现实生活中的人情没有表现为善,不是人性有问题,而是外界的物欲过于强大,遮蔽了心之善端,使之不能彰显出来。按照这个理论,保持性善的方法就是要节制欲望,使自己的言行符合本来的人情。儒家极为重视礼与人情的关系。言行符合人情,在实践中必然表现为符合礼的要求。这种思路与"非礼勿视,非礼勿听,非礼勿言,非礼勿动"(《论语·颜渊》)的说法一脉相承。但孟子并没有停留在"克己复礼为仁"的道德层面,而是进一步把内心之善视为人的本性特征。他说,如果一个人看到小孩在水井边玩,将要掉入井中,这时候就会伸手去救小孩。人的这种行为不是为了结交孩子的父母,不是要显赫名声,更不是厌恶小孩的哭声,而是"怵惕恻隐之心"的呈现,是人本性之使然。所以,"无恻隐之心,非人也;无羞恶之心,非人也;无辞让之心,非人也;无是非之心,非人也。无此四者当若禽兽,非人心耳,为人,则有之矣"(《孟子·公孙丑上》)。人无此四心,就丧失了做人的基本特征,如同禽兽。

孟子说:"仁,人之安宅也;义,人之正路也"(《孟子·离娄上》),"人当在其中,而不可须臾离者也,故曰安宅"①。所有的善都源自"仁"。从安宅出发,行走的路必定是正路。"由仁义行,非行仁义也"(《孟子·离娄下》)。义必须依于仁而行,缺乏仁的义不是真正的义。就此而论,孟子的仁义是内在的。告子认为"仁内义外",重视"义"的外在之行。孟子坚持要以内心的善驾驭外在的行。他提出善养"浩然之气"。"浩然正气"是"至大至刚,以直养而无害,则塞于天地之间"的志气,"配义与道","集义所生"。义从内而出,并不是由外而入,所以孟子批评告子不知义。他还以"揠苗助长"的寓言说明外在行义、欲急求福而最后却适得其反的道理(《孟子·公孙丑上》)。而孟子以内心的善性统驭外在之行的这个思路渊源有自。孔子之孙子思(名伋),就论述过这个问题。

郭店简《五行》是新发现的子思著作。《五行》篇曰:"四行和谓之善。善,人道也。"②孟子说没有仁义礼智就不符合人道,没有善可言,没有善性也就不是

---

① 朱熹:《四书章句集注》,第239页,中华书局,1983年。
② 荆门市博物馆:《郭店楚墓竹简》,第149页,文物出版社,1998年。

人。可见,孟子的性善论直接来源于子思的五行说①。竹简《五行》篇正是子思承接孔子思想,把外在之行内化为心中之德的理论过程②。《五行》篇说:"形于内谓之德之行。"孟子沿着子思"形于内"的思路,直接说仁义礼智根植于心中。从子思"形于内",到孟子把仁义礼智固为性善之端的路径来看,性善论是儒家人性论发展的必然结果。

孟子把性善作为判断人禽之别的标准,直接把人推上了道德审判席,更加突出了性善论的现实意义。"有是四端而自谓不能者,自贼者也;谓其君不能者,贼其君者也。"(《孟子·公孙丑上》)赵歧注:"自谓不能为善,自贼害其性,使不为善;谓君不能为善而不匡正者,贼其君使陷恶也。"③个人不能行善就是自我残害;国君不能行善,臣没能加以劝谏,就是残害国君。这样,孟子以性善论为依据,对个人行为与政治关系作出了道德价值判断。《离娄上》与《公孙丑上》两次引《尚书·太甲》"天作孽,犹可违;自作孽,不可活",用极富有震撼力的语言,警告那些没有恻隐之心的人,一旦自我放弃或者放任别人失去善,就意味着人性的丧失,最终会作茧自缚。所以,人要努力彰显先天的善性。"凡有四端于我者,知皆扩而充之矣,若火之始然,泉之始达。苟能充之,足以保四海;苟不充之,不足以事父母。"(《孟子·公孙丑上》)只要把四端"扩而充之",就像水火一样,开始时虽然微小,但渐渐就会扩大,无所不至。每个人都有善端,但是如果不扩充,就连孝敬父母这样最基本的善也做不到。"仁义礼智"的善不是外面强加给我的,而是我内心本来就有的。只要去求,就会显现出来。

孟子由于过于强化善的先天性,不免淡化了外在教化与典范的力量。子思思想中还保持着礼文化的"外铄"光源,但是到了孟子这里,这种外在的光芒消失了。"礼仪三百,威仪三千","辟如四时之错行,如日月之代明"(《礼记·中庸》),威严的礼仪、外在的典范能引起内心的震撼与共鸣,促使人们去效仿典范与榜样。这种外在典范在《五行》篇是"圣",是君子;在《中庸》里是先王之道,是孔子。而《孟子》书中,出现最多是仁义,其次是礼智,"圣"与"圣人"虽然也出现多次,但孟子在承认圣人知天道的同时,却大大降低了"圣"的高度。《五行》篇人道和天道的区分在于是否具备"圣"。子思思想中的"圣"是普通人难以企及的,但孟子却不同。有人问孟子:"人皆可以为尧舜,有诸?"孟子曰:"然。"

---

① 陈来先生就简帛《五行》篇指出,《五行》的经部为子思作,说部为孟子作,正与荀子批评思孟的"子思唱之,孟轲和之"相呼应。这种说法有益于启示我们进一步探讨子思与孟子之间的学术联系,尤其是孟子性善论的来源问题。陈来先生的详细论述请参考《竹帛〈五行〉篇为子思、孟子所作论——兼论郭店楚简〈五行〉篇出土的历史意义》(《孔子研究》2007年第1期)。

② 参见孔德立:《外在之行与内心之德的贯通——对子思五行说构建过程的诠释》,《中国哲学史》2010年第3期。

③ 焦循:《孟子正义》,第235页,中华书局,1987年。

孟子心中的"圣人与我同类",不过圣人是"出于其类,拔乎其萃",但通过人的自身努力,皆可以为圣人(《孟子·公孙丑上》)。孟子淡化外在典范与降低圣人神圣性的用意在于降低修身的难度,从而提高人的道德自觉性,为人人都具有人道之善性扫除理论上的障碍。

孟子的性善论完善了子思五行"形于内"的论证,把人道之善固定于人心之中。性善作为人与禽兽的区别,从而为人道注入了德性的意蕴,实现了道与德的融合。这就标志着孟子完成了儒家道德优先意识的理论建构。孟子时代,非仁、非义、非礼、非智的普遍泛滥,引发了深度的人道灾难。严重的人道危机强烈激发了孟子的社会责任感,孟子以性善论试图拯救人类的家园。这个家园不只是精神家园,首先是物质家园,是实实在在的民生问题。

二、仁政与民生

如果从政治学的角度来说,孟子性善论有着直接的现实意义。在孟子看来,一位君主应当也必须是仁君,是人性善的集中体现。仁君的善性主要表现在两个方面:第一,以"不忍人之心"推行仁政,解决民生问题,保民而王;第二,以仁为本而行义,尚贤使能。其实,第二个问题是第一个问题的延伸。

孟子的救世情怀比孔子、子思都要强烈。他积极地奔走于各诸侯之间,推广仁政学说。孟子见到齐宣王不忍心杀牛去祭祀,欲以羊代之,于是向宣王论述了行仁政的道理(《孟子·梁惠王上》)。"不忍"之心正是仁之端——恻隐之心,把"不忍"之心用于政治上就是仁政。

当时,"争地以战,杀人盈野;争城以战,杀人盈城"。这是"率土地而食人肉,罪不容于死",所以孟子提出"善战者服上刑"(《孟子·离娄上》)。孟子的仁政是反战的特殊形式,是救民于水火、挽救民生的理想蓝图。孟子围绕当时的民生问题,阐释了以"制民之产"为基础的仁政方案:"制民之产,仰不足以事父母,俯不足以畜妻子,乐岁终身苦,凶年不免于死亡。此惟救死而恐不赡,奚暇治礼义哉?王欲行之,则盍反其本矣。五亩之宅,树之以桑,五十者可以衣帛矣;鸡豚狗彘之畜,无失其时,七十者可以食肉矣;百亩之田,勿夺其时,八口之家可以无饥矣;谨庠序之教,申之以孝悌之义,颁白者不负戴于道路矣。老者衣帛食肉,黎民不饥不寒,然而不王者,未之有也。"(《孟子·梁惠王上》)孟子把解决民生问题作为实现仁政的首要途径,提出"制民之产"的主张。"制民之产"就是使百姓拥有一定产业,满足生存与温饱的需要。滕文公问孟子如何治理国家,孟子答以"民事不可缓也"。可见,解决民生问题是当务之急。"民之为道也,有恒产者有恒心,无恒产者无恒心。苟无恒心,放辟邪侈,无不为己①。及陷乎罪,然后从而刑之,是罔民也。焉有仁人在位,罔民而可为也? 是故贤君必恭俭礼下,取于民有制。"(《孟子·滕文公上》)民有"恒产"是有"恒心"的物质保障,也是实现社会稳定和谐的基本前提。除了"制民之产",孟子还希望统治者能借鉴古代的税收与教育制度,"取于民有制","谨庠序之教,申之以孝悌之义"。只有这样,才能"救民于水火之中"(《孟子·滕文公下》)。

韦伯指出,任何宗教的与理性的天赋人权,或者与罪恶世界处在紧张或妥协状态中的以宗教为基础的天赋人权,在中国均不存在。既然贫穷与愚昧几乎可以说是仅有的两个"原罪"品质,既然教育与经济最足以影响人,儒教就必然以至善的文化状态,而不是纯真、原始的自然状态为可能的黄金时代②。借用韦伯的这个命题来分析早期儒家思想,可以发现颇有相合之处。孟子的仁政学说以制民之产为手段,致力于解决民生问题,又以"明人伦"的教化来消除愚昧。孟子设计的解决民生与愚昧的仁政方案,是儒家理想化的人道学说。他对经济问题的阐述达到了早期儒家的最高水平。

虽然孟子在推广仁政学说时屡屡碰壁,但怀有至善理想的他,只要有一线希望就会努力去争取。孟子在齐国待了五六年,盼望着齐王能实施他的仁政蓝图,但齐王始终没给孟子机会。孟子将要离开齐国的时候,又在齐国边境停下来,住了三夜。齐人尹士不解,对别人说:"孟子明知道齐王不能采纳他的建议,还要来齐国,是因为孟子贪图富贵吧!大老远地来,不融洽就走!为何走得这么慢?"学生高子把尹士的话告诉给孟子。孟子说:"尹士哪能了解我呢?老远地来和齐王相见,这是我的希望;不相融洽而离开,难道也是我的希望吗?只是不得已罢了。我在昼地停留三天再离开,在我心里还是感觉太快了。齐王假如改变主意,一定会召我回去。我离开了昼地,齐王还没有改变主意来追我,我才无所留恋地离开齐国。齐王假若用我,何止齐国的百姓得到太平,天下的百姓都可以得到太平。齐王也许会改变态度的!我天天盼望着呀!"(《孟子·公孙丑下》)孟子想走但又留恋的想法,生动地刻画出了儒家处于理想与现实之间的两难困境。由这件事情可以发现,孟子多么希望能有一个施展才华的舞台,不到希望最后破灭之时,决不轻言放弃。孟子时代的儒者适应时代需要,千方百计地推行王道政治学说,表现出委曲求全的意味。当然他们不是为了自己富贵,而是为了"天下之民举安"(《孟子·公孙丑下》)。

齐国辩士淳于髡责问孟子:鲁穆公的时候,公仪子为政,子柳、子思为臣,而

---

① "己",诸子集成本、新编诸子集成本均作"已",语意不通,依据四库全书本《孟子注疏》应作"己"。
② [德]马克斯·韦伯:《儒教与道教》,第168—169页,洪天富译,江苏人民出版社,2003年。

鲁国国力衰弱,丧权失地,可见贤者对于国家并没有益处。孟子回答说:"虞不用百里奚而亡,秦穆公用之而霸。不用贤则亡,削何可得与?"(《孟子·告子下》)国君不用贤人何止是使国力衰落,而且是想亡国啊!

孟子的尚贤学说是其仁政思想的重要组成部分。孟子说:"知者无不知也,当务之为急;仁者无不爱也,急亲贤之为务。尧舜之知而不遍物,急先务也;尧舜之仁不遍爱人,急亲贤也。"(《孟子·尽心上》)为政者不必尽知百官之事,不必亲自嘉惠于民,只要以亲贤人为急务,任用贤人,治理国家自然变得轻松起来。所以"不信仁贤,则国空虚,无礼义,则上下乱","贤者以其昭昭使人昭昭,今以其昏昏使人昭昭"(《孟子·尽心下》)。"尊贤使能,俊杰在位,则天下之士皆悦而愿立于其朝矣"(《孟子·公孙丑上》)。尊贤使能带来的不只是政治上的进步,还可以发挥良好的示范效应。广大的没有职位的士人见到国家"尚贤使能",就会自觉接受政治统治,从而使统治者有效地稳定天下的读书人。孟子说:"无恒产而有恒心者,惟士为能。若民,则无恒产,因无恒心。"(《孟子·梁惠王上》)这样,士就成为了真正的知识分子,成为弘道的中流砥柱。"士穷不失义,达不离道","得志,泽加于民;不得志,修身见于世。穷则独善其身,达则兼善天下"(《孟子·尽心上》)。有道德与专业技能的士人参与国家政治管理,可以更好地实现仁政,更好地解决民生问题,教化民众。

孟子以心善言性善,以善作为人的表征,这样,孟子就完成了以善德人人道的理论建构,从此,中国传统的道德优先意识完全确立。孟子以恻隐之心的不忍之心出发,阐释了涵盖经济与教化的仁政主张。孟子的仁政方案是儒家解决贫穷与愚昧等民生问题的理想化蓝图,虽然当时没有实现的条件,但对后世影响很大。后世的均田制就显示了制民之产的影子。孟子的尊贤主张是仁政思想的重要组成部分。"尊贤使能,俊杰在位"是实现民生与教化的人才保障。

孟子的性善论符合人类终极发展的方向。无论时代如何转换,人首先应该先是人,才能谈得上其他的事情。孟子对于人禽之别和道德优先意识的论述,具有持久的思想魅力。性善论的价值在于对人有可能沦为禽兽、放纵自己而导致人类灭亡有明确的预见性,由此不断地对人类自身提出警示。如果没有这样的思想存在,人类绝对不可能发展到今天。正如杜维明先生所说:"如果我们竟然麻木到学会忍受通常不能忍受的事情,那么就将会出现非仁的泛滥。"[①]性善论作为儒家的理论武器,对现实世界中种种失去道德的现象提出批判。这种思想的批判有时候并不能从根本上解决问题,但是如果放弃了对性善论的追求,放任人性自流,所带来的后果更为可怕。孟子之后,道德成为判断人的尺度,道德优

[①] [美]杜维明:《道·学·政——论儒家知识分子》,第52页,钱文忠、盛勤译,上海人民出版社,2000年。

先成为人们的普遍意识。

民生问题是和谐社会的基石,只有"制民之产",人民才能有恒心。按照早期儒家的政治学说,为政者与社会精英应当在社会发展中起到表率作用,以体恤民情的情怀关注民生,才能共创和谐社会。

(作者:孔德立,历史学博士,北京交通大学人文社会科学学院副教授)

东晋宗教政策述论

◇张 健

统治者的宗教政策不仅决定宗教的兴衰,而且影响宗教转变流向,对宗教的流传具有决定性作用。东晋时期,佛教受到统治者异乎寻常的重视。统治者对佛教持有尊崇、宽容的态度,实行推崇、引导的佛教政策,但政策颁布实施仍受到皇帝个人信仰兴趣的极大影响。在此背景下,佛教的教义和活动在维护统治者利益、服务当权政治的前提下,依附于玄学,蓬勃发展。总体上看,东晋时期统治者主要通过以下一些政策的实施来达到对各宗教的控制和利用。

一、对佛教的尊崇、整顿和管理

1. 对佛教的尊崇

道安曾说:"不依国主,则法事难立。"[1]东晋统治者都十分佞佛,大力扶植佛教,推动了佛教的兴盛。首先,东晋由于皇权微弱,士族势盛,有的皇帝就崇信佛教,欲求佛法的护佑。"温既仗文武之任,屡建大功,加以废立,威振内外。帝虽处尊位,拱默守道而已,常惧废黜。"[2]简文帝便求助于佛僧,乞求佛法之护佑,"遣堂邑太守曲安远诏问起居,并咨以妖星,请旷为力",法旷"乃与弟子斋忏,有顷灾灭"[3]。这就使简文帝更加崇信佛教,建造了波提寺。刘裕为了应"昌明(孝武帝字)之后有二帝"之谶言[4],派人缢死安帝而立恭帝。恭帝惧怕刘裕,为保皇位,希望得到护佑,"深信浮屠道,铸货千万,造丈六金像,亲于瓦官寺迎之,步从十许里"[5]。其次,统治者和士族通过做法会、讲经会、资给赠佛等礼遇名僧。晋哀帝"频遣两使殷勤征请。潜以诏旨之重,暂游宫阙,即于御筵开讲《大品》。上及朝士并称善焉","丞相王茂弘(导)、太尉庾元规,并钦其风德,友而敬焉"。录

---

[1] 释惠皎:《高僧传》卷五《释道安传》,第178页,中华书局,1992年。下同,不另注。
[2] 房玄龄等:《晋书》卷九《简文帝纪》,第223页,中华书局,1974年。下同,不另注。
[3] 《高僧传》卷五《竺法旷传》,第205页。
[4] 《晋书》卷一○《安帝纪》,第267页。
[5] 《晋书》卷一○《恭帝纪》,第270页。

尚书事何充更是崇敬法潜,"每加祗崇,遵以师资之敬,数相招请,屡兴法祀"①。在竺法潜回山后,哀帝又召请支遁至京"讲《道行波若》,白黑钦崇,朝野悦服"②。高僧于法开也于"哀帝时累被诏征,乃出京讲《放光经》"③。简义帝对高僧竺法汰"深相敬重,请讲《放光经》。开题大会,帝亲临幸,王侯公卿莫不毕集"④。自此以后,门徒大增,王洽、谢安皆敬重法汰。晋孝武帝即位不久,就召请高僧竺法义"出都讲说"⑤,还"立精舍于殿内,引诸沙门以居之"⑥,并受五戒于高僧支昙龠。王导之孙王珉曾以帛尸梨密多罗为师,密死后,还为之作序。张殷捐旧宅助道安另建檀溪寺。建寺时,"大富长者并加赞助,建塔五层,起房四百"。凉州刺史杨弘忠送铜万斤,"助成佛像,光相丈六,神好明著,每夕放光,彻照堂殿"。一些名士也资给道安,并致书敬问。郗超在道安至襄阳后,即"遣使遗米千斛,修书累纸,深致殷勤"。晋孝武帝也遣使问候,还下诏书说:"安法师器识伦通,风韵标朗,居道训俗,徽绩兼著。岂直规济当今,方乃陶津来世。俸给一同王公,物出所在。"⑦道安在襄阳的资给,全由当地政府负责,并与王公同等。高僧竺法汰去世时,烈宗孝武诏曰:"汰法师道播八方,泽流后裔,奄尔丧逝,痛贯于怀。可赙钱十万,丧事所须,随由备办。"⑧第三,统治者重视佛教典籍的编集、翻译和刊刻,支持法显、智猛、慧睿西行求法,促使这时期的佛教经典如雨后春笋般涌现,在规模、类别、数量、质量上都远远超过前代。从西晋武帝泰始元年(265年)到东晋安帝义熙末年(418年)的150多年中,翻译的佛经达250余部,约1300卷,佛教各个不同体系的经典,在这一时期几乎都有译出。《阿毗昙心论》、《三法度论》、《增一阿含经》、《大方广佛华严经》等经文大大促进了佛教教义的传播与发展,竺法护、僧伽提婆、鸠摩罗什、昙无谶等一批译经大家为中国佛教史作出了巨大贡献。与此同时,一批从事佛教理论研究的"义学沙门"也相应出现,他们注释、演绎、阐发佛经,对佛教理论的深入研究,尤其是般若学的勃然兴起,使得这一时期的佛教完全摆脱了汉代佛教对神仙方术的依附,加快了汉化的步伐。此外,统治者和士族大兴佛寺,广度僧尼。东晋104年中,有寺1768所,僧尼24000余人。"据《辩正论》所载,晋元帝在建立东晋王朝后,就建了龙宫寺,晋明帝建了皇兴、道场二寺,晋成帝造了中兴、鹿野二寺,孝武帝'造皇泰寺,仍舍旧第为本起寺',晋安帝'于育王塔立大石寺',等等。至于皇后、权贵造

---

① 《高僧传》卷四《竺法潜传》,第156、157页。
② 《高僧传》卷四《支遁传》,第161页。
③ 《高僧传》卷四《于法开传》,第168页。
④ 《高僧传》卷五《竺法汰传》,第193页。
⑤ 《高僧传》卷四《竺法义传》,第172页。
⑥ 《晋书》卷九《孝武帝纪》,第230页。
⑦ 《高僧传》卷五《释道安传》,第179、180、181页。
⑧ 《高僧传》卷五《竺法汰传》,第193页。

寺的就更多。如康帝褚皇后立延兴寺,穆帝何皇后立永安寺,恭帝褚皇后立青园寺,会稽王司马道子立冶城寺,尚书仆射、卫将军谢尚舍宅造庄严寺,侍中、中书令王坦之造临秦、乐安二寺,征北将军蔡谟立栖禅寺,司空何充立建福寺,丹阳尹王雅、豫章太守范宁皆舍园造寺,等等。"① 东晋佛寺林立,僧尼众多,造成佛教的混乱,引起社会的不安。

2. 对佛教的整顿和管理

佛教的发展,到东晋后期,日益引起统治者的质难和反对。在崇佛的同时,又对佛教进行了整顿和限制。具体主要表现在"沙汰沙门"、"沙门是否敬王者论"和管理机构的设置。

东晋佛教发展到孝武帝时,已有相当大的势力,佛院经济逐渐膨胀。僧侣中有不少避役群众和破产人民。桓玄认为"京师竞其奢淫,荣观纷于朝市。天府以之倾匮,名器为之秽黩。避役钟于百里,逋逃盈于寺庙,乃至一县数千,猥成屯落,邑聚游食之群,境积不羁之众。其所以伤治害政,尘滓佛教,固已彼此俱弊,实污风轨矣"②。一些佛教徒并不真诚信奉佛教、学道修行,而是乘机钻营,"营求孜汲,无暂宁息。或垦殖田圃,与农夫齐流;或商旅博易,与众人竞利;或矜恃医道,轻作寒暑;或机巧异端,以济生业;或占相孤虚,妄论吉凶;或诡道假权,要射时意;或聚畜委积,颐养有余;或抵掌空谈,坐食百姓"③。这就损害了佛教的形象,引起了社会的动乱。司马道子于太元十年(385 年)为妙音造简静寺,"以音为寺主,徒众百余人,内外才义者因之以自达。富倾都邑,贵贱宗事,门有车马日百余两"④。这样的寺院,就成了聚敛财富的场所。

少数上层僧尼奔走权门,干预政治,扰乱国事,直接参与统治阶级内部争夺政治权利的斗争中,为他们出谋划策。"孝武帝不亲万机,但与道子酣歌为务,姆姆尼僧,尤为亲昵,并窃弄其权"⑤,其中又最宠信妙音尼,"晋孝武皇帝、太傅会稽王道子、孟𫖮等,并相敬信。每与帝及太傅中朝学士谈论属文,雅有才致,藉甚有声"。妙音尼推荐殷仲堪为荆州刺史,孝武帝即确定任用,所以妙音尼"权倾一朝,威行内外"⑥。针对以上情况,晋安帝隆安(397—401 年)中,桓玄就下令沙汰僧众,凡"能伸述经诰,畅说义理者;或禁行修整,奉戒无亏,恒为阿练若

---

① 杨耀坤:《中国魏晋南北朝宗教史》,第 147 页,人民出版社,1994 年。
② 桓玄:《与僚属沙汰僧众教》,收入石峻等编:《中国佛教思想资料选编》第 1 卷,第 117 页,中华书局,1981 年。
③ 释道恒:《释驳论》,《大正藏》第 52 卷。
④ 释宝唱著,王孺童校注:《比丘尼传校注》卷一《支妙音尼传》,第 36 页,中华书局,2006 年。
⑤ 《晋书》卷六四《简文三子附会稽王道子传》,第 1733 页。
⑥ 释宝唱著,王孺童校注:《比丘尼传校注》卷一《支妙音尼传》,第 35—36 页,中华书局,2006 年。

（即寺院）者；或山居养志，不营流俗者"，不作沙汰。凡不合上述情况者，"皆悉罢道"①。但桓玄的沙汰搜简，并未施行。

按照佛教的说法，沙门是出家修道人，是超出世俗政权统治之外的，是无君无父、不受世俗礼法约束的，所以沙门对帝王、父母及其他任何世俗人都不跪拜，只合掌致敬而已。甚至沙门还可接受父母的礼拜。中央专制主义集权制度决定了皇帝有至高无上的权力，适用于专制主义制度和家族宗法制度的儒家思想跟佛教无君无父的教义形成尖锐的矛盾。东晋时期，皇帝的威严急剧下降，为了维护帝王的体面和尊严，就要求在礼节上受到包括佛教徒在内的所有人的崇敬。咸康六年（340 年），成帝年幼，庾冰执政，他从维护封建礼法名教的立场出发，代成帝下诏，要沙门礼敬王者：

> 夫万方殊俗，神道难辩，有自来矣。达观傍通，诚当无怪，况跪拜之礼何必尚？然当复原先王所以尚之之意，岂直好此屈折而坐遵盘辟哉？固不然矣。因父子之敬，建君臣之序，制法度崇礼秩，岂徒然哉？良有以矣！既其有以，将何以易之？然则名礼之设，其无情乎？且今果有佛耶？将无佛耶？有佛耶，其道固弘；无佛耶，义将何取？继其信然，将是方外之事。方外之事，岂方内所体？而当矫形骸，违常务，易礼典，弃名教，是吾所甚疑也。名教有由来，百代所不废。昧旦丕显，后世犹殆。殆之为弊，其故难寻。而今当远慕芒昧，依稀未分，弃礼于一朝，废教于当世，使夫凡流傲逸宪度，又是吾之所甚疑也。纵其信然，纵其有之，吾将通之于神明，得之于胸怀耳。轨宪宏模，固不可废之于正朝矣。凡此等类，皆晋民也。论其才智，又常人也。而当因所说之难辩，假服饰以凌度。抗殊俗之傲礼，直形骸于万乘，又是吾所弗取也。诸君并国器也，悟言则当测幽微，论治则当重国典。苟其不然，吾将何述焉？②

但庾冰的主张受到尚书令何充、仆射褚翌、诸葛恢等人的反对，三奏不应敬事，认为"直以汉魏逮晋，不闻异议，尊卑宪章，无或暂亏也"③，"寻其遗文，钻其要旨，五戒之禁，实助王化"，"今一令其拜，遂坏其法。令修善之俗，废于圣世，习俗生常，必致愁惧"④。双方的主张经过礼官、博士的评议和反复辩论，最终庾冰失败了。

至晋安帝元兴初，桓玄执政，又重提沙门应礼敬王者，他认为：

> 夫佛之为化，虽诞以茫浩，推于视听之外，然以敬为本，此处不异。盖所

---

① 桓玄：《与僚属沙汰僧众教》，收入石峻等编：《中国佛教思想资料选编》第 1 卷，第 117 页，中华书局，1981 年。
② 庾冰：《代晋成帝沙门不应尽敬诏》，同上书，第 101 页。
③ 何充等：《重奏沙门不应尽敬表》，同上书，第 103 页。
④ 何充等：《沙门不应尽敬表》，同上书，第 102 页。

期者殊,非敬恭宜废也。《老子》同王侯于三大,原其所重,皆在于资生通运,岂独以圣人在位,而比称二仪哉?将以天地之大德曰生,通生理物,存乎王者,敬尊其神器,而礼实惟隆,岂是虚相崇重,义存君御而已哉?沙门之所以生生资存,亦日用于理命,岂有受其德而遣其礼,沾其惠而废其敬哉?①

这引起了慧远及信佛朝官桓谦、王谧等人的争辩。慧远认为,如果沙门敬拜帝王,实质上就否定了沙门的离俗出世,这关系到佛教的基本教义问题。慧远为此撰写了《沙门不敬王者论》与《答桓太尉书》等五篇短文,全面阐述了佛教的主要理论和沙门不敬王的基本立场,尤其宣扬佛教是为专制统治服务的,符合统治者的统治和庇护百姓的利益。在他们看来,"是故内乖天属之重而不违其孝,外阙奉主之恭而不失其敬。……如令一夫全德,则道洽六亲,泽流天下,虽不处王侯之位,固已协契皇极,大庇生民矣"②。最终在桓玄篡位后,又颁布《许沙门不致礼诏》:

> 佛法宏诞,所不能了,推其笃至之情,故宁与其敬耳。今事既在已。苟所不了,且当宁从其略,诸人勿复使礼也。便皆使闻知。③

这场"沙门是否敬王者论"反映出统治阶级内部对佛教的两种截然不同的态度,说明了佛教与专制统治复杂的两重关系。庾冰与桓玄的妥协与失败也显示出当时佛教势力的强大。

针对东晋后期佛教迅猛发展的情况,国家加强了对佛教的官方管理,设立僧官机构——僧司。在隆安三年(399年)以前,就设置了僧官。据载,晋安帝隆安三年慧持到蜀中时,即"有沙门慧岩、僧恭先在岷蜀,人情倾盖。……恭公幼有才思,为蜀郡僧正"④。僧正就是僧官。晋孝武帝时,竺道壹"博通内外,又律行清严,故四远僧尼咸依附咨禀,时人号曰九州都维那"⑤。都维那是僧正的副职。僧官的设置,标志着皇权对教权的控制,决定了中国佛教只能在封建皇权统治之下作统治之辅助而已。

东晋的两位德高望重的佛教领袖道安和慧远也制定了内部管理制度。在道安以前,中国僧人的姓氏随师。道安认为,僧人之师莫尊于释迦,僧人应以释为姓:

> 初魏晋沙门依师为姓,故姓各不同。安以为大师之本,莫尊释迦,乃以释命氏。⑥

---

① 桓玄:《与八座论沙门敬事书》,收入石峻等编:《中国佛教思想资料选编》第1卷,第103页,中华书局,1981年。
② 慧远:《答桓太尉书》,同上书,第99页。
③ 桓玄:《许沙门不致礼诏》,同上书,第112页。
④ 《高僧传》卷六《释慧持传》,第230页。
⑤ 《高僧传》卷五《竺道壹传》,第207页。
⑥ 《高僧传》卷五《释道安传》,第181页。

他还制定僧尼赴请、礼忏等行仪轨范,使佛教僧尼活动进一步规范化:

> 所制僧尼轨范、佛法宪章,条为三例:一曰,行香定座上经上讲之法;二曰,常日六时行道饮食唱时法;三曰,布萨差使悔过等法。天下寺舍,遂则而从之。①

慧远为了整顿佛教界,还拟定了若干节度僧尼的规定,文已佚失,现仅在南朝宋人陆澄《法论目录》中著录有慧远作的《法社节度序》、《外寺僧节度序》、《节度序》和《比丘尼节度序》②。这些节度僧尼之文,时人称之为"远规",这是继道安之后关于僧尼生活守则和僧团纪律的重要发展,对佛教的巩固和发展有着重大的影响。

二、对道教的推崇和限制

"在道教史上,东晋南北朝是一段重要的转折时期。在这一时期,道教由于门阀士族阶级的改造,经历了一番重大的变革,从早期原始幼稚的五斗米道发展演变为完备成熟的宗教,从主要传播于民间的道团上升为官方承认的正统宗教。"③道教在东晋时期虽然不如佛教兴盛,但是也取得了统治阶级的政策青睐和民众的信仰支持。鉴于历史经验,统治者深刻意识到道教对统治者的反面影响,因此颁布的政策显示出利用为主、镇压为辅的两面性。

1. 对道教的推崇

首先,东晋之前,道教在当时统治阶级中的影响还不大,并且受到政府禁令的抑制。但是东晋以后道教抑而复苏,天师道被最高统治者接受,对天师道的"天师"都加以册封,授金银田产给道观,对信道大臣予以重任,促进了天师道的发展。晋哀帝司马丕"雅好黄老,断谷,饵长生药,服食过多,遂中毒"④。因哀帝雅好服食长生药,高崧"谏以为非万乘所宜"⑤。简文帝司马昱"履尚清虚,志道无倦","以冲虚简贵,历宰三世","道化宣流,人望攸归,为日已久"⑥。他还"先事清水道。道师,京都所谓王濮阳也"。清水道为天师道的支派,王濮阳是清水道首领。"帝深信重,即为立寺,资给所须,因林为名,名曰新林,即以师礼事之,遂奉正法"⑦。孝武帝司马曜,则以"先帝淳风玄化,遗永在民"⑧,重用信奉五斗

---

① 《高僧传》卷五《释道安传》,第 183 页。
② 释僧祐:《出三藏记集》卷一二,第 437 页,中华书局,1995 年。
③ 任继愈:《中国道教史》,第 110 页,上海人民出版社,1990 年。
④ 《晋书》卷八《哀帝纪》,第 208—209 页。
⑤ 《晋书》卷四一《高崧传》,第 1896 页。
⑥ 《晋书》卷八《简文帝纪》,第 220 页。
⑦ 释宝唱著,王孺童校注:《比丘尼传校注》卷一《道容尼传》,第 28 页,中华书局,2006 年。
⑧ 《晋书》卷八《孝武帝纪》,第 224 页。

米道的高级士族郗愔为镇军大将军,对信奉五斗米道的高级士族殷仲堪"甚相亲爱",先是"召为太子中庶子","复领黄门郎",后又"授仲堪都督荆益宁三州军事、振威将军、荆州刺史、假节、镇江陵"①。晋成帝咸和初,授葛洪为司徒掾、咨议参军。后来葛洪不欲为官,"以年老,欲炼丹以祈遐寿,闻交趾出丹,求为句漏令。帝以洪资高不许。洪曰:'非欲为荣,以有丹耳。'帝从之"②。葛洪乃入罗浮山炼丹。

其次,大批士族加入道教,成为道教信徒。他们有一定的文化素养,钻研各种典籍,不断创新理论,成了道教内的学者,使道教的各种活动趋于规范化,天师道的宗教素质不断提高。"据陈寅恪《天师道与滨海地域之关系》一文中的考证,当时的所谓天师世家为:钱塘杜氏(以杜子恭和杜京产最著);琅邪孙氏(以孙泰、孙恩最著);王氏(以王羲之、王凝之最著);徐氏(以徐道覆最著);吴兴沈氏(以沈警最著);高平郗氏(以郗愔、郗昙最著);陈郡殷氏(以殷仲堪最著);东海鲍氏(以鲍靓最著);范阳卢氏(以卢循最著);会稽孔氏(以孔道隆、孔道微、孔灵产、孔稚珪最著);义兴周氏(以周勰最著);丹阳葛氏(以葛洪最著);陶氏(以陶弘景最著)等。"③王羲之"与道士许迈共修服食,采药石不远千里,遍游东中诸郡,穷诸名山,泛沧海"④。与王羲之相交甚密的道士许迈,也是士族出身,"字叔玄,一名映,丹阳句容人也。家世士族,而迈少恬静,不慕仕进。……后莫测所终,好道者皆谓之羽化矣"⑤。王凝之更是因信道丧命。当孙恩攻会稽时,部下请他备战,他却"方入靖室请祷,出语诸将佐曰:吾已请大道,许鬼兵相助,贼自破矣"⑥。陈郡殷氏的殷仲堪信道也深,"能清言,善属文,每云三日不读《道德论》,便觉舌本间强","少奉天师道,又精心事神,不吝财贿,而急行仁义,啬于周急,及桓玄来攻,犹勤请祷"⑦。高平郗氏之郗愔、郗昙,信奉天师道甚虔诚。郗愔"与姊夫王羲之、高士许恂并有迈世之风,俱栖心绝谷,修黄老之术"⑧。由于郗愔及弟昙奉天师道甚深,还引起时人的讥讽,"于时郗愔及弟昙奉天师道,而(何)充与弟准崇信释氏,谢万讥之云:'二郗谄于道,二何佞于佛。'"⑨这些士族都精通儒家经典,他们加入天师道后,自然使道学吸收儒家的伦理纲常和佛教的戒律、教规,这样,就使儒、释、道三家的理论在"道"的原则下得到融合,这种融

---

① 《晋书》卷八四《殷仲堪传》,第 2194 页。
② 《晋书》卷七二《葛洪传》,第 1911 页。
③ 卿希泰、唐大潮:《道教史》,第 57 页,中国社会科学出版社,1994 年。
④ 《晋书》卷八〇《王羲之传》,第 2101 页。
⑤ 《晋书》卷八〇《王羲之传》,第 2106—2107 页。
⑥ 《晋书》卷八〇《王羲之传》,第 2103 页。
⑦ 《晋书》卷八四《殷仲堪传》,第 2192、2199 页。
⑧ 《晋书》卷六七《郗鉴传附愔传》,第 1802 页。
⑨ 《晋书》卷七七《何充传》,第 2030—2031 页。

合后的道教哲学更易被统治者接受,从而加快了天师道的发展。

2. 对道教的打击

由于道教是中国土生土长的宗教,普通百姓理解和接受较易,拥有深厚的群众基础,因此皇帝都对天师道尊重有加,把他们集中在宫观,引导他们专心研究经典,把道教引导人民造反的危机降到最低。再加上许多士族加入,使朝廷对道教管理有了基础。但是还是有人打着道教的旗号,发动起义,制造暴乱,受到统治者的严厉打击。东晋初,"有道士李脱者,妖术惑众,自言八百岁,故号李八百。自中州至建邺,以鬼道疗病,又署人官位,时人多信事之",李脱弟子"李弘,养徒灊山(今安徽霍山),云应谶当王"①。因王敦深忌周札一族强盛,在晋明帝太宁二年(324 年)杀了李脱、李弘及周札诸侄。道教典籍中,李弘是救世真君,故东晋南北朝间以李弘为名的起义者不少。晋成帝、穆帝、废帝、安帝时南方和北方皆有托名李弘而起义者。"据今人汤用彤、唐长孺二先生的统计,见于正史记载的东晋南北朝的李弘起义,就有十例(包括《魏书》中两例'李洪'),从地域上看,遍及于今山东、河南、陕西、甘肃、安徽、湖北、四川等地。"②孙泰传道影响也大,"诳诱百姓,愚者敬之如神,皆竭财产,进子女,以祈福庆"。后来孙泰得到会稽王世子司马元显的敬重,"泰见天下兵起,以为晋祚将终,乃扇动百姓,私集徒众,三吴士庶多从之"③。会稽内史谢𬘭揭发其谋,执政司马道子遂杀孙泰。孙泰被杀后,其侄孙恩逃入海岛。孙恩便聚合百余人欲为孙泰复仇。晋安帝隆安三年(399 年),东晋政府征发东土诸郡免奴为客者以充兵役,引起了东土依附农民的骚动。孙恩乘此机会带领百余人从海上登陆,东土八郡俱起响应,人数达数十万,不断与官军周旋战斗。元兴元年(402 年)孙恩失败入海,赴海自沉。余众又推孙恩妹夫卢循为主。卢循与晋政府军时战时和,直至义熙七年(411 年),卢循兵败投海自尽。长达 11 年零 5 个月的孙恩、卢循起义至此结束。

通过统治者的严厉打击,东晋的道教基本在可控的合理范围内得到了发展。道教的主要道派天师道,也毫无例外地分化为上下两大层次。传播到上层士族社会的天师道,逐渐与神仙道教合流,建立了长生成仙的信仰。巫鬼道和民间道教相融汇,作为神仙道教的社会基础广泛传播着。

三、禁止巫术

巫术扰乱民众思想,侵蚀社会风化,有碍于社会精神文明的建设和良好社会风气的形成。因此,东晋统治者严禁巫术。

---

① 《晋书》卷五八《周处传附札传》,第 1575 页。
② 杨耀坤:《中国魏晋南北朝宗教史》,第 21 页,人民出版社,1994 年。
③ 《晋书》卷一〇〇《孙恩传》,第 2632 页。

元帝下禁招魂葬诏云："夫冢以藏形,庙以安神。今世招魂葬,是埋神也。其禁之。"①建武二年,袁瓌上禁招魂葬表云:"故尚书仆射曹馥殁于寇乱,嫡孙胤不得葬尸,招魂殡葬。伏惟圣人制礼,因情作教,故椁周于棺,棺周于身,然则非身无棺,非棺无椁也。胤无丧而葬,招幽魂气,于德为愆义,于礼为不物。监军王崇、太傅司马刘洽皆招魂葬。请台下禁断。"大兴元年,诏书下太常详处。贺循说"今启辞宜如瓌所上,自今以后禁绝,犯者依礼法"②。

总之,东晋统治者在维护中央集权统治的前提下,以利用宗教为统治政权服务为目的,对佛教、道教实行既尊崇又限制的政策,促使佛、道两教在合理范围内协调发展。对于巫术,东晋政府则进行严厉的查禁和打压,以防对现行社会秩序带来危害。东晋宗教政策的实施,在一定程度上维护和巩固了东晋政权,同时促进了各民族的经济文化交流。

(作者:张健,女,青岛大学师范学院历史系硕士生)

---

① 严可均:《全晋文》卷八,第69页,商务印书馆,1999年。
② 杜佑:《通典》卷一〇三,第2701页,中华书局,1988年。

啬夫小考

◇赵茜苒

一、文献记载的"啬夫"及有关研究

伴随出土文献的发现,许多不同的"啬夫"称谓极大地丰富了传世文献的记载。如睡虎地云梦秦简、银雀山汉简及张家山汉简《二年律令》、《奏谳书》等篇中,有大量"啬夫"出现。前辈学者结合两种文献材料,已有许多研究成果,多是对"啬夫"在春秋战国以后的职能进行考证①。笔者对先秦至汉时期的一些文献资料进行了排比梳理,拟从先秦时代的"啬夫"这一角度试作探讨。

传世文献当中,有关"啬夫"的记载呈现出以下两个特点:

(一)就数量言,以《史记》、《汉书》等史书中较多,其他文献典籍中较少。如《史记》中的一些记载:"……释之从行,登虎圈……虎圈啬夫从旁代尉对上所问禽兽簿甚悉……"(卷一〇二《冯唐张释之列传》)"……汾阳……太始四年五月丁卯,侯石坐为太常,行太仆事,治啬夫可夫,益纵年,国除。"(卷一八《高祖功臣侯者年表》)"潦阳……江德,以园厩啬夫共捕淮阳反者公孙勇等,侯。"(卷二〇《建元以来侯者年表》)见于《汉书》中有"……既壮,为取暴室啬夫许广汉女……"(卷八《宣帝纪》)②。见于其他典籍者有:《管子·君臣》"吏啬夫任事,人啬夫任教",《韩非子》"晋中行文子出亡,过于县邑,从者曰:此啬夫,公之故人,公奚不休舍?且待后车",《战国策》卷二五《魏策·周最善齐》"因使其人为

---

① 郑实:《啬夫考——读云梦秦简札记》,《文物》1978 年第 2 期;高敏:《论〈秦简〉中的"啬夫"一官》,收入高敏:《云梦秦简初探》,第 170—187 页,河南人民出版社,1979 年;高敏:《"有秩"非"啬夫"辨——读云梦秦简札记兼与郑实同志商榷》,《文物》1979 年第 3 期;裘锡圭:《啬夫初探》,收入中华书局编辑部编:《云梦秦简研究》,第 226—301 页,中华书局,1981 年;高恒:《"啬夫"辩证——读云梦秦简札记》,《法学研究》1980 年第 3 期;钱剑夫:《秦汉啬夫考》,《中国史研究》1980 年第 1 期;劳榦:《从汉简中的啬夫令史候史和士吏论汉代郡县吏的职务和地位》,台北"中研院"《历史语言研究所集刊》第 55 册第 1 分册;[日]崛毅:《秦汉法制史论考》,法律出版社,1988 年;[日]工藤元男:《睡虎地秦简所见秦代的国家与社会》,第 324 页,上海古籍出版社,2010 年;等等。

② 《汉书》中他处记载分布于帝纪、表、志,共 15 处。

见者啬夫闻见者"等。

(二)大致观察与其相连的上下文语境,一类"啬夫"盖指小官吏,且多见于《史记》等史书中;另一类"啬夫"记载虽少,却都与重大仪式相关,如:《仪礼·觐礼》"啬夫承命,告于天子",《左传·昭公十七年》"故夏书曰:辰不集于房,瞽奏鼓,啬夫驰,庶人走",《春秋繁露》卷第十六《求雨·第七十四》"田啬夫亦斋三日,服青衣而立之……"等。

在出土文献资料中,亦有大量关于"啬夫"的记载,金文当中的"啬夫"则体现出明显的物勒工名性质,以下试举几例①:《十一年库啬夫鼎》"库啬夫肖"(《集成》04330),《梁十九年亡智鼎》"梁十九年,亡智求戟啬夫庶搜择吉金"(《集成》02746),中山王墓《十二年扁壶》"左使车啬夫孙固"、《十年扁壶》"冶匀啬夫"、《私库啬夫盖杠接管》"私库啬夫正"(《集成》11863)等。

简帛中的"啬夫"所用多与史书类似,例如:《睡虎地云梦秦简·日书》"建日,良日也,可以为啬夫,可以祠",《秦律杂抄》"除士吏、发弩啬夫不如律"②;《张家山汉简·二年律令》"船人渡人而流杀人,耐之,船啬夫、吏主者赎耐",《奏谳书》"谓胡啬夫谳狱固有审"③等。

金文材料中出现"啬夫"一词者均为战国晚期器物,其用法和词例格式与秦汉简帛以及春秋至汉代史书类文献相似,属于前辈学者已多有论述的"啬夫"类型。至于另外一部分"啬夫",是出现在先秦古史的典籍当中,多与重大仪式有关。笔者认为后者属于春秋战国以前更早时期,第一类的晚期"啬夫"只保存了它的词例格式。

除此之外,文献与出土资料中有"啬"、"啬人"、"先啬"、"司啬"等词,如:《礼记·郊特牲》"蜡之祭也,主先啬而祭司啬也,祭百种,以报啬也",《大戴礼记·夏小正》"十一月,王狩……啬人不从",《大戴礼记·四代》"啬民执功,百草咸淳",《仪礼·特牲馈食礼》"主人写啬于房"。金文资料中有《沈子它簋》"沈子肇狃贮啬"、《墙盘》"农啬戉历"等。

后代注疏家对于经典中的"司啬"、"先啬"等多有阐发,清人毛奇龄《郊社禘祫袷问》文曰"司啬或曰即后稷,然古先有其名而后有其人实之",笔者以为可以调解各家说法,且笔者亦认为,在先秦时代存在一种与"啬"的含义相关的身份。《风俗通义·佚文》:"啬氏,古啬夫,子孙因氏焉。"可见古有啬夫,且其由来演变

---

① 本文引用金文材料均取自《殷周金文集成》(修订增补版),中华书局,2007年。文中简称《集成》。

② 睡虎地云梦秦简他处记载见于《效律》、《语书》、《法律答问》、《秦律十八种》等篇中。

③ 张家山汉简他处记载见于《二年律令》均输、田、市、户、金布等律及《奏谳书》中个别语句。

应与"啬"的含义相关。

二、"啬"字字形变化反映的特点

《说文》释"啬(嗇)":"爱濇也,从來(来)从亩。来者,亩而藏之。故田夫谓之啬夫。凡啬之属皆从啬。𮪊,古文啬从田。"

由汉简时代以降罗列"啬"字字形如下:

图1①:

[字形] 贼律七 [字形] 收律一七九 [字形] 钱律二〇二 [字形] 奏谳书二七 [字形] 奏谳书一二一

图2②:

[字形] 效二七 [字形] 效一八 [字形] 秦一六九 [字形] 日甲一四四背

图3③:

[字形] 郭店老乙1 [字形] 十一年库啬夫鼎 [字形] 廿五年戈 [字形] 玺汇0112

如上图所示,战国秦汉时代"啬"字的构型规律一致,未有《说文》中从"田"的古文"啬"字。何琳仪先生认为古文作"田"为上述字形中"目"形的讹变。甲骨文、金文中"啬"字构型分组罗列如下:

图4④:

A组:[字形]乙一二四 [字形]佚七七二 [字形]燕二

B组:[字形]余一六·一 [字形]后二·七·二

C组:[字形]粹一一六一

图5⑤:

A组:[字形]中父壬爵 [字形]沈子它簋 [字形]墙盘 [字形]㸚匜

B组:[字形]墙盘 [字形]师𡘲簋

C组:[字形]墙盘

---

① 彭浩、陈伟、[日]工藤元男主编:《二年律令与奏谳书——张家山二四七号汉墓出土法律文献释读》,上海古籍出版社,2007年。
② 张守中撰集:《睡虎地秦简文字编》,第80页,文物出版社,1994年。
③ 汤余惠主编:《战国文字编》,第344页,福建人民出版社,2001年。
④ 中国社会科学院考古研究所编:《甲骨文编》,中华书局,1965年。
⑤ 容庚编著:《金文编》,中华书局影印,1985年。

以上罗列的甲骨文、金文材料显示出四种构型①：①从来从㐭；②从禾从㐭；③从禾从㐭从八；④从禾从田。从图中可以发现，甲金文字包含有后世改字的所有构型，且以西周金文为时代下限，"啬"字的上述四种构型中，从"禾"与从"田"者在战国以降文字中未出现。如此一来，似乎可以认为"啬"字构型分化在此时代下限之前即已完成。这一时代特点与前文所揭的"啬夫"含义演变的时代特征也是符合的。笔者以为由"啬"的含义探讨来作一联系，两方面结合考察当可拼接还原出先秦时代"啬夫"的一些痕迹。

三、先秦时代的"啬"与"啬夫"

前文罗列的文献材料中，"啬"字的各种词例格式虽有不同，但联系上下文语境则发现其均与农事或相关的仪式有关。《说文》释"啬"无此类含义，而"啬"与"穑"的相互通假现象，历代训诂学家多有阐述，如桂馥《说文解字义证》："啬通作穑"；朱骏声《说文通训定声》："此字本训当为收谷，即穑古文也"；《方言》卷一〇称"啬"字"与穑通"，卷二〇称"啬，合也，积也"；孙星衍《尚书今古文注疏·无逸》："先知稼穑之艰难……穑，熹平石经作啬"；《逸周书·尝麦》："君乃命天御丰啬享祠为施"，朱右曾集训校释曰："啬、穑同"。《说文》："穑，从禾，啬声。"又段玉裁《说文解字注》称古"啬"、"穑"互相假借，依段氏对于假借的观点，则二者中当有一字出现在先，两字古音近，则似乎可以认定"穑"是"啬"的后出字，两者存在同源关系②。

再从字形角度考察，图 4 所列甲骨文字当中，"啬"字所从"禾"、"来"皆是农作物，如此可证"啬"的本义与农作物或农事活动相关。在此可以发现，甲金文字构型中从"来"者必从"㐭"，而从"田"者必从"禾"。从"禾"者或有从"㐭"（图 4 中 A 组的第三个字、C 组；图 5 中的 B 组），但甲骨文字中"禾"、"来"乃是

---

① 前辈学者关于此字构型的考释意见大致可归为两种：一释该字为"啬"，一释该字为"墙"（张秉权先生《殷墟文字丙编考释》释此字为"廩"）。孙诒让释此字为"啬"，称文献中啬夫、啬人等为夏商周之农官（《契文举例》）；于省吾先生释此"啬"字为"色"之双声叠韵字（《甲骨文字释林》）；罗振玉、王襄、叶玉森、吴其昌、李孝定、王峥、温少锋、饶宗颐、屈万里等先生均认为此字与文献"穑"相通；陈梦家释 B 组构型之字为金文之"墙"，并证"墙"、"啬"可通，且均为文献中"稼穑"之"穑"（《殷墟卜辞综述》），屈万里先生也持此论。释此字为"墙"的学者还有一种观点，即此字与西周金文之"墙"根本不同，刘钊先生将此字 A、B 组之形分释为"啬"与"墙"字，并认为"墙"字应释为"戕"的假借，训"伤"、"残"（《卜辞所见殷代的军事活动》，《古文字研究》第 16 辑）。笔者个人认为，"啬"、"穑"、"墙"三字存在同源分化关系，至于每字所对应何种构型将在文中阐述。

② 郝士宏：《古汉字同源分化研究》，安徽大学汉语言文字学专业 2002 年博士论文。后以同名出版，安徽大学出版社，2008 年。

两种完全不同的作物①,且明显前两种构型形成了一种一一对应的关系,则后者有可能是讹误或省形。笔者认为《说文》所指从"田"的"啬"古文"𤲸"乃是战国文字当中的从"田"及其变体者,而甲金文字中从"田"者以往亦有学者认作《说文》所指"啬"之古文,如徐中舒释《墙盘》铭文称:"啬从㐭当读为廪,但《说文》及古经典皆以此为稼穑的啬字,稼穑为生长在田中尚未刈取的禾稼,不当从㐭。此铭啬作二禾在田上,当是啬之本字。"②商承祚先生在认为"啬"、"穑"二字同字易用前提下,认为"从田者,禾在田可敛也"则书作"穑"③。然而由汉简、战国文字向上逆推,"啬"字当为从"来"者无疑,则应是从"㐭"之字。至于前辈学者考释的从"田"从"禾"之字,笔者以为是表示稼穑含义之字的初文。与诸家观点不同之处在于,笔者以为此字并非与"啬"通假之"穑"。而在西周之前使用甲骨文的时代,存在含有稼穑之义的字,其字本作从"禾"从"田"④。

按照本文观点,引《墙盘》铭文当作"农啬与穑"解,意为储存谷物于神仓或以收获物献祭,《沈子它簋》铭文中陈梦家先生释作"积"字者,笔者以为如作"啬"解似也可与铭文大意相合。以上仅是结合本文的观点所提出的一些不成熟的看法,请前辈学者指正。

1. 先秦时代"啬"的含义

《礼记·郊特牲》:"主先啬而祭司啬也,祭百种,以报啬也。"《仪礼·特牲馈食礼》:"主人写啬于房。"郑注:"啬者,农力之成功。""啬"与"稷"同韵部,又与"稷"有某种对应关系,甲骨文表示农作物的卜辞当中尚未发现与"稷"相对应之字⑤。而在周代,对后稷的祭祀除天子郊祭以祖配天外,大多与社同时受祭。清人夏炘对社稷同坛受祭有详细的梳理⑥,孙诒让《周礼正义·春官·大宗伯》中亦有阐发。则"啬"应与周代祭祀社稷的活动有关。

"啬"构型从"来"从"㐭","来"在甲骨卜辞中当农作物使用时,表示麦⑦。

---

① 杨升南、马季凡:《商代经济与科技》第三章第二节"农作物种类",第 96—113 页,中国社会科学出版社,2010 年。
② 徐中舒:《西周墙盘铭文笺释》,《考古学报》1978 年第 2 期。
③ 商承祚:《说文中之古文考》,第 53—54 页,上海古籍出版社,1983 年。
④ 按《说文》:"谷可收曰穑",段注及徐中舒、商承祚等先生虽将此字与《说文》云"啬"字古文或"啬"字本身变体混同,然均认可谷可收则当在田中,认为此字表示"穑"之义。陈梦家《殷墟卜辞综述》认为此字与农事有关而其义不详。姚孝遂先生于《甲骨文字诂林》"啬"字条末按语认为甲骨文中无含有稼穑含义之字。
⑤ 杨升南、马季凡:《商代经济与科技》第三章第二节"农作物种类",第 96—113 页,中国社会科学出版社,2010 年。
⑥ 夏炘:《学礼管见》,《皇清经解续编》卷九七六。
⑦ 温少锋、袁庭栋:《殷墟卜辞研究——科学技术篇》,第 175 页,四川省社会科学院出版社,1983 年。

《说文》释"來(来)"云:"周所受瑞麦来麰。一來(来)二缝,象芒束之形。天所来也,故为行来之来。《诗》曰:'贻我来麰。'……"朱骏声《说文通训定声》认为"来"与"麦"两字"三代以降承用互易";季旭升先生通过对文字发展序列的考证,认为两字原本都是象形字,作禾麦的意思,后为适应需要,分别加上横笔与象麦根形的指示符号,"来"字从而强化了"行来"之义[1]。记载登尝礼的卜辞中有"登来于二示"[2],可见"来"是荐于宗庙的收获物。笔者认为由于甲骨文字存在一字多义和大量异体现象,并不存在本字、或体之说[3],所以"来"可能只是单纯表示"收获的禾麦"的含义,当然不排除因古人出于报本反始观念,为强调祭神所用麦的神格特征并且祈祷来年而在此加上区别符号。由此推测,"来"用于假借表示距离较远的时间的含义(如卜辞"来丁亥")有可能就是因此产生。

用谷物献祭的仪式容易使人联想到对"社"的祭祀。根据考古资料,在商代确实存在社祭,但是商代的社祭无论规模还是受重视程度都不及周代[4]。三代都存在对"社"的祭祀,而在周代,相对于之前时期,社神地位得到了提高,其本身的性质也发生了变化[5]。因而"来"的某种神性色彩或是通过祭祀仪式地位的变化在周代得到了提升和强调。《诗·周颂·思文》:"思文后稷,克彼配天。立我烝民,莫非尔极。遗我来牟,帝命率育。无此疆尔界,陈常于时夏。"此诗中透露出瑞麦来麰与后稷的关系[6]。学者考证《思文》的年代当在西周初年[7],而于西周初年开始的制礼作乐活动,则应是"社"的地位与意义变化的原因。杨英师在其著作[8]中考实了周礼对"社"的改造:一方面通过"社"的不同等级体系体现出祭者身份,另一方面即是通过祖先配食等手段使"社"成为教化工具。故"受瑞麦"等说法当是与此相关的产物。高田忠周认为《说文》"附会经语,过信纬书"[9],似可备一说。

如前所述,"来"的含义与"社"祭活动有关。"啬"字构型为"来"在"亩"

---

[1] 季旭升:《说文新证》,第463页,台北:艺文印书馆,2003年。

[2] 陈梦家:《殷墟卜辞综述》,第529页,中华书局,1988年。

[3] 赵诚:《甲骨文字学纲要》,第228页,商务印书馆,1993年。

[4] 王震中:《商代王都的"社"与"左祖右社"之管见》,收入王震中:《中国古代文明的探索》,第497页,云南人民出版社,2005年。

[5] 王震中:《东山嘴原始祭坛与中国古代的社崇拜》,原载于《世界宗教研究》1988年第4期,收入王震中:《中国古代文明的探索》,第353页,云南人民出版社,2005年。

[6] 后稷本身与社祭亦有关系,参见魏建震:《先秦社祀研究》,第170—182页。

[7] 马银琴:《两周诗史》,第121页,社会科学文献出版社,2006年。

[8] 杨英:《祈望和谐——周秦两汉王朝祭礼的演进及其规律》第一章第二节"'礼'对中国古代早期宗教的改造考述",第65—66、68—71页,商务印书馆,2009年。

[9] 引自《金文诂林》第七册,第3595页,香港中文大学出版社,1974年。

上,甲骨文至金文构型皆不变,如与"廩"字相比①,则"𠶷"的此种谷物在仓廩之上的构型本身似乎就含有收敛抑或是祈、报含义;由"瑞麦"在仓廩上,亦有可能是标示仓廩的不同寻常的作用。《周礼·地官》"廩人"述有"大祭祀则共其接盛",郑注:"大祭祀之谷,藉田之收藏于神仓者也,不以给小用";孙诒让《周礼正义》疏"不以给小用"者为"明它小用之谷,别廩藏之"。此说明"神仓"与"别廩"不同。由《周礼》对"廩人"的相关叙述看来,其列于最后的"大祭祀则共其接盛",笔者认为,这有可能是神仓向仓廩演化过程的孑遗。理由有二:首先,按"廩人"文,所掌以米为主,负责邦国颁、赐、禄、稟各项用度,而后文祭祀用谷由"廩人"授舂人舂之,此与前述性质不同;其次,注疏称此祭祀用谷收藏于御廩,在社之东南,明为祭祀之用则不可能是大型仓库,而之前"廩人"职所掌的各事项用度所出不能相同。则此种职能或为"廩人"的一种兼职。而"廩人"与"仓人"相对,贾疏:"廩人掌米,仓人掌谷。""仓人"文:"掌粟之入藏",查注疏也无"仓人"掌米之说,则"廩人"掌御廩的职能或有其他渊源。而这个源头笔者认为即是"𠶷"字表示的神仓。

《诗·良耜》有"俶载南亩";《国语·周语上》之"宣王即位,不藉千亩"篇中提到"御廩"②,在藉田东南,亦即《周礼正义》"廩人"疏所引。藉田礼与祭祀社稷的活动相关,祭祀社稷的时间为仲春、仲秋③,《诗·载芟》、《诗·良耜》为春祈秋报之诗④,两诗的内容与《周语》"宣王即位,不藉千亩"篇十分相似,个别词语也有相同之处。又《礼记·祭义》:"是故昔者天子为藉千亩,冕而朱纮,躬秉耒;诸侯为藉百亩,冕而青纮,躬秉耒。以事天地、山川、社稷、先古,以为醴酪齐盛,于是乎取之,敬之至也。"《礼记·郊特牲》:"唯为社事单出里,唯为社田国人毕作,唯社丘乘共粢盛,所以报本反始也。"孔疏引皇氏云:"若天子诸侯祭社则用藉田之谷,大夫以下无藉田,若社祭则丘乘之民共之。"⑤由此可见,天子、诸侯祭祀社稷的活动在藉田举行,孔疏还认为粢盛为稷在器,祭社用米。则《国语》和《周礼》"廩人"述说的"神仓"、"御廩"确有史影。礼书记载的内容未必能够直接证史,但是《郊特牲》篇记载社祭活动的内容,笔者认为从某些角度可以参考。傅斯年《跋〈春秋〉"公矢鱼于棠说"》中所说"前一世之实用习惯,每为后一世之礼典。礼唯循旧,故一切生活上所废者归焉"⑥,固然是从民俗学角度来说

---

① 裘锡圭先生认为"廩"字为"𠶷"通过加"禾"、加"广"等步骤产生,先加"禾"为"稟",表示发给、领取粮食等义。见裘锡圭:《文字学概要》,第155页,商务印书馆,1988年。
② "廩于籍东南,钟而藏之,而时布之。"见《国语》,第20页,中华书局,2006年。
③ 《郊特牲》孔疏称一年三祭者,孙希旦《礼记集解》以为孔据《月令》而言,《月令》为秦法而非周礼。见孙希旦:《礼记集解》中册,第685页,中华书局,1989年。
④ 毛诗、郑笺、三家诗义均同。
⑤ 《十三经注疏》第三册,第3139页,清嘉庆刊本,阮元校刻,中华书局,2009年。
⑥ 陈槃:《旧学旧史说丛》上册,第35页,上海古籍出版社,2010年。

的,但是可以作为一个角度来思考《礼记》记载的社祭活动,以及周代社祭活动及其典礼可能与现实农牧畋渔活动的关系。而考察商代卜辞,王都附近即有"南廪",且有商王亲自参与耕种的农业地"南囿",根据卜辞内容判断,囿地农田所产谷物被用来祭祀祖先,且推测其与南廪有关①。南廪、南囿有可能是后代神仓与藉田的原型。

祭祀社稷的问题涉及经典记载的周代等级规模不同的"社"系统②,历代说经家和前辈学者对此已有中肯的论述。笔者研习各家观点,对照史料,认为上述的于藉田举行的祭祀活动为祭祀天子"王社"、诸侯"侯社",清人万斯大《学礼质疑》"太社祭地在北郊,王社祈报在国中"篇③、惠士奇《礼说·春官一》"大宗伯掌天神人鬼地示之礼"篇④、孙诒让《周礼正义·大宗伯》经文下注疏均对此有条贯分明的梳理。至于大夫以下成群所立之"置社",清人论述"置社"为私社⑤,前辈学者宁可⑥、俞伟超⑦通过对"社"的演变历史的研究,认为先秦时代的"置社"与汉代的民自出资祭祀的"私社"性质近似,则知置社无藉田与"神仓"。而从学者利用简帛资料研究社祭活动的结论中可以看出,战国至两汉时期楚地卿大夫祭社用牲而不用米⑧。则笔者认为,"神仓"、"御廪"只存在于天子诸侯祭祀社稷的活动当中。

前文罗列的图4中的C组与图5中的B组字,笔者认为是"啬"字的后出字,加声符"爿",古音与"社"字相近,《诗·七月》:"蚕月条桑,取彼斧斨。""牆"(墙)和"斨"谐声,偏旁相同,"桑"属古音鱼部⑨,与"社"字对转。《大戴礼记·曾子制言》有"鄙夫鄙妇相会于廧阴"一句,其中的"廧"字乃是"墙"的通假字,两字古音相近,文献中也有不少通假的例证:《战国策·赵策一》"荻蒿苫楚廧之",鲍彪注"廧"与"墙"同;上引《大戴礼记·曾子制言》文,阮元注引孔颖达疏曰:廧乃隶书墙字。则引文中"廧阴"即"墙阴"。

---

① 孙亚冰、林欢:《商代地理与方国》,第45—46页,中国社会科学出版社,2010年。
② 见《礼记》之《祭法》、《郊特牲》等篇,《左传》"闵公二年"、"哀公四年"等篇亦有对亡国之社的记载。一般来说天子、诸侯均有三社(大社、王社;国社、侯社;薄社),大夫以下成群立"置社"。
③ 《皇清经解》卷四八。
④ 《皇清经解》卷二一九。
⑤ 孙诒让:《周礼正义·地官·州长》疏,第862页,中华书局,1987年。
⑥ 宁可:《论"社"邑》、《汉代的"社"》,收入《宁可史学论集》,中国社会科学出版社,1999年。
⑦ 俞伟超:《中国古代公社组织的考察》第三章,文物出版社,1988年。
⑧ 杨华:《战国秦汉时期的里社与私社》,《天津师范大学学报(社会科学版)》2006年第1期;晏昌贵:《巫鬼与淫祀——楚简所见方术宗教考》,第128页,武汉大学出版社,2010年。
⑨ 王力《龙虫并雕斋文集》指出"桑"与"墙"同为京类,见该书《古韵分部异同考》。

笔者以为鄘夫鄘妇相会于墙阴之处①,有可能是祭社之处。经典记载的祭社之"社坛"外有围墙的形制,则与"垣蔽"相应。"社"在古代社会具有的基本内涵当中一直含有土地崇拜与生殖崇拜因素,这一点从文献当中也可以找到许多证据②。此乃是对"墙"字由来的一点推测,或有牵强之处,请方家指正。如此说可成立,则可反证"啬"确与祭祀社稷的活动相关。

2. 先秦时代的"啬夫"

如前所述,"啬夫"的职能当与"廪人"有类似之处。《周礼》成书的年代虽然尚不能十分明确,但学者认为其中的一些职官并非全为杜撰。笔者以为正如王应麟《汉制考·序》所云"统继相承,渊源相续",则后世在将前代制度著录成书的时候,有可能将不同时代的性质类似的内容合并起来,或是将关于失传已久的职官的片断记忆归纳入其在后代经过演化的职能中去。王国维《东山杂记》中论古者"夫"非美称,皆轻蔑之词,"古者臣房谓之夫",又引金文证"邦司王臣称人,献及庶人称夫",则"啬夫"可能是由平民充当的管理神仓的小官。

小结

本文通过归纳文献记载当中的"啬夫"的各种用例,发现其似与先秦时代某种仪式有关,而考察"啬"字本身的字形演化,也存在着这种前后变化的时代特征。故本文从"啬"字本身的意义入手,考察过程中发现了其与先秦时代祭祀社稷活动的联系,进而认为,"啬"表示祭祀社稷纳谷的神仓,而"啬夫"则是该神仓的管理者。

(作者:赵茜苒,中国社会科学院研究生院历史系2010级硕士研究生)

---

① 黄怀信汇校本之按语释曰"鄘,陋也",笔者认为乃是联系了全句"弟子!无曰不我知也,鄘夫鄘妇相会于廇阴,可谓密矣,明日则或扬其言矣……"而取的引申义。见黄怀信汇校:《大戴礼记汇校集注》,第559页,三秦出版社,2005年。

② 参见王震中:《东山嘴原始祭坛与中国古代的社崇拜》,原载于《世界宗教研究》1988年第4期,收入王震中:《中国古代文明的探索》,云南人民出版社,2005年。

石峻及其学术思想述略

◇杨庆中

　　石峻(1916—1999),著名的中国哲学史家、佛学家、教育家,先后执教于西南联大、武汉大学、北京大学、中国人民大学等高校。曾任中国人民大学校学术委员会委员、哲学系教授、博士生导师,中国哲学史学会顾问,中国现代哲学史研究会会长,中国宗教学会常务理事,中国伦理学会理事,国家古籍整理出版规划小组成员。有《石峻文存》行世。本文即据此并参考一些师友的回忆文章,对石峻先生的生平学术作一简略的叙述。

石峻先生

终生求知　淡泊宁静

　　石先生 1916 年 10 月 25 日生于湖南零陵(现永州市)。受其父影响,儿时的石先生就接触了大量宣传新思想的书籍。小学时期,正值北伐前夜,湖南农民运动高涨激烈,其父因观念比较进步,被农民协会聘为小组长。不久,蒋介石背叛革命,湖南发生"马日事变",学校被迫停课。由革命到反革命,由极左到极右,对幼年时期的石先生影响很大。

石先生的中学时代是在长沙广义中学（今湖南师范大学附属中学）度过的，广义中学为辛亥烈士禹之谟所创办，有革命传统。但当时主政湖南的反动军阀何健对中学控制很严，学生根本无自由可言。高中二年级时，学校学生会曾组织演讲比赛，石先生报名参加，演讲题目是"谈谈普罗文学"。学生会主席不懂什么是普罗文学，这个题目在审查中竟通过了。比赛结果，石先生获得第二名。校方得知此事，马上把石先生找去，给以警告，并告诫他不要搞与自己不相干的事，要多在数学、物理方面下工夫。石先生对此十分反感。

20 世纪 20 年代的中国，高中教育尚处在探索阶段（此前只有大学预科），对于课程应该如何设置，教育部没有统一的规定和教学大纲。广义中学校长原为湖南大学数学教员，他仿照大学预科课程设计的教学计划，内容多而且深，如开有逻辑学、微积分、第二外国语及国学概论等。该校讲授国学概论的教员是石先生的小同乡郑际旦先生，所用课本是钱穆先生编著的《国学概论》。石先生对这门课很感兴趣，并由此自学了梁启超的《清代学术概论》、胡适的《中国哲学大纲》。这是石先生第一次接触中国哲学。

当时的高中分文理科，学习好的学生多读理科。石先生的长项是数学和物理，校长很赏识他，于是读了理科。高中三年级时，学校新聘一位刚从北大数学系毕业的教员杨炎和，石先生向其请教考大学的事宜，杨介绍了北大和清华。石先生表示要学中国哲学，问杨应看什么书，他推荐了冯友兰的《中国哲学史》（神州国光社版，当时只出有上卷），石先生便买来阅读，更增加了学习中国哲学的信心。

青年时期的石先生抱负很大，立志要到北京去读哲学系。当时有哲学系的大学很少，学文科的人多选择历史或文学。而社会风气是重理轻文，认为好学生应该考理科。因此，1934 年，当石先生以优异成绩被北大哲学系录取时，广义中学校长感到非常遗憾。

当时的北大课程安排不多，时间十分充足，学生也很自由，各科系课程可以任意选听，不必参加考试，还能免费得到讲义。石先生自思没有什么家学渊源，主要得靠自学来积累知识，所以求知的欲望一直很强烈。北大文科著名教授的课，他几乎都选听遍了。就是在大学毕业后，这种旁听的习惯石先生依然坚持了十年，直到晋升为副教授。

石先生看书范围很广，除哲学外，诸如历史、文学等，都有涉猎。他虽然不搞文学，但鲁迅先生在《中国小说史略》中提到的每一本书他都借阅过，对苏联文学还有一定的研究。另外，对于自然科学也依然保持着浓厚的兴趣，由于中学时期的强项是数学和物理，上大学后，石先生对数理逻辑也很着迷。

1938 年，经导师汤用彤先生推荐，石先生留校（西南联大）任教，为汤先生做助手，并主讲哲学概论和伦理学，其间还曾代授中国哲学。1948 年，石先生受聘武汉大学哲学系，任副教授，兼武汉大学图书馆主任。他参加新民主主义学会，为中国人民解放军接管武汉大学日夜忙碌，终于迎来新中国。

解放初期,石先生任中南新哲学学会秘书长(潘梓年为会长,洪谦为副会长),并在中原大学主讲逻辑。因受苏联影响,一般学校均不敢开设此课,中原大学在当时几乎算是第一家。

1952年,石先生被调回母校北京大学哲学系,任副教授、研究生导师,与冯友兰、张岱年等教授一起承担中国哲学的教学工作,在国内首开中国近代哲学史课程。

1955年,石先生为筹建中国人民大学哲学系而调入该校,1956年任哲学史教研室主任、校学术委员会委员,1963年晋升为教授,兼校务委员。1981年,被国务院学位委员会批准为我国首批中国哲学史专业博士生导师。

石峻先生作为中国哲学史研究的大家、宗教史家、思想史家、教育家,在执教的六十年间,先后开设了哲学概论、伦理学、老庄哲学、孔孟哲学、逻辑学、史料学、中国近现代哲学、印度哲学、中国佛学、中国哲学史原著选读等十余门课程,在中国哲学的诸多领域都形成了自己独特的见解。

关注善恶 剖析人性伦理

1938年经汤用彤先生推荐,石峻先生在西南联大任教,为汤先生做助手。而石先生在西南联大独立开授的第一门课乃是伦理学。这段时间,石先生除了为汤先生做助教,研究中印佛学和欧洲大陆哲学外,把主要精力放在了对伦理学和中国人性论的探讨上。

伦理学方面,石先生虽然没有出版或发表什么作品,但却留下了一份体系完整且富有新意的讲义,即《伦理学讲义》①,兹将其目录列在下面,以供参考:

第一编　绪论
　第一分　伦理学之性质与范围
　　第一节　何谓伦理学
　　　　　(解释"伦理学"之字源与含义及其引申意义或演变)
　　第二节　伦理学研究之对象
　　　　　(辨别"伦理学研究"不同一般自然科学之所在)
　　第三节　伦理学研究之方法
　　　　　(说明伦理学何以应为哲学之一部门)
　　第四节　伦理学与其他科学之关系
　　　　　(说明生活工具与目的或理想之关系)
　　第五节　伦理学的各方面
　　　　　(归结各种不同伦理问题最后之通性)

---

① 《石峻文存》,第383—385页,华夏出版社,2006年。

第六节　伦理学的先决问题

第二分　伦理社会"意识形态"之窥测

第一节　社会伦理与民族文化

（讨论"文化精神"与"文化类型"之区分。附例：比较希腊、犹太、印度之人生态度）

第二节　一般道德之进展与"知识"

第三节　论中国礼教

（除讲明中国各种礼制之"取义"，附论：何从儒学可以代表中国社会一般社会现实，探究伦理思想之关键）

第四节　"革新"与"固有文化"之关键

［说明伦理学史家如何解出目前应行兴革之方案为过去吾人最合理一部思想继续发展之事实，并其在"理论上之价值"（Theoretical value）与"实践意义"（Practical meaning）］

附论：（总结绪论）论新旧道德问题

第二编　本论

第一分　伦理问题之理论研究

第一节　论所谓"人生之意义"

［评"形式说"（Formalism）之空洞与不切实际］

第二节　"理想"与"实践"之关系

［述西洋伦理家所谓"自我实现"（Self-realization）之要义］

第三节　斥"纵欲"与"厌世"之偏见

［评杨朱（篇）派及西洋历史上类似此种思想者与叔本华厌世主义如何在宇宙论上有相同处而其人生论竟相背驰之偏见］

第四节　辨"苦乐"与"善恶"之本义

（评英国功利派之伦理学；论"性"、"情"之转化；说体用，附论"变化气质问题"）

第五节　"理性法则"与"行为"

（评康德派伦理学）

第六节　释"公"、"私"

（论人我关系，并及"利己主义"与"利他主义"如何可以不相冲突）

第七节　"知"、"行"问题

第八节　"自由"与"必然"

（略论斯宾诺莎《伦理学》并及大乘佛教"解脱论"之要义）

第九节　"平等"与"差异"

第十节　各种不同"价值"（合乎道德理想之行为）之冲突与调谐

第二分　道德生活之实践的探讨
第一节　信仰与节制
（述在一般道德上之功用及因道德最后标准或归宿在外所引起的问题）
第二节　环境与改革
第三节　道德与知识
（论今日西洋一部分哲学家依知识深浅判道德高下的伦理史观的利弊）
第四节　意境问题——论人格之扩充
（"体验"与一般知见不同，"境界"之高下只有知之"性"的问题，没有知之"量"的问题）
第五节　社会机构与道德
第六节　道理理想与道德实践
第七节　论政治制度与自由发展二者之利弊
第八节　总结——实践道德的理论

众所周知，在中国，伦理学作为一门学科是20世纪初叶不断形成的，当时相关著作非常少，石峻先生的这个讲义，放在当时的历史背景下，应当是十分有价值的，可惜未能成稿。

20世纪40年代中期，石峻先生先后在当时的《哲学评论》和《经世日报·读书周刊》发表《略论中国人性学说之演变》及《略论两汉人性学说之演变》等文章（还有未刊稿《王荆公性情学说在宋明哲学中之意义》），对中国哲学史上人性学说形成发展的历史进行了较为深刻的描述。在石先生之前，章太炎曾作《原性》，王国维曾作《论性》，但他们均未注意到中国人性学说的演变问题。所以，石先生的工作在当时可以算是具有开拓性的。

究心内典　打通中国哲学

石先生是国际知名的佛学专家，早在20世纪30年代就师事汤用彤等哲学大家，研究中印佛学，先后发表了《读慧达〈肇论疏〉述所见》、《玄奘思想的检讨》、《〈肇论〉思想研究》、《论玄奘留学印度与有关中国佛教史上的一些问题》、《佛教与中国文化》、《宋代正统儒家反佛理论的评析》，以及《论隋唐佛教宗派的形成》、《论魏晋时代佛学和玄学的异同》（合著）等一系列具有重要影响的研究论文，并参与编纂了《中国佛教思想资料选编》，对于推动中国佛学的研究起到了一定的积极作用。

石先生认为，佛教既不是某种孤立的社会现象，也不是某位圣人的凭空创造，而是历史发展的产物。从哲学的立场说，它重视研究宇宙人生中的"常"与

"变"的关系,一般和特殊的关系,各种对立的思想概念和范畴之间相互依存、不可分割的关系,包含了丰富的辩证法因素,也确实反映了剥削制度下存在的大量的各种社会人生问题。因此,它的内容不是用"迷信"二字就可以一概抹杀的。正确的态度应该是本着实事求是的原则,研究它的发展规律、思维教训、历史价值。

佛教起源于印度,传入中国后,与中国社会历史的特点相结合,不断得以发展和创新,形成了若干不同于印度佛教的、为中国佛教所独有的新的精神面貌和特点。因此石先生强调,研究中国佛教除注意其中的一般问题外,还要注意中国佛教与印度佛教的异同,佛教对中国文化的影响,佛教在中国如何适应、发展并最终演变成中国传统文化的一部分,中国人在佛教或佛学的发展方面有哪些特点和贡献,中国的思想文化如何影响、改造了印度佛教等。石先生认为,佛教的传入和发展,对于中国哲学的发展有很大影响,对于帮助维护中国传统封建道德、维护封建宗法经济等产生了很大影响,对于保存我国古代历史文物也形成了某些有利的条件。佛教的传入,外来用语、新概念、新范畴的运用,使我国思想史的内容和表达思想的方式也变得丰富多彩。除以上几点外,佛教对中国的文学艺术等一些专门学科的影响也是十分巨大的。如文学中的夸张艺术,文献学中的音韵学,以及佛教寺院的雕塑、壁画、佛塔等。佛教影响了中国文化,中国文化也同样影响了佛教。中国佛教有着不同于印度佛教的特点,这种不同反映了中国思想对印度佛教思想的改造。这种改造一方面与人们对佛教的理解有关,另一方面也与中国人的反佛有关。石先生十分重视对反佛学者的观点与信佛学者的观点进行比较研究,认为这种比较更能反映出两种文化之间斗争、融合、创新的内在规律。

除了对于中印佛教的一般讨论外,石先生对于中国历史上各个时期佛教的传播、发展和创新也都有颇为深入的探讨,如他对《肇论》的考证和研究,曾经得到汤用彤先生的高度称赞,并誉之为"素好肇公之学"。如他对以六祖慧能为真正创始人的禅宗南派的研究,对宋代正统派儒学家援佛又反佛的研究等,都有独到之处,颇受学界同仁的关注。

石峻先生的佛学研究,可用其学生董群教授的下面一段话作一概括:

> 石峻教授(1916—1999)的学术生涯中,佛教哲学研究是其重要的一个方面,他认为"作为世界三大宗教之一的并且有它悠久历史和丰富典籍以及各种文物资料的佛教,是值得人们认真研究的"。他这样解释佛教哲学:佛教哲学不是指广义的佛学,它一向重视宇宙和人生"常"和"变"的关系,一般和特殊的关系,各种相互对立的思想范畴之间相互依存、互不分离的关系。他对于中国佛教哲学的研究,有着整个宗教研究的背景,而不是单纯就佛教研究佛教,他专门撰有《世界三大宗教》介绍宗教的基本观点和三大宗教的内容,也有中印佛教比较的背景,从比较中突出中国佛教的特点,又有

· 261 ·

着中国哲学与文化关系研究的背景,从这种关系中显示佛教的重要性。至于其研究的重点,则重在魏晋和隋唐,尤其重僧肇和宗密。其研究注重马克思主义的方法论,不是简单化地对待佛教,而是全面、深入地分析之,因此其研究结论,富有深刻见解且有科学依据。除此之外,还必须提及的是他牵头的《中国佛教思想资料选编》对于佛学研究的贡献。①

重视近现代　开拓研究新领域

石峻先生十分重视中国近现代哲学的研究,是新中国学术界讲授中国近代哲学的第一人。20世纪50年代初执教北大期间,石先生曾负责组织编写了《中国近代思想史讲授提纲》,主编了《中国近代思想史参考资料简编》,为中国近代哲学史和思想史的研究奠定了基础。此后又陆续发表了《近代中国知识分子的道路》、《论李大钊和陈独秀的思想》、《纪念爱国知识分子章太炎逝世二十周年》、《郑观应的〈盛世危言〉》、《洪秀全的最重要的著作》、《有关中国哲学史研究方法的几个问题》、《开展中国近现代哲学思想史研究的重要意义》、《胡适评传》等一系列论文,并在晚年发起成立中国现代哲学史研究会,主编大型丛书《现代中国思想论著选粹》,有力地推动了中国近现代哲学研究的开展。

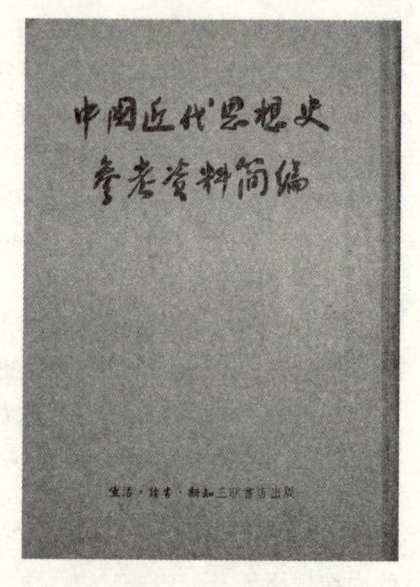

石峻先生主编的《中国近代思想史参考资料简编》书影

石先生认为,过去讲中国哲学,只讲到近代以前,甚至有人只讲到王阳明,这是割断历史,应该重视对中国近现代哲学的研究。石先生说,研究中国近现代哲学,就是研究从鸦片战争到1949年新中国成立这段历史时期的哲学发展历程。具体地说,就是对于中国在近现代如何变成半封建半殖民地社会,如何不断失败,又如何最终走向胜利等进行理论的概括。中国的近现代是一个大动荡、大变革的时代,社会各阶级几乎都作了充分的表演,不同的阶级以至同一阶级的不同派别,其表现也前后相异,因而形成了各种哲学思潮兴起交替、急速变化的情况。最后,马克思主义传入中国,战胜了各种哲学思潮,把中国社会引向了社会主义。

石先生对于中国近现代哲学研究具有开拓之功。其之所以倡导并率先进行

---

① 董群:《石峻先生与中国佛教哲学的研究》,《中国哲学史》2007年第1期。

这方面的研究,乃是由于在他看来,中国的新社会是从旧社会发展而来的,我们从事社会主义建设的现实基础,是从近现代的历史中演变过来的。脱离了这个基础,就容易割断历史,忽视中国国情,就容易走向历史虚无主义。现代是古代的继续,是历史与现实的交会点,也是未来发展的起点。所以,只有深入地研究近现代中国哲学的发展历程,才能明确古代的哪些东西需要批判,哪些东西需要继承,才能全面理解中国哲学。石先生常说:"最好有人注意研究我国古代哲学家的思想在近现代的反应,它们是如何被改造来加以应用的,这对于进一步阐明我国哲学思想史的发展规律,肯定是会大有帮助的。"[1]石先生的这一建议是很富有启发意义的,对于推动中国近现代哲学的研究必将产生重大影响。

作为中国近代哲学研究的开拓者,石先生在该领域的诸多方面均有独到的见解,兹举他对中国近现代哲学史中的实用主义的研究为例:石先生认为,实用主义哲学,产生于西方自由资本主义向帝国主义的过渡时期。它之所以产生在美国以及暂时能得到广泛的传播,在于它能满足美国垄断资本主义的需要。但在我国五四新文化运动前后,这种从外国进口的实用主义也能流行一时,并在学术思想界产生较为广泛的影响,实在不是出于偶然,而是有其内在的社会原因。鸦片战争以后,中国逐渐沦为半封建半殖民地社会,资本主义经济和资产阶级开始出现。他们生活在封建主义和帝国主义的夹缝之中,十分需要建立一种新型的宇宙观和人生观,以适应他们所处的现实环境。中国的实用主义不尚空谈理论,提倡探讨"如何应付现状",注重实际行动,强调发展自我,反对封建礼教,正好可以暂时满足资产阶级的精神需要,因此在"五四"时期能够得到比较广泛的传播。同时,当时的中国社会贫弱落后,迫切需要科学技术知识。中国的实用主义者比较注意物质文明,特别强调现代科学对于中国的重要意义。就历史的发展而言,这些思想的传播是不无积极意义的。因此,不可把中国的实用主义与主要是用来应付工人阶级反抗的美国的实用主义简单地相提并论。但是,这并不等于说中国的实用主义是完全正确的。如其一贯轻视哲学根本问题研究的理论价值,认为唯物主义反对唯心主义的路线斗争是早已过时的一种"玄学"(形而上学);只承认实用科学及有关具体方法的应用,不承认有反映客观事物的客观真理;认为一切学说真实与否,完全看它实用上的效果而定,只要事实上有方便,就是好的……这些都是与马克思主义的观点尖锐对立的,必须予以彻底批判。应该说,石先生的这些观点和看法,至今仍然是有启发意义的。

坚持马列　突出中国特色

石峻先生的中国哲学研究有一个十分突出的特点,那就是十分重视总结20

---

[1] 《石峻文存》,第281页,华夏出版社,2006年。

世纪中国哲学研究的成败得失、经验教训,重视探讨中国哲学史研究中的方法论问题。早在20世纪30年代,石先生就注意搜集中外文马克思列宁著作以及辩证唯物主义和历史唯物主义读本,多年浸润其间。新中国成立后,石先生又系统学习和研究马克思主义哲学,成为坚定的马克思主义者。1955年,调入中国人民大学参加筹建哲学系,并长期主持哲学史、中国哲学史教研室工作,石先生又结合中国人民大学的风格,努力坚持用马克思主义的基本原理指导哲学史特别是中国哲学史的教学与科研,并把它视为哲学史研究的重要内容之一,为推动中国哲学史研究的发展作出了自己的贡献。

石先生认为,早在辛亥革命以前,我国一批受到西方资产阶级教育影响的前辈,已开始了有关中国哲学的研究,特别是五四运动以后到解放前的三十年间,不少学者参考西方哲学史的研究成果,冲破封建时代"道统史"的狭隘观念,扩大了取材范围,取得了不少成绩。但由于受阶级和时代的局限,还存在许多缺点,如把西方资产阶级学者编排外国哲学史的形式,依主观意图制成套子强加在中国哲学史的研究上,以能迎合外国读者的口味为接近国际学术水平;如不注意本民族的文化遗产,认为只有像现代西方资产阶级学者所表述的那种形式、提出问题和解决问题的方法,才算是真正的哲学;等等。经过多年的辛勤探索,石先生发现,要建立科学的中国哲学史,就必须坚持以马克思主义的基本理论为指导,从客观历史事实出发,实事求是。

但如何运用马克思主义基本原理,研究中国哲学史,进而建立真正科学的中国哲学史体系,并不是一件十分容易的事情。50年代,石先生曾发表长文《论有关中国哲学史的对象和范围的讨论及其目前存在的一些问题》,系统探讨了中国哲学史研究中存在的一系列问题,提出了自己的观点。80年代初期,在反思和总结建国三十年来中国哲学史研究的经验教训的过程中,石先生又先后发表了《有关中国哲学史研究方法的几个问题》、《中国哲学史研究要进一步科学化》、《哲学史研究随想录》、《开展中国近代哲学思想史研究的重要意义》等一系列文章,进一步探讨了马克思主义与中国哲学史研究的关系,特别是针对三十年来中国哲学史研究中存在的一些问题,提出了颇为中肯的意见。

石先生常说,具体问题总是比一般原理要丰富多彩,把马克思主义基本原理运用到具体学科的研究中去,比学习一般的马克思主义原理需要更高的马克思主义水平。因此,石先生特别强调要正确对待马克思主义的指导作用,反对教条主义和"应时主义"。他特别指出,既要注意以马克思主义基本原理为依据,探讨哲学史研究中的方法论问题,更要注意通过哲学史的研究,丰富对马克思主义基本原理的认识。这充分体现了其坚深的马克思主义哲学素养。

石先生认为,研究中国哲学史,当然要以马克思主义的理论为指导,但不能把这种指导简单化和庸俗化。马克思主义经典作家并没有仔细研究过东方各国的哲学,对于中国哲学史上的一系列问题,乃至历史上一些著名的哲学家,很少或几乎没有作过理论上的分析和评价。就是毛泽东论到过的历史人物和思想，虽然很具有启发性，可供参考，但除近代部分以外，也非常有限。因此，要想根据他们的现成结论拼凑出一部系统科学的中国哲学史是根本不可能的。就是他们论及的一些问题，因为时代不同、需要不同，也仍有继续深入研究的必要。因此，切不可把背诵他们过去的只言片语，当作今天科学研究的最新成果。石先生说，教条主义是阻碍中国哲学史研究深入进行的主要障碍之一，因为教条主义者从不注意中国哲学史自身的特点，也不喜欢研究任何过去实际存在的具体问题。他们总是简单地从抽象概念出发，截取书本上的几句话，就划分出唯心主义和唯物主义的两大阵营，并断定某位思想家是没落贵族或大地主阶级的代表，某位思想家是新兴地主阶级或中小地主阶级代表，或部分地反映了农民阶级的要求。这种类型的研究，就好比"以这顶凭空扣上的帽子来抵抗那顶凭空扣上的帽子，结果是在做两顶帽子的空中对舞"，而使丰富多彩的中国哲学史变成了几个简单公式的组合。石先生的这些观点，多发表于80年代初期，在当时对于克服中国哲学史研究中存在的诸多问题，建立科学的中国哲学史研究的方法论体系，具有一定的积极意义。

《石峻文存》书影

注重实证　潜心史料整理

中国哲学史史料学，是中国哲学史研究的基础学科之一，目的在于为中国哲学史的研究提供可靠根据。20世纪以来，中国哲学史研究的大家，都很重视史料及史料学方面的研究工作，如冯友兰、张岱年、朱谦之等著名学者，都曾撰写过中国哲学史史料学方面的著作。石先生也十分重视中国哲学史史料学的研究，并曾于1983年、1984年、1986年、1988年等，先后四次为中国人民大学哲学系研究生讲授《中国哲学史史料学》，影响很大。石先生生前虽未出版相关的著作，但其讲稿体系完整，内容丰富，特色鲜明。计由八讲构成，分别是：

　　第一讲　中国哲学史史料学的性质和范围
　　第二讲　论有关工具书的使用
　　第三讲（上）　目录与版本

第三讲（下） 版本学略论
第四讲 校勘与训诂
第五讲 辨伪与辑佚
第六讲 分期与分类
第七讲 哲学理论与思想史料
第八讲 论史料的引证①

从这个简单的目录可以看出，与冯、张、朱等先生的《中国哲学史史料学》所讲内容有所不同，石先生的史料学研究是很有特色的。

石先生认为，中国古代哲学史料散见于实物史料、文字史料和口传史料之中，加之中国古代典籍常常是经学、史学乃至于文学与哲学融为一体的特点，所以需要研究者本着实事求是的精神，博览群书，加以发掘、辑佚、鉴别、校勘、训诂等。石先生指出："实事求是是从事中国哲学史史料学研究的基本指导思想。在博览群书和深入研究的过程中，坚持严谨的态度和历史主义的观点至关重要。一个证据可证的范围有一定限度，不随意扩大，也不随意缩小；信则传信，疑则传疑；证据不足时不轻下判断，这是从事史料学研究的基本方法和态度。中国古代典籍都具有自身的特点，坚持实事求是的思想方法，就需要尊重历史的本来面目，用历史发展的观点对待史料，不用其他时代的思想和观点去涂改史料，不把后人的思想观点灌注于前人留下的史料中。"②相反，如果不坚持历史主义的观点，有十分之六七的根据，就忙下结论，妄称"十分之见"，就容易流于"华而不实"，导致用其他时代的思想观点涂改史料，或用后人的思想观点曲解史料，混淆历史本来面目的可悲后果。石先生的这些观点对于中国哲学史史料学的学科建设，是有重要意义的。

归纳石先生的史料学研究，可以发现四方面的特点：实证精神、国学传统、现代眼光和贯通意识。这方面本人曾有专文讨论③，兹不赘论。

学贯中西印，探索中国哲学的世界化

石先生的导师汤用彤先生是学贯中西印的哲学大师，受其影响，石先生也十分注意研究中西印哲学的会通问题。石先生学习过英、德、俄、梵四种文字，西方哲学与印度哲学的造诣极深，直到晚年还能用英文大段背诵法国著名哲学家笛卡儿（1596—1650）的《形而上学的沉思》中的主要篇章。

---

① 《石峻文存》，第307页，华夏出版社，2006年。
② 石峻："中国哲学史史料学"条，见《中国大百科全书·哲学卷》，第1222—1223页，中国大百科全书出版社，1985年。
③ 杨庆中：《石峻先生的中国哲学史史料学研究》，《中国哲学史》2007年第1期。

石先生认为,会通中西印哲学,不仅在于丰富和发展中国哲学,还在于向世界介绍中国哲学。早在20世纪40年代之初,他就撰有《读近译〈道德经〉三种》,关心用外国文字介绍中国哲学的事业。五六十年代,他应邀为《人民中国》、《中国建设》及《今日中国》等刊物用英文撰写多篇介绍中国哲学的论文,还为《苏联大百科全书》用俄文撰写有关中国近代思想史的条目。晚年又主编出版了目前国内唯一的一部《汉英对照中国哲学名著选读》(上下卷)。石先生孜孜不倦地向世界介绍中国哲学,出于两个目的:一是为了抵制哲学史研究中的"欧洲中心论",一是为了把中国哲学史的成就放在世界哲学范围内来加以总结。应该说,石先生的这种努力,对于外国学者正确认识中国哲学的本来面目,对于中国哲学的世界化是具有重要意义的。

作为一名中国哲学史专家,石峻先生在中国哲学的各个领域均颇有建树,有些领域的研究还具有开拓性。20世纪40年代,石先生在当时的《哲学评论》和《经世日报》发表《略论中国人性学说之演变》及《略论两汉人性学说之演变》等长篇文章,对中国哲学史上的人性学说形成发展的历史进行了较为细致深刻的描述,也具有一定的开拓意义。当然,石先生还对许多中国哲学问题有着独特而深刻的见解。但由于石先生慎言行,重实践,述而不作,他的许多观点都未形诸文字,公诸世人,这是十分遗憾的。

石峻先生

石峻先生一生执教于高校,弟子满天下,继承石峻先生的治学精神,总结其中国哲学史的研究成就,对于推动中国哲学史研究的进一步发展必将产生积极的影响。

(作者:杨庆中,中国人民大学国学院教授)

《阅读中华国粹经典》前言

◇ 傅璇琮

　　2001年,泰山出版社编纂、出版一部千万言的大书——《中华名人轶事》。当时我应邀撰一序言,认为这部书"为我们提供了开发我国丰富史学资源的经验,使学术资料性与普及可读性很好地结合起来,也可以说是新世纪初对传统文化现代化的一次有意义的探讨"。我觉得,这也可以用来评估这部《阅读中华国粹经典》①,作以充分肯定。且这部《阅读中华国粹经典》,种数一百种,字数近两千万字,不仅数量已超过《中华名人轶事》,且囊括古今,泛揽百科,不仅有相当的学术资料含量,而且有吸引人的艺术创作风味,确可以说是我们中华传统文化即国粹的经典之作。

　　国粹者,民族文化之精髓也。

　　中华民族在漫长的发展历程中,依靠勤劳的品质和智慧的力量,创造了灿烂的文化,从文学到艺术,从技艺到科学,创造出数不尽的文明成果。国粹具有鲜明的民族特色,显示出中华民族独特的艺术渊源以及技艺发展轨迹,这些都是民族的结晶。

　　梁启超在1902年写给黄遵宪的信中就直接使用了"国粹"这一概念,其观点在于"养成国民,当以保存国粹为主义,当取旧学磨洗而光大之"。当时国粹派的代表人物黄节在写于1902年的《国粹保存主义》一文中写道:"夫国粹者,国家特别之精神也。"章太炎1906年在《东京留学生欢迎会演说辞》里,也提出了"用国粹激动种性"的问题。

　　1905年《国粹学报》在上海的创刊,第一次将"国粹"的概念带入了大众的视野。当时国粹派的主要代表人物有章太炎、刘师培、邓实、黄节、陈去病、黄侃、马叙伦等。为应对西方文化输入的影响,他们高扬起"国学"旗帜:"不自主其国,而奴隶于人之国,谓之国奴;不自主其学,而奴隶于人之学,谓之学奴。奴于外族之专制谓之国奴,奴于东西之学,亦何得而非奴也。同人痛国之不立而学之日亡,于是瞻天与火,类族辨物,创为《国粹学报》,以告海内。"(章太炎《国粹学报发刊词》)

---

① 《阅读中华国粹经典》,傅璇琮主编,泰山出版社出版。

经历了一个多世纪的艰难跋涉，中华民族经历着一次伟大的历史复兴，中国崛起于世界之林，随着经济的发展强大，文化的影响力日益凸显。

20世纪，特别是80年代以来，国学已是社会和学界关注的热学。特别是当前新世纪，我们社会主义经济、文化更有大的发展，我们就更需要全面梳理中国传统文化的精华，加以宣扬和传播，以便广大读者特别是青少年，予以重新认知和用心守护。

因此，这套图书的出版恰逢其时。

我觉得，这套书有四大特色：

第一，这套书是在当下信息时代的大背景下，立足中国传统文化经典，重视学术资料性，约请各领域专家学者撰稿，以图文并茂的形式，皇皇百种全面系统阐释中华国粹。同时，每一种书都有深入探索，在"历史—文化"的综合视野下，又对各时代人们的生活情趣和心理境界作具体探讨。它既是一部记录中华国粹经典、普及中华文明的读物，又是一部兼具严肃性和权威性的中华文化典藏之作，可以说是学术性与普及性结合。这当能使我们现代年青一代，认识中华文化之博大精深，感受中华国粹之独特魅力，进而弘扬中华文化，激发爱国主义热情。

第二，注意对文化作历史性的线索梳理，探索不同时代特色和社会风貌，又沟通古今，着重联系现实，吸收当代社会科学与自然科学的新鲜知识，形成更为独到的研究视野与观念。其中不少书的历史记述多从先秦两汉开始，直至20世纪，这确为古为今用提供值得思索的文本，可以说是通过对各项国粹的历史发展脉络的梳理总结规律，并提出很多建设性的意见和发展策略。

第三，既有历史发展梳理，又注意地域文化研索。这套书，好多种都具体描述地方特色，如《木雕》一书，既统述木雕艺术的发展历程（自商周至明清），又分列江浙地区、闽台地区、广东地区、及徽州、湘南、山东曲阜、云南剑川，以及少数民族的木雕艺术特色。又如《饮食文化》，分述中国八大菜系，即鲁菜、川菜、粤菜、闽菜、苏菜、浙菜、湘菜、徽菜。记述中注意与社会风尚、民间习俗相结合，确能引起人们的乡思之情。中华民族的文化是一个整体，但它是由许多各具特色的地区文化所组成和融汇而成。不同地区的文化各具不同的色彩，这就使得我们整个中华文化多姿多彩。展示地区文化的特点，无疑将把我们的文化史研究引向深入。同时，不少书还探讨好几种国粹品种对国外的影响，这也很值得注意。中华文明在国外的传播与影响，已经形成一种异彩纷呈、底蕴丰富的文化形象，现在这套书所述，对中外文化交流提供十分吸引人的佳例。

第四，这套书的每一本著作都配有图，可以说是图文并茂，极有吸引力。同时文字流畅，饶有情趣，特别是在品赏山水、田园及领略各种戏曲、说唱等艺术品种，真是"使笔如画"，使读者徜徉在美不胜收的艺术境地，阅读者当会一身轻松，得到知识增进、审美真切的愉悦。

时代呼唤文化，文化凝聚力量。中共中央十七届六中全会进一步提出要进行社会主义文化大繁荣大发展的建设。我们当遵照十七届六中全会决议精神，大力弘扬中华优秀传统文化，大力发扬社会主义先进文化。文化越来越成为民族凝聚力和创造力的重要源泉，我们希望这套国粹经典阐释，不仅促进青少年阅读，同时还能服务于当前文化的开启奋进新程，铸就辉煌前景。

（作者：傅璇琮，清华大学中国古典文献研究中心主任、中华书局原总编辑）

《子藏》总序

◇ 方 勇

  宇宙绵邈,喈高才之陵替;时移世易,惟百家之代兴。信乎诸子之为显学也!方今海内右文图治,操觚怀铅之士,希风前秀,争崇国学,穿穴百氏,出入九流,不惟后生小子,皆翕然从风,抑或百工商贾,亦欣然景慕矣。乃华东师范大学,敢以振兴文教自任,启动《子藏》工程,搜天下之遗籍,极百家之大观,其沾溉子学,嘉惠来兹,蔑以加矣。今值是书成编,揆以古例,用制序文,以弁简端云尔。

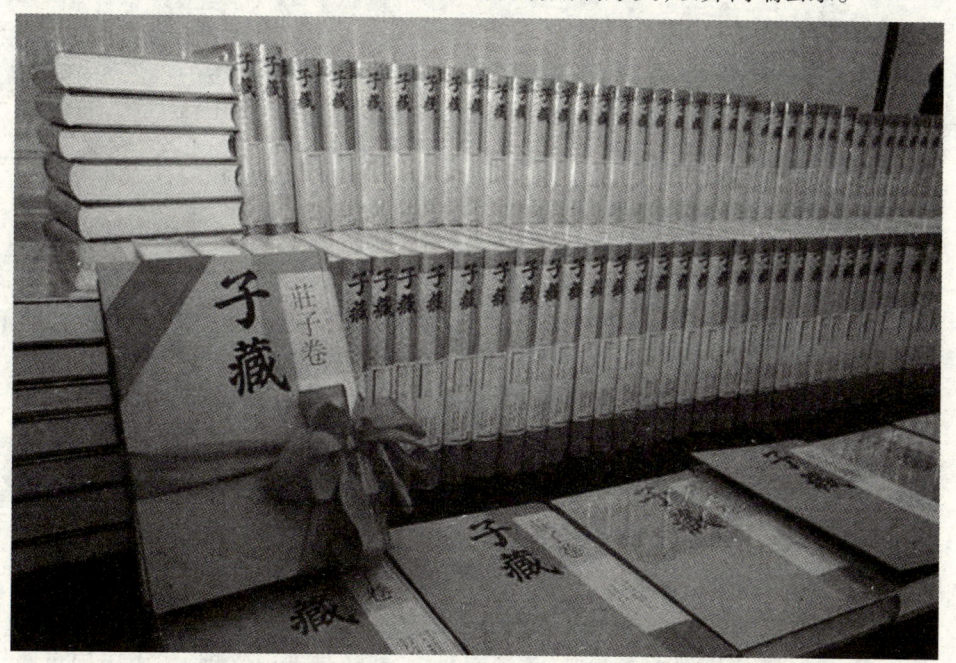

《子藏·道家部·庄子卷》(全162册)书影

  昔周道既微,诸侯放恣,上下失序,九流并作。孔丘祖述尧舜,宪章文武,修《春秋》,辟私学,哀其遗言,是为《论语》。孟轲闻其风,慕而悦之,私淑有得,斯有《孟子》。老聃绝圣弃智,绝仁弃义,知雄守雌,知白守辱,因有《老子》。庄周以谬悠之说,荒唐之言,卮之寓之,重之覆之,遂成《庄子》。墨翟用夏政,倡兼爱,崇节俭,而《墨子》出焉。荀况尊孔氏之学,采众家之长,而《荀子》备焉。若斯之俦,后先接踵,皆英才特达,奋其智虑,腾口舌以竞辩,著文章以立说,乃中土学术之源头,华夏文化之瑰宝也。

逮嬴政即位,灭典禁学,惟韩非、李斯,相继鸣高,而百家竞唱,顿失声响。汉承秦政,亦鄙文事,然经世致用之学,廷议对策之文,实因君主望治,固已应运而生。若贾谊《过秦》、《治安》,晁错《贤良》、《贵粟》,不让战国之纵横;陆贾《新语》、贾氏《新书》,比美诸子之盛藻。方是时也,文帝、窦后,推尊黄老,风被草上,士臣效焉。淮南刘安,广致门客,纂成《淮烈》,思以"统天下,理万物"(《淮南子·要略》),旨近老庄,而博采孔、墨、阴阳、申、韩、黄老之学,至此而集大成。洎汉武改运,一尊儒术,诸家之说,悉摒弗用。迨元、成以还,扬雄著《法言》,王充成《论衡》,发论煌煌,复振子学。汉季士尚横议,王符发《潜夫》,荀悦张《申鉴》,踵武前修,经纶天下,无愧百家,诸子于是乎腾声,著述以此而增价。

爰及魏晋,士习苟安,虚慕玄远,为学空追柱下,博物不离七篇。何晏、王弼之伦,依傍老聃,启玄风之溟溟;嵇康、阮籍之俦,寄情庄周,避世情之炎炎。向秀、郭象之辈,虽乏奇藻,惟雅尚《庄子》,自有会心;司马、崔譔之徒,咸有根柢,训诂《庄》书,类多可述。凡此皆道家之余响,俗世之殊韵也。嗣后南北悬隔,王道沦失,百家之书,学者未遑,非力有不逮,实世风之日替。然中流有在,绵绵若存,若葛洪《抱朴》,意新辞茂;元帝《金楼》,推之《家训》、佚名《刘子》,皆识见非凡,不让前秀。

李唐尊佛老,崇释道,收士人之心,广开科第。《老》、《庄》、《列》、《文》,并驾六经。治子之风日盛,注述彬彬。惟意在利禄,虚务假象;词与意反,固非魏晋玄远之俦。赵宋谋国,权术是依,承安三教,意非进取。太宗、徽宗,寄心道流,而名士荆公、子瞻之伦,皆助澜推波。是以老庄复兴,阐述者众。若陈景元、吕惠卿、王元泽、林希逸、褚伯秀,咸有可述。然正议格辩,亦复高涨。吕公著上书请禁,以为:"主司不得出题老庄书,举子不得以申、韩、佛书为学。"(《宋史·吕公著传》)叶适则谓:"盖周之书,大用于世者再,其极皆为夷狄乱华、父子相夷之祸,然则杨、墨、申、韩之害,曾不若是之远已!"(《水心先生别集·庄子》)固知老、庄、杨、墨、申、韩之迹未替,与儒学并世而异流矣。

明正德以还,王守仁高张宗旨,与朱子殊科。其后天下从风,若杨慎、焦竑、李贽、方以智者,天资既非寻常比,而笔底风云,或以佛老通义理,或由庄周自照心,老庄浸盛,一时沛然不可御者矣。而傅山力倡"经子不分"(《杂记三》),以为"有子而后有作经者也"(同上),持论高旷,足以动俗。其于《老子》、《庄子》、《列子》、《管子》、《墨子》、《公孙》、《邓析》、《荀子》、《鬼谷》、《亢仓》、《尹文》、《鹖冠》、《商君》、《淮南》,靡所不究,岂非近代子学之先声耶!

清帝右文,但严于防备,为政多忌,禁网重罹。故士惮不意之殃,下笔谨慎若寒蝉,放言之未敢,岂高论之煌煌!全身之计,惟耽朴学,此不得不然。高士若卢文弨、王念孙、洪颐煊、俞樾之俦,姚文田、江有诰、马国翰、孙冯翼之辈,皆智在上人，学通四部，咸矻矻于辨音，肆意于考订，孜孜于钩韵，穷年于辑佚，无分经、子之畛域，一视而同仁。子学骎骎，同并经史，朴学实与有力焉。至于辞章之士，贝锦于百家，妙析文理，玩之不已。若林云铭、宣颖、胡文英、刘凤苞皆其俦也。清社既屋，政体更易，国运殊艰，禁网难张，兼以西学东渐，观念开放，论述恣纵，横议随心，亦势所必然。如章炳麟、刘师培、闻一多、钱穆、冯友兰、于省吾、王叔岷、陈奇猷诸公，或以其襟抱之宽博、气度之恢奇，或以其视界之宏远、思维之深邃，奋书申志，遥接华夏学术之慧命；铺议精义，大明九流乎西学汤汤之时；提振子学，百家之说洋洋乎大兴，厥功伟矣。

清季新学肇兴，民智大张，承学之士，皆思撰述，或倡"西学源于诸子"之论，务欲张扬国粹。邹伯奇以泰西科技、宗教、文字滥觞于《墨子》，薛福成以西洋电学、化学权舆于《庄子·外物》，张自牧以西人算学、重学、数学、声学、热学、光学、电学、化学、医学、天文学、气象学、地理学、机械学、测量学、植物学自出《墨子》、《关尹》、《淮南》、《亢仓》、《论衡》。邓实《古学复兴论》则谓："墨荀之名学，管商之法学，老庄之神学，计然、白圭之计学，扁鹊之医学，孙吴之兵学，皆卓然自成一家言，可与西土哲儒并驾齐驱者也。"如斯之类，皆有激于时，持论虽偏，无补于学术，然推挹九流，用昭万邦，用心可谓良苦矣。

百年以来，地不爱宝，逸文故书，时有出土，关乎诸子者，在在而有。若敦煌之《老》、《列》、《庄》，黑水城之吕惠卿《庄子义》，马王堆之《老子》，定州之《文子》，银雀山之《孙子》、《孙膑》、《六韬》、《尉缭》，虽残损不完，亦可补上古文献之不足，订传世文书之讹误，其为用也亦大矣。

观夫百家竞声，流溉无已，至于近世，新境别开，动人心魄。其形诸文字，足以充栋，于六艺以外，蔚为大观，而于中土文化，影响至巨，且至深也。历世通才硕学，或嗜古耽文者，岂能自外于此乎？

昔者庄周，慨百家众技之蜂起，悯道术将为天下裂，乃奋著《天下》之篇，放眼古今学问，历叙其渊源之所自，风流之所及，举凡墨翟、禽滑厘派、宋钘、尹文派，彭蒙、田骈、慎到派，关尹、老聃派，庄周派，惠施、桓团、公孙龙派，靡不较论，褒贬偏至，归宿大道。评较诸子，此为滥觞。荀况明道，著为《解蔽》，深讥诸子之偏弊，以为"墨子蔽于用而不知文，宋子蔽于欲而不知得，慎子蔽于法而不知贤，申子蔽于势而不知知，惠子蔽于辞而不知实，庄子蔽于天而不知人"，虽见机颖，未必服人；复为《非十二子》之论，大类诃詈，皆有所激，难称持平。惟其评骘诸子，流别部居，区分学派，若它嚣、魏牟派，陈仲、史䲡派，墨翟、宋钘派，慎到、田骈派，惠施、邓析派，子思、孟轲派，仲尼、子弓派，胪陈列示，类多可征，振响庄周之后，宜乎与《天下》并传。其门人韩非，著《解老》、《喻老》，融法入老，变混宗旨，曲柱下以非其义，意未深接，难免有狂躁之讥。然治老之作，实导乎此也。

炎汉司马谈，著为《要指》，范围学艺之名实，综阴阳、儒、墨、名、法、道德六家，司判得失，先秦学术，大体粗定。刘歆复撰《七略》，增益纵横、农、杂、小说，定为十家。此百氏分合之归宿，家数定称之厥初也。班固《艺文志》深探本源，论定诸子皆起于"王官"，曲承庄周《天下》"古之道术有在于是者"之论绪，观流索源，惟义说烂漫而无可征信。然于儒术得令之际，敢次列儒家于诸子之间，足见学术公论，不为利禄所淹杀也。孟坚诠叙诸家，虽辟犹水火，然相灭亦相生，诚见理识。至于书录，儒家五十三，道家三十七，阴阳家二十一，法家十，名家七，墨家六，纵横家十二，杂家二十，农家九，小说家十五，统四千三百二十有四篇。十家著述载录，盖云备矣。百世之下，班《志》所述，稽古犹须赖焉。

典午以后，簿录云构，郑默《中经》、荀勖《新簿》、王俭《七志》、阮孝绪《七录》、刘遵《梁东宫四部目录》，多承前志，别类各殊，然大势所趋，则合为四部，所谓甲、乙、丙、丁是也。迨《隋志》修纂，参酌先例，定名经、史、子、集，以代甲、乙、丙、丁，后世式焉。其子部则并班《志》诸子略、兵书略、数术略、方技略，所谓儒、道、法、名、墨、纵横、杂、农、小说、兵、天文、历数、五行、医方诸类是也。尔后簿录相承，递为损益，见备《四库》，若儒家、兵家、法家、农家、医家、天文算法、术数、艺术、谱录、杂家、类书、小说家、释家、道家咸归子部，所谓"自六经以外立说者，皆子书也"（《四库全书总目·子部总叙》）。

六朝以还，道术承变，颇思颉颃儒释；羽流不甘，亦广访秘典，博搜奇编，汇为道经。始则刘宋陆修静，总括三洞，校理目次，成《三洞经书目录》。唐人复辑《三洞琼纲》，递至赵宋，《宝文统录》、《大宋天宫宝藏》、《政和万寿道藏》之集，煌煌矣。金、元刊刻，板亦漫灭。今存明正统《道藏》，收录凡五千三百零五卷；万历《续道藏》，凡一百八十卷，皆道典之总汇。清彭定求《道藏辑要》、闵一得《道藏续编》，近世守一子《道藏精华录》，续有增补。而诸子遗编，其涉道术者亦录其中，文献有存，则藏之为用亦大矣。

宋龚士卨始辑《五子纂图互注》，所录五书，一曰《纂图互注老子章句》，二曰《纂图互注南华真经》，三曰《纂图互注荀子》，四曰《纂图互注扬子法言》，五曰《文中子》。后此以往，丛刻迭见。明李瀚《新刊五子书》、欧阳清《五子书》、张懋窎《杨升庵先生评注先秦五子全书》、许宗鲁《六子书》、顾春《六子书》、陶原烺《六子全书》、谢汝韶《二十家子书》、陆明扬《紫薇堂四子》、吴勉学《二十子全书》、史起钦《诸子纂要》、董逢元《四子全书》、陈楠《四子书》、黄之寀《二十子》、张登云《中立四子集》、闵齐伋《三子合刊》，皆明人标榜家数之遗风；复有周子义《子汇》、冯梦祯《先秦诸子合编》、方疑《且且庵初笺十六子》、佚名《合诸名家批点诸子全书》、汪定国《诸子褒异》、归有光《诸子汇函》。清有吴鼒《韩晏合编》、王子兴《十子全书》、王缵堂《廿二子全书》、冯云鹓《圣门十六子书》、崇文书局《子书百家》、浙江书局《二十二子》、鸿文书局《二十五子汇函》、育文书局《子书二十八种》。民国有五凤楼主人《子书四十八种》、陈乃乾《周秦诸子斠注十种》、国学整理社《诸子集成》，则学术为宗，入门称便。若斯之类，陈陈相因，或采择未精，或板刻漫漶，然其别裁分体，或配隶自殊，或橐函众家，或笼罩百氏，不惟惠及学人,即今从事编纂,亦可酌采其法,渔弋其所录之文也。

纵览千祀,详观众志,目录所载,子部所列,不啻充栋汗牛,抑亦塞乎区宇矣。然历世编录,子部所收,端绪茫如,最称庞杂,举凡凌杂不伦,无可附丽者,皆可强入之,不足以为准式。且儒者用心,排斥异端,官方纂辑,六艺为先,子书非所瞩目也。若《四库》标榜"全书",所收《管子》、《晏子》、《老子》、《庄子》、《墨子》、《商君》、《荀子》、《韩子》、《吕览》、《淮南》白文本,与乎相关研治之著作,仅得数十。宋明以还,虽好事者恒有,动辄灾梨祸枣,刊为子书丛编,亦不过撷要摘精,岂可窥其大全乎!两岸隔绝之日,台湾有严灵峰者,用展襟抱,旁搜广辑,日有孜孜,于《老》、《列》、《庄》、《墨》、《荀》、《韩》诸子,所得甚夥,影印成编,汇为《无求备斋诸子集成》,功驾前人之上。然严公以一己之力,虽黾勉从事,盖有不支焉。且以一水相隔,所储子学卷帙,实以大陆为富,而得之为难,岂可谐其夙愿!又为技术所限,所印六子集成,模糊不清者,盖居其泰半,学人多病之,可为叹息者也。

今海内升平,文运昭回,凡志怀天下者,莫不欲高骞青冥,周览八极,收古今政道人生之智慧,综历代成败得失之经验,鉴别中西学艺,重建强国话语,亟思奋励,所以修齐而治平也。华东师范大学,用敢以振兴文命自任,以副天下之望,遂勉先秦诸子研究中心垂意,广征高识学人,搜四方遗文,综百家大观,嘉惠学人,贻功来叶。予虽不敏,岂敢不勉!先是创办《诸子学刊》,用弘斯业;继而编纂《子藏》,务欲全而且精,庶或无愧于古人,而来业知所归。年前春三月,礼邀宿儒硕学,共论沪上。大德如傅璇琮、卿希泰、陈鼓应、许抗生、陆永品、王水照、萧汉明、张双棣、赵逵夫、郑杰文、张涌泉、廖名春诸先生,皆慷慨相持,莫不奋言,学人共识,皆融此际。未克与会之李学勤先生,欣然惠赐雅论,亦云:"如能汇集成为《子藏》,实在是功莫大焉。"是知编纂《子藏》乃人心所向,为时代之事业,以故当下起行,一往无前也。

夫"子藏"者,言网罗放佚,次第编摩,俾子学遗籍,尽汇一藏也。"藏"为储物之所,佛典之总谓《佛藏》,道经之汇称《道藏》。今总汇子学遗编,则谓之《子藏》也。盖汉孝武以还,儒术独尊,莫与比盛,公私册府,皆庋藏其籍,而他家子书,则多散佚,难以寻觅,故采掇搜罗,汇为一藏,与天下共之,其嘉惠学林也甚溥矣哉!

刘勰云:"诸子者,入道见志之书。"(《文心雕龙·诸子》)诚哉斯言!然披观志录,子部配隶,殊有可议。如《汉志》所列"农家",多劝农桑,或言耕稼之书;"小说家"则有《周考》二十六篇,班固自注曰"考周事也",亦非"入道见志"之书明矣。《隋志》合《汉志》诸子略、兵书略、数术略、方技略而为"子部",归摄天文、历数、五行、医方,此皆方术,殊非见志。《四库》"子部",旨在兼包,采择失统,诸如推步、算书、数学、占候、相宅相墓、占卜、命书相书、阴阳五行、杂技术、书画、琴谱、篆刻、器物、食谱、杂学、杂考、杂说、杂品、杂纂、杂编、杂事、异闻、琐语、

· 275 ·

无所不包,门类有失于冗杂。然沿用已久,积非成是,见诸《中国丛书综录》。准是以求,则津逮多迷,杂学充斥,而子学"人道见志"之旨,益惑于簿录。今之治子学者,若尤而效之,援为法戒,则必长见笑于大方之家矣。

若乃观诸丛刻,宋明以降,"子学"固与"子部"别矣。其中尚见疑似者,如王缰堂《廿二子全书》录《古三坟》一卷、《忠经》一卷、《农说》一卷、《佛说四十二章经》一卷、《葬经》一卷,崇文书局《子书百家》录《齐民要术》十卷、《焦氏易林》四卷、《燕丹子》三卷、《山海经》十八卷、《海内十洲记》一卷、《搜神记》二十卷、《博物志》十卷,浙江书局《二十二子》录《竹书纪年统笺》十二卷、《补注黄帝内经素问》二十四卷,皆非入道之书,亦无关见志。惟严灵峰辑《无求备斋诸子集成》,并《周秦汉魏诸子知见书目》,去取之间,颇具识力,足资参详。

扬榷古今,参稽旧说,折中群议,杂以私意,辄以为《子藏》之"子",当取思想史"诸子百家"之"子",而非因袭目录学"经、史、子、集"之"子"也。善乎章炳麟《诸子略说》所言:"所谓诸子学者,非专限于周秦,后代诸家,亦得列入,而必以周秦为主。"持是以求,本藏所录,非止先秦,其汉魏六朝之子书,并历世学人校核、注释、研究专著,皆搜罗尽备。故子书正言,可得而理,曰:《老子》、《庄子》、《墨子》、《子华子》、《管子》、《鹖子》、《晏子》、《邓析子》、《文子》、《尹文子》、《亢桑子》、《惠子》、《公孙龙子》、《曾子》、《子思子》、《孔子家语》、《孔丛子》、《商君书》、《慎子》、《申子》、《尸子》、《鬼谷子》、《孙子》、《吴子》、《司马法》、《尉缭子》、《六韬》、《三略》、《素书》、《关尹子》、《鹖冠子》、《阴符经》、《荀子》、《韩非子》、《吕氏春秋》、《新语》、《新书》、《淮南子》、《春秋繁露》、《盐铁论》、《新序》、《法言》、《太玄》、《桓谭新论》、《白虎通》、《论衡》、《独断》、《中论》、《申鉴》、《昌言》、《傅子》、《抱朴子》、《金楼子》、《刘子》,流别清晰,皆子学之本体。若以思想史言之,儒术本为子学,视彼《汉志》,即以《孟子》入诸子。讫乎"五四",儒学受挫,学者坚称,《论语》、《孟子》,亦莫非是子,故《诸子集成》以置简首。以彼例此,《子藏》亦当录之,方可名副其实,而此二书,亦体有所适,义有攸归焉。至于历世校核、注释、研究专著,录止于民国卅八年,而出土简帛,其有关乎诸子者,则下限无隔。

《子藏》之纂,要义有二,一曰"全",二曰"精"。"全"也者,即凡例合收录原则者,务必搜尽无余,俾世之治是学者,得尽窥全豹焉。"精"也者,仿《四部丛刊》之法,版本必善,务欲精益求精,庶无贻讥于大方也。故手稿、抄本,搜辑具备,用昭册府;诸印本并存者,则较善甄择,然后去取焉。明清以还,传学多有眉批、圈点,皆足见读者会心,若标点整理,或仅摘版心,缩小影印,则大失原意,此学者之所病也。《子藏》版面,设为十六开本,原大影印,以存本真,不施点画,以免重蹈诸丛编之失。全藏收书,约计五千,分辑刊行,方便士林。并为众著,各制提要,按子系列,先出单行之本(较小系列作适当合并),后则汇为总目提要。提要其备,务求准确简要,著者生平、世次、爵里,悉为胪列,以为知人论世之资;简述内容,大体先存焉;详叙版本流变,读者知所用力焉。

然则《子藏》之纂,广搜博采,荟萃群籍,若渤澥纳百川之流,太仓聚万斛之粟,自有子书以来,无有如斯之富有美备,蔚然称盛,不特策府藉资充盈,用垂久远,凡四方治子学者,盖不俟于遐搜之力,患乎旁稽之艰,亦可惬意餍心,足资乙览矣。惟工程浩大,周折殊多,且是非交至,弗暇接将。然一意学术,虽千万人,吾往矣。志意既立,则义无反顾;兼且正道学人齐心鼎力,四方同仁通力合作,公私庋藏,若中国国家图书馆、上海图书馆、南京图书馆、北京大学图书馆、复旦大学图书馆、北京师范大学图书馆等,莫不相助,编纂遂称顺利。信乎夫子之言,德不孤,必有邻也!

辛卯(2011年)仲秋方勇谨撰

(作者:方勇,华东师范大学先秦诸子研究中心教授、主任,《子藏》工程总编纂)

书评与序跋

走进历史深处
——《周代礼乐文明实证》评介

◇罗燚英

　　回眸宗周历史，礼乐文明的大厦早已倾覆，祀典阒如，乐舞沉寂，唯有礼乐文明塑造的精神还在民族的血液中流淌。上观尚古，研寻经典，菁华久谢，糟粕为偶。因此，穿越历史的丛林，走进历史的深处，利用礼乐文明大厦倾覆之后的碎片重塑历史情景，再现周代辉煌绚烂的礼乐文明，追寻民族精神的家园，正是研究者的任务，也是读者的期待。醪澄莫飨，孰慰饥渴。百年以来，地不爱宝，金石简帛等文物史料不断发现，极大地补充了传世文献的不足，已有条件对周代礼乐文明形成一个系统、全面的认识。综合各学科取得的最新研究成果，对考古材料和传世文献充分释读与解析，使二者水乳交融，解决疑难问题，既是学术研究的发展方

《周代礼乐文明实证》书影

向，也会深化对周代礼乐文明的研究。浙江大学贾海生教授的《周代礼乐文明实证》（以下简称《实证》），正是在这样的学术背景下，围绕周代礼乐文明这一中心论题，结集了作者在《考古学报》、《文史》等刊物上发表的十篇实证论文，2010年9月由中华书局出版，计3＋1＋366＋1页，庶几少餍读者之心。

　　探讨周代礼乐文明，很容易流于空论。务为新解，下笔千言，往往仍使人对周代礼乐文明没有切实可感的认识。《实证》一书举重若轻，从礼仪、礼物等细节层面展开讨论，根柢事实，原原本本，深入考察周代礼乐文明的微观形态而又不失宏观观照，复原式的研究系统、生动地呈现了周代礼乐文明的璀璨与精微。

一、从中国社会科学院《殷周金文集成》和刘雨等《近出殷周金文集录》著录的一万多件有铭铜器来看，铭文往往明言器是为某人所作。器主人与作器所为之人的关系或明或暗、或亲或疏，是否反映了周代宗法制度下人与人之间必须维系的人伦关系，历代研金诸家皆没有综合排比进行系统的研究，以至于有学者认为铭文所见宗法制度并不明显。《实证》中的《制服与作器》一文，第一次将丧服与礼器联系起来，探讨周代礼乐文明外在的表现形式与相贯的精神实质，揭示器主人与作器所为之人的亲疏远近及各自的高低贵贱。此文洋洋十余万言，既有理论基础，又有实证材料，分析细致入微，充分体现了历史与逻辑的完整统一，实践了许多前辈学者倡导从礼学角度深入研究有铭铜器的期许。

周代礼乐文明具有浓厚的伦理色彩，特别强调和重视人伦关系，往往通过姓氏制度、昭穆制度、丧服制度等分别和凸显政治生活、社会生活中人与人之间的亲疏远近和高低贵贱。作者深谙周代礼乐文明的精神实质，系统排比考古所见有铭铜器，同时与记载丧服制度的文献史料相互参证，揭示了丧服与礼器饰群党、别亲疏相互对应的原则，即凶礼为某人制服，吉礼则为之作器，若凶礼为某人无服，则吉礼亦不为之作器，丧服与礼器在不同的时期表现了相同的人伦关系。这一观点前人从未论及，理论上的创新显而易见，然而是不是历史的本来面貌呢？作者详列丧服与礼器共同表现君臣、宗族和外亲等基本人伦关系的十一个细目，以大量的实证材料一一进行深入论证。作者提出的新见不仅得到了证实，而且展现了为人作器文饰人伦关系的功能和广度与丧服制度完全相同，同时还为类分有铭铜器开辟了新的途径。依据作者排比为人所作有铭铜器而构筑起来的以礼器表现君臣、宗族、外亲等人伦关系的框架，不依赖于器形、年代等因素，也可以使考古所见全部为他人所作有铭铜器以类相从而各有归属，既彰显了有铭铜器文饰人伦关系的功能，也为研究宗法制度等问题提供了有力的旁证。如《仪礼·丧服》不言为高祖制服，西周早期冈劫卣等铜器铭文明言器是为高祖所作，依据丧服与礼器相互对应的原则而论，则为高祖本有服，历代学者关于为高祖是否有服的聚讼可因此而尘埃落定（第115页）。至于揭示丧服与礼器相互对应原则的重要意义，作者在文中的"余论"部分从四个方面作了阐释。概括而言，丧服与礼器既相互对应，则可以相互参证补阙，确定了在宗法制度下人与人之间必须维系的人伦关系；可以根据凶礼为人制服的规定判断许多为人所作之器器主人的身份及高低贵贱，同时也可以判断器主人与作器所为之人的亲疏远近；还可以将为女子所作之器与媵器明确地区分开来。揭示丧服与礼器服相互对应原则并进行系统的排比，虽然是一个礼学方面的问题，却合理解释了为何制作有铭铜器在有周一代蔚为时尚并形成礼乐文明的盛况。所得结论为青铜器的研究提供了一个新的视角，可将礼崩乐坏之后的文明碎片与传世文献有机联系起来，为研究者整体观察周代历史奠定了理论基石与研究模式。

二、近年来望山、新蔡、包山等地出土了大批楚简，其中有一类简文，学者称之为"卜筮祭祷"简,是结合传世文献研究楚礼的重要资料。在古文字学家正确释读简文的基础上,如何充分利用零碎的简文梳理出系统的楚礼,是将出土文献系统化并引向深度研究的重要课题之一,《实证》中的《楚简所见楚礼考论》一文在这一领域进行了有益的探索。此文也长达数万言,从宗法与祭法两个方面建立了系统的楚礼。作者在把握楚礼基本特质的基础上,处处与周礼进行比较,楚礼不同于周礼的面貌不言自明,进而又据楚礼分析楚国的政治现象、社会现象,角度独特,较之以往的研究,自成一家之言。

从楚简中钩稽楚礼,离不开以周礼作为参照。就周礼的宗法制度而言,诸侯之庶子不敢宗君,从君统中别出而为宗统,宗统又分大宗之统与小宗之统,庶子不得祢先君,庶孙不得祖诸侯,目的是保证君统嫡嫡相传。就周礼的祭法而言,天子、诸侯、宗统皆有各自独立的祀典,宗统不得祭祀君统的神祇,君统不得祭祀天子的神祇。作者以周礼的宗法与祭法为参照,综合考察考古所见全部"卜筮祭祷"简,揭示了楚礼在宗法、祭法方面不同于周礼的特点:楚简所见楚国大宗宗子(望山墓主人悼固、新蔡墓主人平夜君成)与小宗宗子(包山墓主人左尹邵佗)皆祭祷历代楚王,以兄道宗君而不以臣道自居,其结果是宗统与君统无别,则自卑而不别于尊统既非偶然的现象,固是楚礼独特的宗法制度;宗统与君统既无分别,故就楚礼的祭法而言,大宗宗子、小宗宗子皆越其卑统上祭尊统的神祇,实际与楚王祭祷的神祇无别。除此之外,诸如神谱系统、用牲制度、庙坛制度、以币依神、攻解仪式等方面,楚礼皆有不同于周礼的特点,作者皆有详细的论证。

作者钩稽楚礼的特点,除了处处与周礼进行比较以彰显楚礼的独特面貌外,还特别注重简文与传世文献相互印证。如作者据简文论述楚礼的宗法制度时,引《左传·昭公七年》所记楚公子婴齐祭告宗祧为证。婴齐身份是庶子,仅有助祭的义务而没有祭告宗祧的特权,若祭告宗祧就意味着自卑而不别于尊统,简文与文献都引导人们得出楚礼宗统宗君统而不尊君统的结果,大大增强了文章的说服力。更值得称道的是作者并不满足于从楚简中揭示楚礼宗法、祭法的独特面貌,而是试图从楚礼宗法、祭法的独特方面,对楚国兄弟相及多于其他诸侯国的现象及所谓"淫祀"等许多悬而未决的问题作出合理的解释。

三、武王克商,是中国历史上最重大的事件之一。克商之年,曾举行过各种各样的仪式典礼,《逸周书·世俘》等文献有详细的记载。《实证》中的《克商之年仪式典礼所用文辞考》一文,在李学勤等学者研究的基础上,不仅依时间顺序排列出了克商之年曾经举行过的仪式典礼,而且还进一步指出《逸周书》中的《商誓》和《武寤》都是仪式典礼上所用文辞。当作者将饰礼的文辞与具体的仪注结合在一起的时候,顿时使人对仪式典礼庄严肃穆的情景产生了较为真切的体会。

武王克商后,必然要在意识形态领域内开展一场摧陷廓清的革命,即历史上艳称的"制礼作乐",以巩固新生的政权。《诗经》中的《周颂》保存了三十一首颂歌,就是周初制礼作乐时残存的碎片,极为珍贵。本书的作者根据铜器铭文与传世文献的记载,在前人研究的基础上,考定周公至于康王时曾经举行过的祭祀典礼有郊祀、烝祭、明堂之祭、庙祭、春秋祈报社稷、飨礼,而郊祀又包括南郊祭天、以后稷和先王配享、绎祭傧尸的仪节,飨礼则又包括优待二王之后、合乐、遣送助祭诸侯的仪节,同时还考证出了各种祭祀典礼所用乐歌,三十一首颂歌与祭祀典礼的各种仪注紧密地结合在一起,再现了西周初期周天子基本完整的祭祀系统与行礼时奏乐歌颂的具体形态。周礼祭祀典礼奏乐歌颂时,往往还配以舞蹈。综合作者的研究结果而言,周公在摄政期间,曾为周王朝主持制作了表现文治武功的三套乐舞。先是制作了表现武王武功的武舞《象》和表现周公、召公分职而治的文舞《酌》,二者合称《大武》。洛邑告成祭祀文王时,又制作了表现文王武功的武舞《象》。这三套乐舞都植根于具体的历史事实,即《吕氏春秋·古乐》所谓《三象》。行礼时,三套乐舞或分用或合用,形成了固定的程序。升歌主声,下管取义,舞以象事。为了获得切实可感的体会,显示祭祀典礼时奏乐歌颂及以歌舞娱神的情形,作者不仅阐述了周天子宗庙祭祀时用乐歌颂的主要仪节,同时还复原了升歌《清庙》,下管《象》、《武》,舞《象》、《武》的演出脚本,生动形象,加深了读者对周代礼乐文明的感性认识。关于周公、成王、康王行礼时所用乐歌及以乐舞娱神等问题的考证,见《实证》中《周公所制乐舞通考》、《洛邑告成祭祀典礼所奏乐歌考》、《周成王行礼所用乐歌考》、《由考古发现论〈棫朴〉、〈执竞〉的本事》、《祝嘏、铭文与颂歌》诸文。

四、周代礼乐文明早已渗透到民族精神之中,对后世政治生活、社会生活产生过巨大的影响,但并非前无所承,而是与殷代文明有一脉相承的关系。考古所见殷墟甲骨刻辞及大量实物资料,提供了最有力的证据,许多学者都据以论述殷周文明的异同及周礼对殷礼的损益。然而本书的作者没有舍礼仪、礼物而就周礼承袭殷礼发表形而上式的议论,而是在《祷疾仪式的主要仪节》一文中以具体的仪式典礼显示周礼承袭殷礼的事实。作者根据甲骨卜辞、竹简帛书,结合传世文献的记载进行综合研究,考定先秦时代祷疾仪式的主要仪节包括举行仪式前的占卜和对占卜结果的践履,占卜涉及卜病因、卜日、卜祭等内容,而正式的仪式则有致祭、祝告、驱疫等节目。所考祷疾仪式的进程及仪节具体而微,因所用材料除传世文献外还包括甲骨卜辞、竹简帛书,这一礼典自商代至于战国时代发展变化的轨迹也就自然而然地呈现出来了。

五、作者考察周代礼乐文明,始终将关注的焦点集中在礼物、礼仪等细节方面,形成了一个独特的研究视角。从礼物、礼仪等细节切入进行研究,注定是征实之学。征实之学不容空谈,故所得结论皆有据可按。在研究方法上,既注重二重证据,也以诗文证史。在论证的过程中,辅之以大量的图示与表格,不仅表现手法灵活多样,而且以图示帮助理解、以表格囊括材料。从表格中排比、提炼,得出结论,令人信服。清人万斯同曾说深于史者则深于表,于此而言,可为的论。

· 281 ·

还有一点也值得提倡,作者征引文献极为严谨,引用史料每每较版本之优劣,溯史料之来源,特别重视利用历代学者校勘文献的最新成果,最大限度地保证了论著中史料基础的可靠,读者略参第 31 页注释①、第 37 页注释①、第 39 页注释①、第 65 页注释①、第 111 页注释①,自可窥见作者严谨不苟的治学风格。

六、《实证》一书的理论创新和学术贡献值得称道,但并非毫无瑕疵,也有不周密与可商榷之处。如在《祝嘏、铭文与颂歌》一文中,作者将周公、成王、康王举行各种祭祀典礼时所奏乐歌列入表格之中以醒眉目(第 248 页),却不列《大武》所用《武》、《赉》、《桓》、《酌》四首乐歌。联系下文的论述,才明白以《大武》行礼并不限于一处,《大武》所用四首乐歌列入表中任何一栏都会造成误会。文中对此却没有作出明确的说明,尚欠周密。再如作者在《楚简所见楚礼考论》一文中论述周礼的宗法时,引贾公彦疏"别子者,皆以臣道事君,无兄弟相宗之法"为说(第 296 页),这一说法与《礼记·大传》所言"公子有宗道"云云是否会形成矛盾? 如能略加辨析,则可尽释读者之惑。还有此文在讨论楚礼群小祀之祭时指出"简文所谓祭祷宫地主、宫后土当即中霤之祭"(第 348 页),然而在"余论"中列表比较周系神祇与楚系神祇时,表中地祇一栏中所列与周礼五祀之一"中霤"相对应的楚系神祇却是"宫室",不知是笔误,还是别有旨趣。

向前看或向后看,未来和历史都是没有边际的。在路上,是人类文明进步的常态。在路上,同样也是文明研究者的常态。研究者所能做的一切,就是在走过的路上刻下路标。《实证》一书正是在新时代留下的一个路标,为深入研究周代礼乐文明指出了一个可以参照的方向。

(作者:罗燚英,广东省社会科学院历史与孙中山研究所副研究员)

今天该如何评价儒学：制度儒学与草根儒学
——"中西马"对话实录（二）

◇牟钟鉴 李德顺等

时间：2009年3月21日上午
地点：北京师范大学价值与文化研究中心会议室
访谈嘉宾：
中央民族大学教授　　牟钟鉴
中国政法大学人文学院教授　　李德顺
北京大学哲学系教授　　陈来
武汉大学中国传统文化研究中心教授　　郭齐勇
中国人民大学哲学院教授　　张志伟
北京师范大学哲学与社会学学院教授　　张曙光
北京师范大学哲学与社会学学院教授　　李景林
主持人：梁枢

主持人：我们接着讨论。对儒学的历史定位以及当代评价还涉及其他一系列问题，比如说，儒学有没有草根性？或者说，作为普遍主义的儒学只能是自上而下的吗？中华民族所表现出来的学习的精神、包容的胸怀、和谐的气度等优良的品质与儒学到底有没有关系？等等。

民间儒学和草根儒学是在社会底层起良性作用的力量

张曙光：你们几个做笔录的，坐前面来。这椅子搞得也太大了……
（学生：太大了，又占空间……）
就是，当时就觉得不好……后来又觉得定都定了。

---

* 此文为根据对话现场录音整理而成，系首次公开发表。《今天该如何评价儒学：儒学与伪善主义——"中西马"对话实录（一）》发表于《炎黄文化研究》第十三辑，大象出版社，2011年11月。

（学生：搞得全是椅子，比人还多）

这么高的椅子，这就是中国人的观念，反映了中国人的观念。

（众人笑）

李景林：什么？

（学生：张老师在批判这个椅子）

张曙光：中国人很难走出自己的文化。太难了！中国人想走出去，最后都没走出去。

李景林：你没有一个刚才你说的理想主义的东西（的话），你到这来，就堕落了。

张曙光：那不是……

李景林：怎么不是堕落……

张曙光：这是分两个层面，一个是整个社会的，比如说无论是统治者，还是从整个社会来考虑，都要有一个理想化的大一统的或者叫"共同体"的道德。但是对个人来说，你不能要求每个人都按照这种道德去做，除非它是基本的或底线的。当年梁启超也批评中国人私德公德不分，公私合一，那或者导致把公德变成知恩必报的私义，"义"成了"恩"；或者导致生命不能承受之重，造成虚伪。

李景林：传统上讲得非常清楚，"门内之治恩掩义，门外之治义断恩"。这就是公德和私德的区别。

张曙光：你不能就抓住这一句话。

李景林：不是这一句话，这是很清楚的。

张曙光：社会结构本身决定了这一点，很难。

李景林：你以为孔子脑子这么不清楚？

张曙光：本身决定了这一点，这很难。

李景林：不是那样，刚才讲的好多都是似是而非。

张曙光：你可以分析，也可以评论嘛。

李景林：是这样的。过去传统社会里都有政教合一的，但是这种政教合一并不否认民间的东西。我们现在把民间的东西都打掉了，对吧？都变成一个东西了。

张曙光：你怎么看？昨天老郭（郭齐勇）也说到这个问题，他说古代的民间，县以下基本上是自治的。但我看到秦晖有一篇文章，用了非常多的例子来反驳君权不下县的问题，他说君权是一直下到基层民众的，一直到个人，什么保甲啊等等。也可能大家依据的材料不一样，他找了很多材料，因为他是研究中国农民经济问题的，他反对君权不下县的提法。

李景林：政治对社会，传统上确实有作用。

张曙光：双重作用，也不能一概否定。

李景林：但是它不像我们过去很长时间，一竿子插到底。插到哪？插到生产队。

张曙光：毛泽东动员群众嘛。

李景林：对呀，插到生产队，过去我们有自由空间，我可以当隐士，这是传统。我在朝不行，我可以去当隐士。

张曙光：原来还有江湖，现在没有江湖了。

李景林：后来没有了，后来你当隐士当不了了，土地国有……

张曙光：现在是真正的溥天之下，莫非王土。自从毛泽东开始，真正的开始"溥天之下，莫非王土"了。这大概是现代社会的特点。原来有朝廷，还有江湖，现在没江湖了。

李景林：再加上一个户口，户籍制度，简直把人给管死了，你动都动不了。另外，另外还有一个，就是思想改造，这是一个非常可怕的东西。

郭齐勇：分三个阶段是……

李景林：传统的观念是让人自己发现良知，是往里面找，不是外面给你灌输观念。我们现在是说，思想改造，革命的深度太过，深入到灵魂里面，要人在灵魂深处爆发革命。

（众人笑）

我前几天看网上讲《南方周末》，讲聂绀弩，说黄苗子告发他的事情，一般人（古代）不像今天那样互相没有信任。你说这虚伪都从哪来？

张志伟：国外有一个民调，国外公布，我们不敢公布。好像是调查信任的，整体上看，和所有国家相比，中国只有一项接近世界平均的信任水平，就是家庭成员之间的信任，除此之外，其他方面都远低于世界平均水平，低得不是一点半点。

李景林："文革"时家庭成员之间连基本的信任都没有了，在饭桌上都根本没法沟通。

牟钟鉴：道德啊，说得太高不好，其实王阳明也发现了。说得太高就会掉到最低的地方了。所以我觉得道德要有层次，《聊斋》里有一句话，叫"有心为善，虽善不赏；无心为恶，虽恶不罚"，我给它改一下，"有心为善，赏之何妨"。你想，他是为了名利，就像邵逸夫要建个楼，他要树碑立传，挺好！只要对社会有利就要肯定。所以，道德一定要分层次，不能一个标准。我们现在最大的问题就是，你弄得都很高，只讲为人民服务，结果呢，一般人不理会。你劳动致富也好，为了老婆孩子也行，只要合法致富，不妨碍别人，都是道德的。你必须要有几个层次，我们现在只讲一个集体主义、为人民服务，把干部的道德与老百姓的道德混为一谈。

李景林：中国传统的社会是有层次的，比如说"三言"、"两拍"，"三言"、"两拍"就是劝善，劝善怎么劝啊？就是"善有善报，恶有恶报"。

牟钟鉴：这就是一个带有功利性的劝善之道，没问题。

李景林：民间老百姓行善是有功利性的……

牟钟鉴:是,是。

李景林:我到庙里去,我不做坏事,就是为了保佑给我儿子……

牟钟鉴:神道设教。

李景林:对啊,过去是这个都给斩掉了,所以儒家这套东西并不只是一个抽象的理想。

牟钟鉴:儒家道德有一套体系。除了它自己,还借助佛教与道教,来普及它的道德。

我再补充一点。说到文化人类学方面,后来美国有个叫博厄斯的,提出文化相对论,反对单线进化论,提出世界上任何一个民族的文化都有其独特的价值,它们相互之间是平等的,不能用一种文化去同化其他的文化,他特别强调这点,后来在文化人类学方面影响特别大。我觉得,我们这样来看的话,我们一定要仔细地区别文化的先进性,说不好(提高声调)就抹杀了多样性。这是个非常大的问题,简单地区别先进、落后,会造成文化的不平等。有没有这个问题?还真有这个问题。

至于说精华与糟粕,可以通过社会生活、社会批判、社会实践加以区别。我觉得对儒家已经可以有一个大致的区分。这里和德顺教授又有不同意见了。"三纲"与"五常"是有区别的。"三纲"在古代是真理,你不能说它是糟粕,但在现代社会、公民社会,它过时了,如果有,是需要清除的东西。但说到专制主义,主要是法家的责任。因为原始儒家思想想给专制主义一个缓冲,给君权一个制约。它(原始儒学)用天、用礼来制约。所以不能仅仅因为儒家在历史上被统治阶级利用,来约束人民的思想,就把儒家说成专制主义。还有很多儒臣和仁人志士,包括一些开明的君主,也运用儒家好的一面,来调整、制约自身,从而能够做到长治久安。它(儒家)有这个积极意义。所以,我到处讲,"三纲"一个也不能留,"五常"一个也不能丢,这主要是我讲得多。"五常"可以改造,一个也不能离开,可以把它的内容做一些调整。仁、义、礼、智、信,这是属于普遍伦理,具有东方色彩的普遍伦理。我记得我当初在北大学习的时候,吴晗去讲:我们很多古代道德可以继承,比如说这个"忠"字,古代讲忠于君王,我们现在讲忠于人民、忠于党的事业。他说,为什么不行啊?他又列了一些古代可以继承的道德,后来挨批判。冯友兰的抽象继承法也挨批判了嘛,批判者否认有普遍性的东西。它("五常")确实是常道,离不开。

李景林:那"忠"本来就不仅是政治上的东西。

牟钟鉴:你可以给它解释,但是一条也离不开。今天如果我们不在这个基础上发展社会主义道德,那我们的道德就没有根,没法普及。我不认为儒家只是一个政治化的官方的思想,它原来就是个民间的文化,后来提升为官学,被官方化了。它的根基在民间,是一个民间的学派。"文化大革命"期间,我回家的时候,就深深感觉到,老百姓没有读四书五经,也说不出个清晰的道理来,但是民间评论人,周围邻里之间的关系,家庭关系,用什么道德标准啊?不都是"五常"的标准吗?或者说是"八德"。看这个孩子孝不孝顺,互相来往讲不讲信义、诚实,这在老百姓已经是一个普遍性的了。但是处在一个很自发的状态,因为长期受批判嘛。我们今天应该把它恢复起来,这些东西,我们何必要去向外求呢?美国搞现代化,它的伦理道德,都是基督教的,包括他政治家一些内政外交背后有很深的基督教情结。这些东西很难去除,把这些东西去掉后,美国用什么立国?

所以我们要学哲学,不是简单要把国外的搬过来,搬不过来的。我们自己有儒家道德伦理,我们非要丢干什么?中国的伦理道德建设为什么这么艰难?道德滑坡,一是由于现在搞市场经济,是一个功利社会,再就是我们长期批传统道德,使我们的传统道德有某种程度的断裂。我们现在学英雄,都是一阵风,一阵风现象,当时很感动,过后起作用不大。当然道德建设还要加上法治,加上体制改革,等等。所以我觉得我们在方法上一定要有新的视角,这样可能更理性更客观评价我们的传统。我就简单说这些。

郭齐勇:我说几句。传统的社会制度有很多变化,但一直到民国以前的中国社会,基本上是一个大的社会,政府很小。冯友兰先生晚年写的《三松堂自序》,讲他的父亲从河南唐河坐一条小木船到我们湖北省的崇阳县当县令的时候,晚清政府给县政府的财政少得可怜。就那么一点包银,县长可以请一个钱粮师爷,请一个刑名师爷,或请其一,也可以都不请。冯先生的父亲没有请,他死在任上,家人也是用一条小木船把他的遗体与遗物从水路运回唐河的。县政府管不到下面。那维系整个社会人心的,靠儒文化,还有很多民间性的、自治的组织,空间很大。几乎所有的农村,有一点文化的人,如"三家村"的塾师,按钱穆的说法,就起类似西方教堂的牧师或法庭的律师的作用。老百姓之间有矛盾,常常说:我们到某某先生那里评理去。这就是儒家社会。马克思主义传入中国所依托的这个社会,我们可以叫做儒教社会或儒家社会。虽然从文化上来说,我们有诸子百家,很多样的地域文化,刚才牟先生和陈先生都讲了。我要说的是,传统社会构成方式、人们生存的模式,恰恰是儒家型的。这个儒家型的社会,不是说只有一种官方的意识形态,不要以为儒家的东西与官方意识形态可以打等号。其实更重要的是,那个时候除政府力量外,社会空间大,力量大,比方说民间的自治,有乡约,有乡练、团练武装,有各种祭祀礼仪活动与组织,宗族、家族、祠堂,商会与行会组织啊,各种民间宗教啊,地方自治啊,绅士集团与士农工商等各阶层各种社会团体啊,民间文化、教育、技艺活动的组织与活动等,多样化,空间很大。民国时期梁漱溟等"乡建"派依托的就是这样一个社会背景。

中国古代的天地社稷祖宗祭祀活动是携带着族群的信仰信念的密码的,整个的民间社会是一个空间很大的多重结构的、有调节能力的、有弹性的社会,这个社会里有很多管道,好像是自组织系统,民间儒学和草根儒学是在社会底层起良性作用的力量。儒家化的社会与1957年以后的中国社会有一点不一样。

· 287 ·

1957年以后的社会,可以说是大政府、小社会的社会。合作化运动后,从农村到城市,社会搞得很干净,全部都统起来了。社会的各种文化,各种宗教,各种民间性的组织与士农工商的各种纽带、管道等,都没有了。所有的事由政府管,政府代替了社会。

牟钟鉴:高度的政治化。

郭齐勇:是啊。我觉得民间儒学在今天还是非常重要。要重视儒学的草根性的一面。比如我个人出生的家庭是小小儒商的家庭,我祖父文化程度不高,但在武昌高级商业学堂,又叫武昌高级商业甲种学堂读过书,那时能上高商的人很少。他从那里毕业,当过湖北美专总务科负责人。我父亲只有高小文化程度,因为他是老大,他要出去(谋生)。我祖父在我们那一带,在武昌城边八铺街、新桥街到板厂街那一带,属于社会贤达。抗战时武汉沦陷,日本人来的时候,要他做武昌市(当时叫武昌市)商会会长,他坚决不干,我父亲设法把他安排到汉口法租界里去,躲起来了,住了一段时间。祖父隐退后,做粮食与木板生意。解放初期我祖父在街道办业余夜校,教老百姓识字。他是民间性的儒生中的一员,他不是精英,是一种生活化的民间性的儒商,教育子孙做到仁义忠信。他是新派,懂英文、数学,让后辈读《古文观止》。

1968年11月我到天门下乡的时候,我们知青以阶级斗争为纲,要去斗"地富反坏右"。老百姓很有智慧,就像几位刚才讲的,他们用的就是他们所学的蒙学读物或者《朱子治家格言》的东西,或者就是传统戏文中的、说书的、皮影戏中的价值观念,化解我们的仇恨心理。他们的意思是,你们下乡知识青年要斗的这些"地富反坏右",其实跟你们一样被社会抛弃,他们不过是"地富反坏右"的子女,他们的祖上也做过好事。他们化解了我们斗争的心理,非常关心我们,虽然物质生活匮乏,仍尽量送我们吃的与必需品。他们以爱心感染了我们。1970年7月后,我当了八年工人,我在社会的底层生活,有不少朋友。我在湖南株洲化工厂实习培训时,曾挖过防空洞,学习修电动机。工人师傅都是所谓"582",即1958年参加工作,长期是二级工,一个月才三十多元工资。他们其实都是农民。我感觉他们身上带有的文化密码,不是别的什么东西,不是高头讲章式的什么东西,而是很平民化、生活化的儒学。这个东西简单说,就是做人之道、做事之道。有很多人很优秀,做人很正直,很关爱别人,忠孝节义的东西还保留着。一个做人之道,一个做事之道,很敬业地,以认真负责的态度去做事。这些人基本上是在与草根的儒学相联系的氛围中生长的。我觉得现代化的过程中,传统文化与道德价值还是我们的基础。这是我们对民间儒学再生的期待,也就是刚才牟老师、陈老师讲到的。现在,毒奶粉、大头娃奶粉出现,唯利是图,说明有约束力的一个信仰系统或者是价值系统缺失了。作为我们今天法治社会的文化层,文化土壤,我们需要这种东西。我们强调制度,强调法治,刚才牟先生讲到了。但是健康法治社会所需要的文化认同、伦理共识、信用品性、诚信系统等,却是其基础与土壤。这还是一个个社会成员的做事做人之道,这一点我们要重视,传统儒家社会基本价值的改造与创造性的转化是至关重要的。

还有,刚才也提到了儒家观念制度化的问题。传统社会中的儒者如何面对制度建构与修正的问题,即传统社会的制度架构问题。我觉得有两个方面值得我们重视。

第一个,面对传统的专制社会,儒家强调的是一个软化的、开明的、柔性的专制,不是刚性的,或者说,儒家起的作用是减缓了专制的残酷性。

张曙光:像父亲一样的专制。

(众人笑)

李德顺:慈父一样。

郭齐勇:不是,儒家有抗议与抗争,对"苛政猛于虎"的批判,对"庖有肥肉,厩有肥马,民有饥色,野有饿莩"的社会不公的抗议。我的意思是说,至少是像MIT(麻省理工大学)著名政治学教授白鲁恂先生——他好像去世了吧——谈到的:在西方坚持等级化、贵族化很森严的世袭政治、贵族政治的时候,中国已经通过了多次制度改革。这些政治改革保证了通过教育——有教无类的思想是孔夫子的遗产——把教育开放到民间。民间贫苦的不识字的农家子弟们可以通过接受教育参与政治,甚至参与最高政治,由布衣而三公。这种教育公平与政治参与机会的相对公平,文官政治制度化的建构,是中国和西方文化很不一样的东西,这使得平民、农家子弟,有了一个机制,通过受教育来参与政治生活,给政治带来活力。我觉得这都是儒家对中国制度文明建设,起到的一个良性的作用的方面。一直到今天,高考即使有弊病也不能废除。为什么?它还是相对公平的一个东西吧。我们这些人能够上大学,还是借助了传统的这个制度。我们在推荐的时代是上不了大学的。我之所以在31岁的时候能够上大学,还是得益于……

牟钟鉴:恢复高考。

郭齐勇:恢复高考。不恢复高考我们没有机会上大学。所以,在制度这个层面也不能一言以蔽之,儒家在制度文明建构方面有许多有价值的贡献,包括对社会弱者的关爱,对于小民的关爱,对于鳏寡孤独废疾者的关爱。去年我们有汶川大地震,大家心灵受到震撼,奉献仁爱之心。其实荒政是我们的传统,《周礼》里面就有,《孟子》里记载,梁惠王都讲到"移民就谷"。对于贫弱者,社会济赈,救灾,要求政府有义务对贫弱者关爱啊,有制度,这是一方面。这在柏拉图、亚里士多德的著作中没有,而在我们儒家的经典中比比皆是。就是说,我们在制度文明的建构中,儒家理念有很多被制度化的东西,这些还是中华文明一个很有效力的东西,这些东西不能和专制主义打上等号,一笔抹杀掉。最近几年,我一直在讲儒家政治哲学、社会理想与制度文明的关系问题,也有几篇文章谈及此。比方从《盐铁论》到《白虎通》,儒学在汉代制度文明中的作用就值得研究,汉代以后的制度文明也很重要,似应结合《史记》、《汉书》等正史中的礼乐志、刑法志等志书资料一起来研究。我平时讲过教育制度、文官制度、法律制度,财产权、容隐权与私人空间的保护,养老恤孤扶弱制与荒政等,还有一系列的制度,儒学观念是如何制度化的,有哪些方面的不同作用与意义等。

第二个,儒生一旦进入政治系统,或者在政治系统之外,他都带有批评性。孟子讲,有官守,有言责。陈老师是朱子的专家了,我也看了朱子的传,看了很感动。朱子在知南康军的时候,星子县等县发生了大旱灾,他是如何心急如焚啊,动员了很多社会的力量,批评了当朝,写札子并直接面斥皇帝,为南康地区,也就是今天庐山那一带的小民的利益,争取了很多很多资源,使他们度过了灾荒。后来朝廷让他去浙中治水灾,他也是很下力地去抑制豪强,去奔走呼号,为小民争利。不光是朱子,很多大小儒生,一旦他参与政治,或者他在政治的边缘,或者在外面,都批评当政,为小民的生存权去斗争。儒生、儒学、儒家、儒教所起的作用都不是我们今天能一言以蔽之的。凭良心来说,我们这些人都不够资格做儒生啊!

牟钟鉴:(笑)都不够。

郭齐勇:我们在体制面前,都没有那样的一种强烈的批评的态度,或者参与上的一种尽力竭力地为老百姓谋福祉的敬业精神。

牟钟鉴:舆榇上书,抬着棺材给皇帝提意见,准备杀头。

郭齐勇:所以我是觉得,对于儒家,在方法论上,我们不能太抽象化地看待,还是应该具体化地来讨论,传统的儒生、儒家、儒学、儒教在中国社会建构的过程中到底起了什么样的作用。这里面特别要关注民间性儒学和草根性儒学,还要关注儒学在制度文明建构中到底起了什么作用。此外,信仰价值系统、诚信系统在一个社会,甚至在整个东亚的作用。比方说在历史上,在朝鲜半岛,儒学在里面的作用等。儒家、儒学在我国几乎跟伦理共识、族群认同、终极性的信仰联系在一起,它是渗透到中华民族血液中的东西,这恐怕不能低估。还有最近的国学热,这种最有力的推动不是来自官方。民间老百姓需要对自己的历史文化传统有一些了解,因此应运而生,产生了国学热等现象。民间老百姓,民间有一些生意人,他们要求了解自己的历史文化传统,不是戏说的。怎么了解?他只有通过找你们北大、清华这些名牌大学办的训练班啊,你们创收有道是另一回事,但是毕竟说明了中国的商人、中国的民间需要了解自己的历史文化。有这种需求,才有了国学热。

官方的儒学和草根的民心,究竟是谁影响了谁?

李景林:我说两句。这个会议开始提出方法问题,还是很重要的。方法问题,涉及我们研究儒学、研究国学的方向性问题。

我很赞成黑格尔的说法:理性有一种狡计或机巧,理性的狡计,实际上是说,现实的过程是一个偶然性的过程,恶的过程;但通过这个偶然性和恶的过程,最后实现出来的,是理性、理念、精神。现在的中国人缺乏诚信和德性,原因在哪里?原因实质上在于我们长期以来的教育。教化或者教养的本原,不应该是意识形态性的。而我们过去很长时间把意识形态当作了教化的基础和根据。意识形态是靠强力推行的东西。在战争年代,我们拿这个(意识形态)进行动员,凝聚人心,是可以的。但是在和平年代,我们延续了这个传统,甚至变本加厉,尤其思想改造,让你灵魂深处爆发革命,这个就有很大的问题。刚才我讲到《南方周末》的文章,让人看了特别痛心。其中讲到聂绀弩和他的一些朋友的关系,他的那些朋友去揭发他,那时的人缺乏诚信,那是当时的社会环境和强力地推行一种意识形态的教育所造成的结果。

价值尺度不是写在哪个地方的东西,它是内心的东西,要确立起来。我们现在的问题是这个东西没有确立起来。我们看《孟子》,孟子见梁惠王,梁惠王说"叟不远千里而来",给我啥好处(利)啊?(孟子)说"何必曰利,亦有仁义而已矣",又说"上下交争利而国危矣",这样国家就要完了。我们刚才讲到儒家理想是不是太高了,不是太高了!这个最高的东西一定要确立起来。过去我们社会生活中,实际上,一个最终的东西,流行的东西就是"上下交争利"。你看我们的口号:"毫不利己,专门利人",还是个"利"字。

(笑声)

过去美国有个大片《拯救大兵瑞恩》,就反映了一个观念问题。我们八个人救他一个人,有没有价值?这就是说,你应该去救,就一定要去救,不能讨价还价,这是社会公义。一个社会,这个公义一定要建立起来。我们八九十年代有一个讨论:一个大学生为救一个农民结果淹死了,到底值不值得?有人说,一个大学生,国家培养了这么多年,价值比农民高啊,为救农民淹死了,这对国家是个损失。就是说,流行在我们社会生活里面的核心价值就是"利",这个就有很大的问题。我觉得我们现在倡导的国学也好,儒学也好,一定要把这个弄清。

刚才李老师也讲到,有些东西与马克思主义无关,但是它也不是儒家的。人要有羞耻心、荣辱感,强调这一点当然是正确的。依照儒家的看法,这羞耻心、荣辱感不是靠外在的灌输。关于这个问题,孔子就讲一句话:"知耻而后勇";孟子就讲一句话:"人不可以无耻。无耻之耻,无耻也"。意思是说,人要有羞耻之心,不要有作恶之心。这是人心本有的,你要找到这个东西,要良知发现,以这个内心的良知为尺度来作判断。孔子从来没教人什么是"耻",因为它不是外在的。后来儒家讲发现良心也好,发现本心也好,求放心也好,都是向内找。

我曾讲到,现在的学术有三个层面,分别是官方学术、学院学术和民间学术。以后的中国文化真正的发展应该是,官方学术是回到意识形态本位上,它不能做一个教养的本原、教化的本原;学院学术应该逐渐民间化,回归于它的民间性,最后进入社会生活和人的个体的内在生活。这样的话,儒学和中国现代的学术才会健康地发展。

有一次,我参加一个座谈会,一位老先生发牢骚说,我们现在的政府啊、官方啊对文化建设不重视。你看,开文代会领导们都去,开科学大会领导们都去,就是学术会,从来没有人(领导)去。

(众人笑)

我就笑了,我说,这是对的。

牟钟鉴:(笑着说)挺好!

李景林:传统的民间学术水平很高,真正高水平的学术在民间。比如朱熹到书院去讲学,古代好多大学者是书院的山长、主讲人。现在民间学术开始恢复和兴起,但是水平不高。所以现在民间学术真正要健康发展,需要学院的学术(帮忙)。学院学术一定要和民间学术有交汇。他们俩,都是搞国学,郭兄(郭齐勇)是搞武汉大学国学班……

牟钟鉴:在《国学》版上看到了。

郭齐勇:国学班,从本科、硕士到博士都有了。

李景林:越是原汁原味的,就越是能和民间的生活相契合。我想这两个方面要共同努力,才能真正把中国学术文化的价值系统确立起来。确立起这个价值的系统,现实中也不会有这么多"伪善"了。

张曙光:李老师(李景林),我对义利问题有不同的看法。当年孟子跟梁惠王讲你如果重视这个"利",就会"上下交争利",结果你梁惠王就享受不到最大的利益。

郭齐勇:它是讲老百姓,王不要曰利,但老百姓要曰利,制民恒产嘛。"上下交争利"的重心是说上层不要与民争利。

张曙光:上给民争利……

李景林:我的意思是说,一个社会、区域、民族或国家,最高价值不应该是利。

张曙光:你这个说法我赞成,但是问题是怎么把义与利的关系摆正。实际上,对现代社会来讲,"上下交争利"还是个好事。怎么是好事呢?实际上是说老百姓敢跟官方争利了,原来那个利都被官方垄断了,他鱼肉盘剥百姓,可以说是上对下争利,但现在来看,上下交争利,我们可以跟官府打官司了。原来谁敢和政府打官司啊。现在政府我可以告你啊,大家重视自己的利益了,这当然是好事。

李景林:这样……

陈来:从某一方面来讲你说的是对的。但他说的是,利益驱动不应该成为所有行为的唯一的原则。

张曙光:我的意思是说这个问题是怎么来的,应该从制度上找原因。章太炎在《诸子学略说》里就说儒学,批评儒者奔走于功名利禄之间,是乡愿。

李景林:当年孔子也批评了,现实中确实有那样的事。

张曙光：我想可能有这样几个原因：第一方面，"学"本来不应该跟利挂钩，而科举制把学与升官发财挂起钩来了，这可能是一个制度方面的主要原因。再一个你说跟儒学没有关系，"利"这东西它关系到每个人，不能不讲。但像孔子那样讲就容易出问题——"君子喻于义，小人喻于利"。君子越是"喻于义"越能得到利，小人越是"喻于利"越得不到利，所谓"君子谋道不谋食。耕也，馁在其中矣；学也，禄在其中矣"。

李景林：（笑着说）不是那个意思，那是把很多东西搅和到一块儿了。

张曙光：那不是搅和在一起，你看历朝历代的……

张志伟：其实价值需要区分层次，最基本利益绝对要强调，值得尊重，但是不值得赞扬，你说我吃饭肚子能赞扬吗？用不着。更高的利益，没有，你不应该责备他。缺失了最低的利益，一定要批评；有了最高的利益，你应该表扬。

陈来：最高的理想，不能变成最低的利益。

张志伟：对对！

（众说纷纭）

李景林：我说一句，你的意思应该这么说，老百姓现在有了自己的权利意识，这个意识不是说就是唯利是图，我们讲的是价值原则。

张曙光：这是他应有的。

李德顺：我接着你（李景林）的说一下，现在急功近利、不讲理想、不讲品位的势头是挺令人担忧的。但是针对这种情况，原封不动地照讲以前的概念也解决不了问题。就刚才你举的那个《拯救大兵瑞恩》的例子，刚好我参与过讨论，是媒体把我给搅进去的。那个电影演了以后，梁晓声发表了一通像你那样的看法，说大学生张华救老农结果淹死了，中国人还讨论值不值得。你看人家美国，一个小分队八个人去救一个人，人家就不问值不值得。当时《中国青年报》为此争论得很凶。后来一个记者找我，我找来这部电影看了一遍。我发现，梁晓声的道德理想主义是好的，但他并没有看懂人家那个电影。电影说的是：一个母亲有三个儿子参战，死了两个，母亲就去找司令官，说希望把最后这个儿子留给我。司令官就下了命令，派人去把他接回来。

张志伟：据说定了一个命令，说像这种情况，比如家里就剩一个了，政府要让他回来……

李德顺：后面的故事就是执行过程了。所以我当时分析说，美国好莱坞是在不动声色地宣传他们的价值观，其中一个主题就是"公民的权利与国家的责任"。公民有权提这个要求，国家也有责任给予满足。所以那八个人组成的小分队，并不是一般的八个人，而是执行任务的国家机器。他们显示的是一种忠于职守的高尚道德。这时候不能拿八个人去和一个人比价，而是"国家对公民的责任至上"。至于我们所关心的"顾全大局"啦、"先公后私"啦，人家在这里是留给瑞恩自己决定的。瑞恩说我正在守这个桥，等打完了这一仗我再走。所以那八个人帮着瑞恩打,打得挺惨的,还死了几个。这场战斗打完后瑞恩就跟他们回家了。电影的开头和结尾就是瑞恩在几个死者的墓上献花。

我说在这个事例中,道德也好,规范也好,理想也好,到底是应该谁要求谁的?对此我们过去从来不加区分,而是泛泛地、一般地、普遍地讲。因为一加区分,就必然会导致思考怎样批判地改造现实,而不是要求每个个人都怎样尽善尽美、合乎仁义道德。我担心的就是这种不加区分的思路。刚才牟先生讲道德要区分层次,我说过去的毛病就是没有层次感,不区分各种社会角色各自应有的权利和责任,要求大家一律做圣人君子。这样刚好给掌握话语权和舆论权的人搞双重化提供了条件。他嘴上可以那么说,你听着也没什么不对,人都应该讲仁义道德嘛。但是实际上,应该谁要求谁做?谁做到什么程度?若不把这些思考引导到社会制度、体制、机制建设上来,而是只盯着个人,无条件地要求所有群众都高尚,这就似是而非了。我为什么说他们搞的公民道德教育是儒家而不是马克思主义的?马克思说,我的理论是最不要求个人对社会历史负责的。他要求批判和改造社会,让社会最终服务于个人的全面自由发展,而传统的思维却老是盯着一般个人。

陈来:你说的也不能说完全就是儒家的。儒家有两面,一方面当然有对下,有教化,教化中有要承担的责任。另一方面在古代的体制,儒家和古代体制放在一起,它也开放了另一面即对上,这套东西不是光是上面对我讲的,也是我拿来对上面讲的,古代士大夫用这套东西批评皇帝,这种情况太多了。

李德顺:我的文章就讲过这点。按照儒家在道德面前人人平等的理想,本来可以导致比方说民主啊,自下而上的监督啊,本来是存在着这种可能的。但实际上就与任人唯贤的效果相似。想法是对的,实际的结果却走向反面。所以我说,我们必须要研究和总结这种东西。

陈来:最后就变成体制的问题了。它不只是有这种可能的。就像刚才老郭讲的,朱熹三十几岁,孝宗皇帝刚一继位就讲这些东西。后来到五十多岁,还是讲这个东西,讲皇帝人欲太多,没有"存天理,灭人欲",造成现在的情况。古代这一面,也不是现代的民主,但是至少这是个开始。

李德顺:设了谏官制度,封建统治者本身也觉得这套制度可用、需要,这我们不细说。但所有的这些改变不了人治的根基,就是专制主义的根基。但它能起到缓解与减弱的作用。之所以能用这么多年,就是因为它不太刚性。不是说它的作用不存在。

牟钟鉴:比如秦始皇用法治主义、法家的那套思想,用不了几年就完蛋了。

李德顺:我们理解了中国的历史之后,应该从中得出什么结论?从中应该看到些什么?我想不应该得出"就那样挺好"的结论。再有,官方的儒学和草根的民心,我不知道究竟是谁影响了谁,是民间的实际生活改变了学者和官方的思想,促进、改造了他们,还是学者和官方的东西改造教化了群众?或是两者本来就是一个互动的一体过程?比如我母亲,今年102岁,不认字,没有参加过工作,也讲仁义,并不信神,佛呀什么的也只是随便说说。我想弄明白她脑子里最深的究竟是什么。我分不清有哪些是儒家的,哪些不是儒家的。比如她说仁义,我小时候淘气干了什么坏事,她责备我的方式就是谴责自己:"我上辈子做了什么孽啊,生这么个儿子……"

(众人笑)

郭齐勇:这是民间宗教、民间儒学。

李德顺:我想要说明,我们的文化系统就要尊重在群众当中影响最深的,中国人内心深处把握的东西,把它们总结提升出来,给予合理化、合法化。而不是总想否定它们,或者把它们纳入某个简单的话语体系中去。

郭齐勇:不一定全部都会合法化。您的老母亲还健在,您真幸福。我的老母亲93岁去世了,我体会到"子欲养而亲不在"的苦楚。我也琢磨她到底在想什么。她仁慈、爱他人(不只是亲人)、奉献、操劳,一生以身教、言教让子孙做正直的有爱心的人。

陈来:你提的是个大问题,下午要好好讨论。

李德顺:我是想,这些事的权利责任是他自己的,别人不要从上到下强制。

牟钟鉴:你这是反求诸己。

李德顺:"为仁由己"。

李景林:这就是儒家的。

陈来:这不是儒家的。

李德顺:我讲的是法治意识。反对任何人以任何形式在精神上去操纵与控制别人,所有的政治啊,管理啊,只能以老百姓为准、以老百姓为本……

牟钟鉴:我最认同这一点。

李德顺:我反对打倒一个神又立起另一个神,来来回回地给老百姓立神。老百姓可以立神,但老百姓有自己的逻辑,把他们(神)都堆在一块儿……

张曙光:我感觉在传统社会,这一点做不到。传统社会,是一个自给自足的社会,农民的理想是什么?农民成为地主,然后地主成为最大的地主,然后又成为……

李德顺:你得知道人们现在要什么。

张曙光:我们的问题,我认为是儒家传统中合理的东西如何与西方政治民主嫁接。

主持人:还有哪位?

张志伟:我再说几句,因为我下午不在了。

(众人笑)

张曙光:别价!

张志伟:是"不在场"的意思。复兴国学也好,传统文化也好,其实一个很麻烦的问题是现在处在一个多元价值并存的时代。比如说,讲民间、草根是可以的,但已经跟过去不大一样了。我们都面临大众文化的冲击。而大众文化本身是一个商业操纵的文化,是经济组织的一部分,它本身是以商业利润而不会以价值取向为主的。在这种情况下,包括主流媒体都要向大众文化靠拢,更何况咱们学者。学者研究的这些东西是象牙塔啊,你怎么去影响老百姓,这是个很大的麻烦。很多学者不屑与易中天、于丹为伍,我觉得你缺少这个意识和能力。好多学者说,你要讲就讲,我们还是讲我们自己的。但你那么讲老百姓没办法听啊。你要拍《建国大业》献礼片,都要把港台的明星拉过来,懂得大众文化的路子。更何况专家学者技术含量越来越高,能看懂的越来越少,这是个特麻烦的问题。甚至人文知识分子的地位都被边缘化了……

(众人笑)

你的成果在学术圈里可以很强,但是你的影响力只在学术圈,你怎么发挥作用啊?真正问题是怎么去复兴的方法问题。

李德顺:我主张提复兴中华文化,不等于提倡复兴儒学。

陈来:我们也没怎么提复兴儒学吧。

主持人:我得行使主持人的权力了,今天上午的时间到了,该就餐了。下午2:30开始。

(录音整理:罗容海　朱其永)

传承书院文化 开拓书院未来
——"书院文化的传承与开拓"国际学术研讨会综述

◇邓洪波 蒋紫云

  2011年11月5—6日,"书院文化的传承与开拓——纪念中国书院改制110周年暨岳麓书院创建1035周年国际学术研讨会"在有着"千年学府"之称的岳麓书院隆重召开。会议由湖南大学岳麓书院、韩国书院研究学会联合举办。这是自2006年起,中韩两国第四次举行这样的会议了。与会正式代表57人,收到论文52篇,除两岸学者之外,韩国、美国、日本专家共20人出席了会议。本次会议采取宣读论文与提问交流相结合的形式,围绕以下议题展开了热烈讨论。

一、书院改制的评价与作用

  2011年恰逢中国书院改制110周年,与会专家学者围绕书院改制的评价及作用等问题展开了激烈讨论。厦门大学刘海峰教授指出,与书院改制100周年无人问津的形势相比,改制110周年有了很大的进步。他认为,书院与科举是一对难兄难弟,书院改制、科举废除,都是东西方文明冲突、传统的农业文明逐渐被现代工业文明所取代的结果。书院改学堂不仅仅是教育机构名称的改换,更重要的还在于教学内容的更新,将旧式书院改为兼习中学和西学的新式学堂,从教育制度上为近代科学文化知识的大量引进开辟了道路,促进了中国教育的近代化,推动了教育和社会的发展,在当时有其历史必然性。与之相对,湖南大学岳麓书院邓洪波教授通过考察清朝书院的发展,指出晚清书院正处于超高速发展时期,且能适应时代的步伐,引入西学,具有实现自身转变的能力。因此,110年前的书院改制,虽在当时有不可阻挡之势,但更多的是一种无可奈何的政治选择,属于救亡图存的非常之举,未必就是历史发展的必然,难称符合教育发展的规律。他还进一步指出,从"改书院"到"废书院",虽只有一字之差,但其文化含义、对传统的态度却有着天壤之别,造成了很大的危害:一方面,中国古代和近现代之间的联系被人为斩断,气血不通,形成难以逾越的鸿沟与断层;另一方面,中国近现代学校制度从此就沿着不断与传统决裂、不断西化的方向奔跑,打上了强烈的反传统意识的印记。

湖南师范大学张传燧教授对晚清书院在近代教育转型中的地位和作用进行了探讨,他指出中国传统书院在晚清社会转型的背景下,被迫进行自我调适,使其在办学宗旨、课程内容、教学模式、管理体制等方面都具备了向近代学校转型的客观条件。而晚清书院的转型对中国近代教育的发展产生了深远的影响,不仅为近代教育的建立提供了现实的本土模式,奠定了思想基础,而且培养了大批新型人才,加速了传统教育向近代教育转型的实际进程。上海交通大学刘少雪教授分析了书院改制对中国高等教育近代化的影响,认为由于政府主导了清末教育改革,使得书院改制具有很强的政治性和功利性,随之而来的是教育目的的政治化和大学建设目标的功利化,这在当时虽然促成了中国近代高等教育体系在中国的快速建立,但同时也成为妨碍后世中国高等教育真正走向现代的最大障碍。美国圣心大学教授 Thomas D. Curran(柯任大)认为,废除科举和将书院、私塾、家学等改为外来的新式学校,打破了传统中国社会的教育格局,遭到了农村社会来自文化、经济、政治三方面的抵制,使得清末民初的教育改革收效甚微。今日教育改革,应该更好地适应中国的特殊情况,改变偏爱外来教育模式的现状。

二、儒学复兴与现代新型书院的发展方向

　　以史为鉴,探索现代新型书院的发展方向,更好地传承书院文化,也是本次会议关注的焦点之一。中国人民大学张践教授认为当代学校教育面临着诸多问题,这些问题又不都是教育体制内的问题,而是一些根本性的社会问题,不可能在短时间内解决,这就为书院教育的发展预留了广阔的空间。他认为当代书院可以分成五种形式:第一种属于学龄前及学龄教育,大约相当于幼儿园和小学的水平;第二种属于针对青少年的公益性的文化传播;第三种是企业家国学班;第四种是学校国学师资培训;第五种则属于研究性的书院。这五种形式的书院,都是对公立教育制度缺陷的补充。九江学院吴国富教授在分析了市场经济催生的诸多社会问题后,指出现代书院发展的最大动力是国内公众对现行高考制度的质疑与批判,而现代书院的功能就是辅助高考教育制度进行德行教育、补救其失,而不是与之根本对立。他认为在经济、个体伦理缺位的情况下,儒学有可能获得新的机遇,现代书院也有可能由此获得新一轮的发展。

　　北京七宝阁书院山长马力华先生结合自身办书院的经验认为,复兴书院的国学、文化传承和教育功能,振兴儒家教育的道德人格培养,回归耕读传家的文化就是现代书院的发展方向。北京苇杭书院山长杨汝清先生认为在中国历史上书院始终是作为儒家精神的载体而存在的,当代书院也应做到名实相符,逐渐恢复书院的讲学、藏书与传承的功能,明确自己的定位与目标,将人才培养作为重中之重的任务。他指出,无论何种形式,如果书院的定位和目标不清,就会导致

书院异化为营利的手段或者博名的平台,甚至由于过分依赖于资金而彻底丧失文化操守,沦为商人附庸风雅的工具。台湾德简书院山长王振华教授用两句话概括了办书院20年的心得:德在人心常自明,道不远人法自然。他认为当代书院建设应该软件重于硬件,生命教养重于讲学研究,人师重于经师,精神重于章句义理、形迹仪式。北京四海孔子书院山长冯哲先生认为,真正的书院应该是以人物为中心,树立生命的榜样,开创独具人物精神特色的学派和门派。

三、书院规制研究及其与学术文化的关系

　　书院的基本要素与规制,如刻书、学田、学规、祭祀等,历来是学界研究的重点,与会学者对相关问题也进行了颇为深入的探讨。北京大学吴国武教授以宋元书院本为载体探讨其文化指向。上海师范大学石立善教授以宋代徽刻《朱子语类》为例讨论书院与朱子学互为表里的关系。贵州大学王胜军博士认为张伯行在福州鳌峰书院刊刻《正谊堂全书》,使之成为程朱理学的重镇,开辟了清代书院发展的新方向。江西教育学院张劲松教授以敷阳书院为例考察了清代书院学堂的经营状况,指出学田作为书院的主要经济来源,由于在经营中存在田亩不实、委人不当、管理不善等情况,使得书院经费入不敷出,严重影响了书院的正常运行,甚至使得书院化为乌有,退出历史舞台。山西大学图书馆王欣欣研究员对山西新式学堂的经费来源进行了详尽的考察,揭示了经费问题对教育的制约及筹款的艰辛。日本东北大学教授三浦秀一先生以大儒湛若水为例,考察了德业与举业二业合一的问题,认为明代书院的经验可以为当代中国教育改革提供启示。河南大学赵国权教授考察了河南书院学规的嬗变,指出河南书院自宋代初具规模,明代基本趋于完善,清代以降内容丰富而具体。他认为河南书院学规不仅揭示了"崇儒重学"的办院宗旨,为生徒指明修身为做人之本、治学为做事之径的道理,而且使得书院在各项管理上日趋制度化和规范化,从而保证了河南书院的可持续发展。日本九州大学简亦精副教授考察了清代台湾书院中的文昌阁与文昌信仰,认为祭祀文昌帝君与科举考试密切相关,一方面属于地方民间信仰,容易融入不同地方的风俗民情;另一方面自纳入官方祭祀体系后有着隆重、严谨的祭祀仪式,不能简单将书院祭祀文昌帝君视为失去学术精神、具有浓厚迷信色彩的活动。

　　书院不仅是古代教育机构,更是中国学术研究中心。书院与文化的传承以及学术的关系是本次会议探讨的重点之一。湖南大学岳麓书院院长朱汉民教授考察了在构建湖湘地域文化过程中,湖湘学人、湖湘书院对周敦颐的历史记忆与文化诠释所起的重要作用。他认为湖南地区濂溪书院及濂溪祠的建设,对于周敦颐乡贤身份与地域文化象征的确立有着特别重要的意义。通过这种具有文化生产、文化积累、文化传播功能的书院机构,既强调了"濂溪周子为湖南人"的区

域文化符号的历史记忆,也强化了周敦颐在文化地理中的特殊地位,对建构一种既有地域性又有普遍性的湖湘文化发挥了重要作用。河南师范大学李光生副教授对宋代书院与祠官的关系进行了探讨,他认为祠官兼任书院山长,一方面体现了山长的政治色彩,从中可窥见宋人自身对书院概念的理解及书院制度化乃至官学化的发展态势;另一方面,祠官作为宋代政治文化的产物,其寄居书院也反映了宋代士大夫在政治之外对经世之志和生命意义的另一种实践与诠释。美国波特兰州立大学 Linda Walton(万安玲)教授认为,元代书院在官学化趋势之下,可以为汉人文化的传承作出很大的贡献。湖南大学岳麓书院萧永明教授与张天杰博士以越中、甬上证人书院讲会为个案,考察了明清之际的学术转型,指出晚明刘宗周等人主持越中证人书院的"证人之会"旨在体证"性命",属于"内圣"之学;清初以黄宗羲等人为代表的甬上证人书院"讲经会",旨在通过讲会的论辩疏通经典文句、寻绎典章制度之学,寻找经世济民之路,属于"外王"之学。从越中到甬上、从刘宗周到黄宗羲,证人书院讲会的变化,标志着明清学术开始由理学转向朴学。

四、韩日书院与文化教育

自明代开始,书院制度移植到东国朝鲜、东洋日本,为儒学的传播作出了很大的贡献。韩国作为本次会议的主办方之一,提交了 8 篇论文,既总体介绍了韩国书院的发展研究概况,又从资料、石刻、景观、讲会、祭祀等方面对韩国书院的具体情况分而述之。韩国公州大学校李海濬教授考察了韩国书院记录资料的类型与性格,认为书院是韩国儒教文化的资料馆、博物馆,藏有各种有特色的有形、无形资料,而保存的相关历史记录资料大致有三大类:一是书院相关官撰资料,二是书院志和祭享人物文集,三是书院古文书。如果能将这些有形、无形的资料加以整合使之体系化,对于进行书院研究和彰显书院文化价值有着重大裨益。首尔大学金仁杰教授对韩国书院和朝鲜乡村社会的关系进行了探讨,认为书院不仅仅是一个郡县而且还是整个乡村社会支配势力的凝聚力之所在,是地方势力与中央政府发生联系的渠道。随着士林势力在中央政治舞台占据优势地位,将书院作为培养人才的基地,使得书院过分地与中央权力发生交错现象,最终导致了书院随士林势力的没落而丧失其象征意义。东国大学校朴钟培教授考察了朝鲜时代书院讲会的发展与特征,指出朝鲜时代书院讲会与中国书院讲会大体上是一样的,但也有其不同之处。他认为,中国的讲会是一种与书院教学、学术活动相联系的学术组织,而朝鲜时代的讲会则是以在籍的儒生为主体,按一定时期聚集在一起进行的集团性讲学活动。

日本的文化、教育发展状况也是与会学者关心的问题之一。复旦大学吴震教授对德川日本心学及"儒学的日本化"进行了考察,指出日本心学以"由形之心"理论为主要特色,是日本庶民文化的典型代表,完全不同于中国的阳明心学。日本心学与中国心学或儒学可能在形式上具有某种相似性,但就其本质内涵来讲两者却有着很大的差异,并不存在结构上或者本质上的同一性,这是由两国不同的历史文化所决定的。日本福冈女学院大学难波征男教授考察了日本江户时期学校教育及现代教育,指出日本教育在近代化的过程中,并没有以江户时期的学校教育为基础,而是完全废弃江户时期的学校,建立近代化教育的学校,虽然取得了一定的成绩,但也遗留了很多弊端。他认为明确近代教育和江户时期教育的各自特征及其差异,并将两者有机结合起来,对 21 世纪的日本教育来说是不可缺少的。

　　本次会议主题突出,针对性强,所涉及的问题大多为本研究领域的前沿课题,显示了较高的学术水准。会议闭幕式中,中外代表在总结发言中对会议所取得的成就给予了高度评价,同时也对下次会议的召开寄予了深切的期望。

　　(作者:邓洪波,湖南大学岳麓书院教授、博士生导师;蒋紫云,湖南大学岳麓书院研究生)

"黄帝旗帜·辛亥革命与民族复兴"学术研讨会综述

◇曹振明

由陕西省人民政府主办、西北大学（中国思想文化研究所）承办的以"黄帝旗帜·辛亥革命与民族复兴"为主题的学术研讨会，于2011年4月2—5日在西安隆重举行。会议由陕西省政府秘书长陈国强先生主持，陕西省政府常务副省长娄勤俭先生出席开幕式并致词，西北大学名誉校长张岂之教授做大会主题发言，西北大学校长方光华教授出席开幕式并参加讨论会。陕西省二十余家党政机关、群众团体代表以及多家媒体出席了会议开幕式。来自中国大陆、香港、台湾及马来西亚的70余名学者参加了本次会议，学者张岂之、金冲及、尚明轩、石兴邦、钱乘旦、羊涤生、赵馥洁、赵世超、刘源俊、鲁谆、王晓秋、祝瑞开、陈铁建、王俊义、曾春海、黄兴涛、潘小慧、欧阳哲生、李治安、谢诗坚等出席会议并做了大会发言。中共中央文献研究室金冲及研究员和西北大学名誉校长张岂之教授围绕"辛亥革命研究"进行了精彩的学术对话。学者们认为，在适值辛卯年清明节及辛亥革命百年纪念之际，在中国古都、黄帝陵所在地以及响应辛亥革命最早的省份之一的陕西举办此次大会，很有意义。此次大会探讨的主要内容有：

一、对辛亥革命及其历史意义研究的重大推进

与会学者充分肯定了辛亥革命的伟大历史意义，认为辛亥革命推翻清朝政府，结束君主专制制度，为创立民主共和国开辟了道路，并从民族复兴的高度审视了辛亥革命的历史功绩。张岂之教授在大会主题发言中指出，近代以来，由于封建专制的压迫和列强的入侵，中国在现代化过程中落伍了，孙中山及其领导的辛亥革命尝试着去建立近代的民族国家，使祖国从屈辱中站立起来，自立于世界民族之林，为振兴中华作出了重大贡献，通向了民族复兴之路。将辛亥革命的历史意义放在一百多年以来中华民族伟大复兴的奋斗历程中去考察，也是金冲及研究员与张岂之教授的"学术对话"的主题之一。还有学者认为，辛亥革命是包括政治、经济、思想文化、社会习俗等诸层面在内的中国社会现代转型的

"中转站",是中国现代性的真正起点,为中华民族复兴之路作出了重要开拓。

学者们指出,我们在研究辛亥革命在中国的伟大历史意义的同时,也应从世界历史的高度深入阐发辛亥革命的世界意义,重视发掘辛亥革命对世界历史所产生的影响。北京大学历史系教授钱乘旦认为,辛亥革命作为当时世界上古老文明核心区域的民族革命之一,是"西方的优势"几乎要湮没所有其他古老文明时,被压迫民族通过向西方学习,使不同文明再次走向平等的世界历史转折点。北京大学历史系教授王晓秋指出,辛亥革命对20世纪初亚洲民族革命运动有着重大影响,它是"亚洲觉醒"的主要标志,对亚洲诸多国家的民主革命思想和民族解放运动起了重要的推动作用。从民族复兴和世界历史高度看辛亥革命的视角启示我们,对于中国近现代史的研究,也要从民族复兴的高度来加以审视;不仅要从世界历史的角度看中国近现代史,而且还要看到中国近现代所发生的大事对世界的影响。

学者们还对辛亥革命的历史遗产进行了深入反思。作为响应辛亥革命最早的省份之一,陕西的革命活动受到学者们的关注,有学者对辛亥革命时期陕西的革命活动作了细致考察,认为陕西革命志士在辛亥革命时期的浴血奋战、秘密祭祀黄帝陵等革命壮举成为辛亥革命史中的光辉一页。有学者对辛亥革命后中国所遭遇的政治困局作了深入反思,认为培育与民主力量有机结合的相对独立的利益集团是近代民主革命取得胜利的必要条件。与会学者还对辛亥革命的思想启蒙价值作了深入探讨,认为辛亥革命的思想启蒙成果值得我们珍惜和发扬。中山大学历史系教授曹天忠提出,民国时期的教育界如何对待辛亥革命的历史遗产,是辛亥革命研究值得注意的一个视角。国家文物局文物出版社葛承雍教授认为,当前辛亥革命的许多遗物正面临危机,要珍惜、保护辛亥革命遗产,抓紧搜集、征集并保护辛亥革命文物。

二、对孙中山的历史地位及其思想的深入探讨

与会学者高度评价了孙中山在中国民主革命、中国现代化事业中的开创性地位及其对中华民族复兴道路的伟大探索。学者们认为,在孙中山评价问题上应挣脱旧有的框框,从中国国情与世界形势出发,实事求是地评价孙中山的历史地位和伟大贡献,还历史以真相。中国社会科学院近代史研究所研究员尚明轩指出,孙中山是中国民主革命之父,是中国现代化的开创人,是国家统一的坚定捍卫者,是社会主义向往者,他既是中国人民的伟大儿子,又是世界性的巨人。还有学者指出,孙中山是同时代人中对在中国建立民主政治认识最早、最深入、最坚定的革命家和思想家。清华大学哲学系教授羊涤生认为,孙中山勾画了中国走向现代化的政治和经济蓝图。马来西亚拿督谢诗坚博士指出,孙中山奠定了中华现代史的第一块基石。张岂之教授在开幕的主题发言中明确提出,孙中

山首先提出"振兴中华"的口号,揭开了中华民族复兴的序幕。台湾东吴大学教授刘源俊也认为,孙中山的三民主义为中华民族探索出了一条复兴之路,为中华民族的复兴点燃了明灯。

学者们还对孙中山的思想展开了多角度的深入探讨。台湾中国文化大学哲学系教授曾春海认为,孙中山三民主义的创建立基于中华道统。杭州师范大学人文学院教授范立舟考察了孙中山"自由、平等、博爱"思想形成的基督教基础。还有学者分析了孙中山思想及其创建的制度体系所具有的世界眼光和世界普遍意义。欧阳哲生教授把孙中山民主思想划分为三个发展阶段,对其不同时期的思想特点作了提炼与归纳,并与欧洲启蒙运动的民主观作了比较,认为孙中山民主思想存在着内在矛盾,但体现出开放性、民族性、致用性的特点。河北师范大学历史系教授杜运辉论述了史学家侯外庐对新三民主义的研究。清华大学马克思主义学院教授欧阳军喜指出,孙中山在"二次革命"后开始有意识地构建一套辛亥革命史的话语系统,极大地影响了后世国民党乃至其他政治派系的辛亥革命史的编纂,清理辛亥革命以来关于辛亥革命的各种记忆和想象,对更真实地理解、还原辛亥革命史的真相有重要价值。西北政法大学哲学系教授赵馥洁指出,"天下为公"是孙中山理论的核心价值取向和中心思想线索,贯穿于孙中山的历史观、民族观、社会观和道德观各个理论领域,体现于他的一切革命实践之中。张岂之教授在大会主题发言中指出,孙中山立足于本国国情,放眼世界,其思想体系在对古今中外文化兼收并蓄的基础上熔铸而成,体现了孙中山开放的、积极的文化观。陕西省政协原副主席陆栋先生提出了构建"中山学"的建议。

此外,西北大学哲学与社会学学院教授梁星亮对辛亥革命前后黄兴的启蒙思想作了系统梳理。中国社会科学院近代史研究所研究员陈铁建从《蒋介石日记》出发,抓住了辛亥革命时期影响蒋介石思想的各种因素中最重要的一环,认为"开明专制"是辛亥革命时期蒋介石的思想主线,对后来蒋介石的掌权施政影响巨大。

三、对黄帝文化与中华民族复兴的继续拓展

黄帝文化的精神内涵受到学者们的关注,与会学者还从辛亥革命的视角对黄帝文化作了新的发掘。羊涤生教授指出,黄帝是中华民族的始祖与代表,黄帝是中华民族之魂,是中华优秀文化的象征。北京语言大学阎纯德教授认为,黄帝文化是中华民族的"元文化",是中华民族的生命线和道德精神。陕西师范大学历史文化学院教授赵世超认为,"顺天地之纪"是黄帝文化的特点,辛亥革命顺应历史潮流建立民主共和国、制定《临时约法》正是继承、发展了黄帝精神。西北大学中国思想文化研究所教授龚杰认为,重视"民生"是黄帝文化的重要内

容,黄兴、孙中山等的民生思想是对这一传统的继承与发扬。南开大学历史学院教授李治安运用点与面相结合的方法,提出在考察中华文明的演进问题上应突破整体一元的思维范式,充分关注到各地域子文明的差异在中华文明多元一体的整合发展中所应有的作用。

辛亥革命时期革命先行者们掀起了轰轰烈烈的"尊黄"热潮,透过辛亥革命时期的"尊黄"旗帜,学者们进一步发掘出这一思潮对于推进现代民族文化认同以及民族国家形成的时代意义。中国社会科学出版社王俊义教授指出,辛亥革命时期诸多革命家确实掀起了浩浩荡荡的"尊黄"思潮,在唤起民族意识、调动革命力量、促进革命发展等方面发挥了积极作用。陕西师范大学哲学系教授刘学智指出,辛亥革命时期的"尊黄"使黄帝以中华民族人文初祖的形象在中国民众心目中树立起来,使黄帝成为中华儿女所普遍认同的民族文化象征和民族精神体现,确立了此后中国文化发展的根基。西北大学公共管理学院教授刘文瑞指出,辛亥革命时期"尊黄"的意义在于把儒家的道统说转变成一种超越儒家的民族精神。中国人民大学清史研究所教授黄兴涛认为,革命派使用的"民族"概念推动了"现代民族观念"在 20 世纪初的最终确立。北京师范大学历史学院史学史研究所教授张越指出,辛亥革命后"五族共和"的提出,是以现代意义上的中华民族的共同认同为基础的民族国家观念开始形成的重要标志。

学者们认为,辛亥革命以后,从抗日战争胜利至新中国成立,中华民族对黄帝的尊崇和祭祀不绝如缕,时至今日,黄帝文化仍然是中华民族复兴的伟大旗帜。张岂之教授在大会主题发言中指出,辛亥革命时期,黄帝以民族的象征被定位在"民族主义始祖"的位置上,此后黄帝一直作为中华民族的人文初祖被国共两党认同,黄帝文化成为凝聚中华民族的伟大精神旗帜。《光明日报》原副总编鲁谆先生指出,辛亥革命百年以来,黄帝旗帜已经成为振奋民族精神和中华民族复兴的旗帜。西北大学中国思想文化研究所教授方光华从黄帝所开创的中华道统出发,同样认为辛亥革命时期的"尊黄"将"中华"提升为自觉的"民族"认同,当前黄帝已被中华民族视为民族复兴的情感纽带。

与会学者认为,传承民族精神,吸收人类优秀文化,创造民族新文化是迎接民族复兴的重要任务。张岂之教授在大会主题发言中指出,在民族复兴中,文化复兴占有重要地位。他认为,要实现民族文化的复兴,应在继承和发展民族优秀文化的基础上,吸收和融合人类优秀文化,创造出有中国特色、中国风格的新文化。台湾中国文化大学哲学系教授曾春海从西方文化中的"现代性"出发,对中华文化未来发展所需开拓处作了深入分析,指出中华文化对西方现代文化的病症具有合理的治疗性,认为由反本中创新、由会通中西文化中发展中华文化中的"仁道"精神已成世纪重任。台湾辅仁大学哲学系教授潘小慧从德行伦理学的角度深入分析了儒家伦理学的当代意义,认为弘扬中华优秀文化是历史赋予我们的时代要务。羊涤生教授则指出,中华优秀传统文化是中华民族之魂,是中华民族伟大复兴的必要条件。

在本次大会上,学者们一致认为,为了迎接民族伟大复兴,中华民族应继续高举黄帝旗帜,弘扬民族精神,继承孙中山先生伟大遗志,为实现辛亥革命所开启的中华民族的伟大复兴而不懈努力。

（作者：曹振明,西北大学中国思想文化研究所硕士研究生）